新时代妇联干部教育培训参考教材

U0802092

保障妇女儿童权益法律法规政策汇编

（2022年版）

全国妇联权益部/编

中国妇女出版社

图书在版编目（CIP）数据

保障妇女儿童权益法律法规政策汇编 ：2022年版 / 全国妇联权益部编 ；曲相霏主编. -- 北京 ：中国妇女出版社，2022.12
新时代妇联干部教育培训参考教材
ISBN 978-7-5127-2079-4

Ⅰ.①保… Ⅱ.①全… ②曲… Ⅲ.①保护妇女儿童利益－法规－汇编－中国－干部培训－教材 Ⅳ.①D923.89

中国版本图书馆CIP数据核字（2021）第264154号

保障妇女儿童权益法律法规政策汇编（2022年版）

作　　者：全国妇联权益部　编　曲相霏　主编
项目统筹：廖晶晶　万立正
责任编辑：万立正
封面设计：吴晓莉　李　甦
责任印制：李志国
出版发行：中国妇女出版社
地　　址：北京市东城区史家胡同甲24号　　邮政编码：100010
电　　话：（010）65133160（发行部）　　65133161（邮购）
网　　址：www.womenbooks.cn
法律顾问：北京市道可特律师事务所
经　　销：各地新华书店
印　　刷：三河市祥达印刷包装有限公司
开　　本：170×240　1/16
印　　张：30.5
字　　数：530千字
版　　次：2022年12月第1版
印　　次：2022年12月第1次
书　　号：ISBN 978-7-5127-2079-4
定　　价：98.00元

编委会

前 言

PREFACE

妇联干部是党的干部队伍的重要组成部分。党的十八大以来，以习近平同志为核心的党中央高度重视妇联干部队伍建设。2015年，《中共中央关于加强和改进党的群团工作的意见》指出，“各级党委要重视抓群团干部培养，全面加强群团干部队伍建设。将群团干部培训纳入干部教育培训总体规划，分级负责、分系统落实”。2018年11月2日，习近平总书记在同全国妇联新一届领导班子成员集体谈话时强调：“要加强妇联干部队伍建设，努力培养高素质妇联干部队伍。”

在以习近平同志为核心的党中央坚强领导下，全国妇联大力加强妇联系统干部教育培训工作，实现了全国妇联机关干部、省级妇联领导班子成员、地市妇联主席培训全覆盖，并积极开展对县乡村妇联负责人和工作骨干的示范培训。党的十八大以来，全国妇联本级共举办妇联系统干部培训班228期，培训近1.8万人次，为各级妇联干部充能提素提供了有力支持。

进入新时代，妇联系统干部教育培训工作面临着新的形势。我国社会主要矛盾发生深刻变化，广大妇女对美好生活的向往更加强烈，期待妇联组织提供更多更好的服务，也由此对广大妇联干部的理论素养、知识水平和专业化能力提出了新的更高要求。自2015年中央群团改革以来，紧紧围绕保持和增强政治性、先进性、群众性，各级妇联持续推进“会改联”，积极推动“区域化”，不断壮大基层妇联组织工作力量，770余万优秀女性作为执委加入基层妇联工作队伍。面对新的形势，加强对广大妇联干部和新任基层妇联执委的教育培训迫在眉睫，也因此，编写一套紧跟新时代要求的妇联干部教育培训教材，成为当前加强妇联干部队伍建设的一项重要任务。

为落实《2018—2022年全国干部教育培训规划》关于加强课程教材建设的要求，贯彻中国妇女十二大提出的着力培养忠诚干净担当、高素质专业化妇联干部任务部署，组织开展“基层妇联领头雁培训计划”，满足各级妇联组织和广大妇联干部的迫切需求，全国妇联决定推出“新时代妇联干部教育培训参考教材”，并于2018年12月正式启动此项工作。

这套教材坚持以习近平新时代中国特色社会主义思想为指导，认真贯彻落实习近平总书记关于妇女儿童和妇联工作的重要论述，紧紧围绕党和国家工作大局，密切联系妇联工作实际，内容涵盖妇联各个领域的主体工作，既包括作为妇联干部必备的理论知识，也包括开展实际工作必须掌握的操作性技能，以满足不同层级妇联干部的需求。

这套教材可作为各级妇联开展干部教育培训的专用教材，也可为各级妇联干部的业务学习提供参考资料。希望各级妇联本着理论与实践相结合的马克思主义学风，学以致用、用以促学，充分发挥教材的学习和教育功能，激发广大妇联干部的学习热情，不断筑牢理想信念，提升专业能力，拓宽眼界视野，增强群众工作本领，把妇联组织建设得更加充满活力，更加坚强有力，做好引领、服务、联系妇女的各项工作，奋力开创新时代妇女事业发展的新局面。

编者的话

党的十八大以来，以习近平同志为核心的党中央提出全面依法治国，并将其列入“四个全面”战略布局予以有力推进，中国特色社会主义法治体系不断完善。随着依法治国的持续推进和妇女儿童事业的不断发展，涉及妇女儿童权益保障的立法和法律修订工作也在持续进行，我国已经建立起包括100多部法律法规在内的全面保障妇女儿童权益的法律体系，有关规范性文件也在不断更新完善。例如，2020年通过的民法典与妇女儿童权益联系密切，尤其是婚姻家庭编的一系列新规定极大地强化了妇女儿童权益的法律保障力度。2020年刑法、未成年人保护法和预防未成年人犯罪法相继修订，为解决未成年人成长过程中面临的各种问题提供了新的手段和方法。2021年家庭教育促进法通过，这是中国首次针对家庭教育进行立法，从国家支持、社会协同、家庭责任和妇联工作等不同方面促进未成年人健康成长。2022年修订通过的妇女权益保障法着力完善相关制度机制，优化妇女发展环境，保障妇女合法权益，为促进男女平等和妇女全面发展提供坚实法治保障。最高人民法院、最高人民检察院、人力资源社会保障部、教育部等相关部门在保障妇女儿童权益方面也提出了一些新机制、新举措。徒法不只以自行，法律的生命在于实践，法律的立改废在完善法律体系的同时，也对党员干部的法律工作水平提出了更高的要求。

为了帮助基层党员干部，特别是广大基层妇联干部在工作中更便利地参考和使用这些法律法规和规范性文件，全国妇联权益部和中国妇女出版社组织编写了《保障妇女儿童权益法律法规政策汇编》一书。编者全面检索了包括宪法在内的中国现行有效的所有法律法规、部门规章、最高人民法院和最高人民检察院的相关司法解释及其他规范性文件，从中挑选出涉及妇女儿童权益保障并且与基层工作有关联、基层组织用得上的相关内容，以及明确涉及妇联职责职权的内容，按照相关权益汇编成册。这些内容上至宪法，下至部门文件；涵盖人格尊严、人身权利和自由、政治权利、经济财产权利、文化社会权利的方方面面；既包括宏观的制度建构，也包括具体的实施细则；既关系普通的妇女儿童，又特别关注农村留守儿童、贫困妇女、残疾妇女、留守妇女、流动妇女、中老年妇女等特定群体；既涉及一般问题的处理，也包括近年来备受关注的反家暴、反性侵和性骚扰、反就业歧视、农村妇女土地财产权益、三孩生育等热点问题的法律规定。用好《保障妇女儿童权益法律法规政策汇编》，有助于基层党员干部在法治的轨道上做好联系妇女儿童、服务妇女儿童、保障妇女儿童权益、促进妇女儿童发展的各项工作。

祝愿妇女儿童权益保障越来越好！

目　录

CONTENTS

第一部分　关于保障妇女权益

综合……002

中华人民共和国宪法（摘录）……002

中华人民共和国刑法（摘录）……003

中华人民共和国民法典（摘录）……008

《中华人民共和国民法典》释义……025

中华人民共和国刑事诉讼法（摘录）……040

中华人民共和国妇女权益保障法……042

中华人民共和国残疾人保障法（摘录）……054

中华人民共和国老年人权益保障法（摘录）……056

中华人民共和国人口与计划生育法（摘录）……059

中华人民共和国国民经济和社会发展第十四个五年规划和2035年远景目标纲要（摘录）……064

中共中央　国务院关于优化生育政策促进人口长期均衡发展的决定……071

中国妇女发展纲要（2021—2030年）……078

关于建立健全法规政策性别平等评估机制的意见……106

最高人民检察院　中华全国妇女联合会关于建立共同推动保护妇女儿童权益工作合作机制的通知 …… 109
民事案件案由规定（摘录） …… 112
关于进一步完善和落实积极生育支持措施的指导意见 …… 117

政治权利……123

中华人民共和国村民委员会组织法（摘录） …… 123
中华人民共和国全国人民代表大会和地方各级人民代表大会选举法（摘录） …… 125
中华人民共和国地方各级人民代表大会和地方各级人民政府组织法（摘录） …… 126
关于努力保证农村妇女在村委会成员中有适当名额的意见 …… 127
关于进一步加强新形势下妇女参加村民委员会工作的意见 …… 129

人身和人格权益……132

中华人民共和国反家庭暴力法 …… 132
中华人民共和国精神卫生法（摘录） …… 137
中华人民共和国基本医疗卫生与健康促进法（摘录） …… 138
中华人民共和国母婴保健法 …… 140
中华人民共和国母婴保健法实施办法 …… 145
中华人民共和国药品管理法（摘录） …… 152
全国人民代表大会常务委员会关于严惩拐卖、绑架妇女、儿童的犯罪分子的决定 …… 153
最高人民法院关于审理拐卖妇女儿童犯罪案件具体应用法律若干问题的解释 …… 155
最高人民法院关于人身安全保护令案件相关程序问题的批复 … 157

全国妇联办公厅　国务院妇儿工委办公室关于加强反家庭暴力经常性工作的意见 …… 159
民政部　全国妇联关于做好家庭暴力受害人庇护救助工作的指导意见 …… 164
妇联组织受理家庭暴力投诉工作规程（试行） …… 168
家庭暴力受害人证据收集指引 …… 171
防治职场性骚扰指导手册 …… 173
最高人民法院　全国妇联　教育部　公安部　民政部　司法部　卫生健康委关于加强人身安全保护令制度贯彻实施的意见 …… 189
最高人民法院关于办理人身安全保护令案件适用法律若干问题的规定 …… 193
中国反对拐卖人口行动计划（2021—2030年） …… 196

文化教育权益……211

中华人民共和国教育法（摘录） …… 211
中华人民共和国职业教育法（摘录） …… 213
中华人民共和国公共文化服务保障法（摘录） …… 214

劳动权益……215

中华人民共和国劳动法（摘录） …… 215
中华人民共和国劳动合同法（摘录） …… 218
中华人民共和国就业促进法（摘录） …… 219
中华人民共和国工会法（摘录） …… 220
中华人民共和国公务员法（摘录） …… 222
劳动保障监察条例（摘录） …… 223
人力资源市场暂行条例（摘录） …… 225

女职工劳动保护特别规定 …………………………………………… 226
女职工保健工作规定 ………………………………………………… 229
就业服务与就业管理规定（摘录） ………………………………… 233
人力资源社会保障部　教育部等九部门关于进一步规范招聘行为促进妇女就业的通知 ………………………………………………… 235
人力资源社会保障部　国家发展改革委　交通运输部　应急部　市场监管总局　国家医保局　最高人民法院　全国总工会关于维护新就业形态劳动者劳动保障权益的指导意见 ………… 238

财产权益……………………………………………………………242

中华人民共和国农村土地承包法（摘录） ………………………… 242
关于切实维护农村妇女土地承包权益的通知 …………………… 244
中共中央　国务院关于稳步推进农村集体产权制度改革的意见（摘录） ……………………………………………………………… 247
民政部　中央组织部　中央政法委　中央文明办　司法部　农业农村部　全国妇联关于做好村规民约和居民公约工作的指导意见（摘录） ……………………………………………………… 248
国土资源部关于进一步加快宅基地和集体建设用地确权登记发证有关问题的通知（摘录） ……………………………………… 250
中央农村工作领导小组办公室　农业农村部　中央组织部　国家发展改革委　财政部　自然资源部　中国人民银行　税务总局　国家档案局　全国妇联关于扎实做好当前重点工作如期完成农村集体产权制度改革阶段性任务的通知（摘录） ……………………………………………………………… 251

婚姻家庭权益………………………………………………………252

婚姻登记条例 ………………………………………………………… 252

最高人民法院关于适用《中华人民共和国民法典》婚姻家庭编的解释（一） …………………………………………… 256
最高人民法院关于适用《中华人民共和国民法典》继承编的解释（一） …………………………………………… 268
最高人民法院关于进一步深化家事审判方式和工作机制改革的意见（试行） …………………………………………… 273
最高人民法院　全国妇联关于进一步加强合作建立健全妇女儿童权益保护工作机制的通知 ………………………… 281
全国妇联　中央综治办　最高人民法院　公安部　民政部　司法部关于做好婚姻家庭纠纷预防化解工作的意见 ………… 284

其他……………………………………………………………… 290

中华人民共和国法律援助法（摘录） ………………………… 290
中华人民共和国广告法（摘录） ……………………………… 293
中华人民共和国治安管理处罚法（摘录） …………………… 295
中华人民共和国社区矫正法（摘录） ………………………… 297
中华人民共和国公职人员政务处分法（摘录） ……………… 299
中华人民共和国社会保险法（摘录） ………………………… 300
社会救助暂行办法（摘录） …………………………………… 301
国务院办公厅关于全面推进生育保险和职工基本医疗保险合并实施的意见（摘录） ………………………………………… 302
艾滋病防治条例（摘录） ……………………………………… 303
娱乐场所管理条例（摘录） …………………………………… 304
公安机关办理行政案件程序规定（摘录） …………………… 306
最高人民检察院关于人民检察院直接受理立案侦查案件立案标准的规定（试行）（摘录） …………………………… 308

第二部分　关于保障未成年人权益

中华人民共和国未成年人保护法 …………………………………… 310

中华人民共和国预防未成年人犯罪法 ……………………………… 331

中华人民共和国刑事诉讼法（摘录） ……………………………… 341

中华人民共和国义务教育法（摘录） ……………………………… 344

中华人民共和国家庭教育促进法 …………………………………… 347

中华人民共和国网络安全法（摘录） ……………………………… 355

中华人民共和国个人信息保护法（摘录） ………………………… 356

中华人民共和国疫苗管理法（摘录） ……………………………… 357

中华人民共和国道路交通安全法（摘录） ………………………… 359

中国儿童发展纲要（2021—2030年） ……………………………… 360

未成年人学校保护规定 ……………………………………………… 388

未成年人节目管理规定 ……………………………………………… 399

儿童个人信息网络保护规定（摘录） ……………………………… 406

未成年工特殊保护规定 ……………………………………………… 408

禁止使用童工规定 …………………………………………………… 411

关于建立侵害未成年人案件强制报告制度的意见（试行） …… 414

最高人民法院　最高人民检察院　公安部　司法部关于依法严惩利用未成年人实施黑恶势力犯罪的意见 ………………………… 418

最高人民检察院关于对涉嫌盗窃的不满16周岁未成年人采取刑事拘留强制措施是否违法问题的批复 ……………………………… 422

最高人民法院　最高人民检察院　公安部　司法部关于依法惩治性侵害未成年人犯罪的意见 …………………………………… 423

教育部办公厅关于进一步加强中小学（幼儿园）预防性侵害学生工作的通知 ………………………………………………………… 429

教育部　公安部　共青团中央　全国妇联关于做好预防少年儿童遭受性侵工作的意见 …… 431
国务院办公厅关于促进3岁以下婴幼儿照护服务发展的指导意见（摘录） …… 434
国务院关于加强农村留守儿童关爱保护工作的意见 …… 435
国务院办公厅关于加强孤儿保障工作的意见 …… 442
国务院办公厅关于加强和改进流浪未成年人救助保护工作的意见 …… 446
国家卫生计生委关于做好农村留守儿童健康关爱工作的通知 …… 451
关于印发《最高人民检察院关于全面加强未成年人国家司法救助工作的意见》的通知 …… 454
最高人民法院　最高人民检察院　公安部　民政部印发《关于依法处理监护人侵害未成年人权益行为若干问题的意见》的通知 …… 459
最高人民检察院关于印发《检察机关加强未成年人司法保护八项措施》的通知 …… 467
中华人民共和国人民法院法庭规则（摘录） …… 470

第一部分

关于保障妇女权益

综合

中华人民共和国宪法

（根据2018年3月11日第十三届全国人民代表大会第一次会议通过的《中华人民共和国宪法修正案》修正）

（摘录）

……

第三十三条 凡具有中华人民共和国国籍的人都是中华人民共和国公民。

中华人民共和国公民在法律面前一律平等。

国家尊重和保障人权。

任何公民享有宪法和法律规定的权利，同时必须履行宪法和法律规定的义务。

第三十四条 中华人民共和国年满十八周岁的公民，不分民族、种族、性别、职业、家庭出身、宗教信仰、教育程度、财产状况、居住期限，都有选举权和被选举权；但是依照法律被剥夺政治权利的人除外。

……

第四十六条 中华人民共和国公民有受教育的权利和义务。

国家培养青年、少年、儿童在品德、智力、体质等方面全面发展。

……

第四十八条 中华人民共和国妇女在政治的、经济的、文化的、社会的和家庭的生活等各方面享有同男子平等的权利。

国家保护妇女的权利和利益，实行男女同工同酬，培养和选拔妇女干部。

第四十九条 婚姻、家庭、母亲和儿童受国家的保护。

夫妻双方有实行计划生育的义务。

父母有抚养教育未成年子女的义务，成年子女有赡养扶助父母的义务。

禁止破坏婚姻自由，禁止虐待老人、妇女和儿童。

……

中华人民共和国刑法

（根据2020年12月26日第十三届全国人民代表大会常务委员会第二十四次会议通过的《中华人民共和国刑法修正案（十一）》修正）

（摘录）

……

第十七条　已满十六周岁的人犯罪，应当负刑事责任。

已满十四周岁不满十六周岁的人，犯故意杀人、故意伤害致人重伤或者死亡、强奸、抢劫、贩卖毒品、放火、爆炸、投放危险物质罪的，应当负刑事责任。

已满十二周岁不满十四周岁的人，犯故意杀人、故意伤害罪，致人死亡或者以特别残忍手段致人重伤造成严重残疾，情节恶劣，经最高人民检察院核准追诉的，应当负刑事责任。

对依照前三款规定追究刑事责任的不满十八周岁的人，应当从轻或者减轻处罚。

因不满十六周岁不予刑事处罚的，责令其父母或者其他监护人加以管教；在必要的时候，依法进行专门矫治教育。

第十七条之一　已满七十五周岁的人故意犯罪的，可以从轻或者减轻处罚；过失犯罪的，应当从轻或者减轻处罚。

……

第二百三十六条　以暴力、胁迫或者其他手段强奸妇女的，处三年以上十年以下有期徒刑。

奸淫不满十四周岁的幼女的，以强奸论，从重处罚。

强奸妇女、奸淫幼女，有下列情形之一的，处十年以上有期徒刑、无期徒刑或者死刑：

（一）强奸妇女、奸淫幼女情节恶劣的；

（二）强奸妇女、奸淫幼女多人的；

（三）在公共场所当众强奸妇女、奸淫幼女的；

（四）二人以上轮奸的；

（五）奸淫不满十周岁的幼女或者造成幼女伤害的；

（六）致使被害人重伤、死亡或者造成其他严重后果的。

第二百三十六条之一 对已满十四周岁不满十六周岁的未成年女性负有监护、收养、看护、教育、医疗等特殊职责的人员，与该未成年女性发生性关系的，处三年以下有期徒刑；情节恶劣的，处三年以上十年以下有期徒刑。

有前款行为，同时又构成本法第二百三十六条规定之罪的，依照处罚较重的规定定罪处罚。

第二百三十七条 以暴力、胁迫或者其他方法强制猥亵他人或者侮辱妇女的，处五年以下有期徒刑或者拘役。

聚众或者在公共场所当众犯前款罪的，或者有其他恶劣情节的，处五年以上有期徒刑。

猥亵儿童的，处五年以下有期徒刑；有下列情形之一的，处五年以上有期徒刑：

（一）猥亵儿童多人或者多次的；

（二）聚众猥亵儿童的，或者在公共场所当众猥亵儿童，情节恶劣的；

（三）造成儿童伤害或者其他严重后果的；

（四）猥亵手段恶劣或者有其他恶劣情节的。

……

第二百三十九条 以勒索财物为目的绑架他人的，或者绑架他人作为人质的，处十年以上有期徒刑或者无期徒刑，并处罚金或者没收财产；情节较轻的，处五年以上十年以下有期徒刑，并处罚金。

犯前款罪，杀害被绑架人的，或者故意伤害被绑架人，致人重伤、死亡的，处无期徒刑或者死刑，并处没收财产。

以勒索财物为目的偷盗婴幼儿的，依照前两款的规定处罚。

第二百四十条 拐卖妇女、儿童的，处五年以上十年以下有期徒刑，并处罚金；有下列情形之一的，处十年以上有期徒刑或者无期徒刑，并处罚金或者没收财产；情节特别严重的，处死刑，并处没收财产：

（一）拐卖妇女、儿童集团的首要分子；

（二）拐卖妇女、儿童三人以上的；

（三）奸淫被拐卖的妇女的；

（四）诱骗、强迫被拐卖的妇女卖淫或者将被拐卖的妇女卖给他人迫使其卖淫的；

（五）以出卖为目的，使用暴力、胁迫或者麻醉方法绑架妇女、儿童的；

（六）以出卖为目的，偷盗婴幼儿的；

（七）造成被拐卖的妇女、儿童或者其亲属重伤、死亡或者其他严重后果的；

（八）将妇女、儿童卖往境外的。

拐卖妇女、儿童是指以出卖为目的，有拐骗、绑架、收买、贩卖、接送、中转妇女、儿童的行为之一的。

第二百四十一条 收买被拐卖的妇女、儿童的，处三年以下有期徒刑、拘役或者管制。

收买被拐卖的妇女，强行与其发生性关系的，依照本法第二百三十六条的规定定罪处罚。

收买被拐卖的妇女、儿童，非法剥夺、限制其人身自由或者有伤害、侮辱等犯罪行为的，依照本法的有关规定定罪处罚。

收买被拐卖的妇女、儿童，并有第二款、第三款规定的犯罪行为的，依照数罪并罚的规定处罚。

收买被拐卖的妇女、儿童又出卖的，依照本法第二百四十条的规定定罪处罚。

收买被拐卖的妇女、儿童，对被买儿童没有虐待行为，不阻碍对其进行解救的，可以从轻处罚；按照被买妇女的意愿，不阻碍其返回原居住地的，可以从轻或者减轻处罚。

第二百四十二条 以暴力、威胁方法阻碍国家机关工作人员解救被收买的妇女、儿童的，依照本法第二百七十七条的规定定罪处罚。

聚众阻碍国家机关工作人员解救被收买的妇女、儿童的首要分子，处五年以下有期徒刑或者拘役；其他参与者使用暴力、威胁方法的，依照前款的规定处罚。

……

第二百四十四条之一 违反劳动管理法规，雇用未满十六周岁的未成年人从事超强度体力劳动的，或者从事高空、井下作业的，或者在爆炸性、易燃性、放射性、毒害性等危险环境下从事劳动，情节严重的，对直接责任人员，处三年以下有期徒刑或者拘役，并处罚金；情节特别严重的，处三年以上七年以下有期徒刑，并处罚金。

有前款行为，造成事故，又构成其他犯罪的，依照数罪并罚的规定处罚。

……

第二百六十条 虐待家庭成员，情节恶劣的，处二年以下有期徒刑、拘役或者管制。

犯前款罪，致使被害人重伤、死亡的，处二年以上七年以下有期徒刑。

第一款罪，告诉的才处理，但被害人没有能力告诉，或者因受到强制、威吓无法告诉的除外。

第二百六十条之一 对未成年人、老年人、患病的人、残疾人等负有监护、看护职责的人虐待被监护、看护的人，情节恶劣的，处三年以下有期徒刑或者拘役。

单位犯前款罪的，对单位判处罚金，并对其直接负责的主管人员和其他直接责任人员，依照前款的规定处罚。

有第一款行为，同时构成其他犯罪的，依照处罚较重的规定定罪处罚。

第二百六十一条 对于年老、年幼、患病或者其他没有独立生活能力的人，负有扶养义务而拒绝扶养，情节恶劣的，处五年以下有期徒刑、拘役或者管制。

第二百六十二条 拐骗不满十四周岁的未成年人，脱离家庭或者监护人的，处五年以下有期徒刑或者拘役。

第二百六十二条之一 以暴力、胁迫手段组织残疾人或者不满十四周岁的未成年人乞讨的，处三年以下有期徒刑或者拘役，并处罚金；情节严重的，处三年以上七年以下有期徒刑，并处罚金。

第二百六十二条之二 组织未成年人进行盗窃、诈骗、抢夺、敲诈勒索等违反治安管理活动的，处三年以下有期徒刑或者拘役，并处罚金；情节严重的，处三年以上七年以下有期徒刑，并处罚金。

……

第三百条 组织、利用会道门、邪教组织或者利用迷信破坏国家法律、行政法规实施的，处三年以上七年以下有期徒刑，并处罚金；情节特别严重的，处七年以上有期徒刑或者无期徒刑，并处罚金或者没收财产；情节较轻的，处三年以下有期徒刑、拘役、管制或者剥夺政治权利，并处或者单处罚金。

组织、利用会道门、邪教组织或者利用迷信蒙骗他人，致人重伤、死亡的，依照前款的规定处罚。

犯第一款罪又有奸淫妇女、诈骗财物等犯罪行为的，依照数罪并罚的规定处罚。

第三百零一条 聚众进行淫乱活动的，对首要分子或者多次参加的，处五年以下有期徒刑、拘役或者管制。

引诱未成年人参加聚众淫乱活动的，依照前款的规定从重处罚。

……

第三百五十八条　组织、强迫他人卖淫的，处五年以上十年以下有期徒刑，并处罚金；情节严重的，处十年以上有期徒刑或者无期徒刑，并处罚金或者没收财产。

组织、强迫未成年人卖淫的，依照前款的规定从重处罚。

犯前两款罪，并有杀害、伤害、强奸、绑架等犯罪行为的，依照数罪并罚的规定处罚。

为组织卖淫的人招募、运送人员或者有其他协助组织他人卖淫行为的，处五年以下有期徒刑，并处罚金；情节严重的，处五年以上十年以下有期徒刑，并处罚金。

第三百五十九条　引诱、容留、介绍他人卖淫的，处五年以下有期徒刑、拘役或者管制，并处罚金；情节严重的，处五年以上有期徒刑，并处罚金。

引诱不满十四周岁的幼女卖淫的，处五年以上有期徒刑，并处罚金。

……

第三百六十四条　传播淫秽的书刊、影片、音像、图片或者其他淫秽物品，情节严重的，处二年以下有期徒刑、拘役或者管制。

组织播放淫秽的电影、录像等音像制品的，处三年以下有期徒刑、拘役或者管制，并处罚金；情节严重的，处三年以上十年以下有期徒刑，并处罚金。

制作、复制淫秽的电影、录像等音像制品组织播放的，依照第二款的规定从重处罚。

向不满十八周岁的未成年人传播淫秽物品的，从重处罚。

……

第四百一十六条　对被拐卖、绑架的妇女、儿童负有解救职责的国家机关工作人员，接到被拐卖、绑架的妇女、儿童及其家属的解救要求或者接到其他人的举报，而对被拐卖、绑架的妇女、儿童不进行解救，造成严重后果的，处五年以下有期徒刑或者拘役。

负有解救职责的国家机关工作人员利用职务阻碍解救的，处二年以上七年以下有期徒刑；情节较轻的，处二年以下有期徒刑或者拘役。

……

中华人民共和国民法典

（2020年5月28日第十三届全国人民代表大会第三次会议通过）

（摘录）

第一编　总　则

……

第十六条　涉及遗产继承、接受赠与等胎儿利益保护的，胎儿视为具有民事权利能力。但是，胎儿娩出时为死体的，其民事权利能力自始不存在。

第十七条　十八周岁以上的自然人为成年人。不满十八周岁的自然人为未成年人。

第十八条　成年人为完全民事行为能力人，可以独立实施民事法律行为。

十六周岁以上的未成年人，以自己的劳动收入为主要生活来源的，视为完全民事行为能力人。

第十九条　八周岁以上的未成年人为限制民事行为能力人，实施民事法律行为由其法定代理人代理或者经其法定代理人同意、追认；但是，可以独立实施纯获利益的民事法律行为或者与其年龄、智力相适应的民事法律行为。

第二十条　不满八周岁的未成年人为无民事行为能力人，由其法定代理人代理实施民事法律行为。

第二十一条　不能辨认自己行为的成年人为无民事行为能力人，由其法定代理人代理实施民事法律行为。

八周岁以上的未成年人不能辨认自己行为的，适用前款规定。

第二十二条　不能完全辨认自己行为的成年人为限制民事行为能力人，实施民事法律行为由其法定代理人代理或者经其法定代理人同意、追认；但是，可以独立实施纯获利益的民事法律行为或者与其智力、精神健康状况相适应的民事法律行为。

第二十三条　无民事行为能力人、限制民事行为能力人的监护人是其法定代理人。

第二十四条　不能辨认或者不能完全辨认自己行为的成年人，其利害关系人或者有关组织，可以向人民法院申请认定该成年人为无民事行为能力人或者限制民事行为能力人。

被人民法院认定为无民事行为能力人或者限制民事行为能力人的，经本人、利害关系人或者有关组织申请，人民法院可以根据其智力、精神健康恢复的状况，认定该成年人恢复为限制民事行为能力人或者完全民事行为能力人。

本条规定的有关组织包括：居民委员会、村民委员会、学校、医疗机构、妇女联合会、残疾人联合会、依法设立的老年人组织、民政部门等。

……

第二节 监 护

第二十六条 父母对未成年子女负有抚养、教育和保护的义务。

成年子女对父母负有赡养、扶助和保护的义务。

第二十七条 父母是未成年子女的监护人。

未成年人的父母已经死亡或者没有监护能力的，由下列有监护能力的人按顺序担任监护人：

（一）祖父母、外祖父母；

（二）兄、姐；

（三）其他愿意担任监护人的个人或者组织，但是须经未成年人住所地的居民委员会、村民委员会或者民政部门同意。

第二十八条 无民事行为能力或者限制民事行为能力的成年人，由下列有监护能力的人按顺序担任监护人：

（一）配偶；

（二）父母、子女；

（三）其他近亲属；

（四）其他愿意担任监护人的个人或者组织，但是须经被监护人住所地的居民委员会、村民委员会或者民政部门同意。

第二十九条 被监护人的父母担任监护人的，可以通过遗嘱指定监护人。

第三十条 依法具有监护资格的人之间可以协议确定监护人。协议确定监护人应当尊重被监护人的真实意愿。

第三十一条 对监护人的确定有争议的，由被监护人住所地的居民委员会、村民委员会或者民政部门指定监护人，有关当事人对指定不服的，可以向人民法院申请指定监护人；有关当事人也可以直接向人民法院申请指定监护人。

居民委员会、村民委员会、民政部门或者人民法院应当尊重被监护人的真实意愿，按照最有利于被监护人的原则在依法具有监护资格的人中指定监护人。

依据本条第一款规定指定监护人前，被监护人的人身权利、财产权利以及其他合法权益处于无人保护状态的，由被监护人住所地的居民委员会、村民委员会、法律规定的有关组织或者民政部门担任临时监护人。

监护人被指定后，不得擅自变更；擅自变更的，不免除被指定的监护人的责任。

第三十二条 没有依法具有监护资格的人的，监护人由民政部门担任，也可以由具备履行监护职责条件的被监护人住所地的居民委员会、村民委员会担任。

第三十三条 具有完全民事行为能力的成年人，可以与其近亲属、其他愿意担任监护人的个人或者组织事先协商，以书面形式确定自己的监护人，在自己丧失或者部分丧失民事行为能力时，由该监护人履行监护职责。

第三十四条 监护人的职责是代理被监护人实施民事法律行为，保护被监护人的人身权利、财产权利以及其他合法权益等。

监护人依法履行监护职责产生的权利，受法律保护。

监护人不履行监护职责或者侵害被监护人合法权益的，应当承担法律责任。

因发生突发事件等紧急情况，监护人暂时无法履行监护职责，被监护人的生活处于无人照料状态的，被监护人住所地的居民委员会、村民委员会或者民政部门应当为被监护人安排必要的临时生活照料措施。

第三十五条 监护人应当按照最有利于被监护人的原则履行监护职责。监护人除为维护被监护人利益外，不得处分被监护人的财产。

未成年人的监护人履行监护职责，在作出与被监护人利益有关的决定时，应当根据被监护人的年龄和智力状况，尊重被监护人的真实意愿。

成年人的监护人履行监护职责，应当最大程度地尊重被监护人的真实意愿，保障并协助被监护人实施与其智力、精神健康状况相适应的民事法律行为。对被监护人有能力独立处理的事务，监护人不得干涉。

第三十六条 监护人有下列情形之一的，人民法院根据有关个人或者组织的申请，撤销其监护人资格，安排必要的临时监护措施，并按照最有利于被监护人的原则依法指定监护人：

（一）实施严重损害被监护人身心健康的行为；

（二）怠于履行监护职责，或者无法履行监护职责且拒绝将监护职责部分或者全部委托给他人，导致被监护人处于危困状态；

（三）实施严重侵害被监护人合法权益的其他行为。

本条规定的有关个人、组织包括：其他依法具有监护资格的人，居民委员会、村民委员会、学校、医疗机构、妇女联合会、残疾人联合会、未成年人保护组织、依法设立的老年人组织、民政部门等。

前款规定的个人和民政部门以外的组织未及时向人民法院申请撤销监护人资格的，民政部门应当向人民法院申请。

第三十七条　依法负担被监护人抚养费、赡养费、扶养费的父母、子女、配偶等，被人民法院撤销监护人资格后，应当继续履行负担的义务。

第三十八条　被监护人的父母或者子女被人民法院撤销监护人资格后，除对被监护人实施故意犯罪的外，确有悔改表现的，经其申请，人民法院可以在尊重被监护人真实意愿的前提下，视情况恢复其监护人资格，人民法院指定的监护人与被监护人的监护关系同时终止。

第三十九条　有下列情形之一的，监护关系终止：

（一）被监护人取得或者恢复完全民事行为能力；

（二）监护人丧失监护能力；

（三）被监护人或者监护人死亡；

（四）人民法院认定监护关系终止的其他情形。

监护关系终止后，被监护人仍然需要监护的，应当依法另行确定监护人。

……

第五章　民事权利

第一百零九条　自然人的人身自由、人格尊严受法律保护。

第一百一十条　自然人享有生命权、身体权、健康权、姓名权、肖像权、名誉权、荣誉权、隐私权、婚姻自主权等权利。

法人、非法人组织享有名称权、名誉权和荣誉权。

第一百一十一条　自然人的个人信息受法律保护。任何组织或者个人需要获取他人个人信息的，应当依法取得并确保信息安全，不得非法收集、使用、加工、传输他人个人信息，不得非法买卖、提供或者公开他人个人信息。

第一百一十二条　自然人因婚姻家庭关系等产生的人身权利受法律保护。

……

第一百二十八条　法律对未成年人、老年人、残疾人、妇女、消费者等的民事权利保护有特别规定的，依照其规定。

……

第九章　诉讼时效

……

第一百九十一条　未成年人遭受性侵害的损害赔偿请求权的诉讼时效期间，自受害人年满十八周岁之日起计算。

……

第五编　婚姻家庭

第一章　一般规定

……

第一千零四十一条　婚姻家庭受国家保护。

实行婚姻自由、一夫一妻、男女平等的婚姻制度。

保护妇女、未成年人、老年人、残疾人的合法权益。

第一千零四十二条　禁止包办、买卖婚姻和其他干涉婚姻自由的行为。禁止借婚姻索取财物。

禁止重婚。禁止有配偶者与他人同居。

禁止家庭暴力。禁止家庭成员间的虐待和遗弃。

第一千零四十三条　家庭应当树立优良家风，弘扬家庭美德，重视家庭文明建设。

夫妻应当互相忠实，互相尊重，互相关爱；家庭成员应当敬老爱幼，互相帮助，维护平等、和睦、文明的婚姻家庭关系。

第一千零四十四条　收养应当遵循最有利于被收养人的原则，保障被收养人和收养人的合法权益。

禁止借收养名义买卖未成年人。

第一千零四十五条　亲属包括配偶、血亲和姻亲。

配偶、父母、子女、兄弟姐妹、祖父母、外祖父母、孙子女、外孙子女为近亲属。

配偶、父母、子女和其他共同生活的近亲属为家庭成员。

第二章　结　婚

第一千零四十六条　结婚应当男女双方完全自愿，禁止任何一方对另一方加以强迫，禁止任何组织或者个人加以干涉。

第一千零四十七条　结婚年龄，男不得早于二十二周岁，女不得早于二十周岁。

第一千零四十八条　直系血亲或者三代以内的旁系血亲禁止结婚。

第一千零四十九条　要求结婚的男女双方应当亲自到婚姻登记机关申请结婚登记。符合本法规定的，予以登记，发给结婚证。完成结婚登记，即确立婚姻关系。未办理结婚登记的，应当补办登记。

第一千零五十条　登记结婚后，按照男女双方约定，女方可以成为男方家庭的成员，男方可以成为女方家庭的成员。

第一千零五十一条　有下列情形之一的，婚姻无效：

（一）重婚；

（二）有禁止结婚的亲属关系；

（三）未到法定婚龄。

第一千零五十二条　因胁迫结婚的，受胁迫的一方可以向人民法院请求撤销婚姻。

请求撤销婚姻的，应当自胁迫行为终止之日起一年内提出。

被非法限制人身自由的当事人请求撤销婚姻的，应当自恢复人身自由之日起一年内提出。

第一千零五十三条　一方患有重大疾病的，应当在结婚登记前如实告知另一方；不如实告知的，另一方可以向人民法院请求撤销婚姻。

请求撤销婚姻的，应当自知道或者应当知道撤销事由之日起一年内提出。

第一千零五十四条　无效的或者被撤销的婚姻自始没有法律约束力，当事人不具有夫妻的权利和义务。同居期间所得的财产，由当事人协议处理；协议不成的，由人民法院根据照顾无过错方的原则判决。对重婚导致的无效婚姻的财产处理，不得侵害合法婚姻当事人的财产权益。当事人所生的子女，适用本法关于父母子女的规定。

婚姻无效或者被撤销的，无过错方有权请求损害赔偿。

第三章　家庭关系

第一节　夫妻关系

第一千零五十五条　夫妻在婚姻家庭中地位平等。

第一千零五十六条　夫妻双方都有各自使用自己姓名的权利。

第一千零五十七条　夫妻双方都有参加生产、工作、学习和社会活动的自由，一方不得对另一方加以限制或者干涉。

第一千零五十八条　夫妻双方平等享有对未成年子女抚养、教育和保护的权利，共同承担对未成年子女抚养、教育和保护的义务。

第一千零五十九条　夫妻有相互扶养的义务。

需要扶养的一方，在另一方不履行扶养义务时，有要求其给付扶养费的权利。

第一千零六十条　夫妻一方因家庭日常生活需要而实施的民事法律行为，对夫妻双方发生效力，但是夫妻一方与相对人另有约定的除外。

夫妻之间对一方可以实施的民事法律行为范围的限制，不得对抗善意相对人。

第一千零六十一条　夫妻有相互继承遗产的权利。

第一千零六十二条　夫妻在婚姻关系存续期间所得的下列财产，为夫妻的共同财产，归夫妻共同所有：

（一）工资、奖金、劳务报酬；

（二）生产、经营、投资的收益；

（三）知识产权的收益；

（四）继承或者受赠的财产，但是本法第一千零六十三条第三项规定的除外；

（五）其他应当归共同所有的财产。

夫妻对共同财产，有平等的处理权。

第一千零六十三条　下列财产为夫妻一方的个人财产：

（一）一方的婚前财产；

（二）一方因受到人身损害获得的赔偿或者补偿；

（三）遗嘱或者赠与合同中确定只归一方的财产；

（四）一方专用的生活用品；

（五）其他应当归一方的财产。

第一千零六十四条　夫妻双方共同签名或者夫妻一方事后追认等共同意思表示所负的债务，以及夫妻一方在婚姻关系存续期间以个人名义为家庭日常生活需要所负的债务，属于夫妻共同债务。

夫妻一方在婚姻关系存续期间以个人名义超出家庭日常生活需要所负的债务，不属于夫妻共同债务；但是，债权人能够证明该债务用于夫妻共同生活、共同生产经营或者基于夫妻双方共同意思表示的除外。

第一千零六十五条　男女双方可以约定婚姻关系存续期间所得的财产以及婚前财产归各自所有、共同所有或者部分各自所有、部分共同所有。约定应当采用书面形式。没有约定或者约定不明确的，适用本法第一千零六十二条、第一千零六十三条的规定。

夫妻对婚姻关系存续期间所得的财产以及婚前财产的约定，对双方具有法律约束力。

夫妻对婚姻关系存续期间所得的财产约定归各自所有，夫或者妻一方对外所负的债务，相对人知道该约定的，以夫或者妻一方的个人财产清偿。

第一千零六十六条　婚姻关系存续期间，有下列情形之一的，夫妻一方可以向人民法院请求分割共同财产：

（一）一方有隐藏、转移、变卖、毁损、挥霍夫妻共同财产或者伪造夫妻共同债务等严重损害夫妻共同财产利益的行为；

（二）一方负有法定扶养义务的人患重大疾病需要医治，另一方不同意支付相关医疗费用。

第二节　父母子女关系和其他近亲属关系

第一千零六十七条　父母不履行抚养义务的，未成年子女或者不能独立生活的成年子女，有要求父母给付抚养费的权利。

成年子女不履行赡养义务的，缺乏劳动能力或者生活困难的父母，有要求成年子女给付赡养费的权利。

第一千零六十八条　父母有教育、保护未成年子女的权利和义务。未成年子女造成他人损害的，父母应当依法承担民事责任。

第一千零六十九条　子女应当尊重父母的婚姻权利，不得干涉父母离婚、再婚以及婚后的生活。子女对父母的赡养义务，不因父母的婚姻关系变化而终止。

第一千零七十条　父母和子女有相互继承遗产的权利。

第一千零七十一条 非婚生子女享有与婚生子女同等的权利，任何组织或者个人不得加以危害和歧视。

不直接抚养非婚生子女的生父或者生母，应当负担未成年子女或者不能独立生活的成年子女的抚养费。

第一千零七十二条 继父母与继子女间，不得虐待或者歧视。

继父或者继母和受其抚养教育的继子女间的权利义务关系，适用本法关于父母子女关系的规定。

第一千零七十三条 对亲子关系有异议且有正当理由的，父或者母可以向人民法院提起诉讼，请求确认或者否认亲子关系。

对亲子关系有异议且有正当理由的，成年子女可以向人民法院提起诉讼，请求确认亲子关系。

第一千零七十四条 有负担能力的祖父母、外祖父母，对于父母已经死亡或者父母无力抚养的未成年孙子女、外孙子女，有抚养的义务。

有负担能力的孙子女、外孙子女，对于子女已经死亡或者子女无力赡养的祖父母、外祖父母，有赡养的义务。

第一千零七十五条 有负担能力的兄、姐，对于父母已经死亡或者父母无力抚养的未成年弟、妹，有扶养的义务。

由兄、姐扶养长大的有负担能力的弟、妹，对于缺乏劳动能力又缺乏生活来源的兄、姐，有扶养的义务。

第四章 离 婚

第一千零七十六条 夫妻双方自愿离婚的，应当签订书面离婚协议，并亲自到婚姻登记机关申请离婚登记。

离婚协议应当载明双方自愿离婚的意思表示和对子女抚养、财产以及债务处理等事项协商一致的意见。

第一千零七十七条 自婚姻登记机关收到离婚登记申请之日起三十日内，任何一方不愿意离婚的，可以向婚姻登记机关撤回离婚登记申请。

前款规定期限届满后三十日内，双方应当亲自到婚姻登记机关申请发给离婚证；未申请的，视为撤回离婚登记申请。

第一千零七十八条 婚姻登记机关查明双方确实是自愿离婚，并已经对子女抚养、财产以及债务处理等事项协商一致的，予以登记，发给离婚证。

第一千零七十九条 夫妻一方要求离婚的，可以由有关组织进行调解或者直接向人民法院提起离婚诉讼。

人民法院审理离婚案件，应当进行调解；如果感情确已破裂，调解无效的，应当准予离婚。

有下列情形之一，调解无效的，应当准予离婚：

（一）重婚或者与他人同居；

（二）实施家庭暴力或者虐待、遗弃家庭成员；

（三）有赌博、吸毒等恶习屡教不改；

（四）因感情不和分居满二年；

（五）其他导致夫妻感情破裂的情形。

一方被宣告失踪，另一方提起离婚诉讼的，应当准予离婚。

经人民法院判决不准离婚后，双方又分居满一年，一方再次提起离婚诉讼的，应当准予离婚。

第一千零八十条　完成离婚登记，或者离婚判决书、调解书生效，即解除婚姻关系。

第一千零八十一条　现役军人的配偶要求离婚，应当征得军人同意，但是军人一方有重大过错的除外。

第一千零八十二条　女方在怀孕期间、分娩后一年内或者终止妊娠后六个月内，男方不得提出离婚；但是，女方提出离婚或者人民法院认为确有必要受理男方离婚请求的除外。

第一千零八十三条　离婚后，男女双方自愿恢复婚姻关系的，应当到婚姻登记机关重新进行结婚登记。

第一千零八十四条　父母与子女间的关系，不因父母离婚而消除。离婚后，子女无论由父或者母直接抚养，仍是父母双方的子女。

离婚后，父母对于子女仍有抚养、教育、保护的权利和义务。

离婚后，不满两周岁的子女，以由母亲直接抚养为原则。已满两周岁的子女，父母双方对抚养问题协议不成的，由人民法院根据双方的具体情况，按照最有利于未成年子女的原则判决。子女已满八周岁的，应当尊重其真实意愿。

第一千零八十五条　离婚后，子女由一方直接抚养的，另一方应当负担部分或者全部抚养费。负担费用的多少和期限的长短，由双方协议；协议不成的，由人民法院判决。

前款规定的协议或者判决，不妨碍子女在必要时向父母任何一方提出超过协议或者判决原定数额的合理要求。

第一千零八十六条 离婚后，不直接抚养子女的父或者母，有探望子女的权利，另一方有协助的义务。

行使探望权利的方式、时间由当事人协议；协议不成的，由人民法院判决。

父或者母探望子女，不利于子女身心健康的，由人民法院依法中止探望；中止的事由消失后，应当恢复探望。

第一千零八十七条 离婚时，夫妻的共同财产由双方协议处理；协议不成的，由人民法院根据财产的具体情况，按照照顾子女、女方和无过错方权益的原则判决。

对夫或者妻在家庭土地承包经营中享有的权益等，应当依法予以保护。

第一千零八十八条 夫妻一方因抚育子女、照料老年人、协助另一方工作等负担较多义务的，离婚时有权向另一方请求补偿，另一方应当给予补偿。具体办法由双方协议；协议不成的，由人民法院判决。

第一千零八十九条 离婚时，夫妻共同债务应当共同偿还。共同财产不足清偿或者财产归各自所有的，由双方协议清偿；协议不成的，由人民法院判决。

第一千零九十条 离婚时，如果一方生活困难，有负担能力的另一方应当给予适当帮助。具体办法由双方协议；协议不成的，由人民法院判决。

第一千零九十一条 有下列情形之一，导致离婚的，无过错方有权请求损害赔偿：

（一）重婚；

（二）与他人同居；

（三）实施家庭暴力；

（四）虐待、遗弃家庭成员；

（五）有其他重大过错。

第一千零九十二条 夫妻一方隐藏、转移、变卖、毁损、挥霍夫妻共同财产，或者伪造夫妻共同债务企图侵占另一方财产的，在离婚分割夫妻共同财产时，对该方可以少分或者不分。离婚后，另一方发现有上述行为的，可以向人民法院提起诉讼，请求再次分割夫妻共同财产。

第五章　收　养

第一节　收养关系的成立

第一千零九十三条 下列未成年人，可以被收养：

（一）丧失父母的孤儿；

（二）查找不到生父母的未成年人；

（三）生父母有特殊困难无力抚养的子女。

第一千零九十四条　下列个人、组织可以作送养人：

（一）孤儿的监护人；

（二）儿童福利机构；

（三）有特殊困难无力抚养子女的生父母。

第一千零九十五条　未成年人的父母均不具备完全民事行为能力且可能严重危害该未成年人的，该未成年人的监护人可以将其送养。

第一千零九十六条　监护人送养孤儿的，应当征得有抚养义务的人同意。有抚养义务的人不同意送养、监护人不愿意继续履行监护职责的，应当依照本法第一编的规定另行确定监护人。

第一千零九十七条　生父母送养子女，应当双方共同送养。生父母一方不明或者查找不到的，可以单方送养。

第一千零九十八条　收养人应当同时具备下列条件：

（一）无子女或者只有一名子女；

（二）有抚养、教育和保护被收养人的能力；

（三）未患有在医学上认为不应当收养子女的疾病；

（四）无不利于被收养人健康成长的违法犯罪记录；

（五）年满三十周岁。

第一千零九十九条　收养三代以内旁系同辈血亲的子女，可以不受本法第一千零九十三条第三项、第一千零九十四条第三项和第一千一百零二条规定的限制。

华侨收养三代以内旁系同辈血亲的子女，还可以不受本法第一千零九十八条第一项规定的限制。

第一千一百条　无子女的收养人可以收养两名子女；有子女的收养人只能收养一名子女。

收养孤儿、残疾未成年人或者儿童福利机构抚养的查找不到生父母的未成年人，可以不受前款和本法第一千零九十八条第一项规定的限制。

第一千一百零一条　有配偶者收养子女，应当夫妻共同收养。

第一千一百零二条　无配偶者收养异性子女的，收养人与被收养人的年龄应当相差四十周岁以上。

第一千一百零三条 继父或者继母经继子女的生父母同意，可以收养继子女，并可以不受本法第一千零九十三条第三项、第一千零九十四条第三项、第一千零九十八条和第一千一百条第一款规定的限制。

第一千一百零四条 收养人收养与送养人送养，应当双方自愿。收养八周岁以上未成年人的，应当征得被收养人的同意。

第一千一百零五条 收养应当向县级以上人民政府民政部门登记。收养关系自登记之日起成立。

收养查找不到生父母的未成年人的，办理登记的民政部门应当在登记前予以公告。

收养关系当事人愿意签订收养协议的，可以签订收养协议。

收养关系当事人各方或者一方要求办理收养公证的，应当办理收养公证。

县级以上人民政府民政部门应当依法进行收养评估。

第一千一百零六条 收养关系成立后，公安机关应当按照国家有关规定为被收养人办理户口登记。

第一千一百零七条 孤儿或者生父母无力抚养的子女，可以由生父母的亲属、朋友抚养；抚养人与被抚养人的关系不适用本章规定。

第一千一百零八条 配偶一方死亡，另一方送养未成年子女的，死亡一方的父母有优先抚养的权利。

第一千一百零九条 外国人依法可以在中华人民共和国收养子女。

外国人在中华人民共和国收养子女，应当经其所在国主管机关依照该国法律审查同意。收养人应当提供由其所在国有权机构出具的有关其年龄、婚姻、职业、财产、健康、有无受过刑事处罚等状况的证明材料，并与送养人签订书面协议，亲自向省、自治区、直辖市人民政府民政部门登记。

前款规定的证明材料应当经收养人所在国外交机关或者外交机关授权的机构认证，并经中华人民共和国驻该国使领馆认证，但是国家另有规定的除外。

第一千一百一十条 收养人、送养人要求保守收养秘密的，其他人应当尊重其意愿，不得泄露。

第二节 收养的效力

第一千一百一十一条 自收养关系成立之日起，养父母与养子女间的权利义务关系，适用本法关于父母子女关系的规定；养子女与养父母的近亲属间的权利义务关系，适用本法关于子女与父母的近亲属关系的规定。

养子女与生父母以及其他近亲属间的权利义务关系，因收养关系的成立而消除。

第一千一百一十二条　养子女可以随养父或者养母的姓氏，经当事人协商一致，也可以保留原姓氏。

第一千一百一十三条　有本法第一编关于民事法律行为无效规定情形或者违反本编规定的收养行为无效。

无效的收养行为自始没有法律约束力。

第三节　收养关系的解除

第一千一百一十四条　收养人在被收养人成年以前，不得解除收养关系，但是收养人、送养人双方协议解除的除外。养子女八周岁以上的，应当征得本人同意。

收养人不履行抚养义务，有虐待、遗弃等侵害未成年养子女合法权益行为的，送养人有权要求解除养父母与养子女间的收养关系。送养人、收养人不能达成解除收养关系协议的，可以向人民法院提起诉讼。

第一千一百一十五条　养父母与成年养子女关系恶化、无法共同生活的，可以协议解除收养关系。不能达成协议的，可以向人民法院提起诉讼。

第一千一百一十六条　当事人协议解除收养关系的，应当到民政部门办理解除收养关系登记。

第一千一百一十七条　收养关系解除后，养子女与养父母以及其他近亲属间的权利义务关系即行消除，与生父母以及其他近亲属间的权利义务关系自行恢复。但是，成年养子女与生父母以及其他近亲属间的权利义务关系是否恢复，可以协商确定。

第一千一百一十八条　收养关系解除后，经养父母抚养的成年养子女，对缺乏劳动能力又缺乏生活来源的养父母，应当给付生活费。因养子女成年后虐待、遗弃养父母而解除收养关系的，养父母可以要求养子女补偿收养期间支出的抚养费。

生父母要求解除收养关系的，养父母可以要求生父母适当补偿收养期间支出的抚养费；但是，因养父母虐待、遗弃养子女而解除收养关系的除外。

……

第六编　继　承

……

第二章　法定继承

第一千一百二十六条　继承权男女平等。

第一千一百二十七条　遗产按照下列顺序继承：

（一）第一顺序：配偶、子女、父母；

（二）第二顺序：兄弟姐妹、祖父母、外祖父母。

继承开始后，由第一顺序继承人继承，第二顺序继承人不继承；没有第一顺序继承人继承的，由第二顺序继承人继承。

本编所称子女，包括婚生子女、非婚生子女、养子女和有扶养关系的继子女。

本编所称父母，包括生父母、养父母和有扶养关系的继父母。

本编所称兄弟姐妹，包括同父母的兄弟姐妹、同父异母或者同母异父的兄弟姐妹、养兄弟姐妹、有扶养关系的继兄弟姐妹。

第一千一百二十八条　被继承人的子女先于被继承人死亡的，由被继承人的子女的直系晚辈血亲代位继承。

被继承人的兄弟姐妹先于被继承人死亡的，由被继承人的兄弟姐妹的子女代位继承。

代位继承人一般只能继承被代位继承人有权继承的遗产份额。

第一千一百二十九条　丧偶儿媳对公婆，丧偶女婿对岳父母，尽了主要赡养义务的，作为第一顺序继承人。

第一千一百三十条　同一顺序继承人继承遗产的份额，一般应当均等。

对生活有特殊困难又缺乏劳动能力的继承人，分配遗产时，应当予以照顾。

对被继承人尽了主要扶养义务或者与被继承人共同生活的继承人，分配遗产时，可以多分。

有扶养能力和有扶养条件的继承人，不尽扶养义务的，分配遗产时，应当不分或者少分。

继承人协商同意的，也可以不均等。

第一千一百三十一条　对继承人以外的依靠被继承人扶养的人，或者继承人以外的对被继承人扶养较多的人，可以分给适当的遗产。

第一千一百三十二条　继承人应当本着互谅互让、和睦团结的精神，协商处理继承问题。遗产分割的时间、办法和份额，由继承人协商确定；协商不成的，可以由人民调解委员会调解或者向人民法院提起诉讼。

……

第四章　遗产的处理

……

第一千一百五十三条　夫妻共同所有的财产，除有约定的外，遗产分割时，应当先将共同所有的财产的一半分出为配偶所有，其余的为被继承人的遗产。

遗产在家庭共有财产之中的，遗产分割时，应当先分出他人的财产。

……

第一千一百五十五条　遗产分割时，应当保留胎儿的继承份额。胎儿娩出时是死体的，保留的份额按照法定继承办理。

第一千一百五十六条　遗产分割应当有利于生产和生活需要，不损害遗产的效用。

不宜分割的遗产，可以采取折价、适当补偿或者共有等方法处理。

第一千一百五十七条　夫妻一方死亡后另一方再婚的，有权处分所继承的财产，任何组织或者个人不得干涉。

……

第七编　侵权责任

第一章　一般规定

……

第一千一百六十九条　教唆、帮助他人实施侵权行为的，应当与行为人承担连带责任。

……

第三章　责任主体的特殊规定

第一千一百八十八条　无民事行为能力人、限制民事行为能力人造成他人损害的，由监护人承担侵权责任。监护人尽到监护职责的，可以减轻其侵权责任。

有财产的无民事行为能力人、限制民事行为能力人造成他人损害的，从本人财产中支付赔偿费用；不足部分，由监护人赔偿。

第一千一百八十九条 无民事行为能力人、限制民事行为能力人造成他人损害，监护人将监护职责委托给他人的，监护人应当承担侵权责任；受托人有过错的，承担相应的责任。

第一千一百九十九条 无民事行为能力人在幼儿园、学校或者其他教育机构学习、生活期间受到人身损害的，幼儿园、学校或者其他教育机构应当承担侵权责任；但是，能够证明尽到教育、管理职责的，不承担侵权责任。

第一千二百条 限制民事行为能力人在学校或者其他教育机构学习、生活期间受到人身损害，学校或者其他教育机构未尽到教育、管理职责的，应当承担侵权责任。

第一千二百零一条 无民事行为能力人或者限制民事行为能力人在幼儿园、学校或者其他教育机构学习、生活期间，受到幼儿园、学校或者其他教育机构以外的第三人人身损害的，由第三人承担侵权责任；幼儿园、学校或者其他教育机构未尽到管理职责的，承担相应的补充责任。幼儿园、学校或者其他教育机构承担补充责任后，可以向第三人追偿。

……

《中华人民共和国民法典》释义

夏吟兰　夏江皓*

《中华人民共和国民法典》（以下简称民法典）的颁布标志着中国法律进入“法典化”时代，这是中国法制史上的里程碑，是民事法律制度走向系统化、完备化和科学化的显著标注。民法典涉及社会生活的方方面面，被誉为“社会生活的百科全书”。习近平总书记强调，民法典是一部体现我国社会主义性质、符合人民利益和愿望、顺应时代发展要求的民法典，是一部体现对生命健康、财产安全、交易便利、生活幸福、人格尊严等各方面权利平等保护的民法典，是一部具有鲜明中国特色、实践特色、时代特色的民法典。民法典对推进全面依法治国、加快建设社会主义法治国家，对发展社会主义市场经济、巩固社会主义基本经济制度，对坚持以人民为中心的发展思想、依法维护人民权益、推动我国人权事业发展，对推进国家治理体系和治理能力现代化，都具有重大意义。① 民法典与妇女、儿童的权益密切相关，其中有诸多关系妇女、儿童权益保障的重要内容，充分体现了对妇女、儿童等特殊群体利益的照顾与关怀，为保护妇女、儿童的合法权益提供了有效的法律保障。

一、总则编

民法典第四条是关于平等原则的规定：“民事主体在民事活动中的法律地位一律平等。”平等原则是指民事主体，无论法人、自然人还是非法人组织，无论自然人是男、女、老、少、贫、富，无论法人或非法人组织规模大小、经济实力雄厚与否，在从事民事活动时，他们相互之间在法律地位上都是平等的，他们的合法权益受到法律的平等保护。本条规定的平等原则是宪法平等原则在民法中的贯彻和落实，平等原则是民法的前提和基础，是国家立法规范民

* 夏吟兰，中国政法大学教授；夏江皓，中国政法大学讲师。

① 参见习近平：《充分认识颁布实施民法典重大意义　依法更好保障人民合法权益》，中华人民共和国中央人民政府网站，http://www.gov.cn/xinwen/2020-06/15/content_5519578.htm。

事法律关系的逻辑起点。[①] 平等原则的确立有利于在民事活动中落实对妇女、儿童权益的保护，妇女、儿童在民事活动中享有与其他主体同样的法律地位，不因性别、年龄等因素而受到不平等地区别对待。

民法典第六条是关于公平原则的规定："民事主体从事民事活动，应当遵循公平原则，合理确定各方的权利和义务。"公平原则要求民事主体从事民事活动时要秉持公平理念，公正、平允、合理地确定各方的权利和义务，并依法承担相应的民事责任。公平原则体现了民法促进社会公平正义的基本价值，对规范民事主体的行为发挥着重要作用。公平原则要求民事主体在从事民事活动时，按照公平观念行使权利、履行义务，特别是对于双方民事法律行为，要求一方的权利和义务应当相适应，双方之间的权利和义务应当对等，不能一方只承担义务另一方只享有权利，也不能一方享有的权利和义务相差悬殊。[②] 公平原则不仅要求实现民事主体的形式公平，还要求实质公平。就妇女、儿童权益的保护而言，妇女、儿童群体因为性别和年龄等因素可能在生理和心理上存在一定的特殊性，因此在民事活动中应当要体察和关怀妇女、儿童的特殊风险和特征，合理地确定妇女、儿童的权利和义务，给付妇女、儿童特殊的照顾和保护，以实现法律的实质公平。

民法典第八条是关于守法和公序良俗原则的规定："民事主体从事民事活动，不得违反法律，不得违背公序良俗。"守法和公序良俗原则是现代民法的一项重要基本原则，该原则要求自然人、法人和非法人组织在从事民事活动时，不得违反各种法律的强制性规定，不得违背公共秩序和善良风俗。公共秩序是指政治、经济、文化等领域的基本秩序和根本理念，是与国家和社会整体利益相关的基础性原则、价值和秩序。善良风俗是指基于社会主流道德观念的习俗，也被称为社会公共道德，是全体社会成员所普遍认可、遵循的道德准则。[③] 尊老爱幼、关爱妇女是中华民族的传统美德，也是为全体社会成员普遍认可的道德准则，民事主体从事民事活动时维护妇女、儿童的合法权益是民事主体遵循公序良俗的重要体现，对妇女、儿童合法权益的侵害是对公诉良俗的违背。因此，民事主体从事民事活动时应当尊重、保护和关怀妇女、儿童，弘扬中华民族传统美德和社会公共道德，维护社会公共秩序，实现个体利益与社

① 参见黄薇主编：《中华人民共和国民法典总则编释义》，法律出版社 2020 年版，第 21-22 页。

② 参见黄薇主编：《中华人民共和国民法典总则编释义》，法律出版社 2020 年版，第 39-41 页。

③ 参见黄薇主编：《中华人民共和国民法典总则编释义》，法律出版社 2020 年版，第 32 页。

会公共利益的平衡。

民法典第十六条是关于胎儿利益保护的特别规定："涉及遗产继承、接受赠与等胎儿利益保护的，胎儿视为具有民事权利能力。但是，胎儿娩出时为死体的，其民事权利能力自始不存在。"自然人的民事权利能力始于出生，胎儿尚未与母体分离，不是独立的自然人，不能依据民事权利能力的一般规定进行保护。法律有必要对胎儿利益的保护作出特别规定。依据本条规定，涉及遗产继承、接受赠与等胎儿利益保护的，胎儿视为具有民事权利能力。采用"视为"一词主要是表明，自然人从出生起具有民事权利能力，胎儿尚未出生，本不具有民事权利能力，但又有必要在特定情形下对胎儿的利益进行保护，赋予胎儿民事权利能力，从而更加周延地保护儿童利益，因此本条采用"视为"具有民事权利能力的表述。[①]

民法典第十九条和第二十条分别是关于限制民事行为能力和无民事行为能力未成年人的规定。相较于民法通则第十二条，本条将限制民事行为能力的未成年人的年龄下限由十周岁下调至八周岁，相应地将无民事行为能力的未成年人的年龄上限由十周岁下调至八周岁。随着社会的进步和教育水平的提高，儿童的认知能力、适应能力和自我承担能力有了很大提高，法律上适当降低限制民事行为能力的未成年人年龄下限标准，以符合现代未成年人心理、生理发展的特点，有利于未成年人从事与其年龄、智力相适应的民事活动，更好地尊重未成年人的自治意识，保护其合法权益。

依据民法典第十九条的规定，八周岁以上的未成年人为限制民事行为能力人，他们心智发育仍然不够成熟，实施民事法律行为一般应当由其法定代理人代理，或者经其法定代理人同意、追认。但是八周岁以上的未成年人已经具有一定的辨认识别能力，法律应当允许其独立实施一定的民事法律行为，可以独立实施的民事法律行为包括两类：一类是纯获利的民事法律行为，例如接受赠与等，限制民事行为能力的未成年人通常不会因这类行为遭受不利，可以独立实施。另一类是与其年龄、智力相适应的民事法律行为，例如购买学习用品等，限制民事行为能力的未成年人对实施这类行为有相应的认知能力，可以独立实施。[②]依据民法典第二十条的规定，八周岁以下的未成年人不具有独立从事民事法律行为的资格，要由其法定代理人代理实施民事法律行为，例如购买

---

① 参见黄薇主编：《中华人民共和国民法典总则编释义》，法律出版社 2020 年版，第 46-48 页。

② 参见黄薇主编：《中华人民共和国民法典总则编释义》，法律出版社 2020 年版，第 58-59 页。

玩具等行为，都需要由父母等法定代理人代理实施。

民法典第三十五条规定了关于履行监护职责应当遵循的原则。确立监护人履行监护职责的原则，有利于指导监护人履行监护职责的行为，保护被监护人的人身、财产权利及其他合法权益。本条第一款规定：“监护人应当按照最有利于被监护人的原则履行监护职责。监护人除为维护被监护人利益外，不得处分被监护人的财产。”由此确立了最有利于被监护人的原则，在监护中贯彻落实了儿童最佳利益原则。监护人履行监护职责时，需要综合各方面因素进行权衡，选择最有利于被监护人的方案，采取最有利于被监护人的措施，使被监护人的利益最大化。对被监护人财产的处分，也必须是为了维护被监护人的利益，如为了被监护人的生活、教育等，防止监护人任意处分被监护人的财产导致其财产权益受损，并且对财产的处分也要符合最有利于被监护人的原则。①

本条第二款规定：“未成年人的监护人履行监护职责，在作出与被监护人利益有关的决定时，应当根据被监护人的年龄和智力状况，尊重被监护人的真实意愿。”体现了对未成年人自主意愿的尊重，符合儿童最佳利益原则。依据本款规定，未成年人的监护人在作出与未成年人的利益有关的决定时，应当征求并考虑未成年人的意见，并根据未成年人的年龄、成熟度以及其意见是否有利于自己的最佳利益来决定是否予以采纳。该款可以结合民法典第一千零八十四条第三款进行体系解释。

民法典第三十六条规定了监护人资格的撤销，以更好地解决和处理实践中可能发生的监护人侵害被监护人权益的情形，保护被监护人的合法权益。根据本条第一款的规定，法院根据申请撤销监护人资格的适用情形主要包括以下几种情况：第一，监护人实施严重损害被监护人身心健康行为的，例如性侵害、出卖、遗弃、虐待、暴力伤害被监护人等。第二，监护人怠于履行监护职责，或者无法履行监护职责并且拒绝将监护职责部分或全部委托给他人，导致被监护人处于危困状态的，例如父母有吸毒、赌博等恶习，怠于履行监护职责，导致儿童面临严重危险；父母外出打工，也没有将监护职责委托给他人，留下年龄较小的儿童独立在家生活，处于危困状态等。第三是兜底性固定，只要监护人有严重侵害被监护人合法权益行为的，均可以撤销监护人资格，例如教唆、利用儿童实施违法犯罪行为等。撤销监护人资格诉讼往往要持续一定的时间，在此期间内，如果被监护人的人身、财产等合法权益处于无人保护状态的，人

---

① 参见黄薇主编：《中华人民共和国民法典总则编释义》，法律出版社 2020 年版，第 96 页。

民法院应当安排必要的临时监护措施。原监护人资格被撤销的，人民法院应当按照最有利于被监护人的原则依法指定监护人。[①]

民法典第一百九十一条增加了关于未成年人遭受性侵害的损害赔偿请求权的诉讼时效期间起算规则的特殊规定，将其确定为“自受害人年满十八周岁之日起计算”。本条对于保护未成年人，特别是保护遭受性侵害的未成年人起到了重要的推动作用。现实中，由于受到传统社会观念的影响，不少遭受性侵害的未成年人及其监护人有所顾忌，往往不愿或不敢公开寻求法律保护。受害人成年之后想自己寻求法律救济，却往往已经超过诉讼时效期间。正是基于此种考虑，本条对未成年人遭受性侵害的损害赔偿请求权的诉讼时效期间起算规则进行了特殊的规定，由此给遭受性侵害的未成年人成年后提供了寻求法律救济的机会，更好地保护了未成年人的合法权益。[②]

二、人格权编

人格权是民事主体的基本权利，关系到每个人的尊严，保护人格权、维护人格尊严是我国法治建设的重要任务。民法典将人格权独立成编，将实践中需要保护的重要人格利益通过正面规定的方式确定为法定权利，通过较为完善的人格权保护体系将我国的人格权保护提升到了一个新的高度，有利于全面维护民事主体享有的生命权、身体权、健康权、姓名权、肖像权、名誉权、荣誉权、隐私权等权利。相应地，人格权编的制定与实施对于尊重和保护妇女、儿童享有的生命权、身体权、健康权、姓名权、肖像权、名誉权、荣誉权、隐私权等各项人格权利起到了极大的积极推动作用，妇女、儿童的人格权一旦遭到侵害，便可直接诉诸人格权编的相应法律规范，寻求有效的法律救济。

民法典第一千零一十条特别对“性骚扰”问题作出了规定：“违背他人意愿，以言语、文字、图像、肢体行为等方式对他人实施性骚扰的，受害人有权依法请求行为人承担民事责任。机关、企业、学校等单位应当采取合理的预防、受理投诉、调查处置等措施，防止和制止利用职权、从属关系等实施性骚扰。”由此，一方面为遭受性骚扰的当事人寻求民法典的法律救济提供了依据；另一方面明确要求机关、企业、学校等单位采取合理的措施防止和制止性骚扰行为。通过对性骚扰问题明文规定的方式，对引导个人以友善的行为方式处理

---

① 参见黄薇主编：《中华人民共和国民法典总则编释义》，法律出版社 2020 年版，第 114 页。

② 参见黄薇主编：《中华人民共和国民法典总则编释义》，法律出版社 2020 年版，第 510 页。

人际关系、保护性骚扰受害人的合法权益起到了积极的推动作用。

民法典第一千零一十五条是关于自然人姓氏选择规则的规定。相较于婚姻法第二十二条“子女可以随父姓，可以随母姓”的规定，本条增加了自然人可以在父姓或母姓之外选取姓氏的特别规定，一定程度上扩大了自然人的姓氏选取范围，丰富了儿童的姓氏选择。一般情况下，子女随父姓或者母姓，这在我国有深厚的传统文化伦理基础，为社会普遍遵循，因此，本条规定“自然人应当随父姓或者母姓”对于维护中华民族的传统文化、伦理观念和社会主义核心价值观至关重要。同时，鉴于社会生活和民事活动的复杂性以及各民族因历史文化传统、民族习惯和宗教信仰等体现的姓氏文化差异，法律应当考虑一些公民在父姓和母姓之外选取姓氏的合理需求，因此本条还规定“有下列情形之一的，可以在父姓或母姓之外选取姓氏：（一）选取其他直系长辈血亲的姓氏；（二）因由法定扶养人以外的人扶养而选取扶养人姓氏；（三）有不违背公序良俗的其他正当理由”。通过一般性和例外性规定的结合，找到平衡点，既符合多数人利益，也能兼顾少数人利益，更有效地保护自然人的姓名权。①

民法典第一千零三十五条规定了处理个人信息应当遵循的原则，其中第一款规定：“（一）征得该自然人或者其监护人同意，但是法律、行政法规另有规定的除外。”由此，自然人因年龄、精神等原因为无民事行为能力或者限制民事行为能力人时，应当由其监护人决定是否同意他人处理其个人信息，这突出强调了对未成年人等行为能力欠缺者的特别保护，加强了未成年人的个人信息安全。

三、婚姻家庭编

新中国婚姻立法有明确规定基本原则的立法传统，早在1950年婚姻法就明确规定了婚姻法的四大基本原则：婚姻自由、一夫一妻、男女平等、保护妇女和儿童的合法权益。1980年婚姻法和2001年婚姻法修正案根据我国国情和社会发展的需要进一步丰富和发展了婚姻法的基本原则，但上述四大基本原则仍然坚持不变。同样，民法典婚姻家庭编延续了四大基本原则，在婚姻家庭编的“一般规定”中提纲挈领地规定了“实行婚姻自由、一夫一妻、男女平等的婚姻制度”、“保护妇女、未成年人、老年人、残疾人的合法权益”。②这些基

---

① 参见黄薇主编：《中华人民共和国民法典人格权编释义》，法律出版社2020年版，第120页。

② 参见民法典第一千零四十一条第二、三款。保护残疾人的合法权益是民法典新增加的内容。

本原则和导向性规定明确强调了对妇女、儿童等特殊群体合法权益的关注和保护，已经成为我国基本的主流的婚姻家庭价值观念，成为公民在婚姻家庭生活中共同承认与遵循的基本准则与基本精神。[①]

另外，民法典婚姻家庭编在“一般规定”中还增加了“婚姻家庭受国家保护”[②]的规定，充分体现了国家保护婚姻家庭关系及婚姻家庭成员的义务和责任，体现了国家对婚姻家庭关系及婚姻家庭成员合法权益的重视；增加了“树立优良家风、弘扬家庭美德、重视家庭文明建设”[③]的规定，强化社会主义核心价值观在婚姻家庭中的引领导向作用，其立法目的就是要倡导社会主义的婚姻家庭价值观，保护婚姻家庭关系，发扬尊老爱幼、男女平等、夫妻和睦、勤俭持家、邻里团结等中华民族的传统美德；增加了“收养应当遵循最有利于被收养人的原则，保障被收养人和收养人的合法权益”[④]的原则，强化了收养过程中对儿童最佳利益原则的贯彻和落实；增加了亲属、近亲属与家庭成员的概括性规定，[⑤]划定了具有法律上权利义务关系的亲属的边界。

民法典第一千零六十条规定了日常家事代理制度：“夫妻一方因家庭日常生活需要而实施的民事法律行为，对夫妻双方发生效力，但是夫妻一方与相对人另有约定的除外。夫妻之间对一方可以实施的民事法律行为范围的限制，不得对抗善意相对人。”在市场经济条件下，夫妻越来越多地投身各种经济活动和民事交易中，如果要求夫妻双方必须事必躬亲，势必会受制于双方在时间和精力上的局限性，增加生活成本。家事代理制度的建立，一方面使得夫妻一方因家庭日常生活需要而实施的民事法律行为能够对夫妻双方发生效力，有效地保护了实际实施民事法律行为一方的合法权益，也提高了夫妻双方处理家庭事务的效率；另一方面，家事代理制度明确了“家庭日常生活需要”的范围，可以减少夫妻一方随意代理另一方的情形发生，同时也有利于保护交易中相对方的合法权益。

具体来说，第一，日常家事是指夫妻共同生活及家庭共同生活日常经常发生的各种事项。第二，日常家事代理权是基于夫妻身份而产生的，夫妻双方法律地位平等，任何一方均有权代理他方，无须明示委托。第三，因日常家事代

---

① 参见夏吟兰：《婚姻家庭编的创新和发展》，《中国法学》2020 年第 4 期。

② 参见民法典第一千零四十一条第一款。

③ 参见民法典第一千零四十三条第一款。

④ 参见民法典第一千零四十四条第一款。

⑤ 参见民法典第一千零四十五条。

理而实施的民事法律行为，对夫妻双方均发生法律效力，被代理的一方应当承担相应的法律责任；善意相对人有理由相信其代理行为合法有效的，法律应当对这种信赖予以保护，从而类推适用关于表见代理的规定，以保护动态的交易安全。第四，夫妻一方因家庭日常生活需要而实施的民事法律行为与相对人另有约定的，不适用家事代理，约定的效力优先。

民法典第一千零六十二条规定了夫妻共同财产的范围。相较于婚姻法第十七条，本条扩大了夫妻共同财产的范围，在夫妻一方的婚后“工资、奖金”之外，将“劳务报酬”增加为夫妻共同财产；[①] 同时，在“生产、经营的收益”之外，将“投资的收益”也规定为夫妻共同财产。[②] 据此，夫妻婚后的股票、期权奖励、房屋租金收益等也应属于夫妻共同财产的范围。法定夫妻共同财产范围的扩大使得婚姻关系的双方当事人能够更加平等、广泛地分享婚后所得的财产利益，更有利于保护因家庭劳动分工不同而更多从事家庭事务和劳动的一方当事人的利益，有利于促进和谐稳定婚姻家庭关系的构建。

同时，非常重要的一点是，民法典第一千零六十二条坚持了夫妻婚后所得共同制为法定夫妻财产制，而并未采取夫妻婚后劳动所得共同制抑或是夫妻分别财产制，由此确保夫妻双方能够在婚姻关系中平等地享有财产利益，维护双方的合法权益。坚持夫妻婚后所得共同制是从我国的现实国情出发，符合我国的社会文化传统和民众习惯，尤其是考虑到了对妇女，特别是一些地区农村妇女权益的有效保护。详言之，尽管我国一直坚持男女平等的基本国策，推动妇女社会地位的提高，然而实践调研显示，部分地区仍然存在男女两性社会经济地位不平等的事实，特别是一些地区农村妇女的合法权益无法得到有效的维护。例如，尽管继承法明确规定继承权男女平等，但实践中一些地区的农村妇女出嫁后根本无法继承“娘家”建造于宅基地上的房屋等财产，如果法律规定她们也无法获得婚后丈夫继承的“夫家”财产，无疑将对其财产权利的保护造成较大冲击。[③] 再如，一些妇女可能因为养育子女、照顾家庭等放弃了原有的职业，没有独立的劳动收入，在这种情况下，实行婚后劳动所得共同制或分别财产制，会造成夫妻事实上的不平等。[④] 因此，民法典坚持夫妻婚后所得共同

---

① 参见民法典第一千零六十二条一款第一项。

② 参见民法典第一千零六十二条一款第二项。

③ 参见王竹青：《论农村妇女土地权益法律保障的体系化构建》，《妇女研究论丛》2017 年第 3 期。

④ 参见黄薇主编：《中华人民共和国民法典婚姻家庭编释义》，法律出版社 2020 年版，第 79 页。

制，规定夫妻在婚姻关系存续期间所得的工资、奖金、劳务报酬，生产、经营、投资的收益，知识产权的收益，继承或者受赠的财产（遗嘱或者赠与合同中确定只归一方的财产除外）等为夫妻共同财产，一方面有利于保障妇女，特别是农村妇女的财产权益，实现夫妻的实质平等；另一方面也更符合夫妻作为生活共同体的要求，有助于维系平等、和睦的家庭关系。

民法典第一千零六十四条规定了夫妻共同债务的认定标准和举证责任分配。本条第一款明确了“夫妻双方共同签名或者夫妻一方事后追认等共同意思表示所负的债务，以及夫妻一方在婚姻关系存续期间以个人名义为家庭日常生活需要所负的债务，属于夫妻共同债务”。首先，本款确立了“共债共签”原则，无论双方举债的目的是为了共同生活、共同经营还是为了其他目的，只要夫妻双方对共同举债达成了意思表示的一致，双方均同意举债，就应当认定为夫妻共同债务。所谓基于共同意思表示，包括举债时共同签名，也包括举债之后以口头或书面形式表示追认。其次，本款也明确一方为日常家事代理所负债务，例如为日常衣食住行、养老育幼等夫妻共同生活及家庭共同生活通常必要的事项所负债务属于夫妻共同债务，但因各地、各家生活状况及生活水平的差异巨大，法官在实践中应当根据具体案件中各地、各家的生活状况及生活水平进行具体的考量。

对于夫妻一方以个人名义超出家庭日常生活需要所负的债务，本条第二款将举证责任倒置给债权人，规定除非债权人能够证明该债务用于夫妻共同生活、共同生产经营或者基于夫妻双方共同意思表示，否则不属于夫妻共同债务。所谓“用于夫妻共同生活、共同生产经营”应当包括：第一，在举债期间购买房产等资产用于共同生活或形成共同财产的；第二，在举债期间对共同从事的生产经营活动进行投资的；第三，在举债期间对以一方名义从事的生产经营活动进行投资，且生产经营的收益用于家庭共同生活的。

民法典对于夫妻共同债务的规定平衡保护了债权人一方和未举债夫妻一方的合法权益，一方面有利于保障夫妻非举债一方对共同财产的知情权和同意权，可以从债务形成源头上尽可能杜绝夫妻一方“被负债”现象发生；另一方面也可以有效避免债权人因事后无法举证证明债务属于夫妻共同债务而遭受不必要的损失，对于保障交易安全和夫妻一方的合法权益具有积极意义。

民法典第一千零六十六条规定了夫妻婚内析产制度，即确立了夫妻婚内共同财产分割的法定重大事由，为夫妻一方当事人在婚姻关系存续期间提供了保护自己财产权利的救济途径。夫妻共同财产在婚姻关系存续期间，以不许可分割为原则，许可分割为例外。这与物权法关于有重大理由可以分割共有财产的规定相一致。夫妻一方只有在出现法定事由时，才可以诉请法院要求分割夫妻共同财产。根据本条的规定，法定事由包括以下两种："（一）一方有隐藏、转移、变卖、毁损、挥霍夫妻共同财产或者伪造夫妻共同债务等严重损害夫妻共同财产利益的行为；（二）一方负有法定扶养义务的人患重大疾病需要医治，另一方不同意支付相关医疗费用。"双方在分割财产后，如果对夫妻财产制没有进行特别约定，仍然适用夫妻婚后所得共同财产制。

民法典第一千零七十三条规定了亲子关系异议制度。亲子关系是家庭关系的重要组成部分，完善亲子关系立法有助于协调、规范和稳定亲子关系和家庭关系，保护特定当事人的合法权益。亲子关系异议包括亲子关系的认领和亲子关系的否认。亲子关系的认领是指权利人请求确认某人是该子女的生物学意义上的父亲。父亲、母亲或成年子女只要能够提出指认某人是其子女或其本人之生父或生母的证明，便有权向法院提起确认之诉，请求确认亲子关系。亲子关系的认领通常发生于非婚生子女，非婚生子女的父母及非婚生子女均可以提起亲子关系的认领之诉。认领包括自愿认领和强制认领。亲子关系的否认是指否认婚姻关系存续期间受胎或出生的子女与其法律意义上的父亲具有亲子关系。父亲或母亲只要能够提出现存亲子关系中的父亲不是或不可能是该子女的生父的证明，便有权向法院提起否认之诉，请求否认亲子关系存在。成年子女仅可以向法院提起确认亲子关系之诉，而不能提起否认之诉，其立法目的是防止成年子女逃避对养育其长大的老年父母。亲子关系的异议，在追求血缘真实的同时，还要考虑亲子关系的稳定性，保障老年人和未成年人的合法权益。①

民法典第一千零七十七条新增了诉讼离婚的离婚冷静期制度。"保障离婚自由、反对轻率离婚"是我国婚姻家庭立法处理离婚问题的指导思想，家庭作为最小的社会细胞，承担着生育、消费、经济、养老育幼、愉快生活、社会安定等一系列功能，家庭对个人、社会和国家都具有重要的价值和意义。近年来，我国离婚率持续上升、登记离婚比例逐渐升高、轻率冲动离婚屡见不鲜，离婚关系到家庭、子女和社会的利益，任何轻率离婚都会给家庭、子女和社会带来不利的后果，因此，立法需要采取适当的措施，在保障离婚自由的同时，防止轻率离婚的发生。②

---

① 参见夏吟兰：《婚姻家庭编的创新和发展》，《中国法学》2020 年第 4 期。

② 参见夏吟兰：《婚姻家庭编的创新和发展》，《中国法学》2020 年第 4 期。

民法典第一千零七十七条的规定给予欲登记离婚的当事人双方三十日的“离婚冷静期”：“自婚姻登记机关收到离婚登记申请之日起三十日内，任何一方不愿意离婚的，可以向婚姻登记机关撤回离婚登记申请。”[①] 在这三十日内，当事人对已经达成的离婚协议进行认真冷静地考虑，从而确保当事人对离婚本身及因此而产生的各种后果，包括离婚后的子女抚养、共同财产的分割、债务清偿、离婚救济等都能够充分地理解并能够承担协议中约定的相应责任；当事人任何一方在这三十日内有反悔的权利，可以向婚姻登记机关撤回离婚登记申请。在三十日的离婚冷静期内，婚姻登记机关不进行实质审查。三十日的冷静期届满后，“双方应当亲自到婚姻登记机关申请发给离婚证；未申请的，视为撤回离婚登记申请”[②]。

通过设立离婚冷静期制度，对离婚自由予以适当的限制，可以防止当事人的草率离婚，保障当事人在法定冷静期内对是否同意离婚及如何处理离婚后的各项事宜可以有时间冷静思考，提高当事人之间意思表示的真实性和一致性，以保护双方当事人及未成年子女的权益，有利于实现未成年子女的最佳利益。同时，把离婚限定在合理的难度内，在平衡个人选择权利的自由时，也能引导更多的人愿意对家庭投入较多的时间和精力，以共享婚姻中的可期待利益，最终实现巩固婚姻关系的目的。[③]

民法典第一千零八十四条规定了离婚后的父母子女关系。第一、二款规定：“父母与子女间的关系，不因父母离婚而消除。离婚后，子女无论由父或者母直接抚养，仍是父母双方的子女。离婚后，父母对于子女仍有抚养、教育、保护的权利和义务。”据此，父母婚姻关系的结束并不影响父母与子女之间的关系，无论子女由父亲或母亲直接抚养，父母双方对子女都具有抚养、教育、保护的权利和义务。

离婚虽然不能消除父母与子女之间的关系，但对子女的抚养方式却会因离婚而发生变化，本条第三款规定了父母离婚后子女由何方直接抚养的问题。儿童最佳利益原则是处理该问题的核心原则，即父母离婚后，子女与何方共同生活的决定必须有利于子女的身心健康，保障子女最佳利益的实现，在此前提下，结合父母双方的抚养能力、抚养条件、子女的具体情况以及父母双方和子

---

① 参见民法典第一千零七十七条第一款。

② 参见民法典第一千零七十七条第二款。

③ 参见夏吟兰：《婚姻家庭编的创新和发展》，《中国法学》2020 年第 4 期。

女的情感联系等各种因素，进行综合考量后作出适当的决定。具体来说，不满两周岁的子女，以由母亲直接抚养为原则；已满两周岁的子女，父母双方对抚养问题协议不成的，由人民法院按照最有利于未成年子女的原则判决。

此外，值得特别强调的是，本条第三款第3句规定："子女已满八周岁的，应当尊重其真实意愿。"儿童的权利不仅包括身体和心智得到健康发展的权利，也包括自决权，儿童本位的特征之一就是儿童的话语体系，因为儿童是直接抚养事项处理结果的直接承受者，他们有权就该事项发表自己的意见，法院应当尊重儿童的意见。在考虑子女的意见时，需要注意以下几点：首先，应当注意子女的年龄与成熟度，只有达到一定年龄及成熟度的子女才有能力对自己由父亲或母亲直接抚养进行判断和表达；其次，应当尽量确保意见确实来自子女，而不是简单地重复来自父亲或母亲告诉他们的观点或者受到父亲或母亲的不当影响；最后，子女的意见并不是绝对的，儿童由于自身的不成熟，可能会作出忽略长远利益或其他对自己不利的选择，如果法院认为子女作出的决定与其最佳利益明显相反，出于保护儿童利益的需要，法院可以不将儿童的意见作为参考。①

民法典第一千零八十七条第一款关于离婚时夫妻共同财产的分割规则，在婚姻法第三十九条第一款根据"照顾子女和女方权益"的原则判决的基础上增加了"照顾无过错方权益"的原则，加大了对婚姻关系中无过错方一方的保护力度。对"过错"的理解，不仅限于离婚损害赔偿条款中列举的导致离婚的重大过错情形，还包括其他违反婚姻义务的过错行为，法院应当根据实际情况进行具体的认定。

由此，在婚姻关系存续期间适用共同财产制的夫妻双方离婚时，共同财产的分割应当首先由双方通过意思自治协议处理；如果协议不成，则应当由人民法院根据财产的具体情况进行判决，判决时需要考虑并照顾子女、女方和无过错方的权益，对子女、女方和无过错方进行适当的特别关照与考量。之所以对夫妻共同财产的分割规则进行此种规定，而非一刀切地规定完全平均分割，主要是考虑到男女两性在生理、心理状况、社会劳动分工、家庭劳动分工等方面可能存在的差异，一方照顾子女需要花费的物质、时间成本，对子女权益的特殊关照以及对婚姻中无过错方的救济，由此使得夫妻共同财产的分割更加符合

---

① 参见夏江皓：《父母离婚后子女与父或母共同生活的确定——以民法典编纂为背景审视〈婚姻法〉第三十六条》，《北京理工大学学报（社会科学版）》2020年第4期。

实质公平的原则。[①]

离婚救济制度是对离婚当事人提供的人身和财产的救济措施，为离婚时处于弱势的一方提供救济措施使其获得法律上的公平正义是离婚立法的重要内容，民法典对离婚救济制度进行了发展和完善。

首先，民法典第一千零八十八条延展了离婚家务劳动补偿的范围，针对婚姻法第四十条规定的离婚家务劳动补偿范围仅限于夫妻分别财产制的局限，民法典第一千零八十八条规定："夫妻一方因抚育子女、照料老年人、协助另一方工作等负担较多义务的，离婚时有权向另一方请求补偿，另一方应当给予补偿。具体办法由双方协议；协议不成的，由人民法院判决。"据此，不仅充分肯定了分别财产制下的家务劳动补偿机制，还将家务劳动补偿有条件地延展至共同财产制，充分肯定了一方在婚姻存续期间负担抚育子女、照料老年人、协助另一方工作等义务的价值，离婚时负担较多家务劳动义务的一方可请求另一方给予补偿。无论是照顾、教育子女，看护、照料老人，还是为另一方准备服装、餐食，搜集资料，协助工作等劳动都可以认定为广义上的家务劳动。具体家务劳动的补偿方法由双方协议；协议不成的，法院可参考夫妻双方的收入差距、婚姻关系存续时间以及一方付出的相应贡献等因素作出判决。离婚时对家务劳动进行补偿，不仅可以在一定程度上让家庭成员认识到家务劳动对家庭的贡献，同时也可以促使社会观念发生一定的改变，充分认可家务劳动的价值，保护为从事家务劳动付出较多时间成本和机会成本的一方当事人。[②]

其次，民法典第一千零九十条规定了离婚经济帮助制度："离婚时，如果一方生活困难，有负担能力的另一方应当给予适当帮助。具体办法由双方协议；协议不成的，由人民法院判决。"通过对离婚时生活困难的一方提供经济帮助，一方面有助于实现婚姻自由，填补一方保持婚姻不被破坏的期待利益；另一方面也有助于对离婚时经济状况处于弱势的一方提供救济，同时减轻国家和社会对困难一方的福利性照顾和帮助。对"生活困难"的界定，不仅应包括一方离婚后不能维持自己的生活，也应包括其生活水平比婚姻关系存续期间显著下降的情形。这种"相对困难标准"能够最大程度地照顾到离婚后生活处于困顿或生活水平明显下降的一方以及未成年子女的权益，更加符合实质公平的

① 参见夏江皓：《离婚财产分割制度的法律适用——以〈民法典〉实施后的实证研究为切入点》，《华中科技大学学报（社会科学版）》2022 年第 1 期。

② 参见夏吟兰：《婚姻家庭编的创新和发展》，《中国法学》2020 年第 4 期。

原则，也与国际社会对需要扶养者普遍采用的原有生活主义或合理生活主义的判断标准相接近。这样可以适当扩大受助者的范围，保证其能够基本维持原有的生活标准，不致在离婚后陷入生活困顿。[①]

最后，民法典第一千零九十一条扩大了适用离婚损害赔偿的过错范围，婚姻法第四十六条规定："有下列情形之一，导致离婚的，无过错方有权请求损害赔偿：（一）重婚的；（二）有配偶者与他人同居的；（三）实施家庭暴力的；（四）虐待、遗弃家庭成员的。"民法典第一千零九十一条在此基础上增加了"（五）有其他重大过错"的兜底条款。通过兜底性规定的增加，扩大了离婚损害赔偿的请求事由，增加了离婚损害赔偿适用的灵活性，也延伸了离婚损害赔偿的保护范围。离婚损害赔偿制度中列举的过错行为都是对他方配偶权利的严重侵害，过错方应当承担民事责任，给受害方予以损害赔偿。除了法律明确列举的过错情形外，法官还应当根据过错情节与伤害后果确定具体何种行为构成第（五）项的"有其他重大过错"情形。情节严重并导致夫妻感情破裂的其他过错的，例如，有第三者情节严重的，犯虐待罪、遗弃罪、强奸罪等，可以认定为"有其他重大过错"的情形。离婚损害赔偿制度通过填补损害、慰抚受害者、惩罚过错方，来达到伸张正义、明辨是非的警示和预防作用，同时保护受害者的合法权益，实现法律的公平和正义。[②]

民法典放宽了收养的实质要件。第一，民法典第一千零九十三条规定了被收养人的条件，相较于收养法第四条，本条扩大了被收养人的范围。收养法第四条将被收养人限制在"不满十四周岁的未成年人"，导致 14 周岁以上不满 18 周岁的未成年人不能被收养。民法典第一千零九十三条取消了收养法"不满十四周岁"的年龄限制，将被收养人的范围扩大到了"未成年人"。第二，民法典第一千零九十八条规定了收养人的条件，相较于收养法第六条"收养人应当同时具备下列条件：（一）无子女"，本条增加了有一名子女亦可收养的规定，即无子女或者只有一名子女均可作为收养人，[③]由此扩大了收养人的范围；同时，本条还增加了收养人应当"无不利于被收养人健康成长的违法犯罪记录"的规定，[④]提高了对收养人的要求，以尽量避免对被收养人健康成长不利

① 参见夏吟兰：《民法分则婚姻家庭编立法研究》，《中国法学》2017 年第 3 期。

② 参见夏吟兰：《民法分则婚姻家庭编立法研究》，《中国法学》2017 年第 3 期。

③ 参见民法典第一千零九十八条第一款第一项。

④ 参见民法典第一千零九十八条第一款第四项。

的情形，更好地保护被收养人的合法权益。第三，民法典第一千一百条增加了收养人收养子女的数额，相较于收养法第八条第一款“收养人只能收养一名子女”，本条第一款规定：“无子女的收养人可以收养两名子女；有子女的收养人只能收养一名子女。”收养条件的放宽，拓宽了收养渠道，鼓励和促进了收养关系的成立，从而更好地保护了有被收养需求的未成年人的合法权益，使其能够通过被收养获得良好的家庭照顾和抚育，同时也更好地满足了收养人的合理需求。[①]

民法典第一千一百零五条第五款增加了民政部门进行收养评估的规定：“县级以上人民政府民政部门应当依法进行收养评估。”通过收养评估，能够更加准确、客观地确定收养人的收养能力和条件，判断收养人是否具备抚养、教育、保护被收养人的能力，从程序和实体两方面保障被收养人的利益，体现最有利于被收养人的基本原则。关于评估机构、评估内容、评估规则、评估程序、评估效力等需要相关规则进行明确的具体化，从而保障收养评估的有效实施。

① 参见夏吟兰：《民法分则婚姻家庭编立法研究》，《中国法学》2017 年第 3 期。

中华人民共和国刑事诉讼法

（根据2018年10月26日第十三届全国人民代表大会常务委员会第六次会议《关于修改〈中华人民共和国刑事诉讼法〉的决定》第三次修正）

（摘录）

……

第六十七条 人民法院、人民检察院和公安机关对有下列情形之一的犯罪嫌疑人、被告人，可以取保候审：

（一）可能判处管制、拘役或者独立适用附加刑的；

（二）可能判处有期徒刑以上刑罚，采取取保候审不致发生社会危险性的；

（三）患有严重疾病、生活不能自理，怀孕或者正在哺乳自己婴儿的妇女，采取取保候审不致发生社会危险性的；

（四）羁押期限届满，案件尚未办结，需要采取取保候审的。

取保候审由公安机关执行。

……

第七十四条 人民法院、人民检察院和公安机关对符合逮捕条件，有下列情形之一的犯罪嫌疑人、被告人，可以监视居住：

（一）患有严重疾病、生活不能自理的；

（二）怀孕或者正在哺乳自己婴儿的妇女；

（三）系生活不能自理的人的唯一扶养人；

（四）因为案件的特殊情况或者办理案件的需要，采取监视居住措施更为适宜的；

（五）羁押期限届满，案件尚未办结，需要采取监视居住措施的。

对符合取保候审条件，但犯罪嫌疑人、被告人不能提出保证人，也不交纳保证金的，可以监视居住。

监视居住由公安机关执行。

……

第一百三十二条 为了确定被害人、犯罪嫌疑人的某些特征、伤害情况或者生理状态，可以对人身进行检查，可以提取指纹信息，采集血液、尿液等生物样本。

犯罪嫌疑人如果拒绝检查，侦查人员认为必要的时候，可以强制检查。

检查妇女的身体，应当由女工作人员或者医师进行。

……

第二百六十五条　对被判处有期徒刑或者拘役的罪犯，有下列情形之一的，可以暂予监外执行：

（一）有严重疾病需要保外就医的；

（二）怀孕或者正在哺乳自己婴儿的妇女；

（三）生活不能自理，适用暂予监外执行不致危害社会的。

对被判处无期徒刑的罪犯，有前款第二项规定情形的，可以暂予监外执行。

对适用保外就医可能有社会危险性的罪犯，或者自伤自残的罪犯，不得保外就医。

对罪犯确有严重疾病，必须保外就医的，由省级人民政府指定的医院诊断并开具证明文件。

在交付执行前，暂予监外执行由交付执行的人民法院决定；在交付执行后，暂予监外执行由监狱或者看守所提出书面意见，报省级以上监狱管理机关或者设区的市一级以上公安机关批准。

……

中华人民共和国妇女权益保障法

（根据 2022 年 10 月 30 日第十三届全国人民代表大会常务委员会第三十七次会议修订）

目　录

第一章　总　则
第二章　政治权利
第三章　人身和人格权益
第四章　文化教育权益
第五章　劳动和社会保障权益
第六章　财产权益
第七章　婚姻家庭权益
第八章　救济措施
第九章　法律责任
第十章　附　则

第一章　总　则

第一条　为了保障妇女的合法权益，促进男女平等和妇女全面发展，充分发挥妇女在全面建设社会主义现代化国家中的作用，弘扬社会主义核心价值观，根据宪法，制定本法。

第二条　男女平等是国家的基本国策。妇女在政治的、经济的、文化的、社会的和家庭的生活等各方面享有同男子平等的权利。

国家采取必要措施，促进男女平等，消除对妇女一切形式的歧视，禁止排斥、限制妇女依法享有和行使各项权益。

国家保护妇女依法享有的特殊权益。

第三条　坚持中国共产党对妇女权益保障工作的领导，建立政府主导、各方协同、社会参与的保障妇女权益工作机制。

各级人民政府应当重视和加强妇女权益的保障工作。

县级以上人民政府负责妇女儿童工作的机构，负责组织、协调、指导、督促有关部门做好妇女权益的保障工作。

县级以上人民政府有关部门在各自的职责范围内做好妇女权益的保障工作。

第四条 保障妇女的合法权益是全社会的共同责任。国家机关、社会团体、企业事业单位、基层群众性自治组织以及其他组织和个人，应当依法保障妇女的权益。

国家采取有效措施，为妇女依法行使权利提供必要的条件。

第五条 国务院制定和组织实施中国妇女发展纲要，将其纳入国民经济和社会发展规划，保障和促进妇女在各领域的全面发展。

县级以上地方各级人民政府根据中国妇女发展纲要，制定和组织实施本行政区域的妇女发展规划，将其纳入国民经济和社会发展规划。

县级以上人民政府应当将妇女权益保障所需经费列入本级预算。

第六条 中华全国妇女联合会和地方各级妇女联合会依照法律和中华全国妇女联合会章程，代表和维护各族各界妇女的利益，做好维护妇女权益、促进男女平等和妇女全面发展的工作。

工会、共产主义青年团、残疾人联合会等群团组织应当在各自的工作范围内，做好维护妇女权益的工作。

第七条 国家鼓励妇女自尊、自信、自立、自强，运用法律维护自身合法权益。

妇女应当遵守国家法律，尊重社会公德、职业道德和家庭美德，履行法律所规定的义务。

第八条 有关机关制定或者修改涉及妇女权益的法律、法规、规章和其他规范性文件，应当听取妇女联合会的意见，充分考虑妇女的特殊权益，必要时开展男女平等评估。

第九条 国家建立健全妇女发展状况统计调查制度，完善性别统计监测指标体系，定期开展妇女发展状况和权益保障统计调查和分析，发布有关信息。

第十条 国家将男女平等基本国策纳入国民教育体系，开展宣传教育，增强全社会的男女平等意识，培育尊重和关爱妇女的社会风尚。

第十一条 国家对保障妇女合法权益成绩显著的组织和个人，按照有关规定给予表彰和奖励。

第二章 政治权利

第十二条 国家保障妇女享有与男子平等的政治权利。

第十三条 妇女有权通过各种途径和形式，依法参与管理国家事务、管理经济和文化事业、管理社会事务。

妇女和妇女组织有权向各级国家机关提出妇女权益保障方面的意见和建议。

第十四条 妇女享有与男子平等的选举权和被选举权。

全国人民代表大会和地方各级人民代表大会的代表中，应当保证有适当数量的妇女代表。国家采取措施，逐步提高全国人民代表大会和地方各级人民代表大会的妇女代表的比例。

居民委员会、村民委员会成员中，应当保证有适当数量的妇女成员。

第十五条 国家积极培养和选拔女干部，重视培养和选拔少数民族女干部。

国家机关、群团组织、企业事业单位培养、选拔和任用干部，应当坚持男女平等的原则，并有适当数量的妇女担任领导成员。

妇女联合会及其团体会员，可以向国家机关、群团组织、企业事业单位推荐女干部。

国家采取措施支持女性人才成长。

第十六条 妇女联合会代表妇女积极参与国家和社会事务的民主协商、民主决策、民主管理和民主监督。

第十七条 对于有关妇女权益保障工作的批评或者合理可行的建议，有关部门应当听取和采纳；对于有关侵害妇女权益的申诉、控告和检举，有关部门应当查清事实，负责处理，任何组织和个人不得压制或者打击报复。

第三章 人身和人格权益

第十八条 国家保障妇女享有与男子平等的人身和人格权益。

第十九条 妇女的人身自由不受侵犯。禁止非法拘禁和以其他非法手段剥夺或者限制妇女的人身自由；禁止非法搜查妇女的身体。

第二十条 妇女的人格尊严不受侵犯。禁止用侮辱、诽谤等方式损害妇女的人格尊严。

第二十一条 妇女的生命权、身体权、健康权不受侵犯。禁止虐待、遗弃、残害、买卖以及其他侵害女性生命健康权益的行为。

禁止进行非医学需要的胎儿性别鉴定和选择性别的人工终止妊娠。

医疗机构施行生育手术、特殊检查或者特殊治疗时，应当征得妇女本人同意；在妇女与其家属或者关系人意见不一致时，应当尊重妇女本人意愿。

第二十二条 禁止拐卖、绑架妇女；禁止收买被拐卖、绑架的妇女；禁止阻碍解救被拐卖、绑架的妇女。

各级人民政府和公安、民政、人力资源和社会保障、卫生健康等部门及村民委员会、居民委员会按照各自的职责及时发现报告，并采取措施解救被拐卖、绑架的妇女，做好被解救妇女的安置、救助和关爱等工作。妇女联合会协助和配合做好有关工作。任何组织和个人不得歧视被拐卖、绑架的妇女。

第二十三条 禁止违背妇女意愿，以言语、文字、图像、肢体行为等方式对其实施性骚扰。

受害妇女可以向有关单位和国家机关投诉。接到投诉的有关单位和国家机关应当及时处理，并书面告知处理结果。

受害妇女可以向公安机关报案，也可以向人民法院提起民事诉讼，依法请求行为人承担民事责任。

第二十四条 学校应当根据女学生的年龄阶段，进行生理卫生、心理健康和自我保护教育，在教育、管理、设施等方面采取措施，提高其防范性侵害、性骚扰的自我保护意识和能力，保障女学生的人身安全和身心健康发展。

学校应当建立有效预防和科学处置性侵害、性骚扰的工作制度。对性侵害、性骚扰女学生的违法犯罪行为，学校不得隐瞒，应当及时通知受害未成年女学生的父母或者其他监护人，向公安机关、教育行政部门报告，并配合相关部门依法处理。

对遭受性侵害、性骚扰的女学生，学校、公安机关、教育行政部门等相关单位和人员应当保护其隐私和个人信息，并提供必要的保护措施。

第二十五条 用人单位应当采取下列措施预防和制止对妇女的性骚扰：

（一）制定禁止性骚扰的规章制度；

（二）明确负责机构或者人员；

（三）开展预防和制止性骚扰的教育培训活动；

（四）采取必要的安全保卫措施；

（五）设置投诉电话、信箱等，畅通投诉渠道；

（六）建立和完善调查处置程序，及时处置纠纷并保护当事人隐私和个人信息；

（七）支持、协助受害妇女依法维权，必要时为受害妇女提供心理疏导；

（八）其他合理的预防和制止性骚扰措施。

第二十六条 住宿经营者应当及时准确登记住宿人员信息，健全住宿服务规章制度，加强安全保障措施；发现可能侵害妇女权益的违法犯罪行为，应当及时向公安机关报告。

第二十七条 禁止卖淫、嫖娼；禁止组织、强迫、引诱、容留、介绍妇女卖淫或者对妇女进行猥亵活动；禁止组织、强迫、引诱、容留、介绍妇女在任何场所或者利用网络进行淫秽表演活动。

第二十八条 妇女的姓名权、肖像权、名誉权、荣誉权、隐私权和个人信息等人格权益受法律保护。

媒体报道涉及妇女事件应当客观、适度，不得通过夸大事实、过度渲染等方式侵害妇女的人格权益。

禁止通过大众传播媒介或者其他方式贬低损害妇女人格。未经本人同意，不得通过广告、商标、展览橱窗、报纸、期刊、图书、音像制品、电子出版物、网络等形式使用妇女肖像，但法律另有规定的除外。

第二十九条 禁止以恋爱、交友为由或者在终止恋爱关系、离婚之后，纠缠、骚扰妇女，泄露、传播妇女隐私和个人信息。

妇女遭受上述侵害或者面临上述侵害现实危险的，可以向人民法院申请人身安全保护令。

第三十条 国家建立健全妇女健康服务体系，保障妇女享有基本医疗卫生服务，开展妇女常见病、多发病的预防、筛查和诊疗，提高妇女健康水平。

国家采取必要措施，开展经期、孕期、产期、哺乳期和更年期的健康知识普及、卫生保健和疾病防治，保障妇女特殊生理时期的健康需求，为有需要的妇女提供心理健康服务支持。

第三十一条 县级以上地方人民政府应当设立妇幼保健机构，为妇女提供保健以及常见病防治服务。

国家鼓励和支持社会力量通过依法捐赠、资助或者提供志愿服务等方式，参与妇女卫生健康事业，提供安全的生理健康用品或者服务，满足妇女多样化、差异化的健康需求。

用人单位应当定期为女职工安排妇科疾病、乳腺疾病检查以及妇女特殊需要的其他健康检查。

第三十二条　妇女依法享有生育子女的权利，也有不生育子女的自由。

第三十三条　国家实行婚前、孕前、孕产期和产后保健制度，逐步建立妇女全生育周期系统保健制度。医疗保健机构应当提供安全、有效的医疗保健服务，保障妇女生育安全和健康。

有关部门应当提供安全、有效的避孕药具和技术，保障妇女的健康和安全。

第三十四条　各级人民政府在规划、建设基础设施时，应当考虑妇女的特殊需求，配备满足妇女需要的公共厕所和母婴室等公共设施。

第四章　文化教育权益

第三十五条　国家保障妇女享有与男子平等的文化教育权利。

第三十六条　父母或者其他监护人应当履行保障适龄女性未成年人接受并完成义务教育的义务。

对无正当理由不送适龄女性未成年人入学的父母或者其他监护人，由当地乡镇人民政府或者县级人民政府教育行政部门给予批评教育，依法责令其限期改正。居民委员会、村民委员会应当协助政府做好相关工作。

政府、学校应当采取有效措施，解决适龄女性未成年人就学存在的实际困难，并创造条件，保证适龄女性未成年人完成义务教育。

第三十七条　学校和有关部门应当执行国家有关规定，保障妇女在入学、升学、授予学位、派出留学、就业指导和服务等方面享有与男子平等的权利。

学校在录取学生时，除国家规定的特殊专业外，不得以性别为由拒绝录取女性或者提高对女性的录取标准。

各级人民政府应当采取措施，保障女性平等享有接受中高等教育的权利和机会。

第三十八条　各级人民政府应当依照规定把扫除妇女中的文盲、半文盲工作，纳入扫盲和扫盲后继续教育规划，采取符合妇女特点的组织形式和工作方法，组织、监督有关部门具体实施。

第三十九条　国家健全全民终身学习体系，为妇女终身学习创造条件。

各级人民政府和有关部门应当采取措施，根据城镇和农村妇女的需要，组织妇女接受职业教育和实用技术培训。

第四十条　国家机关、社会团体和企业事业单位应当执行国家有关规定，保障妇女从事科学、技术、文学、艺术和其他文化活动，享有与男子平等的权利。

第五章　劳动和社会保障权益

第四十一条　国家保障妇女享有与男子平等的劳动权利和社会保障权利。

第四十二条　各级人民政府和有关部门应当完善就业保障政策措施，防止和纠正就业性别歧视，为妇女创造公平的就业创业环境，为就业困难的妇女提供必要的扶持和援助。

第四十三条　用人单位在招录（聘）过程中，除国家另有规定外，不得实施下列行为：

（一）限定为男性或者规定男性优先；

（二）除个人基本信息外，进一步询问或者调查女性求职者的婚育情况；

（三）将妊娠测试作为入职体检项目；

（四）将限制结婚、生育或者婚姻、生育状况作为录（聘）用条件；

（五）其他以性别为由拒绝录（聘）用妇女或者差别化地提高对妇女录（聘）用标准的行为。

第四十四条　用人单位在录（聘）用女职工时，应当依法与其签订劳动（聘用）合同或者服务协议，劳动（聘用）合同或者服务协议中应当具备女职工特殊保护条款，并不得规定限制女职工结婚、生育等内容。

职工一方与用人单位订立的集体合同中应当包含男女平等和女职工权益保护相关内容，也可以就相关内容制定专章、附件或者单独订立女职工权益保护专项集体合同。

第四十五条　实行男女同工同酬。妇女在享受福利待遇方面享有与男子平等的权利。

第四十六条　在晋职、晋级、评聘专业技术职称和职务、培训等方面，应当坚持男女平等的原则，不得歧视妇女。

第四十七条　用人单位应当根据妇女的特点，依法保护妇女在工作和劳动时的安全、健康以及休息的权利。

妇女在经期、孕期、产期、哺乳期受特殊保护。

第四十八条　用人单位不得因结婚、怀孕、产假、哺乳等情形，降低女职工的工资和福利待遇，限制女职工晋职、晋级、评聘专业技术职称和职务，辞退女职工，单方解除劳动（聘用）合同或者服务协议。

女职工在怀孕以及依法享受产假期间，劳动（聘用）合同或者服务协议期满的，劳动（聘用）合同或者服务协议期限自动延续至产假结束。但是，用人单位依法解除、终止劳动（聘用）合同、服务协议，或者女职工依法要求解除、终止劳动（聘用）合同、服务协议的除外。

用人单位在执行国家退休制度时，不得以性别为由歧视妇女。

第四十九条 人力资源和社会保障部门应当将招聘、录取、晋职、晋级、评聘专业技术职称和职务、培训、辞退等过程中的性别歧视行为纳入劳动保障监察范围。

第五十条 国家发展社会保障事业，保障妇女享有社会保险、社会救助和社会福利等权益。

国家提倡和鼓励为帮助妇女而开展的社会公益活动。

第五十一条 国家实行生育保险制度，建立健全婴幼儿托育服务等与生育相关的其他保障制度。

国家建立健全职工生育休假制度，保障孕产期女职工依法享有休息休假权益。

地方各级人民政府和有关部门应当按照国家有关规定，为符合条件的困难妇女提供必要的生育救助。

第五十二条 各级人民政府和有关部门应当采取必要措施，加强贫困妇女、老龄妇女、残疾妇女等困难妇女的权益保障，按照有关规定为其提供生活帮扶、就业创业支持等关爱服务。

第六章 财产权益

第五十三条 国家保障妇女享有与男子平等的财产权利。

第五十四条 在夫妻共同财产、家庭共有财产关系中，不得侵害妇女依法享有的权益。

第五十五条 妇女在农村集体经济组织成员身份确认、土地承包经营、集体经济组织收益分配、土地征收补偿安置或者征用补偿以及宅基地使用等方面，享有与男子平等的权利。

申请农村土地承包经营权、宅基地使用权等不动产登记，应当在不动产登记簿和权属证书上将享有权利的妇女等家庭成员全部列明。征收补偿安置或者征用补偿协议应当将享有相关权益的妇女列入，并记载权益内容。

第五十六条 村民自治章程、村规民约，村民会议、村民代表会议的决定以及其他涉及村民利益事项的决定，不得以妇女未婚、结婚、离婚、丧偶、户无男性等为由，侵害妇女在农村集体经济组织中的各项权益。

因结婚男方到女方住所落户的，男方和子女享有与所在地农村集体经济组织成员平等的权益。

第五十七条 国家保护妇女在城镇集体所有财产关系中的权益。妇女依照法律、法规的规定享有相关权益。

第五十八条 妇女享有与男子平等的继承权。妇女依法行使继承权，不受歧视。

丧偶妇女有权依法处分继承的财产，任何组织和个人不得干涉。

第五十九条 丧偶儿媳对公婆尽了主要赡养义务的，作为第一顺序继承人，其继承权不受子女代位继承的影响。

第七章　婚姻家庭权益

第六十条 国家保障妇女享有与男子平等的婚姻家庭权利。

第六十一条 国家保护妇女的婚姻自主权。禁止干涉妇女的结婚、离婚自由。

第六十二条 国家鼓励男女双方在结婚登记前，共同进行医学检查或者相关健康体检。

第六十三条 婚姻登记机关应当提供婚姻家庭辅导服务，引导当事人建立平等、和睦、文明的婚姻家庭关系。

第六十四条 女方在怀孕期间、分娩后一年内或者终止妊娠后六个月内，男方不得提出离婚；但是，女方提出离婚或者人民法院认为确有必要受理男方离婚请求的除外。

第六十五条 禁止对妇女实施家庭暴力。

县级以上人民政府有关部门、司法机关、社会团体、企业事业单位、基层群众性自治组织以及其他组织，应当在各自的职责范围内预防和制止家庭暴力，依法为受害妇女提供救助。

第六十六条 妇女对夫妻共同财产享有与其配偶平等的占有、使用、收益和处分的权利，不受双方收入状况等情形的影响。

对夫妻共同所有的不动产以及可以联名登记的动产，女方有权要求在权属证书上记载其姓名；认为记载的权利人、标的物、权利比例等事项有错误的，有权依法申请更正登记或者异议登记，有关机构应当按照其申请依法办理相应登记手续。

第六十七条　离婚诉讼期间，夫妻一方申请查询登记在对方名下财产状况且确因客观原因不能自行收集的，人民法院应当进行调查取证，有关部门和单位应当予以协助。

离婚诉讼期间，夫妻双方均有向人民法院申报全部夫妻共同财产的义务。一方隐藏、转移、变卖、损毁、挥霍夫妻共同财产，或者伪造夫妻共同债务企图侵占另一方财产的，在离婚分割夫妻共同财产时，对该方可以少分或者不分财产。

第六十八条　夫妻双方应当共同负担家庭义务，共同照顾家庭生活。

女方因抚育子女、照料老人、协助男方工作等负担较多义务的，有权在离婚时要求男方予以补偿。补偿办法由双方协议确定；协议不成的，可以向人民法院提起诉讼。

第六十九条　离婚时，分割夫妻共有的房屋或者处理夫妻共同租住的房屋，由双方协议解决；协议不成的，可以向人民法院提起诉讼。

第七十条　父母双方对未成年子女享有平等的监护权。

父亲死亡、无监护能力或者有其他情形不能担任未成年子女的监护人的，母亲的监护权任何组织和个人不得干涉。

第七十一条　女方丧失生育能力的，在离婚处理子女抚养问题时，应当在最有利于未成年子女的条件下，优先考虑女方的抚养要求。

第八章　救济措施

第七十二条　对侵害妇女合法权益的行为，任何组织和个人都有权予以劝阻、制止或者向有关部门提出控告或者检举。有关部门接到控告或者检举后，应当依法及时处理，并为控告人、检举人保密。

妇女的合法权益受到侵害的，有权要求有关部门依法处理，或者依法申请调解、仲裁，或者向人民法院起诉。

对符合条件的妇女，当地法律援助机构或者司法机关应当给予帮助，依法为其提供法律援助或者司法救助。

第七十三条　妇女的合法权益受到侵害的，可以向妇女联合会等妇女组织求助。妇女联合会等妇女组织应当维护被侵害妇女的合法权益，有权要求并协助有关部门或者单位查处。有关部门或者单位应当依法查处，并予以答复；不予处理或者处理不当的，县级以上人民政府负责妇女儿童工作的机构、妇女联合会可以向其提出督促处理意见，必要时可以提请同级人民政府开展督查。

受害妇女进行诉讼需要帮助的，妇女联合会应当给予支持和帮助。

第七十四条 用人单位侵害妇女劳动和社会保障权益的，人力资源和社会保障部门可以联合工会、妇女联合会约谈用人单位，依法进行监督并要求其限期纠正。

第七十五条 妇女在农村集体经济组织成员身份确认等方面权益受到侵害的，可以申请乡镇人民政府等进行协调，或者向人民法院起诉。

乡镇人民政府应当对村民自治章程、村规民约，村民会议、村民代表会议的决定以及其他涉及村民利益事项的决定进行指导，对其中违反法律、法规和国家政策规定，侵害妇女合法权益的内容责令改正；受侵害妇女向农村土地承包仲裁机构申请仲裁或者向人民法院起诉的，农村土地承包仲裁机构或者人民法院应当依法受理。

第七十六条 县级以上人民政府应当开通全国统一的妇女权益保护服务热线，及时受理、移送有关侵害妇女合法权益的投诉、举报；有关部门或者单位接到投诉、举报后，应当及时予以处置。

鼓励和支持群团组织、企业事业单位、社会组织和个人参与建设妇女权益保护服务热线，提供妇女权益保护方面的咨询、帮助。

第七十七条 侵害妇女合法权益，导致社会公共利益受损的，检察机关可以发出检察建议；有下列情形之一的，检察机关可以依法提起公益诉讼：

（一）确认农村妇女集体经济组织成员身份时侵害妇女权益或者侵害妇女享有的农村土地承包和集体收益、土地征收征用补偿分配权益和宅基地使用权益；

（二）侵害妇女平等就业权益；

（三）相关单位未采取合理措施预防和制止性骚扰；

（四）通过大众传播媒介或者其他方式贬低损害妇女人格；

（五）其他严重侵害妇女权益的情形。

第七十八条 国家机关、社会团体、企业事业单位对侵害妇女权益的行为，可以支持受侵害的妇女向人民法院起诉。

第九章 法律责任

第七十九条 违反本法第二十二条第二款规定，未履行报告义务的，依法对直接负责的主管人员和其他直接责任人员给予处分。

第八十条 违反本法规定，对妇女实施性骚扰的，由公安机关给予批评教育或者出具告诫书，并由所在单位依法给予处分。

学校、用人单位违反本法规定，未采取必要措施预防和制止性骚扰，造成妇女权益受到侵害或者社会影响恶劣的，由上级机关或者主管部门责令改正；拒不改正或者情节严重的，依法对直接负责的主管人员和其他直接责任人员给予处分。

第八十一条　违反本法第二十六条规定，未履行报告等义务的，依法给予警告、责令停业整顿或者吊销营业执照、吊销相关许可证，并处一万元以上五万元以下罚款。

第八十二条　违反本法规定，通过大众传播媒介或者其他方式贬低损害妇女人格的，由公安、网信、文化旅游、广播电视、新闻出版或者其他有关部门依据各自的职权责令改正，并依法给予行政处罚。

第八十三条　用人单位违反本法第四十三条和第四十八条规定的，由人力资源和社会保障部门责令改正；拒不改正或者情节严重的，处一万元以上五万元以下罚款。

第八十四条　违反本法规定，对侵害妇女权益的申诉、控告、检举，推诿、拖延、压制不予查处，或者对提出申诉、控告、检举的人进行打击报复的，依法责令改正，并对直接负责的主管人员和其他直接责任人员给予处分。

国家机关及其工作人员未依法履行职责，对侵害妇女权益的行为未及时制止或者未给予受害妇女必要帮助，造成严重后果的，依法对直接负责的主管人员和其他直接责任人员给予处分。

违反本法规定，侵害妇女人身和人格权益、文化教育权益、劳动和社会保障权益、财产权益以及婚姻家庭权益的，依法责令改正，直接负责的主管人员和其他直接责任人员属于国家工作人员的，依法给予处分。

第八十五条　违反本法规定，侵害妇女的合法权益，其他法律、法规规定行政处罚的，从其规定；造成财产损失或者人身损害的，依法承担民事责任；构成犯罪的，依法追究刑事责任。

第十章　附　则

第八十六条　本法自 2023 年 1 月 1 日起施行。

中华人民共和国残疾人保障法

（根据 2018 年 10 月 26 日第十三届全国人民代表大会常务委员会第六次会议《关于修改〈中华人民共和国野生动物保护法〉等十五部法律的决定》修正）

（摘录）

……

第九条 残疾人的扶养人必须对残疾人履行扶养义务。

残疾人的监护人必须履行监护职责，尊重被监护人的意愿，维护被监护人的合法权益。

残疾人的亲属、监护人应当鼓励和帮助残疾人增强自立能力。

禁止对残疾人实施家庭暴力，禁止虐待、遗弃残疾人。

……

第十一条 国家有计划地开展残疾预防工作，加强对残疾预防工作的领导，宣传、普及母婴保健和预防残疾的知识，建立健全出生缺陷预防和早期发现、早期治疗机制，针对遗传、疾病、药物、事故、灾害、环境污染和其他致残因素，组织和动员社会力量，采取措施，预防残疾的发生，减轻残疾程度。

国家建立健全残疾人统计调查制度，开展残疾人状况的统计调查和分析。

……

第十六条 康复工作应当从实际出发，将现代康复技术与我国传统康复技术相结合；以社区康复为基础，康复机构为骨干，残疾人家庭为依托；以实用、易行、受益广的康复内容为重点，优先开展残疾儿童抢救性治疗和康复；发展符合康复要求的科学技术，鼓励自主创新，加强康复新技术的研究、开发和应用，为残疾人提供有效的康复服务。

……

第二十一条 国家保障残疾人享有平等接受教育的权利。

各级人民政府应当将残疾人教育作为国家教育事业的组成部分，统一规划，加强领导，为残疾人接受教育创造条件。

政府、社会、学校应当采取有效措施，解决残疾儿童、少年就学存在的实际困难，帮助其完成义务教育。

各级人民政府对接受义务教育的残疾学生、贫困残疾人家庭的学生提供免费教科书，并给予寄宿生活费等费用补助；对接受义务教育以外其他教育的残疾学生、贫困残疾人家庭的学生按照国家有关规定给予资助。

……

第二十五条　普通教育机构对具有接受普通教育能力的残疾人实施教育，并为其学习提供便利和帮助。

普通小学、初级中等学校，必须招收能适应其学习生活的残疾儿童、少年入学；普通高级中等学校、中等职业学校和高等学校，必须招收符合国家规定的录取要求的残疾考生入学，不得因其残疾而拒绝招收；拒绝招收的，当事人或者其亲属、监护人可以要求有关部门处理，有关部门应当责令该学校招收。

普通幼儿教育机构应当接收能适应其生活的残疾幼儿。

第二十六条　残疾幼儿教育机构、普通幼儿教育机构附设的残疾儿童班、特殊教育机构的学前班、残疾儿童福利机构、残疾儿童家庭，对残疾儿童实施学前教育。

初级中等以下特殊教育机构和普通教育机构附设的特殊教育班，对不具有接受普通教育能力的残疾儿童、少年实施义务教育。

高级中等以上特殊教育机构、普通教育机构附设的特殊教育班和残疾人职业教育机构，对符合条件的残疾人实施高级中等以上文化教育、职业教育。

提供特殊教育的机构应当具备适合残疾人学习、康复、生活特点的场所和设施。

……

第三十条　国家保障残疾人劳动的权利。

各级人民政府应当对残疾人劳动就业统筹规划，为残疾人创造劳动就业条件。

……

中华人民共和国老年人权益保障法

（根据2018年12月29日第十三届全国人民代表大会常务委员会第七次会议《关于修改〈中华人民共和国劳动法〉等七部法律的决定》第三次修正）

（摘录）

……

第三条 国家保障老年人依法享有的权益。

老年人有从国家和社会获得物质帮助的权利，有享受社会服务和社会优待的权利，有参与社会发展和共享发展成果的权利。

禁止歧视、侮辱、虐待或者遗弃老年人。

……

第七条 保障老年人合法权益是全社会的共同责任。

国家机关、社会团体、企业事业单位和其他组织应当按照各自职责，做好老年人权益保障工作。

基层群众性自治组织和依法设立的老年人组织应当反映老年人的要求，维护老年人合法权益，为老年人服务。

提倡、鼓励义务为老年人服务。

……

第十三条 老年人养老以居家为基础，家庭成员应当尊重、关心和照料老年人。

第十四条 赡养人应当履行对老年人经济上供养、生活上照料和精神上慰藉的义务，照顾老年人的特殊需要。

赡养人是指老年人的子女以及其他依法负有赡养义务的人。

赡养人的配偶应当协助赡养人履行赡养义务。

第十五条 赡养人应当使患病的老年人及时得到治疗和护理；对经济困难的老年人，应当提供医疗费用。

对生活不能自理的老年人，赡养人应当承担照料责任；不能亲自照料的，可以按照老年人的意愿委托他人或者养老机构等照料。

第十六条 赡养人应当妥善安排老年人的住房，不得强迫老年人居住或者迁居条件低劣的房屋。

老年人自有的或者承租的住房，子女或者其他亲属不得侵占，不得擅自改变产权关系或者租赁关系。

老年人自有的住房，赡养人有维修的义务。

第十七条 赡养人有义务耕种或者委托他人耕种老年人承包的田地，照管或者委托他人照管老年人的林木和牲畜等，收益归老年人所有。

第十八条 家庭成员应当关心老年人的精神需求，不得忽视、冷落老年人。

与老年人分开居住的家庭成员，应当经常看望或者问候老年人。

用人单位应当按照国家有关规定保障赡养人探亲休假的权利。

第十九条 赡养人不得以放弃继承权或者其他理由，拒绝履行赡养义务。

赡养人不履行赡养义务，老年人有要求赡养人付给赡养费等权利。

赡养人不得要求老年人承担力不能及的劳动。

第二十条 经老年人同意，赡养人之间可以就履行赡养义务签订协议。赡养协议的内容不得违反法律的规定和老年人的意愿。

基层群众性自治组织、老年人组织或者赡养人所在单位监督协议的履行。

第二十一条 老年人的婚姻自由受法律保护。子女或者其他亲属不得干涉老年人离婚、再婚及婚后的生活。

赡养人的赡养义务不因老年人的婚姻关系变化而消除。

第二十二条 老年人对个人的财产，依法享有占有、使用、收益和处分的权利，子女或者其他亲属不得干涉，不得以窃取、骗取、强行索取等方式侵犯老年人的财产权益。

老年人有依法继承父母、配偶、子女或者其他亲属遗产的权利，有接受赠与的权利。子女或者其他亲属不得侵占、抢夺、转移、隐匿或者损毁应当由老年人继承或者接受赠与的财产。

老年人以遗嘱处分财产，应当依法为老年配偶保留必要的份额。

第二十三条 老年人与配偶有相互扶养的义务。

由兄、姐扶养的弟、妹成年后，有负担能力的，对年老无赡养人的兄、姐有扶养的义务。

第二十四条 赡养人、扶养人不履行赡养、扶养义务的，基层群众性自治组织、老年人组织或者赡养人、扶养人所在单位应当督促其履行。

第二十五条 禁止对老年人实施家庭暴力。

第二十六条 具备完全民事行为能力的老年人，可以在近亲属或者其他与自己关系密切、愿意承担监护责任的个人、组织中协商确定自己的监护人。监护人在老年人丧失或者部分丧失民事行为能力时，依法承担监护责任。

老年人未事先确定监护人的，其丧失或者部分丧失民事行为能力时，依照有关法律的规定确定监护人。

第二十七条 国家建立健全家庭养老支持政策，鼓励家庭成员与老年人共同生活或者就近居住，为老年人随配偶或者赡养人迁徙提供条件，为家庭成员照料老年人提供帮助。

……

中华人民共和国人口与计划生育法

（根据2021年8月20日第十三届全国人民代表大会常务委员会第三十次会议《关于修改〈中华人民共和国人口与计划生育法〉的决定》第二次修正）

（摘录）

第一章　总　则

……

第三条　开展人口与计划生育工作，应当与增加妇女受教育和就业机会、增进妇女健康、提高妇女地位相结合。

……

第七条　工会、共产主义青年团、妇女联合会及计划生育协会等社会团体、企业事业组织和公民应当协助人民政府开展人口与计划生育工作。

……

第二章　人口发展规划的制定与实施

……

第十一条　人口与计划生育实施方案应当规定调控人口数量，提高人口素质，推动实现适度生育水平，优化人口结构，加强母婴保健和婴幼儿照护服务，促进家庭发展的措施。

……

第十三条　卫生健康、教育、科技、文化、民政、新闻出版、广播电视等部门应当组织开展人口与计划生育宣传教育。

大众传媒负有开展人口与计划生育的社会公益性宣传的义务。

学校应当在学生中，以符合受教育者特征的适当方式，有计划地开展生理卫生教育、青春期教育或者性健康教育。

……

第三章　生育调节

第十七条　公民有生育的权利，也有依法实行计划生育的义务，夫妻双方在实行计划生育中负有共同的责任。

第十八条　国家提倡适龄婚育、优生优育。一对夫妻可以生育三个子女。

符合法律、法规规定条件的，可以要求安排再生育子女。具体办法由省、自治区、直辖市人民代表大会或者其常务委员会规定。

少数民族也要实行计划生育，具体办法由省、自治区、直辖市人民代表大会或者其常务委员会规定。

夫妻双方户籍所在地的省、自治区、直辖市之间关于再生育子女的规定不一致的，按照有利于当事人的原则适用。

第十九条　国家创造条件，保障公民知情选择安全、有效、适宜的避孕节育措施。实施避孕节育手术，应当保证受术者的安全。

第二十条　育龄夫妻自主选择计划生育避孕节育措施，预防和减少非意愿妊娠。

第二十一条　实行计划生育的育龄夫妻免费享受国家规定的基本项目的计划生育技术服务。

前款规定所需经费，按照国家有关规定列入财政预算或者由社会保险予以保障。

第二十二条　禁止歧视、虐待生育女婴的妇女和不育的妇女。

禁止歧视、虐待、遗弃女婴。

第四章　奖励与社会保障

第二十三条　国家对实行计划生育的夫妻，按照规定给予奖励。

第二十四条　国家建立、健全基本养老保险、基本医疗保险、生育保险和社会福利等社会保障制度，促进计划生育。

国家鼓励保险公司举办有利于计划生育的保险项目。

第二十五条　符合法律、法规规定生育子女的夫妻，可以获得延长生育假的奖励或者其他福利待遇。

国家支持有条件的地方设立父母育儿假。

第二十六条　妇女怀孕、生育和哺乳期间，按照国家有关规定享受特殊劳动保护并可以获得帮助和补偿。国家保障妇女就业合法权益，为因生育影响就业的妇女提供就业服务。

公民实行计划生育手术，享受国家规定的休假。

第二十七条　国家采取财政、税收、保险、教育、住房、就业等支持措施，减轻家庭生育、养育、教育负担。

第二十八条　县级以上各级人民政府综合采取规划、土地、住房、财政、金融、人才等措施，推动建立普惠托育服务体系，提高婴幼儿家庭获得服务的可及性和公平性。

国家鼓励和引导社会力量兴办托育机构，支持幼儿园和机关、企业事业单位、社区提供托育服务。

托育机构的设置和服务应当符合托育服务相关标准和规范。托育机构应当向县级人民政府卫生健康主管部门备案。

第二十九条　县级以上地方各级人民政府应当在城乡社区建设改造中，建设与常住人口规模相适应的婴幼儿活动场所及配套服务设施。

公共场所和女职工比较多的用人单位应当配置母婴设施，为婴幼儿照护、哺乳提供便利条件。

第三十条　县级以上各级人民政府应当加强对家庭婴幼儿照护的支持和指导，增强家庭的科学育儿能力。

医疗卫生机构应当按照规定为婴幼儿家庭开展预防接种、疾病防控等服务，提供膳食营养、生长发育等健康指导。

第三十一条　在国家提倡一对夫妻生育一个子女期间，自愿终身只生育一个子女的夫妻，国家发给《独生子女父母光荣证》。

获得《独生子女父母光荣证》的夫妻，按照国家和省、自治区、直辖市有关规定享受独生子女父母奖励。

法律、法规或者规章规定给予获得《独生子女父母光荣证》的夫妻奖励的措施中由其所在单位落实的，有关单位应当执行。

在国家提倡一对夫妻生育一个子女期间，按照规定应当享受计划生育家庭老年人奖励扶助的，继续享受相关奖励扶助，并在老年人福利、养老服务等方面给予必要的优先和照顾。

第三十二条　获得《独生子女父母光荣证》的夫妻，独生子女发生意外伤残、死亡的，按照规定获得扶助。县级以上各级人民政府建立、健全对上述人群的生活、养老、医疗、精神慰藉等全方位帮扶保障制度。

第三十三条　地方各级人民政府对农村实行计划生育的家庭发展经济，给予资金、技术、培训等方面的支持、优惠；对实行计划生育的贫困家庭，在扶贫贷款、以工代赈、扶贫项目和社会救济等方面给予优先照顾。

……

第五章　计划生育服务

第三十五条　国家建立婚前保健、孕产期保健制度，防止或者减少出生缺陷，提高出生婴儿健康水平。

第三十六条　各级人民政府应当采取措施，保障公民享有计划生育服务，提高公民的生殖健康水平。

第三十七条　医疗卫生机构应当针对育龄人群开展优生优育知识宣传教育，对育龄妇女开展围孕期、孕产期保健服务，承担计划生育、优生优育、生殖保健的咨询、指导和技术服务，规范开展不孕不育症诊疗。

第三十八条　计划生育技术服务人员应当指导实行计划生育的公民选择安全、有效、适宜的避孕措施。

国家鼓励计划生育新技术、新药具的研究、应用和推广。

第三十九条　严禁利用超声技术和其他技术手段进行非医学需要的胎儿性别鉴定；严禁非医学需要的选择性别的人工终止妊娠。

第六章　法律责任

第四十条　违反本法规定，有下列行为之一的，由卫生健康主管部门责令改正，给予警告，没收违法所得；违法所得一万元以上的，处违法所得二倍以上六倍以下的罚款；没有违法所得或者违法所得不足一万元的，处一万元以上三万元以下的罚款；情节严重的，由原发证机关吊销执业证书；构成犯罪的，依法追究刑事责任：

（一）非法为他人施行计划生育手术的；

（二）利用超声技术和其他技术手段为他人进行非医学需要的胎儿性别鉴定或者选择性别的人工终止妊娠的。

第四十一条　托育机构违反托育服务相关标准和规范的，由卫生健康主管部门责令改正，给予警告；拒不改正的，处五千元以上五万元以下的罚款；情节严重的，责令停止托育服务，并处五万元以上十万元以下的罚款。

托育机构有虐待婴幼儿行为的，其直接负责的主管人员和其他直接责任人员终身不得从事婴幼儿照护服务；构成犯罪的，依法追究刑事责任。

第四十二条　计划生育技术服务人员违章操作或者延误抢救、诊治，造成严重后果的，依照有关法律、行政法规的规定承担相应的法律责任。

第四十三条　国家机关工作人员在计划生育工作中，有下列行为之一，构成犯罪的，依法追究刑事责任；尚不构成犯罪的，依法给予处分；有违法所得的，没收违法所得：

（一）侵犯公民人身权、财产权和其他合法权益的；

（二）滥用职权、玩忽职守、徇私舞弊的；

（三）索取、收受贿赂的；

（四）截留、克扣、挪用、贪污计划生育经费的；

（五）虚报、瞒报、伪造、篡改或者拒报人口与计划生育统计数据的。

第四十四条　违反本法规定，不履行协助计划生育管理义务的，由有关地方人民政府责令改正，并给予通报批评；对直接负责的主管人员和其他直接责任人员依法给予处分。

第四十五条　拒绝、阻碍卫生健康主管部门及其工作人员依法执行公务的，由卫生健康主管部门给予批评教育并予以制止；构成违反治安管理行为的，依法给予治安管理处罚；构成犯罪的，依法追究刑事责任。

……

中华人民共和国国民经济和社会发展第十四个五年规划和2035年远景目标纲要

（摘录）

……

第四十五章　实施积极应对人口老龄化国家战略

制定人口长期发展战略，优化生育政策，以“一老一小”为重点完善人口服务体系，促进人口长期均衡发展。

第一节　推动实现适度生育水平

增强生育政策包容性，推动生育政策与经济社会政策配套衔接，减轻家庭生育、养育、教育负担，释放生育政策潜力。完善幼儿养育、青少年发展、老人赡养、病残照料等政策和产假制度，探索实施父母育儿假。改善优生优育全程服务，加强孕前孕产期健康服务，提高出生人口质量。建立健全计划生育特殊困难家庭全方位帮扶保障制度。改革完善人口统计和监测体系，密切监测生育形势。深化人口发展战略研究，健全人口与发展综合决策机制。

第二节　健全婴幼儿发展政策

发展普惠托育服务体系，健全支持婴幼儿照护服务和早期发展的政策体系。加强对家庭照护和社区服务的支持指导，增强家庭科学育儿能力。严格落实城镇小区配套园政策，积极发展多种形式的婴幼儿照护服务机构，鼓励有条件的用人单位提供婴幼儿照护服务，支持企事业单位和社会组织等社会力量提供普惠托育服务，鼓励幼儿园发展托幼一体化服务。推进婴幼儿照护服务专业化、规范化发展，提高保育保教质量和水平。

第三节　完善养老服务体系

推动养老事业和养老产业协同发展，健全基本养老服务体系，大力发展普惠型养老服务，支持家庭承担养老功能，构建居家社区机构相协调、医养康养相结合的养老服务体系。完善社区居家养老服务网络，推进公共设施适老化改造，推动专业机构服务向社区延伸，整合利用存量资源发展社区嵌入式养老。强化对失能、部分失能特困老年人的兜底保障，积极发展农村互助幸福院等互助性养老。深化公办养老机构改革，提升服务能力和水平，完善公建民营管理机制，支持培训疗养资源转型发展养老，加强对护理型民办养老机构的政策扶持，开展普惠养老城企联动专项行动。加强老年健康服务，深入推进医养康养结合。加大养老护理型人才培养力度，扩大养老机构护理型床位供给，养老机构护理型床位占比提高到55%，更好满足高龄失能失智老年人护理服务需求。逐步提升老年人福利水平，完善经济困难高龄失能老年人补贴制度和特殊困难失能留守老年人探访关爱制度。健全养老服务综合监管制度。构建养老、孝老、敬老的社会环境，强化老年人权益保障。综合考虑人均预期寿命提高、人口老龄化趋势加快、受教育年限增加、劳动力结构变化等因素，按照小步调整、弹性实施、分类推进、统筹兼顾等原则，逐步延迟法定退休年龄，促进人力资源充分利用。发展银发经济，开发适老化技术和产品，培育智慧养老等新业态。

专栏18　“一老一小”服务项目	
01	特殊困难家庭适老化改造 支持200万户特殊困难高龄、失能、残疾老年人家庭实施适老化改造，配备辅助器具和防走失装置等设施。
02	社区居家养老服务网络建设 支持500个区县建设连锁化运营、标准化管理的示范性社区居家养老服务网络，提供失能护理、日间照料以及助餐助浴助洁助医助行等服务。
03	养老机构服务提升 支持300个左右培训疗养机构转型为普惠养老机构、1000个左右公办养老机构增加护理型床位，支持城市依托基层医疗卫生资源建设医养结合设施。
04	普惠托育服务扩容 支持150个城市利用社会力量发展综合托育服务机构和社区托育服务设施，新增示范性普惠托位50万个以上。
05	儿童友好城市建设 开展100个儿童友好城市示范，加强校外活动场所、社区儿童之家建设和公共空间适儿化改造，完善儿童公共服务设施。

……

第四十七章　实施就业优先战略

健全有利于更充分更高质量就业的促进机制，扩大就业容量，提升就业质量，缓解结构性就业矛盾。

第一节　强化就业优先政策

坚持经济发展就业导向，健全就业目标责任考核机制和就业影响评估机制。完善高校毕业生、退役军人、农民工等重点群体就业支持体系。完善与就业容量挂钩的产业政策，支持吸纳就业能力强的服务业、中小微企业和劳动密集型企业发展，稳定拓展社区超市、便利店和社区服务岗位。促进平等就业，增加高质量就业，注重发展技能密集型产业，支持和规范发展新就业形态，扩大政府购买基层教育、医疗和专业化社会服务规模。建立促进创业带动就业、多渠道灵活就业机制，全面清理各类限制性政策，增强劳动力市场包容性。统筹城乡就业政策，积极引导农村劳动力就业。扩大公益性岗位安置，着力帮扶残疾人、零就业家庭成员等困难人员就业。

第二节　健全就业公共服务体系

健全覆盖城乡的就业公共服务体系，加强基层公共就业创业服务平台建设，为劳动者和企业免费提供政策咨询、职业介绍、用工指导等服务。构建常态化援企稳岗帮扶机制，统筹用好就业补助资金和失业保险基金。健全劳务输入集中区域与劳务输出省份对接协调机制，加强劳动力跨区域精准对接。加强劳动者权益保障，健全劳动合同制度和劳动关系协调机制，完善欠薪治理长效机制和劳动争议调解仲裁制度，探索建立新业态从业人员劳动权益保障机制。健全就业需求调查和失业监测预警机制。

第三节　全面提升劳动者就业创业能力

健全终身技能培训制度，持续大规模开展职业技能培训。深入实施职业技能提升行动和重点群体专项培训计划，广泛开展新业态新模式从业人员技能培训，有效提高培训质量。统筹各级各类职业技能培训资金，创新使用方式，畅通培训补贴直达企业和培训者渠道。健全培训经费税前扣除政策，鼓励企业开展岗位技能提升培训。支持开展订单式、套餐制培训。建设一批公共实训基地和产教融合基地，推动培训资源共建共享。办好全国职业技能大赛。

……

第四十九章　健全多层次社会保障体系

坚持应保尽保原则，按照兜底线、织密网、建机制的要求，加快健全覆盖全民、统筹城乡、公平统一、可持续的多层次社会保障体系。

第一节　改革完善社会保险制度

健全养老保险制度体系，促进基本养老保险基金长期平衡。实现基本养老保险全国统筹，放宽灵活就业人员参保条件，实现社会保险法定人群全覆盖。完善划转国有资本充实社保基金制度，优化做强社会保障战略储备基金。完善城镇职工基本养老金合理调整机制，逐步提高城乡居民基础养老金标准。发展多层次、多支柱养老保险体系，提高企业年金覆盖率，规范发展第三支柱养老保险。推进失业保险、工伤保险向职业劳动者广覆盖，实现省级统筹。推进社保转移接续，完善全国统一的社会保险公共服务平台。

第二节　优化社会救助和慈善制度

以城乡低保对象、特殊困难人员、低收入家庭为重点，健全分层分类的社会救助体系，构建综合救助格局。健全基本生活救助制度和医疗、教育、住房、就业、受灾人员等专项救助制度，完善救助标准和救助对象动态调整机制。健全临时救助政策措施，强化急难社会救助功能。加强城乡救助体系统筹，逐步实现常住地救助申领。积极发展服务类社会救助，推进政府购买社会救助服务。促进慈善事业发展，完善财税等激励政策。规范发展网络慈善平台，加强彩票和公益金管理。

第三节　健全退役军人工作体系和保障制度

完善退役军人事务组织管理体系、工作运行体系和政策制度体系，提升退役军人服务保障水平。深化退役军人安置制度改革，加大教育培训和就业扶持力度，拓展就业领域，提升安置质量。建立健全新型待遇保障体系，完善和落实优抚政策，合理提高退役军人和其他优抚对象待遇标准，做好随调配偶子女工作安排、落户和教育等工作。完善离退休军人和伤病残退役军人移交安置、收治休养制度，加强退役军人服务中心（站）建设，提升优抚医院、光荣院、军供站等建设服务水平。加强退役军人保险制度衔接。大力弘扬英烈精神，加强烈士纪念设施建设和管护，建设军人公墓。深入推动双拥模范城（县）

创建。

第五十章　保障妇女未成年人和残疾人基本权益

坚持男女平等基本国策，坚持儿童优先发展，提升残疾人关爱服务水平，切实保障妇女、未成年人、残疾人等群体发展权利和机会。

第一节　促进男女平等和妇女全面发展

深入实施妇女发展纲要，持续改善妇女发展环境，促进妇女平等依法行使权利、参与经济社会发展、共享发展成果。保障妇女享有卫生健康服务，完善宫颈癌、乳腺癌综合防治体系和救助政策。保障妇女平等享有受教育权利，持续提高受教育年限和综合能力素质。保障妇女平等享有经济权益，消除就业性别歧视，依法享有产假和生育津贴，保障农村妇女土地权益。保障妇女平等享有政治权利，推动妇女广泛参与社会事务和民主管理。落实法规政策性别平等评估机制，完善分性别统计制度。提高留守妇女关爱服务水平。严厉打击侵害妇女和女童人身权利的违法犯罪行为。

第二节　提升未成年人关爱服务水平

深入实施儿童发展纲要，优化儿童发展环境，切实保障儿童生存权、发展权、受保护权和参与权。完善儿童健康服务体系，预防和控制儿童疾病，减少儿童死亡和严重出生缺陷发生，有效控制儿童肥胖和近视，实施学龄前儿童营养改善计划。保障儿童公平受教育权利，加强儿童心理健康教育和服务。加强困境儿童分类保障，完善农村留守儿童关爱服务体系，健全孤儿和事实无人抚养儿童保障机制。完善落实未成年人监护制度，严厉打击侵害未成年人权益的违法犯罪行为，完善未成年人综合保护体系。深入实施青年发展规划，促进青年全面发展，搭建青年成长成才和建功立业的平台，激发青年创新创业活力。

第三节　加强家庭建设

以建设文明家庭、实施科学家教、传承优良家风为重点，深入实施家家幸福安康工程。构建支持家庭发展的法律政策体系，推进家庭教育立法进程，加大反家庭暴力法实施力度，加强婚姻家庭辅导服务，预防和化解婚姻家庭矛盾纠纷。构建覆盖城乡的家庭教育指导服务体系，健全学校家庭社会协同育人机制。促进家庭服务多元化发展。充分发挥家庭家教家风在基层社会治理中的作用。

第四节　提升残疾人保障和发展能力

健全残疾人帮扶制度，帮助残疾人普遍参加基本医疗和基本养老保险，动态调整困难残疾人生活补贴和重度残疾人护理补贴标准。完善残疾人就业支持体系，加强残疾人劳动权益保障，优先为残疾人提供职业技能培训，扶持残疾人自主创业。推进适龄残疾儿童和少年教育全覆盖，提升特殊教育质量。建成康复大学，促进康复服务市场化发展，提高康复辅助器具适配率，提升康复服务质量。开展重度残疾人托养照护服务。加强残疾人服务设施和综合服务能力建设，完善无障碍环境建设和维护政策体系，支持困难残疾人家庭无障碍设施改造。

专栏 19　社会关爱服务行动
01　残疾人服务 加强专业化残疾人康复、托养和综合服务设施建设，补贴 110 万户困难重度残疾人家庭无障碍设施改造，提升社区无障碍建设水平。
02　困难儿童关爱 支持儿童福利机构建设，提升孤弃儿童集中养治教康水平。加强留守儿童数量较多的欠发达地区未成年人保护设施建设。建设残疾儿童康复救助定点机构，推动残疾儿童普遍享有基本康复服务。
03　流浪乞讨人员救助 充分利用现有社会福利设施建设流浪乞讨人员救助设施或救助站，实现救助服务网络覆盖全部县市。
04　精神卫生福利设施 在精神卫生服务能力不足的地区建设 100 个左右精神卫生福利设施，为困难精神障碍患者提供集中养护、康复服务。
05　公益性殡葬服务 加强殡仪馆、公益性骨灰安葬（放）设施建设，推动老旧殡仪馆改造，推动基本殡葬服务设施覆盖全部县市。推进农村公墓建设。加大生态殡葬奖补力度。

第五十一章　构建基层社会治理新格局

健全党组织领导的自治、法治、德治相结合的城乡基层社会治理体系，完善基层民主协商制度，建设人人有责、人人尽责、人人享有的社会治理共同体。

第一节　夯实基层社会治理基础

健全党组织领导、村（居）委会主导、人民群众为主体的基层社会治理框架。依法厘清基层政府与基层群众性自治组织的权责边界，制定县（区）职能部门、乡镇（街道）在城乡社区治理方面的权责清单制度，实行工作事项准入制度，减轻基层特别是村级组织负担。加强基层群众性自治组织规范化建设，合理确定其功能、规模和事务范围。加强基层群众自治机制建设，完善村（居）民议事会、理事会、监督委员会等自治载体，健全村（居）民参与社会治理的组织形式和制度化渠道。

第二节　健全社区管理和服务机制

推动社会治理和服务重心下移、资源下沉，提高城乡社区精准化精细化服务管理能力。推进审批权限和公共服务事项向基层延伸，构建网格化管理、精细化服务、信息化支撑、开放共享的基层管理服务平台，推动就业社保、养老托育、扶残助残、医疗卫生、家政服务、物流商超、治安执法、纠纷调处、心理援助等便民服务场景有机集成和精准对接。完善城市社区居委会职能，督促业委会和物业服务企业履行职责，改进社区物业服务管理。构建专职化、专业化的城乡社区工作者队伍。

第三节　积极引导社会力量参与基层治理

发挥群团组织和社会组织在社会治理中的作用，畅通和规范市场主体、新社会阶层、社会工作者和志愿者等参与社会治理的途径，全面激发基层社会治理活力。培育规范化行业协会商会、公益慈善组织、城乡社区社会组织，加强财政补助、购买服务、税收优惠、人才保障等政策支持和事中事后监管。支持和发展社会工作服务机构和志愿服务组织，壮大志愿者队伍，搭建更多志愿服务平台，健全志愿服务体系。

……

中共中央　国务院
关于优化生育政策促进人口长期均衡发展的决定

（中发〔2021〕30号）

人口发展是关系中华民族发展的大事情。为贯彻落实党的十九大和十九届二中、三中、四中、五中全会精神，促进人口长期均衡发展，现就优化生育政策，实施一对夫妻可以生育三个子女政策，并取消社会抚养费等制约措施、清理和废止相关处罚规定，配套实施积极生育支持措施（以下简称实施三孩生育政策及配套支持措施），作出如下决定。

一、充分认识优化生育政策、促进人口长期均衡发展的重大意义

党和国家始终坚持人口与发展综合决策，科学把握人口发展规律，坚持计划生育基本国策，有力促进了经济发展和社会进步，为全面建成小康社会奠定了坚实基础。党的十八大以来，党中央高度重视人口问题，根据我国人口发展变化形势，作出逐步调整完善生育政策、促进人口长期均衡发展的重大决策，各项工作取得显著成效。当前，进一步适应人口形势新变化和推动高质量发展新要求，实施三孩生育政策及配套支持措施，具有重大意义。

（一）有利于改善人口结构，落实积极应对人口老龄化国家战略。老龄化是全球性人口发展大趋势，也是我国发展面临的重大挑战。预计“十四五”期间我国人口将进入中度老龄化阶段，2035年前后进入重度老龄化阶段，将对经济运行全领域、社会建设各环节、社会文化多方面产生深远影响。实施三孩生育政策及配套支持措施，有利于释放生育潜能，减缓人口老龄化进程，促进代际和谐，增强社会整体活力。

（二）有利于保持人力资源禀赋优势，应对世界百年未有之大变局。人口是社会发展的主体，也是影响经济可持续发展的关键变量。实施三孩生育政策及配套支持措施，有利于未来保持适度人口总量和劳动力规模，更好发挥人口因素的基础性、全局性、战略性作用，为高质量发展提供有效人力资本支撑和

内需支撑。

（三）有利于平缓总和生育率下降趋势，推动实现适度生育水平。群众生育观念已总体转向少生优育，经济负担、子女照料、女性对职业发展的担忧等成为制约生育的主要因素。实施三孩生育政策及配套支持措施，促进生育政策与相关经济社会政策同向发力，有利于满足更多家庭的生育意愿，有利于提振生育水平。

（四）有利于巩固全面建成小康社会成果，促进人与自然和谐共生。今后一个时期，我国人口众多的基本国情不会改变，人口与资源环境承载力仍然处于紧平衡状态，脱贫地区以及一些生态脆弱、资源匮乏地区人口与发展矛盾仍然比较突出。实施三孩生育政策及配套支持措施，有利于进一步巩固脱贫攻坚和全面建成小康社会成果，引导人口区域合理分布，促进人口与经济、社会、资源、环境协调可持续发展。

二、指导思想、主要原则和目标

（五）指导思想。坚持以习近平新时代中国特色社会主义思想为指导，立足新发展阶段、贯彻新发展理念、构建新发展格局，实施积极应对人口老龄化国家战略，实施三孩生育政策及配套支持措施，改革服务管理制度，提升家庭发展能力，推动实现适度生育水平，促进人口长期均衡发展，为建设富强民主文明和谐美丽的社会主义现代化强国、实现中华民族伟大复兴的中国梦提供坚实基础和持久动力。

（六）主要原则。——以人民为中心。顺应人民群众期盼，积极稳妥推进优化生育政策，促进生育政策协调公平，满足群众多元化的生育需求，将婚嫁、生育、养育、教育一体考虑，切实解决群众后顾之忧，释放生育潜能，促进家庭和谐幸福。

——以均衡为主线。把促进人口长期均衡发展摆在全党全国工作大局、现代化建设全局中谋划部署，兼顾多重政策目标，统筹考虑人口数量、素质、结构、分布等问题，促进人口与经济、社会、资源、环境协调可持续发展，促进人的全面发展。

——以改革为动力。着眼于我国人口发展面临的突出矛盾和问题，着眼于现代化建设战略安排，深化改革，破除影响人口长期均衡发展的思想观念、政策法规、体制机制等制约因素，提高人口治理能力和水平。

——以法治为保障。坚持重大改革于法有据、依法实施，将长期以来党领导人民在统筹解决人口问题方面的创新理念、改革成果、实践经验转化为法律，保障人民群众合法权益，保障新时代人口工作行稳致远，保障人口发展战略目标顺利实现。

（七）主要目标。到 2025 年，积极生育支持政策体系基本建立，服务管理制度基本完备，优生优育服务水平明显提高，普惠托育服务体系加快建设，生育、养育、教育成本显著降低，生育水平适当提高，出生人口性别比趋于正常，人口结构逐步优化，人口素质进一步提升。

到 2035 年，促进人口长期均衡发展的政策法规体系更加完善，服务管理机制运转高效，生育水平更加适度，人口结构进一步改善。优生优育、幼有所育服务水平与人民群众对美好生活的需要相适应，家庭发展能力明显提高，人的全面发展取得更为明显的实质性进展。

三、组织实施好三孩生育政策

（八）依法实施三孩生育政策。修改《中华人民共和国人口与计划生育法》，提倡适龄婚育、优生优育，实施三孩生育政策。各省（自治区、直辖市）综合考虑本地区人口发展形势、工作基础和政策实施风险，做好政策衔接，依法组织实施。

（九）取消社会抚养费等制约措施。取消社会抚养费，清理和废止相关处罚规定。将入户、入学、入职等与个人生育情况全面脱钩。依法依规妥善处理历史遗留问题。对人口发展与经济、社会、资源、环境矛盾较为突出的地区，加强宣传倡导，促进相关惠民政策与生育政策有效衔接，精准做好各项管理服务。

（十）建立健全人口服务体系。以“一老一小”为重点，建立健全覆盖全生命周期的人口服务体系。加强基层服务管理体系和能力建设，增强抚幼养老功能。落实生育登记制度，做好生育咨询指导。推进出生医学证明、儿童预防接种、户口登记、医保参保、社保卡申领等“出生一件事”联办。

（十一）加强人口监测和形势研判。完善国家生命登记管理制度，健全覆盖全人群、全生命周期的人口监测体系，密切监测生育形势和人口变动趋势。依托国家人口基础信息库等平台，实现教育、公安、民政、卫生健康、医保、社保等人口服务基础信息融合共享、动态更新。建立人口长期均衡发展指标体系，健全人口预测预警制度。

四、提高优生优育服务水平

（十二）保障孕产妇和儿童健康。全面落实妊娠风险筛查与评估、高危孕产妇专案管理、危急重症救治、孕产妇死亡个案报告和约谈通报等母婴安全五项制度。实施妇幼健康保障工程，加快推进各级妇幼保健机构标准化建设和规范化管理，加强危重孕产妇、新生儿救治能力及儿科建设，夯实县乡村三级基层网络，加快补齐生育相关公共服务短板。促进生殖健康服务融入妇女健康管理全过程。加强儿童保健门诊标准化、规范化建设，加强对儿童青少年近视、营养不均衡、龋齿等风险因素和疾病的筛查、诊断、干预。做好儿童基本医疗保障工作。

（十三）综合防治出生缺陷。健全出生缺陷防治网络，落实三级预防措施。加强相关知识普及和出生缺陷防控咨询，强化婚前保健，推进孕前优生健康检查，加强产前筛查和诊断，推动围孕期、产前产后一体化管理服务和多学科协作。扩大新生儿疾病筛查病种范围，促进早筛早诊早治。做好出生缺陷患儿基本医疗和康复救助工作。

（十四）规范人类辅助生殖技术应用。强化规划引领，严格技术审批，建设供需平衡、布局合理的人类辅助生殖技术服务体系。加强人类辅助生殖技术服务监管，严格规范相关技术应用。开展孕育能力提升专项攻关，规范不孕不育诊治服务。

五、发展普惠托育服务体系

（十五）建立健全支持政策和标准规范体系。将婴幼儿照护服务纳入经济社会发展规划，强化政策引导，通过完善土地、住房、财政、金融、人才等支持政策，引导社会力量积极参与。以市地级行政区为单位制定整体解决方案，建立工作机制，推进托育服务健康发展。加大专业人才培养力度，依法逐步实行从业人员职业资格准入制度。发展智慧托育等新业态，培育托育服务、乳粉奶业、动画设计和制作等行业民族品牌。

（十六）大力发展多种形式的普惠服务。发挥中央预算内投资的引导和撬动作用，推动建设一批方便可及、价格可接受、质量有保障的托育服务机构。支持有条件的用人单位为职工提供托育服务。鼓励国有企业等主体积极参与各级政府推动的普惠托育服务体系建设。加强社区托育服务设施建设，完善居住社区婴幼儿活动场所和服务设施。制定家庭托育点管理办法。支持隔代照料、家庭互助等照护模式。支持家政企业扩大育儿服务。鼓励和支持有条件的幼儿园招收2至3岁幼儿。

（十七）加强综合监管。各类机构开展婴幼儿照护服务必须符合国家和地方相关标准和规范，并对婴幼儿安全和健康负主体责任。地方政府要承担监管责任，建立健全登记备案制度、信息公示制度、评估制度，加强动态管理，建立机构关停等特殊情况应急处置机制。

六、降低生育、养育、教育成本

（十八）完善生育休假与生育保险制度。严格落实产假、哺乳假等制度。支持有条件的地方开展父母育儿假试点，健全假期用工成本分担机制。继续做好生育保险对参保女职工生育医疗费用、生育津贴待遇等的保障，做好城乡居民医保参保人生育医疗费用保障，减轻生育医疗费用负担。

（十九）加强税收、住房等支持政策。结合下一步修改个人所得税法，研究推动将3岁以下婴幼儿照护费用纳入个人所得税专项附加扣除。地方政府在配租公租房时，对符合当地住房保障条件且有未成年子女的家庭，可根据未成年子女数量在户型选择等方面给予适当照顾。地方政府可以研究制定根据养育未成年子女负担情况实施差异化租赁和购买房屋的优惠政策。

（二十）推进教育公平与优质教育资源供给。推进城镇小区配套幼儿园治理，持续提升普惠性幼儿园覆盖率，适当延长在园时长或提供托管服务。推进义务教育优质均衡发展和城乡一体化，有效解决“择校热”难题。依托学校教育资源，以公益普惠为原则，全面开展课后文体活动、社会实践项目和托管服务，推动放学时间与父母下班时间衔接。改进校内教学质量和教育评价，将学生参加课外培训频次、费用等情况纳入教育督导体系。平衡家庭和学校教育负担，严格规范校外培训。

（二十一）保障女性就业合法权益。规范机关、企事业等用人单位招录、招聘行为，促进妇女平等就业。落实好《女职工劳动保护特别规定》，定期开展女职工生育权益保障专项督查。为因生育中断就业的女性提供再就业培训公共服务。将生育友好作为用人单位承担社会责任的重要方面，鼓励用人单位制定有利于职工平衡工作和家庭关系的措施，依法协商确定有利于照顾婴幼儿的灵活休假和弹性工作方式。适时对现行有关休假和工作时间的政策规定进行相应修改完善。

七、加强政策调整有序衔接

（二十二）维护好计划生育家庭合法权益。对全面两孩政策调整前的独生子女家庭和农村计划生育双女家庭，继续实行现行各项奖励扶助制度和优惠政策。探索设立独生子女父母护理假制度。加强立法，保障响应党和国家号召、实行计划生育家庭的合法权益。

（二十三）建立健全计划生育特殊家庭全方位帮扶保障制度。根据经济社会发展水平等因素，实行特别扶助制度扶助标准动态调整。对符合条件的计划生育特殊家庭成员，落实基本养老、基本医疗保障相关政策；优先安排入住公办养老机构，提供无偿或低收费托养服务；对住房困难的，优先纳入住房保障。有条件的地方可对计划生育特殊家庭成员中的生活长期不能自理、经济困难的老年人发放护理补贴。落实好扶助所需资金，有条件的地方可探索建立公益金或基金，重点用于帮扶计划生育特殊家庭。

（二十四）建立健全政府主导、社会组织参与的扶助关怀工作机制。通过公开招投标方式，支持有资质的社会组织接受计划生育特殊家庭委托，开展生活照料、精神慰藉等服务，依法代办入住养老机构、就医陪护等事务。深入开展"暖心行动"。建立定期巡访制度，落实计划生育特殊家庭"双岗"联系人制度，扎牢织密帮扶安全网。

八、强化组织实施保障

（二十五）加强党的领导。各级党委和政府要提高政治站位，增强国情、国策意识，坚持一把手亲自抓、负总责，坚持和完善目标管理责任制，加强统筹规划、政策协调和工作落实，推动出台积极生育支持措施，确保责任到位、措施到位、投入到位、落实到位。

（二十六）动员社会力量。加强政府和社会协同治理，充分发挥工会、共青团、妇联等群团组织在促进人口发展、家庭建设、生育支持等方面的重要作用。积极发挥计划生育协会作用，加强基层能力建设，做好宣传教育、生殖健康咨询服务、优生优育指导、计划生育家庭帮扶、权益维护、家庭健康促进等工作。鼓励社会组织开展健康知识普及、婴幼儿照护服务等公益活动。以满足老年人生活需求和营造婴幼儿健康成长环境为导向，开展活力发展城市创建活动。

（二十七）深化战略研究。面向建设社会主义现代化强国和实现中华民族伟大复兴，持续深化国家人口中长期发展战略和区域人口发展规划研究，完善人口空间布局，优化人力资源配置。加强新时代中国特色人口学科和理论体系建设，发展人口研究高端智库，促进国际交流合作。

（二十八）做好宣传引导。加强政策宣传解读，把各地区各部门和全社会的思想行动统一到党中央重大决策部署上来，引导社会各界正确认识人口的结构性变化，弘扬主旋律、汇聚正能量，及时妥善回应社会关切，营造良好氛围。弘扬中华民族传统美德，尊重生育的社会价值，提倡适龄婚育、优生优育，鼓励夫妻共担育儿责任，破除高价彩礼等陈规陋习，构建新型婚育文化。

（二十九）加强工作督导。各省（自治区、直辖市）要按照本决定要求，制定实施方案，狠抓任务落实，及时研究解决苗头性、倾向性问题，确保优化生育政策取得积极成效。各省（自治区、直辖市）党委和政府每年要向党中央、国务院报告本地区人口工作情况，中央将适时开展督查。

中国妇女发展纲要（2021—2030年）

前言

追求男女平等的事业是伟大的。妇女是人类文明的开创者、社会进步的推动者，是全面建设社会主义现代化国家的重要力量。男女平等和妇女全面发展程度，是衡量社会文明进步的重要标志。党和国家高度重视妇女事业发展，先后制定实施了三个周期的中国妇女发展纲要，为优化妇女发展环境、保障妇女合法权益提供了重要保障。

党的十八大以来，以习近平同志为核心的党中央将“坚持男女平等基本国策，保障妇女儿童合法权益”写入党的施政纲领，作为治国理政的重要内容，不断完善党委领导、政府主责、妇女儿童工作委员会（以下简称妇儿工委）协调、多部门合作、全社会参与的妇女工作机制，在出台法律、制定政策、编制规划、部署工作时充分考虑两性的现实差异和妇女的特殊利益，支持妇女充分发挥“半边天”作用，为促进妇女全面发展加速行动。妇女参与经济社会发展的能力和贡献率明显提升，社会地位显著提高，合法权益得到有效保障，健康状况得到极大改善，受教育程度不断提高，参与决策和管理的途径更加多元，社会保障水平稳步提升，在家庭生活中的重要作用进一步彰显，发展环境日益优化。妇女事业和男女平等发展取得了历史性新成就。

进入新时代，我国社会主要矛盾发生历史性变化，妇女群众对美好生活的需要日益广泛，妇女发展的不平衡不充分问题仍然突出。城乡、区域和群体之间妇女发展存在差距，农村特别是欠发达地区妇女民生保障力度还需加大。妇女在就业、人身财产、婚姻家庭等方面平等权利的保障仍面临现实困难。妇女参与国家和经济文化社会事务管理的水平有待全面提升。针对妇女各种形式的歧视不同程度存在，性别平等观念有待进一步普及，妇女发展的社会环境需要进一步优化。让性别平等落到实处、推动妇女走在时代前列，使命艰巨、任重道远。

当前，我国正处于实现“两个一百年”奋斗目标的历史交汇期。统筹推进“五位一体”总体布局，协调推进“四个全面”战略布局，推进国家治理体系和治理能力现代化，为更高水平促进男女平等和妇女全面发展提供了重大机遇。贯彻以人民为中心的发展思想，坚持新发展理念，坚持系统观念，对充分发挥妇女在社会生活和家庭生活中的独特作用，显著增强妇女的获得感、幸福感、安全感提出了更高要求。世界百年未有之大变局加速演进，推动构建人类命运共同体，建设一个妇女免于歧视的世界，打造一个包容发展的社会，对推动全球性别平等事业发展提出了新的要求。必须在把握新发展阶段、贯彻新发展理念、构建新发展格局中，科学规划妇女全面发展的新目标新任务，健全完善制度机制，团结引领妇女建功新时代、奋进新征程。

依照宪法和民法典、妇女权益保障法等有关法律法规，按照国家经济社会发展的总体目标要求以及男女平等和妇女发展实际，参照联合国《消除对妇女一切形式歧视公约》和2030年可持续发展议程等国际公约和文件宗旨，制定本纲要。

一、指导思想、基本原则和总体目标

（一）指导思想。

高举中国特色社会主义伟大旗帜，深入贯彻党的十九大和十九届二中、三中、四中、五中全会精神，坚持以马克思列宁主义、毛泽东思想、邓小平理论、“三个代表”重要思想、科学发展观、习近平新时代中国特色社会主义思想为指导，坚定不移贯彻新发展理念，坚持以人民为中心的发展思想，坚持走中国特色社会主义妇女发展道路，贯彻落实男女平等基本国策，不断完善促进男女平等和妇女全面发展的制度机制，推动性别平等成为全社会共同遵循的行为规范和价值标准，充分发挥妇女在全面建设社会主义现代化国家中的“半边天”作用，保障妇女平等依法行使民主权利、平等参与经济社会发展、平等享有改革发展成果，推动妇女走在时代前列。

（二）基本原则。

1. 坚持党的全面领导。坚持妇女事业发展的正确政治方向，贯彻落实党中央关于妇女事业发展的决策部署，切实把党的领导贯穿到妇女事业发展的全过程和各方面。

2. 坚持妇女事业与经济社会同步协调发展。将促进妇女全面发展目标任务纳入国家和地方经济社会发展总体规划，纳入专项规划，纳入民生实事项目，同部署、同落实，让经济社会发展成果更多更公平惠及广大妇女。

3. 坚持男女两性平等发展。贯彻落实男女平等基本国策，在出台法律、制定政策、编制规划、部署工作时充分考虑两性的现实差异和妇女的特殊利益，营造更加平等、包容、可持续的发展环境，缩小男女两性发展差距。

4. 坚持促进妇女全面发展。统筹兼顾妇女在政治、经济、文化、社会和家庭各方面的发展利益，有效解决制约妇女发展的重点难点问题，统筹推进城乡、区域、群体之间妇女的均衡发展，协调推进妇女在各领域的全面发展。

5. 坚持共建共治共享。在统筹推进“五位一体”总体布局、协调推进“四个全面”战略布局中充分发挥妇女的重要作用，促进妇女积极投身高质量发展，踊跃参与国家治理体系和治理能力现代化进程，共享经济社会发展成果。

（三）总体目标。

男女平等基本国策得到深入贯彻落实，促进男女平等和妇女全面发展的制度机制创新完善。妇女平等享有全方位全生命周期健康服务，健康水平持续提升。妇女平等享有受教育权利，素质能力持续提高。妇女平等享有经济权益，经济地位稳步提升。妇女平等享有政治权利，参与国家和经济文化社会事务管理的水平逐步提高。妇女平等享有多层次可持续的社会保障，待遇水平稳步提高。支持家庭发展的法规政策体系更加完善，社会主义家庭文明新风尚广泛弘扬。男女平等理念更加深入人心，妇女发展环境更为优化。法治体系更加健全，妇女合法权益得到切实保障。妇女的获得感、幸福感、安全感显著提升。展望2035年，与国家基本实现社会主义现代化相适应，男女平等和妇女全面发展取得更为明显的实质性进展，妇女更好地担负起新时代赋予的光荣使命，为实现中华民族伟大复兴的中国梦而不懈奋斗。

二、发展领域、主要目标和策略措施

（一）妇女与健康

主要目标：

1. 妇女全生命周期享有良好的卫生健康服务，妇女人均预期寿命延长，人均健康预期寿命提高。

2. 孕产妇死亡率下降到12/10万以下，城乡、区域差距缩小。

3. 妇女的宫颈癌和乳腺癌防治意识明显提高。宫颈癌和乳腺癌综合防治能力不断增强。适龄妇女宫颈癌人群筛查率达到70%以上，乳腺癌人群筛查率逐步提高。

4. 生殖健康和优生优育知识全面普及，促进健康孕育，减少非意愿妊娠。

5. 减少艾滋病、梅毒和乙肝母婴传播，艾滋病母婴传播率下降到2%以下。

6. 妇女心理健康素养水平不断提升。妇女焦虑障碍、抑郁症患病率上升趋势减缓。

7. 普及健康知识，提高妇女健康素养水平。

8. 改善妇女营养状况。预防和减少孕产妇贫血。

9. 提高妇女经常参加体育锻炼的人数比例，提高妇女体质测定标准合格比例。

10. 健全妇幼健康服务体系，提升妇幼健康服务能力，妇女健康水平不断提高。

策略措施：

1. 完善保障妇女健康的制度机制。全面推进健康中国建设，把保障人民健康放在优先发展的战略位置，坚持预防为主，深入实施“健康中国行动”和“健康中国母亲行动”，健全政府主导、部门协同、社会参与、行业监管、科技支撑的妇女健康保障工作机制。深入推进医疗、医保、医药联动改革，统筹改革监管体制，保障妇女获得高质量、有效率、可负担的医疗和保健服务。多渠道支持妇女健康事业发展。完善公共卫生应急管理体系，关注妇女的特殊需求。

2. 加强妇幼健康服务体系建设。健全以妇幼保健机构为核心、以基层医疗卫生机构为基础、以大中型医院和教学科研机构为支撑的妇幼健康服务网络，提升妇幼健康服务供给能力和水平。省、市、县级充分利用现有资源，加强政府举办、标准化的妇幼保健机构建设，全面开展妇幼保健机构绩效考核，强化考核结果应用，保障妇女儿童享有高质量的医疗保健服务。省、市、县级依托现有医疗机构，全面加强危重孕产妇救治中心建设，强化危重孕产妇救治保障。强化县、乡、村三级妇幼卫生服务网络建设，完善基层网底和转诊网络。加强复合型妇幼健康人才和产科、助产等岗位急需紧缺人才的培养使用。

3. 建立完善妇女全生命周期健康管理模式。针对青春期、育龄期、孕产期、更年期和老年期妇女的健康需求，提供全方位健康管理服务。坚持保健与临床结合，预防为主、关口前移，发挥多学科协作优势，积极发挥中医药在妇幼保健和疾病防治中的作用。为妇女提供宣传教育、咨询指导、筛查评估、综合干预和应急救治等全方位卫生健康服务，提高妇女健康水平和人均健康预期寿命。加强监管，促进妇幼健康新业态规范发展。

4. 保障孕产妇安全分娩。提倡科学备孕和适龄怀孕，保持适宜生育间隔，合理控制剖宫产率。完善医疗机构产科质量规范化管理体系。提供生育全程基本医疗保健服务，将孕产妇健康管理纳入基本公共卫生服务范围，孕产妇系统管理率达到 90% 以上。加强对流动孕产妇的管理服务。为低收入孕产妇住院分娩和危重孕产妇救治提供必要救助。持续推进高龄孕产妇等重点人群的分类管理和服务。全面落实妊娠风险筛查与评估、高危孕产妇专案管理、危急重症救治、孕产妇死亡个案报告和约谈通报制度。有效运行危重孕产妇救治网络，提高危急重症救治能力。

5. 完善宫颈癌和乳腺癌综合防治体系和救助政策。提高妇女的宫颈癌和乳腺癌防治意识和能力，宫颈癌和乳腺癌防治知识知晓率达到 90% 以上。推进适龄妇女人乳头瘤病毒疫苗接种试点工作。落实基本公共卫生服务中农村妇女宫颈癌和乳腺癌检查项目，促进 70% 的妇女在 35—45 岁接受高效宫颈癌筛查，督促用人单位落实女职工保健工作规定，定期进行女职工宫颈癌和乳腺癌筛查，提高人群筛查率。加强宫颈癌和乳腺癌筛查和诊断技术创新应用，提高筛查和服务能力，加强监测评估。强化筛查和后续诊治服务的衔接，促进早诊早治，宫颈癌患者治疗率达到 90% 以上。加强对困难患者的救助。

6. 提高妇女生殖健康水平。普及生殖道感染、性传播疾病等疾病防控知识。在学校教育不同阶段以多种形式开展科学、实用的健康教育，促进学生掌握生殖健康知识，提高自我保护能力。增强男女两性性道德、性健康、性安全意识，倡导共担避孕责任。将生殖健康服务融入妇女健康管理全过程，保障妇女享有避孕节育知情自主选择权。落实基本避孕服务项目，加强产后和流产后避孕节育服务，提高服务可及性，预防非意愿妊娠。推进婚前医学检查、孕前优生健康检查、增补叶酸等婚前孕前保健服务更加公平可及。减少非医学需要的人工流产。加强对女性健康安全用品产品的质量保障。规范不孕不育症诊疗服务。规范人类辅助生殖技术应用。

7. 加强艾滋病梅毒乙肝母婴传播防治。全面落实预防艾滋病、梅毒和乙肝母婴传播综合干预措施，提高孕早期检测率，孕产妇艾滋病、梅毒和乙肝检测率达到 98% 以上，艾滋病、梅毒孕产妇感染者治疗率达到 95% 以上。加大艾滋病防控力度，加强艾滋病防治知识和相关政策宣传教育，提高妇女的防范意识和能力。加强对妇女感染者特别是流动和欠发达地区妇女感染者的医疗服务，提高随访率。为孕产妇感染者及其家庭提供多种形式的健康咨询、心理和社会支持等服务。

8. 促进妇女心理健康。加强心理健康相关知识宣传，根据妇女需要开展心理咨询、评估和指导，促进妇女掌握基本的心理调适方法，预防抑郁、焦虑等心理问题。在心理健康和精神卫生服务体系建设中，重点关注青春期、孕产期、更年期和老年期妇女的心理健康。强化心理咨询和治疗技术在妇女保健和疾病防治中的应用。加大应用型心理健康和社会工作人员培养力度，促进医疗机构、心理健康和社会工作服务机构提供规范服务。鼓励社区为有需要的妇女提供心理健康服务支持。

9. 提升妇女健康素养。实施健康知识普及行动，加大妇女健康知识普及力度，建立完善健康科普专家库和资源库，持续深入开展健康科普宣传教育，规范发布妇女健康信息，引导妇女树立科学的健康理念，学习健康知识，掌握身心健康、预防疾病、科学就医、合理用药等知识技能。提高妇女参与传染病防控、应急避险的意识和能力。面向妇女开展控制烟草危害、拒绝酗酒、远离毒品宣传教育。引导妇女积极投身爱国卫生运动，养成文明健康生活方式。

10. 提高妇女营养水平。持续开展营养健康科普宣传教育，因地制宜开展营养和膳食指导，提高妇女对营养标签的知晓率，促进妇女学习掌握营养知识，均衡饮食、吃动平衡，预防控制营养不良和肥胖。面向不同年龄阶段妇女群体开发营养健康宣传信息和产品，提供有针对性的服务。开展孕产妇营养监测和定期评估，预防和减少孕产妇缺铁性贫血。预防控制老年妇女低体重和贫血。

11. 引导妇女积极参与全民健身行动。完善全民健身公共服务体系。引导妇女有效利用全民健身场地设施，积极参与全民健身赛事活动，加入各类健身组织。提倡机关、企事业单位开展工间操。鼓励支持工会组织、社区开展妇女健身活动，不断提高妇女的体育活动意识，培养运动习惯。

12. 强化妇女健康服务科技支撑。推进“互联网＋妇幼健康”，促进大数据、云计算、人工智能、计算机仿真技术等在妇女健康领域的创新应用。实施妇女人群健康管理和健康风险预警。促进信息技术在妇女健康领域专科医联体建设中的应用，加强医疗机构间的协作，促进分级诊疗和上下联动。促进妇女身心健康领域的科学研究和成果转化。发挥妇产疾病领域国家临床医学研究中心的作用。

（二）妇女与教育

主要目标：

1. 加强思想政治教育，增进妇女对习近平新时代中国特色社会主义思想的政治认同、思想认同、情感认同，引领妇女做伟大事业的建设者、文明风尚的倡导者、敢于追梦的奋斗者。

2. 教育工作全面贯彻男女平等基本国策。

3. 大中小学性别平等教育全面推进，教师和学生的男女平等意识明显增强。

4. 女童平等接受义务教育，九年义务教育巩固率提高到 96% 以上。

5. 女性平等接受高中阶段教育，高中阶段教育毛入学率达到并保持在92% 以上。

6. 女性接受职业教育的水平逐步提高。

7. 高校在校生中男女比例保持均衡，高等教育学科专业的性别结构逐步趋于平衡。

8. 大力培养女性科技人才。男女两性的科学素质水平差距不断缩小。

9. 促进女性树立终身学习意识，女性接受终身教育水平不断提高。

10. 女性青壮年文盲基本消除。女性平均受教育年限不断提高。

策略措施：

1. 面向妇女广泛开展思想政治教育。深入开展习近平新时代中国特色社会主义思想学习教育，加强党史、新中国史、改革开放史、社会主义发展史教育，加强爱国主义、集体主义、社会主义教育，促进妇女更加坚定理想信念，不断厚植爱国情怀，把个人理想追求融入党和国家事业大局，为全面建设社会主义现代化国家贡献力量。深化民族团结进步教育，铸牢中华民族共同体意识。充分发挥学校教育主阵地作用，将思想价值引领贯穿于教育教学及管理全过程和校园生活各方面，融入学校党组织、共青团、少先队各类主题教育和实践活动。充分发挥爱国主义教育基地和国防教育基地的思想政治教育作用。

2. 将贯彻落实男女平等基本国策体现在教育工作全过程。增强教育工作者自觉贯彻男女平等基本国策的主动性和能动性。将男女平等基本国策落实到教育法规政策和规划制定、修订、执行和评估中，落实到各级各类教育内容、教学过程、学校管理中。加强对教材编制、课程设置、教学过程的性别平等评估。在师范类院校课程设置和教学、各级各类师资培训中加入性别平等内容。

3. 推动各级各类学校广泛开展性别平等教育。适时出台性别平等教育工作指导意见。推动因地制宜开发性别平等课程，加强专题师资培训。促进性别平等教育融入学校教学内容、校园文化、社团活动和社会实践活动。探索构建学校教育、家庭教育、社会教育相结合的性别平等教育模式。

4. 保障女童平等接受义务教育的权利和机会。深化教育教学改革，加快城乡义务教育一体化发展，均衡配置教育资源，确保女童平等接受公平优质的义务教育。健全精准控辍保学长效机制，加强分类指导，督促法定监护人依法保障女童接受义务教育，切实解决义务教育女童失学辍学问题。保障欠发达地区女童、留守女童、农业转移人口随迁子女以及残疾女童的受教育权利和机会。支持学业困难女童完成义务教育，提高女童义务教育巩固率。

5. 提高女性接受普通高中教育的比例。保障女性特别是欠发达地区和农村低收入家庭女性平等接受普通高中教育的权利和机会。鼓励普通高中多样化有特色发展，满足女性全面发展和个性化发展需求。有针对性地开展学科选择和职业生涯规划指导，提高女性自主选择能力，破除性别因素对女性学业和职业发展的影响。

6. 促进女性接受高质量职业教育。完善学历教育与培训并重的现代职业教育体系，优化专业设置，提供多种学习方式，支持女性获得职业技能等级证书，培养复合型技术技能女性人才和能工巧匠、大国工匠。鼓励职业院校面向高校女毕业生、女农民工、去产能分流女职工等重点人群开展就业创业和职业技能培训。

7. 保障女性平等接受高等教育的权利和机会。严格控制招生过程中的特殊专业范围，强化监管，建立约谈、处罚机制。保持高校在校生中男女比例的均衡。采取激励措施，提高女性在科学、技术、工程、数学等学科学生中的比例，支持数理化生等基础学科基地和前沿科学中心建设，加强对基础学科拔尖女生的培养。

8. 大力提高女性科学素质。开展全民科学素质行动，利用现代信息化手段，加大面向女性的科学知识教育、传播与普及力度。开展女科学家进校园活动，发挥优秀女科技人才的榜样引领作用。引导中小学女生参加各类科普活动和科技竞赛，培养科学兴趣、创新精神和实践能力。鼓励女大学生积极参与项目设计、社会实践、创新创业、科技竞赛等活动。深入实施农村妇女素质提升计划，支持农村妇女参与农业农村现代化建设。

9. 大力加强女性科技人才培养。探索建立多层次女性科技人才培养体系，培养具有国际竞争力的女性科技人才。关注培养义务教育阶段女生爱科学、学科学的兴趣和志向。引导高中阶段女生养成科学兴趣和钻研精神，支持有意愿的女生报考理工类院校。加大女性创新型、应用型人才培养力度，鼓励女大学生参与科研项目，在实践中培养科学精神和创新能力。引导女性从事科学和技术相关工作，增加女性科技人才参与继续教育和专业培训的机会。

10. 为女性终身学习提供支持。建立完善更加开放灵活的终身学习体系，完善注册学习、弹性学习和继续教育制度，拓宽学历教育渠道，满足女性多样化学习需求，关注因生育中断学业和职业女性的发展需求。建立健全国家学分银行和学习成果认定制度。扩大教育资源供给，为女性提供便捷的社区和在线教育，为进城务工女性、女性新市民、待业女性等提供有针对性的职业技能培训。

11. 持续巩固女性青壮年扫盲成果，加大普通话推广力度。完善扫盲工作机制，加强国家通用语言文字教育，消除女童辍学现象，杜绝产生女性青壮年新文盲。普通话培训及各类职业培训向欠发达地区妇女和残疾妇女等群体倾斜。深化扫盲后的继续教育。提高妇女平均受教育年限。

12. 加强女性学研究和人才培养。加强女子高校建设，推动有条件的高校开设妇女研究及性别平等相关课程。培养具有跨学科知识基础和性别平等意识的专业人才。加大对妇女理论研究的支持力度，加强跨学科研究，提高国家社科基金项目等重大研究项目中妇女或性别研究相关选题的立项比例。

13. 构建平等尊重和安全友善的校园环境。促进建立相互尊重、平等和睦的师生、同学关系，鼓励学校设置生命教育、心理健康教育和防性侵、防性骚扰的相关课程，提高学生的自我保护意识和能力。中小学校建立完善预防性侵未成年人工作机制，高校建立完善预防性侵和性骚扰工作机制，加强日常管理、预防排查、投诉受理和调查处置。加强师德师风建设，履行查询法定义务，对不符合条件的教职人员进行处置。

（三）妇女与经济

主要目标：

1. 鼓励支持妇女为推动经济高质量发展贡献力量，妇女平等参与经济发展的权利和机会得到保障。

2. 促进平等就业，消除就业性别歧视。就业人员中的女性比例保持在45% 左右。促进女大学生充分就业。

3. 优化妇女就业结构。城镇单位就业人员中的女性比例达到 40% 左右。

4. 促进女性人才发展。高级专业技术人员中的女性比例达到 40%，促进女性劳动者提升职业技能水平。

5. 保障妇女获得公平的劳动报酬，男女收入差距明显缩小。

6. 保障女性劳动者劳动安全和健康。女职工职业病发病率明显降低。

7. 保障农村妇女平等享有土地承包经营权、宅基地使用权等权益，平等享有农村集体经济组织收益分配、土地征收或征用安置补偿权益。

8. 巩固拓展脱贫攻坚成果，增强农村低收入妇女群体的可持续发展能力。

9. 妇女在实施乡村振兴战略中的作用充分发挥。

策略措施：

1. 完善保障妇女平等获得经济资源、参与经济建设、享有经济发展成果的法律法规政策。制定实施支持女性科技人才在创新发展中发挥更大作用的政策措施。创新制度机制，保障妇女在就业创业、职业发展、劳动报酬、职业健康与安全、职业退出、土地等方面的权益，保障新业态从业人员劳动权益，为妇女充分参与经济高质量发展创造有利条件。

2. 加大消除就业性别歧视工作力度。全面落实消除就业性别歧视的法律法规政策，创造性别平等的就业机制和市场环境。对招聘、录用环节涉嫌性别歧视的用人单位进行联合约谈，依法惩处。督促用人单位加强就业性别歧视自查自纠。发挥劳动保障法律监督作用，对涉嫌就业性别歧视的用人单位提出纠正意见，或者向相关行政部门提出处理建议。依法受理涉及就业性别歧视的诉讼。发挥行业协会、商会协调监督作用，提高行业自律意识。党政机关、国有企事业单位在招录（聘）和职工晋职晋级、评定专业技术职称等方面发挥男女平等的示范引领作用。

3. 促进妇女就业创业。健全公共就业服务体系，深化就业服务专项活动，促进妇女就业的人岗对接。充分发挥现代服务业和新业态吸纳妇女就业的功能，支持妇女参与新业态新模式从业人员技能培训。加大帮扶力度，多渠道帮助就业困难妇女实现就业。扶持民族传统手工艺品产业发展，提高组织化程度，促进各族妇女就地就近就业。支持女性科技人才投身科技创业，发展农村电子商务，鼓励外出务工妇女返乡创业，支持有意愿的妇女下乡创业。创新金融、保险产品和服务模式，拓宽妇女创业融资渠道。

4. 促进女大学生就业创业。加强职业生涯规划指导服务，引导女大学生树立正确的择业就业观，提升就业能力。完善落实就业创业支持政策，高校和属地政府提供不断线的就业服务，拓宽女大学生市场化社会化就业渠道。鼓励女大学生到基层、中小微企业或新经济领域就业。推广女大学生创业导师制，开展女大学生创新创业大赛，支持女大学生创业。对有就业意愿的离校未就业女毕业生提供就业帮扶。

5. 改善妇女就业结构。完善终身职业技能培训制度，提升妇女职业技能水平，大力培育知识型、技能型、创新型女性劳动者。不断提高妇女在高新技术产业、战略性新兴产业和现代服务业从业人员中的比例。逐步消除职业性别隔离，提高城镇单位就业人员中的女性比例。扩大农村妇女转移就业规模，缩小男女转移就业差距。

6. 加强女性专业技术和技能人才队伍建设。制定相关政策，强化制度保障，支持女性科技人才承担科技计划项目、参与科技决策咨询、拓展科研学术网络、提升国际影响力和活跃度，完善女性科技人才评价激励机制，培养高层次女性科技人才。实施科技创新巾帼行动，搭建平台、提供服务，激励女性科技人才、技术技能人才立足岗位锐意创新。加强对女性专业技术和技能人才专业知识、科研管理、创新创业等的培训。加强典型宣传，发挥榜样引领作用。

7. 缩小男女两性收入差距。全面落实男女同工同酬，保障收入公平。促进女性对知识、技术、管理、数据等生产要素的掌握和应用，提高女性职业竞争力。督促用人单位制定实施男女平等的人力资源制度，畅通女性职业发展和职务职级晋升通道。探索开展薪酬调查，加强对收入的分性别统计，动态掌握男女两性收入状况。

8. 改善女性劳动者劳动安全状况。广泛开展劳动安全和健康宣传教育，加大《女职工劳动保护特别规定》宣传执行力度，提高用人单位和女性劳动者的劳动保护和安全生产意识。将女职工劳动保护纳入职业健康和安全生产监督管理范围，加强对用人单位的劳动保障监察以及劳动安全和职业健康监督。督促用人单位加强对女职工经期、孕期、哺乳期的特殊保护，落实哺乳时间和产假制度。督促用人单位加强职业防护和职业健康监督保护，保障女职工在工作中免受有毒有害物质和危险生产工艺的危害。

9. 保障女职工劳动权益。督促用人单位规范用工行为，依法与女职工签订劳动合同，推动签订女职工权益保护专项集体合同。加强劳动保障法律监督。指导用人单位建立预防和制止性骚扰工作机制，完善相关执法措施。加强劳动用工领域信用建设，加大对侵犯女职工劳动权益行为的失信惩戒力度。推动有条件的劳动人事争议仲裁机构设立女职工维权仲裁庭，依法处理女职工劳动争议案件。

10. 为女性生育后的职业发展创造有利条件。禁止用人单位因女职工怀孕、生育、哺乳而降低工资、恶意调岗、予以辞退、解除劳动（聘用）合同，推动落实生育奖励假期间的工资待遇，定期开展女职工生育权益保障专项督查。为女性生育后回归岗位或再就业提供培训等支持。高校、研究机构等用人单位探索设立女性科研人员生育后科研回归基金。推动用人单位根据女职工需要建立女职工哺乳室、孕妇休息室等设施。支持有条件的用人单位为职工提供福利性托育托管服务。

11. 保障农村妇女平等享有各项经济权益。在农村土地承包工作中，依法保障农村妇女权益。在宅基地使用权确权登记颁证工作中保障农村妇女权益，确保应登尽登。建立健全农村集体资产管理制度，规范农村集体经济组织成员身份确认办法，完善包括征地补偿安置在内的农村集体经济组织资产收益内部分配机制，保障妇女在农村集体经济组织资产股权量化、权益流转和继承等各环节，作为农村集体经济组织成员和家庭成员平等享有知情权、参与决策权和收益权。保障进城落户女农民的经济权益。畅通经济权益受侵害农村妇女的维权渠道。

12. 支持脱贫妇女稳定增加收入。建立农村低收入人口和欠发达地区帮扶机制。健全防止返贫监测和帮扶机制。扶持发展适合城乡低收入妇女自主发展的手工编织、农村电商等特色产业项目。通过致富带头人培育、帮扶车间建设和以工代赈等方式，支持农村妇女就地就近就业、实现增收致富。

13. 支持妇女积极参与乡村振兴。积极发挥妇女在农村一二三产业融合发展和农业农村现代化建设中的作用。大力开展现代农业示范基地建设，深入实施乡村振兴巾帼行动。发挥农村创业创新园区（基地）等平台作用，鼓励支持妇女创办领办新型农业经营主体和农业社会化服务组织。加强高素质女农民培育，引导女农民争做乡村工匠、文化能人、手工艺人、农技协领办人和新型农业经营管理能手。

（四）妇女参与决策和管理

主要目标：

1. 保障妇女参与社会主义民主政治建设和社会治理，提升参与水平。

2. 中国共产党女党员保持合理比例。中国共产党各级党员代表大会中女党员代表比例一般不低于本地区党员总数中女性比例。

3. 各级人大代表和常委会委员中的女性比例逐步提高。各级政协委员和常委中的女性比例逐步提高。

4. 县级以上地方政府领导班子中的女干部比例逐步提高，担任正职的女干部占同级正职干部的比例逐步提高。

5. 国家机关部委和县级以上地方政府部门领导班子中的女干部比例逐步提高，担任正职的女干部占同级正职干部的比例逐步提高。

6. 各级各类事业单位领导班子成员中的女性比例逐步提高。

7. 企业董事会、监事会成员及管理层中的女性比例逐步提高。企事业单位职工代表大会中女性比例与女职工比例相适应。

8. 村党组织成员、村党组织书记中女性比例逐步提高。村委会成员中女性比例达到 30% 以上，村委会主任中女性比例逐步提高。

9. 社区党组织成员、社区党组织书记中女性比例逐步提高。社区居委会成员中女性比例保持在 50% 左右，社区居委会主任中女性比例达到 40% 以上。

10. 鼓励支持女性参加社会组织、担任社会组织负责人。

策略措施：

1. 加大对妇女参与决策和管理的支持力度。充分发挥妇女参与国家和社会事务管理的重要作用，破除制约妇女参与决策和管理的障碍，促进妇女参与决策和管理水平与妇女地位作用相适应。加大培训力度，提高各级领导干部贯彻落实男女平等基本国策的意识，把推动妇女参政纳入重要议程，提出目标举措。采取有效措施，提升各级党委、人大、政府、政协、党政工作部门以及企事业单位、基层群众自治组织和社会组织中的女性比例。

2. 提高妇女参与社会事务和民主管理的意识和能力。开展女性领导干部政治素质和领导能力培训。鼓励高校开设领导力相关课程，培养年轻女性的政治素养及参与决策和管理的意识。加大基层妇女骨干培训力度，提高妇女在自治、法治、德治中的参与意识和能力，鼓励妇女积极参与村（居）民议事会、理事会等自治组织，推进城乡社区妇女议事会实现全覆盖并有效运行，发挥妇女在城乡基层治理中的积极作用。探索打造妇女网上议事平台，引导妇女积极、有序参与基层民主管理和基层民主协商。

3. 重视发展中国共产党女党员。面向妇女深入开展思想政治工作，扩大党的妇女群众基础，培养对党的感情，深化对党的认识，引导拥护党的主张，激发妇女入党的政治意愿。加强对入党积极分子的培养教育。注重从各行各业青年女性中发展党员。在党代表候选人酝酿过程中，充分关注政治过硬、作风优良、敢于担当、实绩突出的优秀妇女，确保党员代表大会中女党员代表保持合理比例。

4. 提高人大女代表、政协女委员比例。落实人大代表选举规则和程序，在选区划分、代表名额分配、候选人推荐、选举等环节，保障妇女享有平等权利和机会。重视从基层、生产一线推荐人大代表女性候选人，候选人中应当有适当数量的妇女代表，并逐步提高妇女代表的比例。提名推荐、协商确定政协委员建议名单时，保障提名一定比例的妇女。充分发挥人大女代表、政协女委员在发展社会主义民主政治和男女平等事业中的积极作用。

5. 加大培养选拔女干部工作力度。培养忠诚干净担当的高素质专业化女干部，促进女干部不断增强学习本领、政治领导本领、改革创新本领、科学发展本领、依法执政本领、群众工作本领、狠抓落实本领、驾驭风险本领。优化女干部成长路径，注重日常培养和战略培养，为女干部参加教育培训、交流任职、挂职锻炼创造条件和机会。注重从基层、生产一线培养选拔女干部，注重选拔女干部到重要部门、关键岗位担任领导职务。注重保持优秀年轻干部队伍中女干部的合理比例。落实女干部选拔配备的目标任务，在保证质量的前提下实现应配尽配。保障妇女在干部录用、选拔、任（聘）用、晋升、退休各环节不因性别受到歧视。

6. 推动妇女积极参与事业单位决策管理。培养选拔优秀女性专业技术人员进入决策管理层。重视在卫生、教育、文化等女性集中的行业提高决策管理层中的女性比例，鼓励妇女积极参与本单位党建和群团组织建设，促进事业单位职工代表大会中的女职工代表比例与事业单位女职工比例相适应。在深化事业单位改革进程中，确保妇女在岗位晋升、职员晋级、职称评聘等方面享有平等的权利和机会。

7. 推动妇女广泛参与企业决策管理。将女干部选拔配备纳入国有企业领导班子和干部队伍建设规划，加大培养、选拔、使用力度。在深化企业人事制度改革进程中，采用组织推荐、公开招聘、民主推荐等方式，促进优秀妇女进入企业董事会、监事会和管理层。完善企业民主管理制度，促进企业职工代表大会中女职工代表比例与企业女职工比例相适应，支持女职工通过职工代表大会等形式参与企业民主决策、民主管理和民主监督。企业制定相关规章制度，对涉及女职工权益的事项，听取工会女职工委员会的意见，依法经职工代表大会审议通过。

8. 推动妇女有序参与城乡基层社会治理。注重从女致富能手、经商务工女性、乡村女教师女医生、女社会工作者、女大学生村官、女退休干部职工等群体中培养选拔村（社区）干部。在村（社区）“两委”换届工作中，通过提名确定女性候选人、女性委员专职专选、女性成员缺位增补等措施，提高村（居）委会成员、村（居）委会主任中的女性比例。组织妇女积极参与村规民约、居民公约的制定修订，开展协商议事活动。促进新社会阶层、社会工作者和志愿者中的女性积极参与社会治理。

9. 支持引导妇女参加社会组织。优化社会组织发展的制度环境，加大对以女性为成员主体或以女性为主要从业人员的社会组织的培育力度，加强支持和指导服务，促进其健康有序发展并积极参与社会组织协商。鼓励支持更多女性成为社会组织成员或从业人员，加强对社会组织女性专业人才和管理人才的培养，注重发现培养社会组织女性负责人。

10. 发挥妇联组织在推进国家治理体系和治理能力现代化进程中的作用。支持妇联组织履行代表妇女参与管理国家事务、经济文化事业和社会事务的职责，强化妇联组织参与民主决策、民主管理、民主监督，参与制定有关法律、法规、规章和政策，参与社会治理和公共服务的制度保障。在制定有关促进男女平等和保障妇女合法权益的法律法规政策以及培养选拔女干部工作中，充分听取妇联组织意见和建议。

（五）妇女与社会保障

主要目标：

1. 妇女平等享有社会保障权益，保障水平不断提高。

2. 完善生育保障制度。提高生育保险参保率。

3. 完善医疗保障体系。妇女基本医疗保险参保率稳定在95%以上，待遇保障公平适度。

4. 完善养老保险制度体系。妇女基本养老保险参保率提高到95%，待遇水平稳步提高。

5. 完善失业保险和工伤保险制度。提高妇女失业保险和工伤保险参保人数，落实相关待遇保障。

6. 健全分层分类社会救助体系。困难妇女的生活得到基本保障。

7. 妇女福利待遇水平持续提高，重点向老年妇女、残疾妇女等群体倾斜。

8. 建立完善多层次养老服务和长期照护保障制度。保障老年妇女享有均等可及的基本养老服务，对失能妇女的照护服务水平不断提高。

9. 加强对妇女的关爱服务，重点为有困难、有需求的妇女提供帮扶。

策略措施：

1. 完善惠及妇女群体的社会保障体系。在制定修订社会救助、社会保险等相关法律法规以及健全覆盖全民的社会保障体系工作中，关切和保障妇女的特殊利益和需求。持续推动社会保险参保扩面，支持灵活就业女性参加相应社会保险，实现应保尽保，缩小社会保障的性别差距。建立国家级社会保险全民参保登记信息库，加强社会保障分性别统计、信息动态监测和管理。

2. 完善覆盖城乡妇女的生育保障制度。巩固提高生育保险覆盖率，完善生育保险生育医疗费用支付及生育津贴政策。妥善解决妇女在就业和领取失业金期间生育保障问题。提高生育保险与职工基本医疗保险合并实施成效。加强城乡居民生育医疗费用保障。

3. 不断提高妇女医疗保障水平。推动女职工和城乡女性居民持续参加基本医疗保险，满足妇女基本医疗保障需求。统筹发挥基本医保、大病保险、医疗救助三重制度综合保障作用，促进多层次医疗保障互补衔接，做好符合条件的低收入妇女医疗救助。推进建立女职工医疗互助，充分发挥商业保险对宫颈癌、乳腺癌等重大疾病的保障作用。

4. 促进妇女享有可持续多层次养老保险。建立完善基本养老保险全国统筹制度。督促用人单位依法为包括女职工在内的全体职工及时足额缴纳基本养老保险费，不断增加妇女参加基本养老保险的人数，促进妇女依法公平享有基本养老保险权益。鼓励有条件的用人单位为包括女职工在内的全体职工建立企业年金，丰富商业养老保险产品，提高妇女养老保险水平。

5. 保障女性失业保险权益。督促用人单位依法为女职工办理失业保险，提高女职工特别是女农民工的参保率。保障符合条件的失业女职工按时享受失业保险待遇。强化失业保险促就业防失业功能，支持女职工稳定就业。适时制定特殊时期失业保障政策，为包括女职工在内的劳动者提供失业保障。

6. 扩大妇女工伤保险覆盖面。增强工伤保险预防工伤、保障生活、促进康复的功能，推进新就业形态人员职业伤害保障试点，将新业态就业妇女纳入保障范围。督促用人单位特别是高风险行业单位依法为女职工办理工伤保险，确保落实工伤保险待遇。

7. 强化社会救助对生活困难妇女的兜底保障。推进法律实施，强化政策衔接，健全基本生活救助制度和医疗救助、教育救助、住房救助、就业救助、受灾人员救助等专项救助制度，健全临时救助政策措施，强化急难社会救助功能，积极发展服务类社会救助，推进政府购买社会救助服务，确保符合条件的妇女应救尽救。鼓励、支持慈善组织依法依规为生活困难妇女提供救助帮扶。推动建立统一的救助信息平台，加强社会救助分性别统计，精准识别救助对象。

8. 更好满足妇女群体的社会福利需求。完善经济困难高龄失能老年人补贴制度，落实各项补贴待遇，逐步提升老年妇女福利水平。完善残疾人补贴制度，动态调整、合理确定困难残疾人生活补贴和重度残疾人护理补贴标准，扩大适合残疾妇女特殊需求的公共服务供给。

9. 保障妇女享有基本养老服务。加快建设居家社区机构相协调、医养康养相结合的养老服务体系，大力发展普惠型养老服务。完善社区居家养老服务网络，推进公共设施适老化改造，推动专业机构服务向社区和家庭延伸。提升公办养老机构服务能力和水平，完善公建民营管理机制，结合服务能力适当拓展服务对象，重点为经济困难的失能失智、计划生育特殊家庭老年人提供托养服务。促进养老机构提供多元化、便利化、个性化服务，提高老年妇女生活照料、紧急救援、精神慰藉等服务水平。支持社会力量扩大普惠型养老服务供给，支持邻里之间的互助性养老。加大养老护理型人才培养力度，建设高素质、专业化的养老服务队伍。

10. 探索建立多层次长期照护保障制度。稳步建立长期护理保险制度，将符合条件的失能妇女按规定纳入保障范围，妥善解决其护理保障问题。加强长期护理保险制度与长期照护服务体系有机衔接。探索建立相关保险、福利、救助相衔接的长期照护保障制度，扩大养老机构护理型床位供给，提高护理服务质量。为家庭照料者提供照护培训、心理疏导等支持。

11. 提高对妇女的关爱服务水平。开展农村留守妇女关爱行动。对农村留守妇女进行摸底排查，建立完善以县级为单位的信息台账。积极为农村留守妇女创业发展搭建平台、提供服务。支持农村留守妇女参与乡村振兴和家庭文明建设，在乡村治理、邻里互助、留守老人儿童关爱服务中发挥积极作用。完善特殊困难失能留守老年人探访关爱制度，不断拓展对妇女群体的关爱服务，支持社会力量参与，重点为生活困难、残疾、重病等妇女群体提供权益保护、生活帮扶、精神抚慰等关爱服务。

（六）妇女与家庭建设

主要目标：

1. 树立新时代家庭观，弘扬爱国爱家、相亲相爱、向上向善、共建共享的社会主义家庭文明新风尚，推动社会主义核心价值观在家庭落地生根。

2. 建立完善促进男女平等和妇女全面发展的家庭政策体系，增强家庭功能，提升家庭发展能力。

3. 拓展支持家庭与妇女全面发展的公共服务。

4. 注重发挥家庭家教家风在基层社会治理中的重要作用。

5. 充分发挥妇女在家庭生活中的独特作用，弘扬中华民族家庭美德、树立良好家风，支持妇女成为幸福安康家庭的建设者、倡导者。

6. 倡导构建男女平等、和睦、文明的婚姻家庭关系，降低婚姻家庭纠纷对妇女发展的不利影响。

7. 倡导和支持男女共担家务，缩小两性家务劳动时间差距。

8. 支持家庭承担赡养老人责任，不断提升老年妇女家庭生活质量。

9. 促进夫妻共同承担未成年子女的抚养、教育、保护责任，为未成年子女身心发展创造良好家庭环境。

策略措施：

1. 促进家庭成员践行社会主义核心价值观。加强教育引导、舆论宣传、文化熏陶、实践养成，宣传尊老爱幼、男女平等、夫妻和睦、勤俭持家、邻里团结等家庭美德，弘扬中华民族优秀传统家风、革命前辈红色家风、践行社会主义核心价值观的现代家风，营造平等、文明、和谐、稳定的家庭环境，实现共建共享的家庭追求，引导妇女和家庭成员自觉把家庭梦融入中国梦。

2. 制定出台促进男女平等和妇女全面发展的家庭政策。完善人口生育相关法律法规政策，推动生育政策与经济社会政策配套衔接。研究推动将 3 岁以下婴幼儿照护服务费用纳入个人所得税专项附加扣除、住房等方面支持政策，减轻家庭生育、养育、教育负担。完善幼儿养育、青少年发展、老人赡养、病残照料等政策，形成支持完善家庭基本功能、促进男女平等和妇女全面发展的家庭政策体系，增强家庭发展能力。完善产假制度，探索实施父母育儿假。建立促进家庭发展的政策评估机制。

3. 大力发展家庭公共服务。发展普惠托育服务体系，综合运用土地、住房、财政、金融、人才等支持政策，扩大托育服务供给。加快完善养老、家政等服务标准，推动婚姻家庭辅导服务、家庭教育指导服务普惠享有，提升面向家庭的公共服务水平。通过政府购买服务等方式，引导社会力量开展家庭服务，满足家庭日益增长的个性化、多元化需求。重点为经济困难、住房困难、临时遭遇困难家庭和残疾人家庭等提供支持，加大对计划生育特殊家庭的帮扶保障力度，加强对退役军人家庭的支持和保障。城市社区综合服务设施实现全覆盖。加强社区托育服务设施建设，完善社区养老托育、家政物业等服务网络。发展数字家庭。

4. 推动家庭家教家风在基层社会治理中发挥重要作用。构建党委领导、政府主导、部门合作、家庭尽责、社会参与的家庭建设工作格局。将建设好家庭、实施好家教、弘扬好家风纳入基层社会治理体系以及基层社会治理评价考核内容。鼓励家庭成员履行家庭和社会责任。增进政府治理和社会调节、居民自治良性互动，以千千万万家庭的好家风支撑起全社会的好风气。

5. 鼓励支持妇女在家庭生活中发挥独特作用。深化实施“家家幸福安康工程”，鼓励妇女带领家庭成员积极参与文明家庭、五好家庭、最美家庭等群众性精神文明建设活动，参与绿色家庭创建，提升健康素养，践行绿色、低碳、循环、可持续的生活方式，养成勤俭节约的好习惯，杜绝浪费。推进平安家庭、无烟家庭建设。

6. 促进婚姻家庭关系健康发展。面向家庭开展有关法律法规政策宣传，促进男女平等观念在婚姻家庭关系建设中落实落地，倡导夫妻平等参与家庭事务决策，反对一切形式的家庭暴力。开展恋爱、婚姻家庭观念教育，为适龄男女青年婚恋交友、组建家庭搭建平台，推广婚姻登记、婚育健康宣传教育、婚姻家庭关系辅导等“一站式”服务。广泛开展生育政策宣传。推进移风易俗，保障各民族妇女的婚姻自由，抵制早婚早育、高价彩礼等现象，选树宣传婚事新办典型，引导改变生男偏好，构建新型婚育文化。加强对广播电视、网络等婚恋活动和服务的规范管理。

7. 加强婚姻家庭纠纷预防化解工作。健全婚姻家庭纠纷预防化解工作机制，发挥综治中心和网格化服务管理作用，强化衔接联动，加强婚姻家庭纠纷预测预防预警，健全纠纷排查调处制度。推进县（市、区、旗）建立健全婚姻家庭纠纷人民调解委员会，建设人民调解员队伍，搭建“互联网 +”纠纷预防化解工作平台，支持社会力量参与，提供多元便捷服务。推进家事审判制度改革，加强诉调对接平台建设，构建新型家事纠纷综合协调解决模式。

8. 促进男女平等分担家务。倡导夫妻在家务劳动中分工配合，共同承担照料陪伴子女老人、教育子女、料理家务等家庭责任，缩小两性家务劳动时间差距。促进照料、保洁、烹饪等家务劳动社会化，持续推动家政服务业提质扩容增效，发展婴幼儿照护服务和失能失智老年人长期照护服务，增强家庭照护能力，研发家务劳动便利化产品。督促用人单位落实探亲假、职工带薪休假、配偶陪产假等制度，鼓励用人单位实施灵活休假和弹性工作制度，创造生育友好的工作环境，支持男女职工共同履行家庭责任。

9. 提高老年妇女的家庭生活质量。倡导养老、孝老、敬老的家庭美德，支持家庭履行赡养老人的主体责任。鼓励子女与老年人共同生活或就近居住，为长期照护老年人的家庭成员提供“喘息服务”。督促用人单位保障赡养义务人的探亲休假权利，推动建立子女护理假制度。建立完善社区老年人关爱服务机制。发展银发经济，推进智慧健康养老，满足老年妇女生活需要。依法保障老年妇女婚姻自由和家庭财产权利。

10. 增强父母共同承担家庭教育责任的意识和能力。推进家庭教育立法及实施，促进父母共同落实家庭教育主体责任，创造有利于未成年子女健康成长和发展的家庭环境。开展宣传培训，帮助父母树立科学家庭教育理念，摒弃“重智轻德”等观念，掌握科学知识和方法，注重言传身教，关注未成年子女身心健康，提高家庭科学育儿能力。鼓励父母加强亲子交流，共同陪伴未成年子女成长。

（七）妇女与环境

主要目标：

1. 提高妇女的思想政治意识，引导妇女积极践行社会主义核心价值观。

2. 提升全社会的性别平等意识，推进男女平等基本国策宣传教育进机关、进学校、进企业、进城乡社区、进家庭。

3. 健全文化与传媒领域的性别平等评估和监管机制。

4. 全面提升妇女的媒介素养，提高妇女利用信息技术参与新时代经济社会高质量发展的能力。

5. 提高妇女的生态文明意识，促进妇女践行绿色发展理念，做生态文明建设的推动者和践行者。

6. 减少环境污染对妇女健康的危害。农村自来水普及率达到90%，提升城市集中式饮用水水源水质。

7. 稳步提高农村卫生厕所普及率，城镇公共厕所男女厕位比例标准化建设与实际需求相适应。

8. 妇女应对突发事件能力不断提高，作用得到发挥，特殊需求得到满足。

9. 广泛参与妇女领域的国际交流与合作，全面提升我国在国际妇女事务中的影响力。

策略措施：

1. 加强对妇女的思想政治引领。坚持用习近平新时代中国特色社会主义思想引领妇女，持续开展中国特色社会主义和中国梦宣传教育，发挥新时代文明实践中心、主流媒体、妇女之家等阵地作用，推动理想信念教育常态化制度化，弘扬党和人民在各个历史时期奋斗中形成的伟大精神，激发妇女的历史责任感和主人翁精神，引导妇女听党话、跟党走，增强“四个意识”、坚定“四个自信”、做到“两个维护”。通过教育联系服务，凝聚青年女性、知识女性、新兴产业从业女性和活跃在网络空间中的女性。通过培养、评选、表彰、宣传妇女先进集体和个人，激励妇女崇尚先进、学习先进、争当先进。通过深化东中部地区与西部民族地区对口支援和交流合作，促进各族妇女广泛交往深度交融。

2. 开展以男女平等为核心的先进性别文化宣传教育。将构建先进性别文化纳入繁荣社会主义先进文化制度体系。大力宣传新时代妇女在社会生活和家庭生活中的独特作用，宣传优秀妇女典型和性别平等优秀案例。推动各级干部学习习近平总书记关于妇女和妇女工作的重要论述以及马克思主义妇女观、男女平等基本国策。在机关、学校、企业、城乡社区、家庭以多种形式开展男女平等基本国策宣传教育，让性别平等成为全社会共同遵循的行为规范和价值标准。

3. 促进妇女共建共享精神文明创建和城乡人居环境改善成果。丰富优质文化产品和公共文化服务供给，满足妇女精神文化需求。鼓励妇女积极参与城市文明建设，将妇女参与程度和满意度纳入文明城市评选内容。引导妇女在文明单位创建中爱岗敬业，争做文明职工。促进妇女参与文明村镇创建，主动参与农村人居环境整治提升、农村文化发展、文明乡风培育和乡村社会治理。推进城乡公共文化服务体系一体建设，创新实施文化惠民工程，惠及城乡妇女。

4. 加强文化与传媒领域的性别平等培训、评估和监管。开展对文化传媒工作者和传媒相关专业学生的性别平等培训，提升文化与传媒领域性别平等传播能力。加强对公共文化产品和传媒涉及性别平等内容的监测和监管，吸纳性别专家参与相关评估，消除网络媒体、影视产品、公共出版物等中出现的歧视贬抑妇女、侮辱妇女人格尊严、物化妇女形象等不良现象，规范网络名人和公众账号传播行为。完善违规行为警示记录系统，优化线上舆情预警和线下评估处置机制。

5. 引导妇女提高媒介素养。利用妇女之家、图书馆、网络课堂等开展面向妇女的媒介素养培训和指导，加强妇女网络素养教育，提升妇女对媒介信息选择、判断和有效利用的能力，提升妇女网络安全意识和能力，消除性别数字鸿沟。加强学生网络素养教育，引导女生合理安全使用网络，提升自我保护能力，防止网络沉迷。重点帮助老年妇女、困难妇女和残疾妇女群体掌握网络基本知识技能。开展争做“巾帼好网民”活动，推动妇女弘扬网上正能量。

6. 充分发挥妇女在生态文明建设中的重要作用。广泛开展生态文化宣传教育和实践活动，引导妇女树立生态文明意识，提高环境科学素养，掌握环境科学知识，提升妇女生态环境保护意识和能力。鼓励妇女引领绿色生产生活，养成节约适度、绿色低碳、文明健康的生活方式和消费模式，杜绝浪费。支持妇女参与生态环境治理。

7. 持续改善妇女生活的环境质量。加强生态环境监测和健康监测，开展环境污染因素影响研究，监测分析评估环境政策、基础设施项目、生产生活学习环境等对妇女健康的影响。推进城乡生活环境治理，推进城镇污水管网全覆盖，开发利用清洁能源，推行垃圾分类和减量化、资源化，推广使用节能环保产品。

8. 为城乡妇女享有安全饮水提供保障。引导妇女积极参与水源保护。推进城市集中式饮用水水源地规范化建设，加强水源保护和水质监测，守护饮水安全命脉。加强水利基础设施建设，实施农村供水保障工程，提升水资源优化配置能力，为妇女取水、用水提供便利。

9. 加强符合妇女需求的卫生厕所建设。推进城镇公共厕所改造，完善落实城镇公共厕所设计标准，推动将男女厕位比例规范化建设和达标率纳入文明城市、文明社区、文明村镇、文明单位、文明校园的评选标准。分类有序推进农村厕所革命，稳步提高卫生厕所普及率，加强厕所粪污无害化处理与资源化利用。推动旅游景区、商场、客运枢纽和服务区等公共场所建设第三卫生间。

10. 在突发事件应对中关切妇女特别是孕期、哺乳期妇女及困难妇女群体的特殊需求。在突发事件应急体系建设、预防和应急处置机制建设、相关应急预案和规划制订中统筹考虑妇女特殊需求，优先保障女性卫生用品、孕产妇用品和重要医用物资供给。面向妇女开展突发事件预防应对知识和自救互救技能指导培训，提高妇女的防灾减灾意识和自救互救能力。在应对突发事件中加强对有需求妇女群体的救助服务和心理疏导。引导妇女积极参与防灾减灾工作。

11. 积极促进国际妇女事务交流与合作。认真履行关于促进男女平等与妇女全面发展的国际公约和文件，积极落实联合国 2030 年可持续发展议程涉及性别平等相关目标。参与全球促进性别平等事业，提升我国的话语权和影响力，开展国际交流合作，促进妇女发展交流互鉴，讲好中国妇女发展故事，宣传中国妇女事业发展成就。积极主办和参与涉及妇女议题的各类国际会议，推动发展妇女民间外交，持续打造我国妇女人文交流品牌，在国际舞台上展现中国形象。支持妇女投身“一带一路”建设，为推动构建人类命运共同体发挥重要作用。

12. 发挥妇联组织在营造男女平等和妇女全面发展环境中的积极作用。健全完善引领服务联系妇女的工作机制，发挥桥梁纽带作用，凝聚妇女人心。联合中央主流媒体，依托妇联全媒体，大力宣传习近平总书记关于妇女和妇女工作的重要论述，宣传马克思主义妇女观和男女平等基本国策，宣传妇女“半边天”作用。加强妇女舆情尤其是网络舆情监测，对错误观点言论及时发声，协调督促处置，正面引导舆论，优化有利于妇女全面发展的社会舆论环境。

（八）妇女与法律

主要目标：

1. 全面贯彻落实男女平等宪法原则和基本国策，健全完善保障妇女合法权益的法律体系。

2. 促进法规政策性别平等评估机制规范化建设和有效运行。

3. 提高妇女尊法学法守法用法的意识和能力。充分发挥妇女在法治中国建设中的作用。

4. 深入实施反家庭暴力法，预防和制止针对妇女一切形式的家庭暴力。

5. 严厉打击拐卖妇女、性侵害妇女等违法犯罪行为。

6. 提升预防和制止性骚扰的法治意识，有效遏制针对妇女的性骚扰。

7. 严厉打击利用网络对妇女实施的违法犯罪行为。

8. 保障妇女在家庭关系中的财产所有权、继承权，保障妇女对婚姻家庭关系中共同财产享有知情权和平等处理权。

9. 依法为妇女提供公共法律服务。保障遭受侵害妇女获得及时有效的司法救助。

策略措施：

1. 推进男女平等宪法原则和基本国策贯彻落实到法治中国建设全过程。适时修订妇女权益保障法、刑法、社会保险法、女职工劳动保护特别规定等法律法规，完善保障妇女合法权益的法律体系。加大民法典、妇女权益保障法等法律法规的实施力度，加强执法检查和督查督办，保障侵害妇女权益案件获得公平公正处理。促进开展妇女权益保障领域的公益诉讼。将保障妇女权益相关内容纳入基层社会治理，纳入法治队伍建设、全民普法规划和群众性法治文化活动，增强全社会的男女平等法治意识和法治素养。

2. 加强法规政策性别平等评估工作。健全国家、省（自治区、直辖市）、市（地、州、盟）法规政策性别平等评估机制和县（市、区、旗）政策性别平等评估机制，明确评估范围，规范评估流程，细化评估指标。加强法规政策制定前研判、决策中贯彻、实施后评估的制度化建设。开展性别平等评估相关培训，加强专业化队伍建设，将男女平等基本国策落实到法规、规章、政策制定实施全过程各环节。

3. 提升妇女法治意识和参与法治中国建设的能力。深入开展民法典等专项普法活动，面向妇女提供法律咨询等服务，引导妇女自觉学习宪法和法律知识，增强法治观念，养成办事依法、遇事找法、解决问题用法、化解矛盾靠法的法治思维和行为习惯。鼓励妇女多途径参与立法、司法和普法活动。充分发挥女人大代表、女政协委员、妇联组织、以女性为成员主体或者以女性为主要服务对象的社会组织等在科学立法、民主立法和立法协商中的作用。

4. 加大反家庭暴力法的实施力度。健全完善预防和制止家庭暴力多部门合作机制，适时出台落实反家庭暴力法的司法解释、指导意见或实施细则，发布反家庭暴力的典型案例或指导性案例。推动省（自治区、直辖市）、市（地、州、盟）出台反家庭暴力地方性法规。加强宣传教育、预防排查，建立社区网格化家庭暴力重点监控机制。完善落实家庭暴力发现、报告、处置机制，强化相关主体强制报告意识，履行强制报告义务。加大接处警工作力度，开展家庭暴力警情、出具告诫书情况统计。对构成犯罪的施暴人依法追究刑事责任，从严处理重大恶性案件。及时签发人身保护令，提高审核签发率，加大执行力度。加强紧急庇护场所管理，提升庇护服务水平。加强对家庭暴力受害妇女的心理抚慰和生活救助，帮助其身心康复。加强对施暴者的教育警示、心理辅导和行为矫治。开展家庭暴力案件跟踪回访。加强反家庭暴力业务培训和统计。

5. 坚决打击拐卖妇女犯罪。完善落实集预防、打击、救助、安置、康复于一体的反拐工作长效机制。坚持预防为主、防治结合，提高全社会的反拐意识以及妇女的防范意识和能力。深入实施反对拐卖人口行动计划，打击拐卖妇女犯罪团伙。整治“买方市场”，及时解救被拐妇女并帮助其正常融入社会。打击跨国跨区域拐卖妇女犯罪。

6. 加大对组织、强迫、引诱、容留、介绍卖淫等犯罪行为的打击力度。加强网络治理，利用大数据完善违法信息过滤、举报等功能，严厉打击利用网络组织、强迫、引诱、容留、介绍妇女卖淫。依法加大对强迫、引诱幼女和智力残疾妇女卖淫的打击力度。加强社会治安综合治理，建立常态化整治机制，鼓励群众监督和举报涉黄违法犯罪行为。

7. 有效控制和严厉惩处强奸、猥亵、侮辱妇女特别是女童和智力、精神残疾妇女的违法犯罪行为。加强防性侵教育，提高妇女尤其是女童的防性侵意识和能力。建立完善重点人群和家庭关爱服务机制、侵权案件发现报告机制、多部门联防联动机制和侵权案件推进工作督查制度。完善立案侦查制度，及时、全面、一次性收集固定证据，避免受害妇女遭受“二次伤害”。建立性侵害违法犯罪人员信息查询系统，完善和落实从业禁止制度。加强对受害妇女的隐私保护、心理疏导和干预。

8. 预防和制止针对妇女的性骚扰。推动完善防治性骚扰相关立法。多形式多渠道传播防治性骚扰知识，提升妇女防范和制止性骚扰的意识和能力。建立健全预防和制止性骚扰工作机制，加强联防联控，发挥典型案例示范指引作用。预防和制止公共场所和工作、学习等场所发生的性骚扰，在机关、企业、学校等单位建立相关工作机制，预防和制止利用职权、从属关系等实施性骚扰。畅通救济途径。

9. 保障妇女免遭利用网络实施违法犯罪行为的侵害。加强网络信息内容生态治理，加强对网络淫秽色情信息的监管和查处，依法打击网络信息服务平台、生产者和使用者对妇女实施猥亵、侮辱、诽谤、性骚扰、散布谣言、侵犯隐私等违法犯罪行为。加强对网络平台的规范管理，保护妇女个人信息安全。依法惩治利用网络非法收集、使用、加工、传输、买卖、提供或者公开妇女个人信息的违法犯罪行为。提高妇女防范电信网络诈骗的意识和能力，严厉打击采取非法网络贷款、虚假投资、咨询服务等手段骗取妇女钱财的违法犯罪行为。

10. 在婚姻家庭和继承案件处理中依法保障妇女的财产权益。保障妇女平等享有家庭财产的占有、使用、收益和处分权利。保障妇女依法享有夫妻互相继承遗产、子女平等继承遗产的权利。保障夫妻对共同财产享有平等的知情权、处理权，认定和分割夫妻共同财产、认定和清偿夫妻共同债务时，切实保障妇女合法权益。离婚时，保障妇女依法获得土地、房屋、股份等权益，保障负担较多家庭义务的妇女获得补偿、生活困难妇女获得经济帮助、无过错妇女依法获得损害赔偿。

11. 为妇女提供优质高效的公共法律服务。推进公共法律服务实体、网络、热线三大平台融合发展，为妇女特别是低收入妇女、老年妇女、残疾妇女、单亲困难母亲等提供便捷高效、均等普惠的公共法律服务。落实法律法规对妇女申请法律援助的相关规定，保障妇女在刑事、民事、行政案件中享有诉讼代理和维权指导服务。加强维护妇女合法权益的法律援助类社会组织和专业律师、基层法务工作者队伍建设。保障特定案件中生活困难妇女能够获得司法救助。

12. 发挥妇联组织代表和维护妇女合法权益的职能作用。支持妇联组织健全联合约谈、联席会议、信息通报、调研督查、发布案例等工作制度，推动保障妇女权益法律政策的制定实施。加强“12338”妇女维权热线建设，畅通妇女有序表达诉求的渠道。及时发现报告侵权问题，依法建议查处性别歧视事件或协助办理侵害妇女权益案件，配合打击侵害妇女合法权益的违法犯罪行为，为受侵害妇女提供帮助。

三、组织实施

（一）坚持党的全面领导。坚持以习近平新时代中国特色社会主义思想为指导，坚持以人民为中心的发展思想，坚持走中国特色社会主义妇女发展道路，把党的领导贯穿于纲要组织实施全过程。贯彻党中央关于妇女事业发展的决策部署，坚持和完善促进男女平等和妇女全面发展的制度机制，在统筹推进“五位一体”总体布局、协调推进“四个全面”战略布局中推进纲要实施。

（二）落实纲要实施责任。完善落实党委领导、政府主责、妇儿工委协调、多部门合作、全社会参与的纲要实施工作机制。国务院及地方各级人民政府负责纲要实施工作，各级妇儿工委负责组织、协调、指导、督促工作，各级妇儿工委办公室负责具体工作。有关部门、相关机构和人民团体结合职责，承担纲要相关目标任务落实工作。在出台法律、制定政策、编制规划、部署工作时贯彻落实男女平等基本国策，切实保障妇女合法权益，促进妇女全面发展。

（三）加强纲要与国民经济和社会发展规划的衔接。在经济社会发展总体规划及相关专项规划中贯彻落实男女平等基本国策，将纲要实施以及妇女事业发展纳入经济社会发展总体规划及相关专项规划，结合经济社会发展总体规划部署要求推进纲要实施，实现妇女事业发展与经济社会发展同步规划、同步部署、同步推进、同步落实。

（四）制定地方妇女发展规划和部门实施方案。省级人民政府依据本纲要，结合实际制定本级妇女发展规划。市、县级人民政府依据本纲要以及上一级妇女发展规划，结合实际制定本级妇女发展规划。省、市、县级规划颁布后 1 个月内报送上一级妇儿工委办公室。中央及地方承担纲要（规划）目标任务的有关部门、相关机构和人民团体结合职责，按照任务分工，制定实施方案并报送同级妇儿工委办公室。

（五）完善实施纲要的工作制度机制。健全目标管理责任制，将纲要实施纳入政府议事日程和考核内容，将纲要目标分解到责任单位并纳入目标管理和考核内容。健全督导检查制度，定期对纲要实施情况开展督查。健全报告制度，责任单位每年向同级妇儿工委报告纲要实施情况和下一年工作安排，下级妇儿工委每年向上一级妇儿工委报告本地区规划实施情况和下一年工作安排。健全议事协调制度，定期召开妇女儿童工作会议和妇儿工委全体会议、联络员会议等，总结交流情况，研究解决问题，部署工作任务。健全纲要实施示范制度，充分发挥示范单位以点带面、示范带动作用。健全表彰制度，对实施纲要先进集体和先进个人按照有关规定进行表彰。

（六）加强妇女发展经费支持。各级人民政府将实施纲要所需工作经费纳入财政预算，实现妇女事业和经济社会同步发展。重点支持革命老区、民族地区、边疆地区、欠发达地区妇女发展，支持特殊困难妇女群体发展。动员社会力量，多渠道筹集资源，共同发展妇女事业。

（七）坚持和创新实施纲要的有效做法。贯彻新发展理念，坚持问题导向、目标导向，构建促进妇女发展的法律法规政策体系，完善妇女合法权益保障机制，实施促进妇女发展的民生项目。通过分类指导、示范先行，总结推广好做法好经验。通过政府购买服务等方式，发挥社会力量推动纲要实施的作用。开展国际交流合作，交流互鉴经验做法，讲好中国妇女发展故事。

（八）加强纲要实施能力建设。将习近平总书记关于妇女和妇女工作的重要论述以及男女平等基本国策有关内容、相关法律法规政策纳入各级干部学习内容，将实施纲要所需知识纳入培训计划，举办多层次、多形式培训，增强政府有关部门、相关机构和人员实施纲要的责任意识和能力。以政治建设为统领，加强各级妇儿工委及其办公室能力建设，促进机构职能优化高效，为更好履职尽责提供必要的人力物力财力支持，为纲要实施提供组织保障。

（九）加大纲要宣传力度。大力宣传习近平总书记关于妇女和妇女工作的重要论述，宣传在党的坚强领导下妇女事业发展的成就，宣传男女平等基本国策和保障妇女合法权益、促进妇女发展的法律法规政策，宣传纲要内容和纲要实施的经验、成效，努力营造有利于妇女发展的社会氛围。

（十）加强妇女发展调查研究。充分发挥各级妇儿工委及其办公室作用，加强妇女发展专家队伍建设，依托高校、研究机构、社会组织等建设妇女发展研究基地，培育专业研究力量，广泛深入开展理论与实践研究，为制定完善相关法律法规政策提供参考。

（十一）鼓励社会各界广泛参与纲要实施。鼓励企事业单位、社会组织、慈善机构和公益人士参与保障妇女合法权益、促进妇女发展等工作。鼓励妇女参与纲要实施，提高妇女在参与纲要实施中实现自身全面发展的意识和能力。

四、监测评估

（一）加强监测评估制度建设。对纲要实施情况进行年度监测、中期评估、终期评估。落实并逐步完善性别统计监测方案。各级统计部门牵头组织开展年度监测，各级妇儿工委成员单位、有关部门、相关机构向同级统计部门报送年度监测数据，及时收集、分析反映妇女发展状况的相关数据和信息。各级妇儿工委组织开展中期和终期评估，各级妇儿工委成员单位、有关部门、相关机构向同级妇儿工委提交中期和终期评估报告。通过评估，了解掌握纲要实施进展和妇女发展状况，系统分析评价纲要目标任务完成情况，评判纲要策略措施的实施效果，总结经验做法，找出突出问题，预测发展趋势，提出对策建议。监测评估工作所需经费纳入财政预算。

（二）加强监测评估工作组织领导。各级妇儿工委设立监测评估领导小组，由同级妇儿工委及相关部门负责同志组成，负责监测评估工作的组织领导、监测评估方案的审批、监测评估报告的审核等。领导小组下设监测组和评估组。

监测组由各级统计部门牵头，相关部门负责纲要实施情况统计监测的人员参加，负责监测工作的组织、指导和培训，制定监测方案和指标体系，收集、分析数据信息，向同级妇儿工委提交年度、中期和终期监测报告，编辑出版年度妇女儿童统计资料等。监测组成员负责统筹协调本部门纲要实施监测、分析、数据上报、分性别分年龄指标完善等工作。

评估组由各级妇儿工委办公室牵头，相关部门负责纲要实施的人员参加，负责评估工作的组织、指导和培训，制定评估方案，组织开展评估工作，向同级妇儿工委提交中期和终期评估报告。评估组成员负责统筹协调本部门纲要实施自我评估工作，参加妇儿工委组织的评估工作。支持评估组相关部门就妇女保护与发展中的突出问题开展专项调查、评估，结果可供中期和终期评估参考。

（三）加强分性别统计监测。规范完善性别统计监测指标体系，根据需要调整扩充妇女发展统计指标，推动纳入国家和部门常规统计以及统计调查制度，加强部门分性别统计工作，推进分性别统计监测制度化建设。国家、省、市三级建立完善妇女发展统计监测数据库，支持县级妇女发展统计监测数据库建设。鼓励支持相关部门对妇女发展缺项数据开展专项统计调查。

（四）提升监测评估工作能力和水平。加强监测评估工作培训和部门协作，规范监测数据收集渠道、报送方式，提高数据质量。运用互联网和大数据等，丰富分性别统计信息。科学设计监测评估方案和方法，探索开展第三方评估。提升监测评估工作科学化、标准化、专业化水平。

（五）有效利用监测评估成果。发挥监测评估结果服务决策的作用，定期向同级人民政府及相关部门报送监测评估情况，为决策提供依据。建立监测评估报告交流、反馈和发布机制。加强对监测评估结果的研判和运用，对预计完成困难、波动较大的监测指标及时预警，对评估发现的突出问题和薄弱环节及时提出对策建议。运用监测评估结果指导下一阶段纲要实施，实现纲要实施的常态化监测、动态化预警、精准化干预、高质量推进。

关于建立健全法规政策性别平等评估机制的意见

（国妇儿工委字〔2020〕1号）

为深入贯彻落实习近平总书记关于“坚持男女平等基本国策，在出台法律、制定政策、编制规划、部署工作时充分考虑两性的现实差异和妇女的特殊利益”的重要指示精神，认真落实党的十九大关于“坚持男女平等基本国策，保障妇女儿童合法权益”和党的十九届四中全会关于“坚持和完善促进男女平等、妇女全面发展的制度机制”的部署要求，在推动全面依法治国与国家治理体系和治理能力现代化进程中，促进将男女平等理念纳入法规、规章、政策制定实施的全过程，国务院妇女儿童工作委员会（以下简称“国务院妇儿工委”）就建立健全法规政策性别平等评估机制提出如下意见。

一、总体要求

（一）建立健全法规政策性别平等评估机制，坚持以习近平新时代中国特色社会主义思想为指导，坚持马克思主义妇女观，坚持男女平等基本国策，依法保障妇女合法权益，促进男女两性平等和谐发展，在促进国家治理体系和治理能力现代化建设的进程中发挥积极作用。

（二）开展法规政策性别平等评估工作，遵循男女平等理念，对有关法规、规章、政策在制定和实施中进行评估，防止出现有悖男女平等基本国策、阻碍妇女合法权益保障、不利于妇女全面发展的问题，有效避免或纠正涉嫌性别歧视的相关内容，切实从法规、规章、政策的源头上贯彻落实男女平等基本国策，促进妇女全面发展。

二、评估原则

（一）坚持依法评估。依据《中华人民共和国宪法》《中华人民共和国妇女权益保障法》等相关法律关于男女平等的有关规定，开展法规、规章、政策性别平等评估。

（二）坚持男女平等基本国策。促进在出台法规规章、制定政策、编制规划、部署工作中充分考虑男女两性的现实差异和妇女的特殊利益，促进妇女在政治、经济、文化、社会和家庭等各方面享有与男子平等的权利，促进妇女全面发展。

（三）坚持关注弱势妇女群体。评估过程中，着重关注贫困妇女、残疾妇女、留守妇女等困难妇女群体，依法保障其生存发展权益。

（四）坚持重点评估。对涉及妇女合法权益的教育、就业、医疗、养老、住房、土地、家庭等领域的法规、规章、政策进行重点评估。

（五）坚持全过程评估。将性别平等评估贯穿于法规、规章、政策制定、实施的全过程、各环节，注重在法规、规章、政策动议、起草、征求意见、审查等各个环节进行评估。

三、评估内容

（一）是否贯彻《中华人民共和国宪法》有关男女平等的规定，是否贯彻男女平等基本国策；

（二）是否符合《中华人民共和国妇女权益保障法》等法律法规政策对男女平等和妇女权益保护的有关规定；

（三）是否符合中国妇女发展纲要确定的指导思想、基本原则、主要目标及策略措施的要求；

（四）是否充分考虑男女两性的现实差异和妇女的特殊利益；

（五）是否符合联合国《2030 年可持续发展议程》《消除对妇女一切形式歧视公约》《第四次世界妇女大会行动纲领》的原则和精神。

四、评估职责

（一）国务院妇儿工委负责组织、协调、指导、督促法规政策性别平等评估工作，由国务院妇儿工委办公室负责具体落实。国务院妇儿工委各成员单位履行开展法规政策性别平等评估工作的主体责任。

（二）国务院妇儿工委办公室会同成员单位和有关方面，通过函询、沟通、协商等方式，了解各成员单位和有关方面年度法规、规章、政策制定计划，据此提出年度法规、规章、政策性别平等重点评估计划及安排；组织法规、规章、政策起草部门开展重点评估工作；对年度评估工作情况进行梳理、汇总、总结，向国务院妇儿工委全体会议报告。国务院妇儿工委办公室、全国妇联负责建立和完善性别平等评估专家智库。

（三）国务院妇儿工委办公室根据需要，适时组织评估组开展相关法规、规章、政策的重点评估，及时向起草部门提出关于性别平等的评估意见建议；法规、规章、政策起草部门要向评估组全面报告体现贯彻男女平等宪法精神和基本国策的相关内容，认真研究吸纳评估组意见建议。

（四）各成员单位认真履行职能，强化性别平等意识，建立完善评估工作制度机制，根据本部门年度法规、规章、政策制定计划，组织开展性别平等的自评估工作，依法依规研判是否符合男女平等宪法精神和基本国策，每年年底前将自评估工作情况报国务院妇儿工委办公室。对立法审查和征求意见的法规、规章、政策，相关成员单位和有关方面立足促进妇女全面发展和依法保障妇女合法权益提出意见建议。法规、规章、政策实施过程中出现与依法保障妇女合法权益相违背的情形，法规、规章、政策制定、实施部门要及时研判、妥善处理。

（五）国务院妇儿工委办公室及各成员单位将法规政策性别平等评估工作列入常规性工作，建立有效工作机制，其所需经费列入年度预算，为制度性地开展评估工作提供必要保障。国务院妇儿工委办公室负责对各成员单位涉及法规政策性别平等评估工作的相关人员、评估组成员等进行培训，提高性别平等意识和评估能力。

最高人民检察院　中华全国妇女联合会关于建立共同推动保护妇女儿童权益工作合作机制的通知

（高检发〔2019〕15号）

各省、自治区、直辖市人民检察院、妇联，新疆生产建设兵团人民检察院、妇联：

为进一步深化妇女、儿童权益保护工作，充分发挥检察机关和妇联组织的职能优势，根据《中华人民共和国刑事诉讼法》《中华人民共和国妇女权益保障法》《中华人民共和国未成年人保护法》《中华人民共和国预防未成年人犯罪法》等法律规定，最高人民检察院和全国妇联，就进一步加强合作，共同推动妇女儿童权益保护工作，提出如下意见，请结合实际认真落实。

一、目标任务

1. 加强对侵害妇女儿童权益犯罪的惩治打击，切实保障妇女儿童合法权益，进一步增强妇女儿童的获得感、幸福感、安全感。

2. 推动未成年人司法保护社会支持体系建设，实现专业化办案与社会化保护配合衔接，为儿童权益提供全方位司法保障。

3. 促进妇女儿童保护法律体系健全完善，推动妇女儿童权益保护社会治理体系和治理能力现代化建设。

二、合作内容

（一）构建妇女儿童权益保护联动机制

1. 检察机关与妇联组织实行案件线索及时共享。各级妇联组织发现妇女儿童被家暴、性侵或者民事、行政合法权益被侵害等线索或涉检来信来访的，应及时将案件线索或涉检信访材料移送同级人民检察院。受理的检察院应当及时处置，快速办理，并将处理结果反馈妇联组织。对严重侵害妇女儿童合法权益的案件，应提前介入引导侦查取证。其中，对性侵未成年人的案件，应当监督公安机关及时立案，实行“一站式”取证，保障有效惩治犯罪。

2. 检察机关在办案中发现妇女、未成年人被侵害需要救助的，在积极开展司法救助的同时，及时将信息通报妇联组织，双方可以就心理辅导、经济帮扶、家庭教育指导等方面联合开展救助工作。

3. 检察机关在办理未成年人案件中发现，有必要撤销监护权、变更抚养权或追索抚养费的，可以委托妇联组织就监护意愿、监护条件或经济状况等开展调查或者评估工作。

4. 检察机关与妇联组织共同做好农村留守儿童、困境儿童关爱保护工作，加强在救助帮扶、权益保护等方面的配合协作。

5. 检察机关在办理涉妇女儿童权益保护案件或者涉及妇女儿童的信访工作中，可以邀请妇联组织共同参与矛盾化解工作。

6. 针对国家机关、事业单位招聘工作中涉嫌就业性别歧视，相关组织、个人通过大众传播媒介或者其他方式贬低损害妇女人格等问题，检察机关可以发出检察建议，或者提起公益诉讼。

（二）推动涉案未成年人司法保护制度落实

检察机关在办理涉未成年人案件时，可以根据案件需要，委托或者会同妇联组织或者妇联组织推荐的专业力量开展以下工作：

1. 对于未成年人刑事案件，在讯问和审判的时候，未成年犯罪嫌疑人、被告人的法定代理人无法通知、不能到场或不宜到场的，选择合适成年人参与诉讼。

2. 开展针对未成年犯罪嫌疑人、被告人的社会调查、附条件不起诉考察帮教、法庭教育、社会观护等工作。

3. 提供心理咨询、心理疏导等心理健康服务，帮助涉案未成年人及其监护人等缓解不良情绪，疏导心理压力，为妥善处理案件提供专业支持。

4. 开展对涉案未成年人家长的家庭教育指导，积极提升家长的家庭教育意识和能力，改变未成年人家庭监护环境，为未成年人教育矫治创造有利条件。

（三）法治宣传与犯罪预防

1. 检察机关与妇联组织加强资源整合和项目合作，共同开展法治宣传教育活动。宣传男女平等基本国策、未成年人保护政策和知识，共同推动家庭暴力防范和性侵犯罪预防，提升妇女儿童自我保护意识和能力。

2. 检察机关与妇联组织共同配合，积极推动未成年人教育培训和看护行业等与未成年人密切接触行业从业人员的入职查询和从业限制制度的落实与完善，加强源头管理，预防利用职业便利侵害未成年人的违法犯罪。

3. 检察机关积极参与妇女儿童维权服务工作。妇联组织要畅通 12338 妇女维权公益服务热线、网络等维权渠道，及时受理涉妇女儿童权益的家庭暴力、监护侵害、性侵害等投诉，为妇女儿童提供心理咨询、法律咨询、法律帮助等服务。各级人民检察院应当积极配合同级妇联组织的维权服务工作，提升维权工作的专业化和法治化水平。

（四）推动完善相关法律政策

1. 检察机关与妇联组织可以联合开展涉及妇女儿童权益保护疑难问题、前瞻性课题的研究合作，进一步推动与妇女儿童利益密切相关的法律法规与公共政策的完善。

2. 检察机关在制定司法解释、司法文件时，应当贯彻落实男女平等和最有利于未成年人原则，充分考虑妇女儿童的特殊利益或可能对妇女儿童带来的不利影响，涉及妇女儿童权益重大问题的，应当听取妇联组织提出的保障妇女儿童权益的相关意见，加强对妇女儿童合法权益的源头保障。

三、工作制度

1. 最高人民检察院与全国妇联建立定期会商机制。每年召开 1 ～ 2 次工作联席会议，通报妇女儿童权益保护工作情况，加强工作交流，了解工作动态，形成互通共享机制。

2. 建立联络员制度。各级人民检察院与妇联组织分别指定专人作为联络员，负责日常联络和信息沟通，及时解决日常工作中涉及的妇女儿童权益保护问题。

3. 建立培训机制。检察机关与妇联组织可以通过定期培训、以案释法等方式，针对妇联组织社会调查员、家庭教育指导师、合适成年人等人员，加大与妇女儿童权益保护密切相关的法律理解与适用、妇女儿童权益保护、被害人救助支持等方面的培训，提高其妇女儿童权益维护工作能力和水平，推动妇女儿童司法保护工作的专业化发展。

4. 探索建立人员交流机制。各级检察机关与妇联组织可通过建立干部交流、挂职、兼职等机制，优化队伍结构，提高履职能力。

最高人民检察院　中华全国妇女联合会

2019 年 12 月 27 日

民事案件案由规定

（根据2020年12月14日最高人民法院审判委员会第1821次会议通过的《最高人民法院关于修改〈民事案件案由规定〉的决定》（法〔2020〕346号）第二次修正）

（摘录）

第一部分　人格权纠纷

一、人格权纠纷

1. 生命权、身体权、健康权纠纷

……

6. 名誉权纠纷

……

8. 隐私权、个人信息保护纠纷

（1）隐私权纠纷

（2）个人信息保护纠纷

9. 婚姻自主权纠纷

10. 人身自由权纠纷

11. 一般人格权纠纷

（1）平等就业权纠纷

第二部分　婚姻家庭、继承纠纷

二、婚姻家庭纠纷

12. 婚约财产纠纷

13. 婚内夫妻财产分割纠纷

14. 离婚纠纷

15. 离婚后财产纠纷

16. 离婚后损害责任纠纷
17. 婚姻无效纠纷
18. 撤销婚姻纠纷
19. 夫妻财产约定纠纷
20. 同居关系纠纷
（1）同居关系析产纠纷
（2）同居关系子女抚养纠纷
21. 亲子关系纠纷
（1）确认亲子关系纠纷
（2）否认亲子关系纠纷
22. 抚养纠纷
（1）抚养费纠纷
（2）变更抚养关系纠纷
23. 扶养纠纷
（1）扶养费纠纷
（2）变更扶养关系纠纷
24. 赡养纠纷
（1）赡养费纠纷
（2）变更赡养关系纠纷
25. 收养关系纠纷
（1）确认收养关系纠纷
（2）解除收养关系纠纷
26. 监护权纠纷
27. 探望权纠纷
28. 分家析产纠纷

三、继承纠纷

29. 法定继承纠纷
（1）转继承纠纷
（2）代位继承纠纷
30. 遗嘱继承纠纷
31. 被继承人债务清偿纠纷

32. 遗赠纠纷
33. 遗赠扶养协议纠纷
34. 遗产管理纠纷

第三部分　物权纠纷

……

44. 侵害集体经济组织成员权益纠纷

……

54. 共有纠纷

(1) 共有权确认纠纷

(2) 共有物分割纠纷

(3) 共有人优先购买权纠纷

(4) 债权人代位析产纠纷

……

61. 土地承包经营权纠纷

(1) 土地承包经营权确认纠纷

(2) 承包地征收补偿费用分配纠纷

(3) 土地承包经营权继承纠纷

62. 土地经营权纠纷

……

64. 宅基地使用权纠纷

65. 居住权纠纷

……

第六部分　劳动争议、人事争议

……

187. 社会保险纠纷

……

(4) 生育保险待遇纠纷

……

188. 福利待遇纠纷

十八、人事争议

189. 聘用合同纠纷
190. 聘任合同纠纷
191. 辞职纠纷
192. 辞退纠纷

……

第九部分　侵权责任纠纷

三十一、侵权责任纠纷

364. 监护人责任纠纷

……

372. 性骚扰损害责任纠纷

……

第十部分　非讼程序案件案由

……

413. 申请确定监护人
414. 申请指定监护人
415. 申请变更监护人
416. 申请撤销监护人资格
417. 申请恢复监护人资格

……

442. 申请人身安全保护令

四十七、申请人格权侵害禁令案件

443. 申请人格权侵害禁令

……

第十一部分　特殊诉讼程序案件案由

……

468. 未成年人保护民事公益诉讼

……

关于进一步完善和落实积极生育支持措施的指导意见

（国卫人口发〔2022〕26 号）

各省、自治区、直辖市人民政府，国务院各部委、各直属机构，军队各有关单位：

为深入贯彻《中共中央　国务院关于优化生育政策促进人口长期均衡发展的决定》，落实人口与计划生育法，进一步完善和落实积极生育支持措施，经国务院同意，现提出如下意见：

一、总体要求

坚持以习近平新时代中国特色社会主义思想为指导，认真贯彻落实党中央、国务院决策部署，深入实施一对夫妻可以生育三个子女政策及配套支持措施，将婚嫁、生育、养育、教育一体考虑，尽力而为、量力而行，综合施策、精准发力，完善和落实财政、税收、保险、教育、住房、就业等积极生育支持措施，落实政府、用人单位、个人等多方责任，持续优化服务供给，不断提升服务水平，积极营造婚育友好社会氛围，加快建立积极生育支持政策体系，健全服务管理制度，为推动实现适度生育水平、促进人口长期均衡发展提供有力支撑。

二、提高优生优育服务水平

（一）改善优生优育全程服务。实施母婴安全行动提升计划，全面落实母婴安全五项制度。推进妇幼保健机构能力建设，各省、市、县级均应设置 1 所政府举办、标准化的妇幼保健机构。加强高质量产科建设，全面改善住院分娩条件。推动落实出生缺陷三级防治策略，健全“县级筛查、市级诊断、省级指导、区域辐射”的出生缺陷防治网络，提升婚前保健、孕前保健、产前筛查和产前诊断服务水平，针对重点疾病推动围孕期、产前产后一体化管理服务和多学科诊疗协作，强化新生儿遗传代谢病、听力障碍和先天性心脏病筛查和诊断。

（二）提高儿童健康服务质量。实施健康儿童行动提升计划。加强0—6岁儿童和孕产妇健康管理服务，提高服务质量和资金使用效率。加强基层儿童保健服务网络建设。推进基层医疗机构儿童保健门诊（儿童保健室）标准化建设，提高乡镇卫生院、社区卫生服务中心专业从事儿童保健和基本医疗服务的医生配备水平。“十四五”期间，中央预算内投资支持开展10个左右儿科类国家区域医疗中心建设项目，推进儿科医疗联合体建设，促进优质儿科医疗资源下沉和均衡布局。开展母婴友好医院和儿童友好医院建设。做好新生儿参加居民医保服务管理工作。

（三）加强生殖健康服务。扩大分娩镇痛试点，规范相关诊疗行为，提升分娩镇痛水平。指导推动医疗机构通过健康教育、心理辅导、中医药服务、药物治疗、手术治疗、辅助生殖技术等手段，向群众提供有针对性的服务，提高不孕不育防治水平。推进辅助生殖技术制度建设，健全质量控制网络，加强服务监测与信息化管理。开展生殖健康促进行动，增强群众保健意识和能力。加强生殖健康宣传教育和服务，预防非意愿妊娠，减少非医学需要的人工流产。

（四）提高家庭婴幼儿照护能力。建立完善健康科普专家库和资源库，通过广播、电视、报刊、网络、新媒体等多种渠道，普及科学育儿知识与技能。鼓励地方采取积极措施，支持隔代照料、家庭互助等照护模式。扩大家政企业上门居家婴幼儿照护服务供给。鼓励有条件的托育机构与家政企业等合作，提供上门居家婴幼儿照护服务。鼓励有资质的服务机构、行业协会和专业人员，依托村（居）委会等基层力量，通过家长课堂、养育照护小组活动、入户指导等方式，提高婴幼儿照护能力。充分发挥公益慈善类社会组织等社会力量积极作用，加大对农村和欠发达地区婴幼儿照护服务的支持。

三、发展普惠托育服务体系

（五）增加普惠托育服务供给。2022年，全国所有地市要印发实施“一老一小”整体解决方案。通过中央预算内投资支持和引导，实施公办托育服务能力建设项目和普惠托育服务专项行动，带动地方政府基建投资和社会投资。公办托育机构收费标准由地方政府制定，加强对普惠托育机构收费的监管。拓展社区托育服务功能，完善婴幼儿照护设施等基本公共服务设施。支持有条件的用人单位为职工提供福利性托育服务。加快制定出台家庭托育点管理办法。在满足学前教育普及的基础上，鼓励和支持有条件的幼儿园招收2—3岁幼儿。

（六）降低托育机构运营成本。“十四五”时期，拓宽托育建设项目申报范围，中央预算内投资加大支持力度给予建设补贴。科学布局社区综合服务设施，落实社区托育服务发展税费优惠政策。完善土地、住房、财政、金融、人才等政策，鼓励地方对普惠托育机构予以支持。托育机构用水用电用气用热按照居民生活类价格执行。鼓励社会资本设立托育服务事业发展基金，向托育行业提供增信支持。各地要建立托育机构关停等特殊情况应急处置机制，落实疫情期间托育企业纾困政策。

（七）提升托育服务质量。深入开展全国婴幼儿照护服务示范城市创建活动，形成一批可复制、可推广的典型经验。研究制定托育服务相关制度规范，大力发展多种形式的托育服务。鼓励有条件的普通高等学校和职业院校开设托育服务相关专业，加快培养专业人才。依法逐步实行托育从业人员职业资格准入制度。深入实施康养职业技能培训计划，加强托育岗位人员技能培训。各级医疗卫生机构、疾病预防控制机构等要加强对托育机构卫生保健工作的业务指导、咨询服务和监督检查，预防控制传染病，降低常见病的发病率，保障婴幼儿的身心健康。严格落实托育机构消防安全指南等一系列规范性文件，加强部门综合监管，严防安全事故发生。加强社会监督，促进行业自律。

四、完善生育休假和待遇保障机制

（八）优化生育休假制度。各地要完善生育休假政策，从保障职工生育权益和保护生育职工健康权的功能定位出发，体现保护生育和养育过程，帮助职工平衡工作和家庭关系，促进公平就业和职业发展。要结合实际完善假期用工成本合理分担机制，明确相关各方责任，采取切实有效措施保障职工假期待遇。

（九）完善生育保险等相关社会保险制度。国家统一规范并制定完善生育保险生育津贴支付政策，强化生育保险对参保女职工生育医疗费用、生育津贴待遇等保障作用，保障生育保险基金安全。有条件的地方可探索参加职工基本医疗保险的灵活就业人员同步参加生育保险。未就业妇女通过参加城乡居民基本医疗保险享受生育医疗待遇。为领取失业保险金人员缴纳职工基本医疗保险费（含生育保险费），保障其生育权益，所需资金从失业保险基金列支。指导地方综合考虑医保（含生育保险）基金可承受能力、相关技术规范性等因素，逐步将适宜的分娩镇痛和辅助生殖技术项目按程序纳入基金支付范围。

五、强化住房、税收等支持措施

（十）加快完善住房保障体系。加快发展保障性租赁住房，促进解决新市民、青年人等群体住房困难。进一步完善公租房保障对促进积极生育的支持措施，各地在配租公租房时，对符合条件且有未成年子女的家庭，可根据其未成年子女数量，在户型选择方面给予适当照顾；优化公租房轮候与配租规则，将家庭人数及构成等纳入轮候排序或综合评分的因素，对符合条件且子女数量较多的家庭可直接组织选房；完善公租房调换政策，对因家庭人口增加、就业、子女就学等原因需要调换公租房的，根据房源情况及时调换。

（十一）精准实施购房租房倾斜政策。住房政策向多子女家庭倾斜，在缴存城市无自有住房且租赁住房的多子女家庭，可按照实际房租支出提取住房公积金；对购买首套自住住房的多子女家庭，有条件的城市可给予适当提高住房公积金贷款额度等相关支持政策。加快发展长租房市场，多渠道增加长租房供应，推进租购权利均等。各地可结合实际，进一步研究制定根据养育未成年子女负担情况实施差异化租赁和购买房屋的优惠政策。

（十二）发挥好税收、金融等支持作用。实施好 3 岁以下婴幼儿照护费用个人所得税专项附加扣除政策。建立对依法保障职工生育权益用人单位激励机制。向提供母婴护理、托育服务以及相关职业培训、消费品生产的企业加大金融支持力度。

六、加强优质教育资源供给

（十三）提高学前教育普及普惠水平。继续实施“十四五”学前教育发展提升行动计划，着力补齐农村地区和城市新增人口集中地区普惠性资源短板。切实落实各级政府发展学前教育责任，健全政府投入为主、家庭合理分担、其他多渠道筹措经费的机制。优化完善财政补助政策，逐步提高学前教育财政投入水平，保障普惠性学前教育有质量可持续发展。健全学前教育资助制度，切实保障家庭经济困难儿童接受普惠性学前教育。

（十四）提高义务教育均衡发展水平。依法落实政府举办义务教育的主体责任，优化义务教育结构，确保义务教育学位主要由公办学校提供和政府购买学位方式提供。继续落实“两免一补”政策，降低学生就学成本。进一步减轻义务教育阶段学生作业负担和校外培训负担，发挥学校教育主阵地作用，提升课后服务质量，按规定保障课后服务经费。严格落实义务教育阶段学科类校外培训收费实行政府指导价管理政策。加强非学科类校外培训监管，规范培训机构收费行为。加强对家长的家庭教育指导，树立科学育儿观念。

（十五）加强生理卫生等健康教育。针对在校学生的心理生理特点，通过定期举办专题讲座、开设公共选修课程等方式，开展生理卫生教育、青春期教育或者性健康教育，加强婚恋观、家庭观正向引导。

七、构建生育友好的就业环境

（十六）鼓励实行灵活的工作方式。用人单位可结合生产和工作实际，通过与职工协商，采取弹性上下班、居家办公等工作方式，为有接送子女上下学、照顾生病或居家子女等需求的职工提供工作便利，帮助职工解决育儿困难。

（十七）推动创建家庭友好型工作场所。推动用人单位将帮助职工平衡工作和家庭关系相关措施纳入集体合同和女职工权益保护专项集体合同条款。实施母乳喂养促进行动。女职工比较多的用人单位应当建立孕妇休息室、哺乳室，配备必要母婴服务设施，更好满足孕产期、哺乳期女职工的需求。鼓励有条件的用人单位、学校、社区、群团组织等开展寒暑假托管服务。

（十八）切实维护劳动就业合法权益。推动完善促进妇女就业的制度机制，加强对女性劳动者特别是生育再就业女性相关职业技能培训。持续开展就业性别歧视约谈工作，依法查处侵权行为。督促用人单位依法依规落实对孕产期、哺乳期女职工关于工作时间、工资待遇、劳动强度等方面的特殊劳动保护。加强监管执法，健全司法救济机制，探索开展妇女平等就业权益保护检察公益诉讼，维护妇女劳动和社会保障权益。强化工会劳动法律监督，推动职工权益保护法律法规贯彻落实。

八、加强宣传引导和服务管理

（十九）积极营造生育友好社会氛围。充分发挥各类媒体作用和群团组织优势，积极开展人口基本国情宣传教育，弘扬中华民族传统美德，提倡适龄婚育、优生优育，倡导尊重生育的社会价值、尊重父母、儿童优先、夫妻共担育儿责任。推进婚俗改革和移风易俗，破除婚嫁大操大办、高价彩礼等陈规陋习，倡导积极婚育观念。组织创作一批积极向上的文艺作品，讲好新时代美好爱情、和谐家庭、幸福生活的中国故事。推进儿童友好城市建设。开展全国生育友好工作先进单位表彰活动，评选一批工作扎实、成效明显、群众满意的先进典型，鼓励和带动基层积极创新，营造生育友好的社会环境。

（二十）建立健全人口服务体系。以“一老一小”为重点，建立健全覆盖全生命周期的人口服务体系。加强政府和社会协同治理，强化乡镇（街道）、村（社区）等基层人口管理体系和服务能力建设。完善生育登记制度，全面落实出生医学证明、儿童预防接种、户口登记、医保参保、社保卡申领等“出生一件事”集成化办理。强化基层人口信息管理职责，促进入户、入学、婚姻登记、卫生健康等基础信息融合共享，科学研判生育形势和人口变动趋势。维护计划生育家庭合法权益，建立健全政府主导、社会组织参与的计划生育特殊家庭扶助关怀工作机制，建立健全生活、养老、医疗、精神慰藉等全方位帮扶保障制度，动员各级计划生育协会深入开展“暖心行动”。

各地各有关部门要深刻认识完善和落实积极生育支持措施的重要性和紧迫性，切实提高政治站位，把人口工作摆上重要议事日程，密切协同配合，加快完善积极生育支持措施。各地要坚持一把手亲自抓、负总责，加强统筹规划、政策协调和工作落实，结合实际及时完善具体政策措施，周密组织实施，确保责任到位、措施到位、投入到位、落实到位。各有关部门要加强对地方的指导，总结推广好的经验做法，及时细化配套措施，推动解决工作中面临的问题，不断完善服务管理制度。立足国情，加强评估论证，促进生育政策和相关经济社会政策配套衔接。完善跨部门协调机制，强化重要政策统筹研究和督促落实。完善优化生育政策目标管理责任制，研究建立指标体系，监测评估积极生育支持措施的成效。加强政策宣传解读，及时妥善回应社会关切，营造良好氛围。重要情况及时报告。

国家卫生健康委　国家发展改革委　中央宣传部　教育部
民政部　财政部　人力资源社会保障部　住房城乡建设部
中国人民银行　国务院国资委　国家税务总局　国家医保局
中国银保监会　全国总工会　共青团中央　全国妇联
中央军委后勤保障部
2022年7月25日

政治权利

中华人民共和国村民委员会组织法

（根据2018年12月29日第十三届全国人民代表大会常务委员会第七次会议《关于修改〈中华人民共和国村民委员会组织法〉〈中华人民共和国城市居民委员会组织法〉的决定》修正）

（摘录）

……

第六条 村民委员会由主任、副主任和委员共三至七人组成。

村民委员会成员中，应当有妇女成员，多民族村民居住的村应当有人数较少的民族的成员。

对村民委员会成员，根据工作情况，给予适当补贴。

……

第九条 村民委员会应当宣传宪法、法律、法规和国家的政策，教育和推动村民履行法律规定的义务、爱护公共财产，维护村民的合法权益，发展文化教育，普及科技知识，促进男女平等，做好计划生育工作，促进村与村之间的团结、互助，开展多种形式的社会主义精神文明建设活动。

村民委员会应当支持服务性、公益性、互助性社会组织依法开展活动，推动农村社区建设。

多民族村民居住的村，村民委员会应当教育和引导各民族村民增进团结、互相尊重、互相帮助。

……

第十三条 年满十八周岁的村民，不分民族、种族、性别、职业、家庭出身、宗教信仰、教育程度、财产状况、居住期限，都有选举权和被选举权；但是，依照法律被剥夺政治权利的人除外。

村民委员会选举前，应当对下列人员进行登记，列入参加选举的村民名单：

（一）户籍在本村并且在本村居住的村民；

（二）户籍在本村，不在本村居住，本人表示参加选举的村民；

（三）户籍不在本村，在本村居住一年以上，本人申请参加选举，并且经村民会议或者村民代表会议同意参加选举的公民。

已在户籍所在村或者居住村登记参加选举的村民，不得再参加其他地方村民委员会的选举。

……

第二十五条 人数较多或者居住分散的村，可以设立村民代表会议，讨论决定村民会议授权的事项。村民代表会议由村民委员会成员和村民代表组成，村民代表应当占村民代表会议组成人员的五分之四以上，妇女村民代表应当占村民代表会议组成人员的三分之一以上。

村民代表由村民按每五户至十五户推选一人，或者由各村民小组推选若干人。村民代表的任期与村民委员会的任期相同。村民代表可以连选连任。

村民代表应当向其推选户或者村民小组负责，接受村民监督。

……

中华人民共和国全国人民代表大会和地方各级人民代表大会选举法

（根据2020年10月17日第十三届全国人民代表大会常务委员会第二十二次会议《关于修改〈中华人民共和国全国人民代表大会和地方各级人民代表大会选举法〉的决定》第七次修正）

（摘录）

……

第四条　中华人民共和国年满十八周岁的公民，不分民族、种族、性别、职业、家庭出身、宗教信仰、教育程度、财产状况和居住期限，都有选举权和被选举权。

依照法律被剥夺政治权利的人没有选举权和被选举权。

……

第七条　全国人民代表大会和地方各级人民代表大会的代表应当具有广泛的代表性，应当有适当数量的基层代表，特别是工人、农民和知识分子代表；应当有适当数量的妇女代表，并逐步提高妇女代表的比例。

全国人民代表大会和归侨人数较多地区的地方人民代表大会，应当有适当名额的归侨代表。

旅居国外的中华人民共和国公民在县级以下人民代表大会代表选举期间在国内的，可以参加原籍地或者出国前居住地的选举。

……

中华人民共和国地方各级人民代表大会和地方各级人民政府组织法

（根据2022年3月11日第十三届全国人民代表大会第五次会议《关于修改〈中华人民共和国地方各级人民代表大会和地方各级人民政府组织法〉的决定》第六次修正）

（摘录）

……

第十一条 县级以上的地方各级人民代表大会行使下列职权：

……

（十五）保障宪法和法律赋予妇女的男女平等、同工同酬和婚姻自由等各项权利。

第十二条 乡、民族乡、镇的人民代表大会行使下列职权：

……

（十四）保障宪法和法律赋予妇女的男女平等、同工同酬和婚姻自由等各项权利。

少数民族聚居的乡、民族乡、镇的人民代表大会在行使职权的时候，可以依照法律规定的权限采取适合民族特点的具体措施。

……

第七十三条 县级以上的地方各级人民政府行使下列职权：

……

（十）保障宪法和法律赋予妇女的男女平等、同工同酬和婚姻自由等各项权利；

……

第七十六条 乡、民族乡、镇的人民政府行使下列职权：

……

（六）保障宪法和法律赋予妇女的男女平等、同工同酬和婚姻自由等各项权利；

……

关于努力保证农村妇女在村委会成员中有适当名额的意见

（民发〔1999〕14号）

各省、自治区、直辖市民政厅（局）：

当前，农村各地正在认真贯彻党的十五届三中全会精神和《中华人民共和国村民委员会组织法》（以下简称《村委会组织法》），全面推进村民自治。总的来看，法律的实施情况是好的，村民自治工作的进展是顺利的。但近来一些地方，由于种种原因造成农村妇女在新一届村委会选举中当选比例下降，这一问题引起了中央领导同志的高度重视和有关部门的密切注意。为促进农村妇女的进步和发展，促进村民自治工作的健康发展，现就落实好《村委会组织法》关于“村民委员会成员中，妇女应当有适当的名额”的规定，提出如下意见：

一、进一步提高对农村妇女当选村委会成员重要性的认识。妇女是创造人类文明和推动社会发展的一支伟大力量。妇女的发展水平，妇女地位的提高，是社会发展的重要指标，也是衡量社会进步的尺度。在我国，妇女占农村人口的半数以上，她们日益成为村级事务管理的重要力量，成为农村两个文明建设的主力军。实践证明，妇女被选进村委会班子，不仅有利于妇女的发展和提高，也有利于村级事务管理，有利于做好农村各项工作。各级民政部门要充分认识农村妇女在两个文明建设中的巨大作用，自觉把妇女当选村委会成员、参与村级事务管理、提高妇女整体素质，作为全面推进村民自治工作的重要内容，切实抓紧抓好。

二、采取有效措施，确保《村委会组织法》关于“村民委员会成员中，妇女应当有适当的名额”的规定落到实处。今后凡进行村委会换届选举的地方，民政部门要与有关部门一道，大力宣传男女平等的思想观念，宣传妇女在村级事务管理中不可替代的作用。在推选村民选举委员会时，要引导村民会议或村民小组把符合条件的女村民吸收进去；在村民直接提名村委会成员候选人时，要引导村民提名符合条件的女村民，同时，积极鼓励农村妇女破除封建思想和世俗偏见，勇于挑重担，敢于接受竞争；在正式介绍候选人时，要引导村民选举委员会积极介绍女候选人的业绩，不得给予任何歧视和不公正待遇；在投票选举时，要组织、教育和引导广大村民尤其是农村妇女正确行使民主权利，把村民拥护的思想好、作风正、有文化、有本领、真心实意为群众办事的妇女，选进村委会领导班子。条件具备的地方，可探索在选票上注明妇女应有名额的办法。对利用宗族、派性势力，给妇女参选、当选设置障碍的，要依法予以制止和处理。已经完成最新一届村委会选举的地方，要认真总结经验，凡村委会班子中没有女成员的，当届期内村委会成员出现缺额时，应首先补选女委员，或建议党委部门在村党支部内配备一名女干部。

三、加强对农村已当选女村委会成员的培训，提高妇女干部的自身素质，巩固选举成果。县乡民政部门在采取多种形式对新当选村委会成员进行培训时，要注意安排新当选的女村委会成员参加培训，使她们迅速掌握村务管理、村务决策等方面的方法和技能，以适应农村工作的需要。对任期内全心全意为村民服务，工作成绩显著的女干部，民政部门要会同有关部门及时给予表彰，为连选连任，提高妇女在农村社会生活中的地位创造条件。

四、积极吸收妇联组织参与指导农村村委会换届选举工作，认真听取意见和建议，不断改进工作。村委会换届选举工作，是推进农村基层民主政治的一件大事，也是事关农村改革、发展和稳定的大事。各级民政部门要在党委、政府的统一领导下，充分发挥职能作用，同时，也要积极协调、配合各有关方面，共同做好各项工作。考虑到农村妇女工作在整个村民自治工作中的特殊性、重要性，今后凡进行村委会换届选举的省份，民政部门在报请党委或政府批准村委会换届选举领导（指导）小组时，过去已吸收同级妇联组织参与的，要继续保持，没有吸收的，要增补，以共同推动村民自治工作的发展。今年是修订后的《村委会组织法》贯彻实施的第一年。各地要在年底之前将本地贯彻实施的全面情况，书面报送省级党委、人大常委会、政府，并同时抄报我部。

民政部

一九九九年七月三十日

关于进一步加强新形势下妇女参加村民委员会工作的意见

（民发〔2008〕206号）

各省、自治区、直辖市民政厅（局）、妇联：

为全面贯彻落实党的十七大、十七届三中全会精神，深入学习实践科学发展观，扩大村民自治范围，进一步完善农村村民自治制度，加强农村村委会建设，充分发挥妇女在村民自治实践中的作用，不断把村民自治实践引向深入，现就进一步加强新形势下妇女参加村委会工作提出如下意见。

一、充分认识妇女参加村委会工作的重要意义。妇女是“半边天”，是创造人类文明和推动社会发展的一支伟大力量。妇女的发展水平，妇女地位的提高，是社会发展的重要指标，也是衡量社会进步的尺度。随着工业化、信息化、城镇化、市场化、国际化对我国农村影响的不断加深，农村人口流动不断加大，大量农村青壮年劳动力外出务工，在广大农村普遍存在“留守老人”、“留守妇女”、“留守儿童”现象，妇女日益成为村级事务管理和决策的重要力量，成为农业生产、推动农村经济社会又好又快发展的骨干力量，成为农村物质文明、精神文明、政治文明以及生态文明建设的主力军。新形势下，如何更好地发挥农村广大妇女的参与作用，是深化村民自治实践面临的新课题。近年来，各地积极推进妇女参与村民选举、决策和管理，推动妇女参与农村各项事务，提高村委会成员妇女当选比例和妇女参与程度，保障妇女行使政治权利取得了积极成效。实践证明，妇女参加村委会工作，成为村委会成员，有利于妇女的发展和提高，有利于扩大村民自治范围，有利于健全村党组织领导的充满活力的村民自治机制。进一步扩大妇女参加村民自治实践，是发展农村基层民主，保障人民享有更多更切实的民主权利的必然要求，是扩大党的群众基础、巩固党的执政基础的迫切需要，是完善农村村民自治制度的客观需要，对最大限度地激发社会创造活力，最大限度地增加和谐因素，最大限度地减少不和谐因素，维护农村改革发展稳定的大局具有重要意义。各级民政部门、妇联要充分认识农村妇女在经济发展和社会进步建设中的巨大作用，自觉推进妇女参与村委会工作，把妇女当选村委会成员、参与村级事务管理、提高妇女整体素质，作为全面推进村民自治工作的重要内容，切实抓紧抓好。

二、采取有效措施，引导妇女参加村委会工作。要注重引导妇女参与村民自治实践，采取灵活多样的措施，吸引妇女群众参与民主选举、民主决策、民主管理、民主监督等活动。尤其要抓住民主选举这个关键环节，保障妇女在村民选举中的合法权益，确保《村民委员会组织法》关于“村民委员会成员中，妇女应当有适当的名额”的规定落到实处。在推选村民选举委员会时，要引导村民会议或村民小组把符合条件的女村民吸收进去；在村民直接提名村委会成员候选人时，要引导村民提名符合条件的女村民，同时，积极鼓励农村妇女破除封建思想和世俗偏见，勇于挑重担，敢于接受竞争；在介绍正式候选人时，要引导村民选举委员会积极介绍女候选人的业绩，不得给予任何歧视和不公正待遇；在投票选举时，要组织、教育和引导广大村民尤其是农村妇女正确行使民主权利，把村民拥护的思想好、作风正、有文化、有本领、真心实意为群众办事的妇女，选进村委会班子。条件具备的地方，要探索通过政策创新提高妇女当选比例和推进妇女参与的新办法和新形式，如在选票上注明妇女应有名额等方式，确保村委会成员中妇女当选比例有新的提高。对利用宗族、派性势力，给妇女参选、当选设置障碍的，要依法予以制止和处理。已经完成新一届村委会选举的地方，要认真总结经验，凡村委会班子中没有女成员的，当届期内村委会成员出现缺额时，应首先补选女委员，或建议党委部门在村党组织内配备一名妇女。支持妇女代表担任村民民主理财小组成员和村务监督机构成员，有条件的地方可以开展扩大妇女在村民代表会议、村民小组会议组成人员比例的试点。农村妇女代表会由农村妇女民主选举代表组成，要采取有效措施推动农村妇女代表会主任进入村委会。

三、加强对当选女村委会成员的培训，提高妇女干部的自身素质。要结合村委会选举、村务公开和民主管理等具体实践，开展学习培训，使全体妇女既知晓并享有民主权利，又自觉履行法定义务，增强民主法制意识。要依托基层党校、高等院校、农技校、农广校、妇干校以及现代远程教育网络等，加强对女村委会成员开展政治理论、实用技能和妇女工作业务培训，提高妇女干部的政治业务素质。在对新当选村委会成员进行培训时，要注重培训新当选的女性村委会成员，为她们量身定做培训内容和培训方式，使她们迅速掌握村务管理、决策等方面的方法和技能，增强本领，提高能力，以适应农村工作的需要。要广泛开展“双培双带”活动，把女能人培养成妇女干部，把妇女干部培养成女能人，鼓励她们带头致富，带领妇女群众共同致富、共同发展。在组织社会工作专业培训、资格认证时，优先考虑女村委会成员、村妇代会干部和妇女骨干。对任期内全心全意为村民服务，工作成绩显著的女干部，要及时给予表彰，为连选连任，提高妇女在农村社会生活中的地位创造条件。

四、密切配合，切实加强对妇女参加村委会工作的领导。各级民政部和妇联组织要在党委和政府的统一领导下，把进一步加强新形势下妇女参加村委会工作纳入工作整体规划，统筹协调，共同推进。考虑到农村妇女工作在整个村民自治工作中的特殊性、重要性，今后凡进行村委会换届选举的地方，民政部门在报请党委或政府批准村委会换届选举领导（指导）小组时，过去已吸收同级妇联组织参与的，要继续保持，没有吸收的，要增补，以共同推动村民自治工作的发展。要认真研究新情况，解决新问题，及时总结、推广新经验。要加大宣传力度，通过电视、报刊、网络等大众媒体宣传基层妇女为建设社会主义新农村，推进农村村民自治制度建设作出的积极贡献，团结妇女一道努力把城乡社区建设成为管理有序、服务完善、文明祥和的社会生活共同体。

民政部　全国妇联

二〇〇八年十二月三十一日

人身和人格权益

中华人民共和国反家庭暴力法

（2015年12月27日第十二届全国人民代表大会常务委员会第十八次会议通过）

目　录

第一章　总　则
第二章　家庭暴力的预防
第三章　家庭暴力的处置
第四章　人身安全保护令
第五章　法律责任
第六章　附　则

第一章　总　则

第一条　为了预防和制止家庭暴力，保护家庭成员的合法权益，维护平等、和睦、文明的家庭关系，促进家庭和谐、社会稳定，制定本法。

第二条　本法所称家庭暴力，是指家庭成员之间以殴打、捆绑、残害、限制人身自由以及经常性谩骂、恐吓等方式实施的身体、精神等侵害行为。

第三条　家庭成员之间应当互相帮助，互相关爱，和睦相处，履行家庭义务。

反家庭暴力是国家、社会和每个家庭的共同责任。

国家禁止任何形式的家庭暴力。

第四条　县级以上人民政府负责妇女儿童工作的机构，负责组织、协调、指导、督促有关部门做好反家庭暴力工作。

县级以上人民政府有关部门、司法机关、人民团体、社会组织、居民委员会、村民委员会、企业事业单位，应当依照本法和有关法律规定，做好反家庭暴力工作。

各级人民政府应当对反家庭暴力工作给予必要的经费保障。

第五条　反家庭暴力工作遵循预防为主，教育、矫治与惩处相结合原则。

反家庭暴力工作应当尊重受害人真实意愿，保护当事人隐私。

未成年人、老年人、残疾人、孕期和哺乳期的妇女、重病患者遭受家庭暴力的，应当给予特殊保护。

第二章　家庭暴力的预防

第六条　国家开展家庭美德宣传教育，普及反家庭暴力知识，增强公民反家庭暴力意识。

工会、共产主义青年团、妇女联合会、残疾人联合会应当在各自工作范围内，组织开展家庭美德和反家庭暴力宣传教育。

广播、电视、报刊、网络等应当开展家庭美德和反家庭暴力宣传。

学校、幼儿园应当开展家庭美德和反家庭暴力教育。

第七条　县级以上人民政府有关部门、司法机关、妇女联合会应当将预防和制止家庭暴力纳入业务培训和统计工作。

医疗机构应当做好家庭暴力受害人的诊疗记录。

第八条　乡镇人民政府、街道办事处应当组织开展家庭暴力预防工作，居民委员会、村民委员会、社会工作服务机构应当予以配合协助。

第九条　各级人民政府应当支持社会工作服务机构等社会组织开展心理健康咨询、家庭关系指导、家庭暴力预防知识教育等服务。

第十条　人民调解组织应当依法调解家庭纠纷，预防和减少家庭暴力的发生。

第十一条　用人单位发现本单位人员有家庭暴力情况的，应当给予批评教育，并做好家庭矛盾的调解、化解工作。

第十二条　未成年人的监护人应当以文明的方式进行家庭教育，依法履行监护和教育职责，不得实施家庭暴力。

第三章　家庭暴力的处置

第十三条　家庭暴力受害人及其法定代理人、近亲属可以向加害人或者受害人所在单位、居民委员会、村民委员会、妇女联合会等单位投诉、反映或者求助。有关单位接到家庭暴力投诉、反映或者求助后，应当给予帮助、处理。

家庭暴力受害人及其法定代理人、近亲属也可以向公安机关报案或者依法向人民法院起诉。

单位、个人发现正在发生的家庭暴力行为，有权及时劝阻。

第十四条 学校、幼儿园、医疗机构、居民委员会、村民委员会、社会工作服务机构、救助管理机构、福利机构及其工作人员在工作中发现无民事行为能力人、限制民事行为能力人遭受或者疑似遭受家庭暴力的，应当及时向公安机关报案。公安机关应当对报案人的信息予以保密。

第十五条 公安机关接到家庭暴力报案后应当及时出警，制止家庭暴力，按照有关规定调查取证，协助受害人就医、鉴定伤情。

无民事行为能力人、限制民事行为能力人因家庭暴力身体受到严重伤害、面临人身安全威胁或者处于无人照料等危险状态的，公安机关应当通知并协助民政部门将其安置到临时庇护场所、救助管理机构或者福利机构。

第十六条 家庭暴力情节较轻，依法不给予治安管理处罚的，由公安机关对加害人给予批评教育或者出具告诫书。

告诫书应当包括加害人的身份信息、家庭暴力的事实陈述、禁止加害人实施家庭暴力等内容。

第十七条 公安机关应当将告诫书送交加害人、受害人，并通知居民委员会、村民委员会。

居民委员会、村民委员会、公安派出所应当对收到告诫书的加害人、受害人进行查访，监督加害人不再实施家庭暴力。

第十八条 县级或者设区的市级人民政府可以单独或者依托救助管理机构设立临时庇护场所，为家庭暴力受害人提供临时生活帮助。

第十九条 法律援助机构应当依法为家庭暴力受害人提供法律援助。

人民法院应当依法对家庭暴力受害人缓收、减收或者免收诉讼费用。

第二十条 人民法院审理涉及家庭暴力的案件，可以根据公安机关出警记录、告诫书、伤情鉴定意见等证据，认定家庭暴力事实。

第二十一条 监护人实施家庭暴力严重侵害被监护人合法权益的，人民法院可以根据被监护人的近亲属、居民委员会、村民委员会、县级人民政府民政部门等有关人员或者单位的申请，依法撤销其监护人资格，另行指定监护人。

被撤销监护人资格的加害人，应当继续负担相应的赡养、扶养、抚养费用。

第二十二条　工会、共产主义青年团、妇女联合会、残疾人联合会、居民委员会、村民委员会等应当对实施家庭暴力的加害人进行法治教育，必要时可以对加害人、受害人进行心理辅导。

第四章　人身安全保护令

第二十三条　当事人因遭受家庭暴力或者面临家庭暴力的现实危险，向人民法院申请人身安全保护令的，人民法院应当受理。

当事人是无民事行为能力人、限制民事行为能力人，或者因受到强制、威吓等原因无法申请人身安全保护令的，其近亲属、公安机关、妇女联合会、居民委员会、村民委员会、救助管理机构可以代为申请。

第二十四条　申请人身安全保护令应当以书面方式提出；书面申请确有困难的，可以口头申请，由人民法院记入笔录。

第二十五条　人身安全保护令案件由申请人或者被申请人居住地、家庭暴力发生地的基层人民法院管辖。

第二十六条　人身安全保护令由人民法院以裁定形式作出。

第二十七条　作出人身安全保护令，应当具备下列条件：

（一）有明确的被申请人；

（二）有具体的请求；

（三）有遭受家庭暴力或者面临家庭暴力现实危险的情形。

第二十八条　人民法院受理申请后，应当在七十二小时内作出人身安全保护令或者驳回申请；情况紧急的，应当在二十四小时内作出。

第二十九条　人身安全保护令可以包括下列措施：

（一）禁止被申请人实施家庭暴力；

（二）禁止被申请人骚扰、跟踪、接触申请人及其相关近亲属；

（三）责令被申请人迁出申请人住所；

（四）保护申请人人身安全的其他措施。

第三十条　人身安全保护令的有效期不超过六个月，自作出之日起生效。人身安全保护令失效前，人民法院可以根据申请人的申请撤销、变更或者延长。

第三十一条　申请人对驳回申请不服或者被申请人对人身安全保护令不服的，可以自裁定生效之日起五日内向作出裁定的人民法院申请复议一次。人民法院依法作出人身安全保护令的，复议期间不停止人身安全保护令的执行。

第三十二条 人民法院作出人身安全保护令后，应当送达申请人、被申请人、公安机关以及居民委员会、村民委员会等有关组织。人身安全保护令由人民法院执行，公安机关以及居民委员会、村民委员会等应当协助执行。

第五章 法律责任

第三十三条 加害人实施家庭暴力，构成违反治安管理行为的，依法给予治安管理处罚；构成犯罪的，依法追究刑事责任。

第三十四条 被申请人违反人身安全保护令，构成犯罪的，依法追究刑事责任；尚不构成犯罪的，人民法院应当给予训诫，可以根据情节轻重处以一千元以下罚款、十五日以下拘留。

第三十五条 学校、幼儿园、医疗机构、居民委员会、村民委员会、社会工作服务机构、救助管理机构、福利机构及其工作人员未依照本法第十四条规定向公安机关报案，造成严重后果的，由上级主管部门或者本单位对直接负责的主管人员和其他直接责任人员依法给予处分。

第三十六条 负有反家庭暴力职责的国家工作人员玩忽职守、滥用职权、徇私舞弊的，依法给予处分；构成犯罪的，依法追究刑事责任。

第六章 附 则

第三十七条 家庭成员以外共同生活的人之间实施的暴力行为，参照本法规定执行。

第三十八条 本法自 2016 年 3 月 1 日起施行。

中华人民共和国精神卫生法

（根据2018年4月27日第十三届全国人民代表大会常务委员会第二次会议《关于修改〈中华人民共和国国境卫生检疫法〉等六部法律的决定》修正）

（摘录）

……

第十条　中国残疾人联合会及其地方组织依照法律、法规或者接受政府委托，动员社会力量，开展精神卫生工作。

村民委员会、居民委员会依照本法的规定开展精神卫生工作，并对所在地人民政府开展的精神卫生工作予以协助。

国家鼓励和支持工会、共产主义青年团、妇女联合会、红十字会、科学技术协会等团体依法开展精神卫生工作。

……

第七十条　县级以上地方人民政府及其有关部门应当采取有效措施，保证患有精神障碍的适龄儿童、少年接受义务教育，扶持有劳动能力的精神障碍患者从事力所能及的劳动，并为已经康复的人员提供就业服务。

国家对安排精神障碍患者就业的用人单位依法给予税收优惠，并在生产、经营、技术、资金、物资、场地等方面给予扶持。

……

中华人民共和国基本医疗卫生与健康促进法

（2019年12月28日第十三届全国人民代表大会常务委员会第十五次会议通过）

（摘录）

……

第二十四条 国家发展妇幼保健事业，建立健全妇幼健康服务体系，为妇女、儿童提供保健及常见病防治服务，保障妇女、儿童健康。

国家采取措施，为公民提供婚前保健、孕产期保健等服务，促进生殖健康，预防出生缺陷。

……

第二十六条 国家发展残疾预防和残疾人康复事业，完善残疾预防和残疾人康复及其保障体系，采取措施为残疾人提供基本康复服务。

县级以上人民政府应当优先开展残疾儿童康复工作，实行康复与教育相结合。

……

第二十八条 国家发展精神卫生事业，建设完善精神卫生服务体系，维护和增进公民心理健康，预防、治疗精神障碍。

国家采取措施，加强心理健康服务体系和人才队伍建设，促进心理健康教育、心理评估、心理咨询与心理治疗服务的有效衔接，设立为公众提供公益服务的心理援助热线，加强未成年人、残疾人和老年人等重点人群心理健康服务。

……

第三十六条 各级各类医疗卫生机构应当分工合作，为公民提供预防、保健、治疗、护理、康复、安宁疗护等全方位全周期的医疗卫生服务。

各级人民政府采取措施支持医疗卫生机构与养老机构、儿童福利机构、社区组织建立协作机制，为老年人、孤残儿童提供安全、便捷的医疗和健康服务。

……

第六十条　国家建立健全以临床需求为导向的药品审评审批制度，支持临床急需药品、儿童用药品和防治罕见病、重大疾病等药品的研制、生产，满足疾病防治需求。

……

第七十四条　国家建立营养状况监测制度，实施经济欠发达地区、重点人群营养干预计划，开展未成年人和老年人营养改善行动，倡导健康饮食习惯，减少不健康饮食引起的疾病风险。

……

第七十六条　国家制定并实施未成年人、妇女、老年人、残疾人等的健康工作计划，加强重点人群健康服务。

国家推动长期护理保障工作，鼓励发展长期护理保险。

……

中华人民共和国母婴保健法

（根据2017年11月4日第十二届全国人民代表大会常务委员会第三十次会议《关于修改〈中华人民共和国会计法〉等十一部法律的决定》第二次修正）

目　录

第一章　总　则
第二章　婚前保健
第三章　孕产期保健
第四章　技术鉴定
第五章　行政管理
第六章　法律责任
第七章　附　则

第一章　总　则

第一条　为了保障母亲和婴儿健康，提高出生人口素质，根据宪法，制定本法。

第二条　国家发展母婴保健事业，提供必要条件和物质帮助，使母亲和婴儿获得医疗保健服务。

国家对边远贫困地区的母婴保健事业给予扶持。

第三条　各级人民政府领导母婴保健工作。

母婴保健事业应当纳入国民经济和社会发展计划。

第四条　国务院卫生行政部门主管全国母婴保健工作，根据不同地区情况提出分级分类指导原则，并对全国母婴保健工作实施监督管理。

国务院其他有关部门在各自职责范围内，配合卫生行政部门做好母婴保健工作。

第五条　国家鼓励、支持母婴保健领域的教育和科学研究，推广先进、实用的母婴保健技术，普及母婴保健科学知识。

第六条　对在母婴保健工作中做出显著成绩和在母婴保健科学研究中取得

显著成果的组织和个人，应当给予奖励。

第二章　婚前保健

第七条　医疗保健机构应当为公民提供婚前保健服务。

婚前保健服务包括下列内容：

（一）婚前卫生指导：关于性卫生知识、生育知识和遗传病知识的教育；

（二）婚前卫生咨询：对有关婚配、生育保健等问题提供医学意见；

（三）婚前医学检查：对准备结婚的男女双方可能患影响结婚和生育的疾病进行医学检查。

第八条　婚前医学检查包括对下列疾病的检查：

（一）严重遗传性疾病；

（二）指定传染病；

（三）有关精神病。

经婚前医学检查，医疗保健机构应当出具婚前医学检查证明。

第九条　经婚前医学检查，对患指定传染病在传染期内或者有关精神病在发病期内的，医师应当提出医学意见；准备结婚的男女双方应当暂缓结婚。

第十条　经婚前医学检查，对诊断患医学上认为不宜生育的严重遗传性疾病的，医师应当向男女双方说明情况，提出医学意见；经男女双方同意，采取长效避孕措施或者施行结扎手术后不生育的，可以结婚。但《中华人民共和国婚姻法》规定禁止结婚的除外。

第十一条　接受婚前医学检查的人员对检查结果持有异议的，可以申请医学技术鉴定，取得医学鉴定证明。

第十二条　男女双方在结婚登记时，应当持有婚前医学检查证明或者医学鉴定证明。

第十三条　省、自治区、直辖市人民政府根据本地区的实际情况，制定婚前医学检查制度实施办法。

省、自治区、直辖市人民政府对婚前医学检查应当规定合理的收费标准，对边远贫困地区或者交费确有困难的人员应当给予减免。

第三章　孕产期保健

第十四条　医疗保健机构应当为育龄妇女和孕产妇提供孕产期保健服务。

孕产期保健服务包括下列内容：

（一）母婴保健指导：对孕育健康后代以及严重遗传性疾病和碘缺乏病等地方病的发病原因、治疗和预防方法提供医学意见；

（二）孕妇、产妇保健：为孕妇、产妇提供卫生、营养、心理等方面的咨询和指导以及产前定期检查等医疗保健服务；

（三）胎儿保健：为胎儿生长发育进行监护，提供咨询和医学指导；

（四）新生儿保健：为新生儿生长发育、哺乳和护理提供医疗保健服务。

第十五条 对患严重疾病或者接触致畸物质，妊娠可能危及孕妇生命安全或者可能严重影响孕妇健康和胎儿正常发育的，医疗保健机构应当予以医学指导。

第十六条 医师发现或者怀疑患严重遗传性疾病的育龄夫妻，应当提出医学意见。育龄夫妻应当根据医师的医学意见采取相应的措施。

第十七条 经产前检查，医师发现或者怀疑胎儿异常的，应当对孕妇进行产前诊断。

第十八条 经产前诊断，有下列情形之一的，医师应当向夫妻双方说明情况，并提出终止妊娠的医学意见：

（一）胎儿患严重遗传性疾病的；

（二）胎儿有严重缺陷的；

（三）因患严重疾病，继续妊娠可能危及孕妇生命安全或者严重危害孕妇健康的。

第十九条 依照本法规定施行终止妊娠或者结扎手术，应当经本人同意，并签署意见。本人无行为能力的，应当经其监护人同意，并签署意见。

依照本法规定施行终止妊娠或者结扎手术的，接受免费服务。

第二十条 生育过严重缺陷患儿的妇女再次妊娠前，夫妻双方应当到县级以上医疗保健机构接受医学检查。

第二十一条 医师和助产人员应当严格遵守有关操作规程，提高助产技术和服务质量，预防和减少产伤。

第二十二条 不能住院分娩的孕妇应当由经过培训、具备相应接生能力的接生人员实行消毒接生。

第二十三条 医疗保健机构和从事家庭接生的人员按照国务院卫生行政部门的规定，出具统一制发的新生儿出生医学证明；有产妇和婴儿死亡以及新生儿出生缺陷情况的，应当向卫生行政部门报告。

第二十四条 医疗保健机构为产妇提供科学育儿、合理营养和母乳喂养的指导。

医疗保健机构对婴儿进行体格检查和预防接种，逐步开展新生儿疾病筛查、婴儿多发病和常见病防治等医疗保健服务。

第四章　技术鉴定

第二十五条　县级以上地方人民政府可以设立医学技术鉴定组织，负责对婚前医学检查、遗传病诊断和产前诊断结果有异议的进行医学技术鉴定。

第二十六条　从事医学技术鉴定的人员，必须具有临床经验和医学遗传学知识，并具有主治医师以上的专业技术职务。

医学技术鉴定组织的组成人员，由卫生行政部门提名，同级人民政府聘任。

第二十七条　医学技术鉴定实行回避制度。凡与当事人有利害关系，可能影响公正鉴定的人员，应当回避。

第五章　行政管理

第二十八条　各级人民政府应当采取措施，加强母婴保健工作，提高医疗保健服务水平，积极防治由环境因素所致严重危害母亲和婴儿健康的地方性高发性疾病，促进母婴保健事业的发展。

第二十九条　县级以上地方人民政府卫生行政部门管理本行政区域内的母婴保健工作。

第三十条　省、自治区、直辖市人民政府卫生行政部门指定的医疗保健机构负责本行政区域内的母婴保健监测和技术指导。

第三十一条　医疗保健机构按照国务院卫生行政部门的规定，负责其职责范围内的母婴保健工作，建立医疗保健工作规范，提高医学技术水平，采取各种措施方便人民群众，做好母婴保健服务工作。

第三十二条　医疗保健机构依照本法规定开展婚前医学检查、遗传病诊断、产前诊断以及施行结扎手术和终止妊娠手术的，必须符合国务院卫生行政部门规定的条件和技术标准，并经县级以上地方人民政府卫生行政部门许可。

严禁采用技术手段对胎儿进行性别鉴定，但医学上确有需要的除外。

第三十三条　从事本法规定的遗传病诊断、产前诊断的人员，必须经过省、自治区、直辖市人民政府卫生行政部门的考核，并取得相应的合格证书。

从事本法规定的婚前医学检查、施行结扎手术和终止妊娠手术的人员，必须经过县级以上地方人民政府卫生行政部门的考核，并取得相应的合格证书。

第三十四条 从事母婴保健工作的人员应当严格遵守职业道德，为当事人保守秘密。

第六章 法律责任

第三十五条 未取得国家颁发的有关合格证书的，有下列行为之一，县级以上地方人民政府卫生行政部门应当予以制止，并可以根据情节给予警告或者处以罚款：

（一）从事婚前医学检查、遗传病诊断、产前诊断或者医学技术鉴定的；

（二）施行终止妊娠手术的；

（三）出具本法规定的有关医学证明的。

上款第（三）项出具的有关医学证明无效。

第三十六条 未取得国家颁发的有关合格证书，施行终止妊娠手术或者采取其他方法终止妊娠，致人死亡、残疾、丧失或者基本丧失劳动能力的，依照刑法有关规定追究刑事责任。

第三十七条 从事母婴保健工作的人员违反本法规定，出具有关虚假医学证明或者进行胎儿性别鉴定的，由医疗保健机构或者卫生行政部门根据情节给予行政处分；情节严重的，依法取消执业资格。

第七章 附 则

第三十八条 本法下列用语的含义：

指定传染病，是指《中华人民共和国传染病防治法》中规定的艾滋病、淋病、梅毒、麻疯病以及医学上认为影响结婚和生育的其他传染病。

严重遗传性疾病，是指由于遗传因素先天形成，患者全部或者部分丧失自主生活能力，后代再现风险高，医学上认为不宜生育的遗传性疾病。

有关精神病，是指精神分裂症、躁狂抑郁型精神病以及其他重型精神病。

产前诊断，是指对胎儿进行先天性缺陷和遗传性疾病的诊断。

第三十九条 本法自 1995 年 6 月 1 日起施行。

中华人民共和国母婴保健法实施办法

（根据 2017 年 11 月 17 日国务院令第 690 号《国务院关于修改部分行政法规的决定》修订）

第一章　总　则

第一条　根据《中华人民共和国母婴保健法》（以下简称母婴保健法），制定本办法。

第二条　在中华人民共和国境内从事母婴保健服务活动的机构及其人员应当遵守母婴保健法和本办法。

从事计划生育技术服务的机构开展计划生育技术服务活动，依照《计划生育技术服务管理条例》的规定执行。

第三条　母婴保健技术服务主要包括下列事项：

（一）有关母婴保健的科普宣传、教育和咨询；

（二）婚前医学检查；

（三）产前诊断和遗传病诊断；

（四）助产技术；

（五）实施医学上需要的节育手术；

（六）新生儿疾病筛查；

（七）有关生育、节育、不育的其他生殖保健服务。

第四条　公民享有母婴保健的知情选择权。国家保障公民获得适宜的母婴保健服务的权利。

第五条　母婴保健工作以保健为中心，以保障生殖健康为目的，实行保健和临床相结合，面向群体、面向基层和预防为主的方针。

第六条　各级人民政府应当将母婴保健工作纳入本级国民经济和社会发展计划，为母婴保健事业的发展提供必要的经济、技术和物质条件，并对少数民族地区、贫困地区的母婴保健事业给予特殊支持。

县级以上地方人民政府根据本地区的实际情况和需要，可以设立母婴保健事业发展专项资金。

第七条　国务院卫生行政部门主管全国母婴保健工作，履行下列职责：

（一）制定母婴保健法及本办法的配套规章和技术规范；

（二）按照分级分类指导的原则，制定全国母婴保健工作发展规划和实施步骤；

（三）组织推广母婴保健及其他生殖健康的适宜技术；

（四）对母婴保健工作实施监督。

第八条　县级以上各级人民政府财政、公安、民政、教育、劳动保障、计划生育等部门应当在各自职责范围内，配合同级卫生行政部门做好母婴保健工作。

第二章　婚前保健

第九条　母婴保健法第七条所称婚前卫生指导，包括下列事项：

（一）有关性卫生的保健和教育；

（二）新婚避孕知识及计划生育指导；

（三）受孕前的准备、环境和疾病对后代影响等孕前保健知识；

（四）遗传病的基本知识；

（五）影响婚育的有关疾病的基本知识；

（六）其他生殖健康知识。

医师进行婚前卫生咨询时，应当为服务对象提供科学的信息，对可能产生的结果进行指导，并提出适当的建议。

第十条　在实行婚前医学检查的地区，准备结婚的男女双方在办理结婚登记前，应当到医疗、保健机构进行婚前医学检查。

第十一条　从事婚前医学检查的医疗、保健机构，由其所在地设区的市级人民政府卫生行政部门进行审查；符合条件的，在其《医疗机构执业许可证》上注明。

第十二条　申请从事婚前医学检查的医疗、保健机构应当具备下列条件：

（一）分别设置专用的男、女婚前医学检查室，配备常规检查和专科检查设备；

（二）设置婚前生殖健康宣传教育室；

（三）具有符合条件的进行男、女婚前医学检查的执业医师。

第十三条　婚前医学检查包括询问病史、体格及相关检查。

婚前医学检查应当遵守婚前保健工作规范并按照婚前医学检查项目进行。婚前保健工作规范和婚前医学检查项目由国务院卫生行政部门规定。

第十四条 经婚前医学检查，医疗、保健机构应当向接受婚前医学检查的当事人出具婚前医学检查证明。

婚前医学检查证明应当列明是否发现下列疾病：

（一）在传染期内的指定传染病；

（二）在发病期内的有关精神病；

（三）不宜生育的严重遗传性疾病；

（四）医学上认为不宜结婚的其他疾病。

发现前款第（一）项、第（二）项、第（三）项疾病的，医师应当向当事人说明情况，提出预防、治疗以及采取相应医学措施的建议。当事人依据医生的医学意见，可以暂缓结婚，也可以自愿采用长效避孕措施或者结扎手术；医疗、保健机构应当为其治疗提供医学咨询和医疗服务。

第十五条 经婚前医学检查，医疗、保健机构不能确诊的，应当转到设区的市级以上人民政府卫生行政部门指定的医疗、保健机构确诊。

第十六条 在实行婚前医学检查的地区，婚姻登记机关在办理结婚登记时，应当查验婚前医学检查证明或者母婴保健法第十一条规定的医学鉴定证明。

第三章 孕产期保健

第十七条 医疗、保健机构应当为育龄妇女提供有关避孕、节育、生育、不育和生殖健康的咨询和医疗保健服务。

医师发现或者怀疑育龄夫妻患有严重遗传性疾病的，应当提出医学意见；限于现有医疗技术水平难以确诊的，应当向当事人说明情况。育龄夫妻可以选择避孕、节育、不孕等相应的医学措施。

第十八条 医疗、保健机构应当为孕产妇提供下列医疗保健服务：

（一）为孕产妇建立保健手册（卡），定期进行产前检查；

（二）为孕产妇提供卫生、营养、心理等方面的医学指导与咨询；

（三）对高危孕妇进行重点监护、随访和医疗保健服务；

（四）为孕产妇提供安全分娩技术服务；

（五）定期进行产后访视，指导产妇科学喂养婴儿；

（六）提供避孕咨询指导和技术服务；

（七）对产妇及其家属进行生殖健康教育和科学育儿知识教育；

（八）其他孕产期保健服务。

第十九条 医疗、保健机构发现孕妇患有下列严重疾病或者接触物理、化学、生物等有毒、有害因素，可能危及孕妇生命安全或者可能严重影响孕妇健康和胎儿正常发育的，应当对孕妇进行医学指导和下列必要的医学检查：

（一）严重的妊娠合并症或者并发症；

（二）严重的精神性疾病；

（三）国务院卫生行政部门规定的严重影响生育的其他疾病。

第二十条 孕妇有下列情形之一的，医师应当对其进行产前诊断：

（一）羊水过多或者过少的；

（二）胎儿发育异常或者胎儿有可疑畸形的；

（三）孕早期接触过可能导致胎儿先天缺陷的物质的；

（四）有遗传病家族史或者曾经分娩过先天性严重缺陷婴儿的；

（五）初产妇年龄超过 35 周岁的。

第二十一条 母婴保健法第十八条规定的胎儿的严重遗传性疾病、胎儿的严重缺陷、孕妇患继续妊娠可能危及其生命健康和安全的严重疾病目录，由国务院卫生行政部门规定。

第二十二条 生育过严重遗传性疾病或者严重缺陷患儿的，再次妊娠前，夫妻双方应当按照国家有关规定到医疗、保健机构进行医学检查。医疗、保健机构应当向当事人介绍有关遗传性疾病的知识，给予咨询、指导。对诊断患有医学上认为不宜生育的严重遗传性疾病的，医师应当向当事人说明情况，并提出医学意见。

第二十三条 严禁采用技术手段对胎儿进行性别鉴定。

对怀疑胎儿可能为伴性遗传病，需要进行性别鉴定的，由省、自治区、直辖市人民政府卫生行政部门指定的医疗、保健机构按照国务院卫生行政部门的规定进行鉴定。

第二十四条 国家提倡住院分娩。医疗、保健机构应当按照国务院卫生行政部门制定的技术操作规范，实施消毒接生和新生儿复苏，预防产伤及产后出血等产科并发症，降低孕产妇及围产儿发病率、死亡率。

没有条件住院分娩的，应当由经过培训、具备相应接生能力的家庭接生人员接生。

高危孕妇应当在医疗、保健机构住院分娩。

县级人民政府卫生行政部门应当加强对家庭接生人员的培训、技术指导和监督管理。

第四章 婴儿保健

第二十五条 医疗、保健机构应当按照国家有关规定开展新生儿先天性、遗传性代谢病筛查、诊断、治疗和监测。

第二十六条 医疗、保健机构应当按照规定进行新生儿访视，建立儿童保健手册（卡），定期对其进行健康检查，提供有关预防疾病、合理膳食、促进智力发育等科学知识，做好婴儿多发病、常见病防治等医疗保健服务。

第二十七条 医疗、保健机构应当按照规定的程序和项目对婴儿进行预防接种。

婴儿的监护人应当保证婴儿及时接受预防接种。

第二十八条 国家推行母乳喂养。医疗、保健机构应当为实施母乳喂养提供技术指导，为住院分娩的产妇提供必要的母乳喂养条件。

医疗、保健机构不得向孕产妇和婴儿家庭宣传、推荐母乳代用品。

第二十九条 母乳代用品产品包装标签应当在显著位置标明母乳喂养的优越性。

母乳代用品生产者、销售者不得向医疗、保健机构赠送产品样品或者以推销为目的有条件地提供设备、资金和资料。

第三十条 妇女享有国家规定的产假。有不满 1 周岁婴儿的妇女，所在单位应当在劳动时间内为其安排一定的哺乳时间。

第五章 技术鉴定

第三十一条 母婴保健医学技术鉴定委员会分为省、市、县三级。

母婴保健医学技术鉴定委员会成员应当符合下列任职条件：

（一）县级母婴保健医学技术鉴定委员会成员应当具有主治医师以上专业技术职务；

（二）设区的市级和省级母婴保健医学技术鉴定委员会成员应当具有副主任医师以上专业技术职务。

第三十二条 当事人对婚前医学检查、遗传病诊断、产前诊断结果有异议，需要进一步确诊的，可以自接到检查或者诊断结果之日起 15 日内向所在地县级或者设区的市级母婴保健医学技术鉴定委员会提出书面鉴定申请。

母婴保健医学技术鉴定委员会应当自接到鉴定申请之日起 30 日内作出医学技术鉴定意见，并及时通知当事人。

当事人对鉴定意见有异议的，可以自接到鉴定意见通知书之日起 15 日内向上一级母婴保健医学技术鉴定委员会申请再鉴定。

第三十三条 母婴保健医学技术鉴定委员会进行医学鉴定时须有 5 名以上相关专业医学技术鉴定委员会成员参加。

鉴定委员会成员应当在鉴定结论上署名；不同意见应当如实记录。鉴定委员会根据鉴定结论向当事人出具鉴定意见书。

母婴保健医学技术鉴定管理办法由国务院卫生行政部门制定。

第六章 监督管理

第三十四条 县级以上地方人民政府卫生行政部门负责本行政区域内的母婴保健监督管理工作，履行下列监督管理职责：

（一）依照母婴保健法和本办法以及国务院卫生行政部门规定的条件和技术标准，对从事母婴保健工作的机构和人员实施许可，并核发相应的许可证书；

（二）对母婴保健法和本办法的执行情况进行监督检查；

（三）对违反母婴保健法和本办法的行为，依法给予行政处罚；

（四）负责母婴保健工作监督管理的其他事项。

第三十五条 从事遗传病诊断、产前诊断的医疗、保健机构和人员，须经省、自治区、直辖市人民政府卫生行政部门许可。

从事婚前医学检查的医疗、保健机构和人员，须经设区的市级人民政府卫生行政部门许可。

从事助产技术服务、结扎手术和终止妊娠手术的医疗、保健机构和人员，须经县级人民政府卫生行政部门许可，并取得相应的合格证书。

第三十六条 卫生监督人员在执行职务时，应当出示证件。

卫生监督人员可以向医疗、保健机构了解情况，索取必要的资料，对母婴保健工作进行监督、检查，医疗、保健机构不得拒绝和隐瞒。

卫生监督人员对医疗、保健机构提供的技术资料负有保密的义务。

第三十七条 医疗、保健机构应当根据其从事的业务，配备相应的人员和医疗设备，对从事母婴保健工作的人员加强岗位业务培训和职业道德教育，并定期对其进行检查、考核。

医师和助产人员（包括家庭接生人员）应当严格遵守有关技术操作规范，认真填写各项记录，提高助产技术和服务质量。

助产人员的管理，按照国务院卫生行政部门的规定执行。

从事母婴保健工作的执业医师应当依照母婴保健法的规定取得相应的资格。

第三十八条　医疗、保健机构应当按照国务院卫生行政部门的规定，对托幼园、所卫生保健工作进行业务指导。

第三十九条　国家建立孕产妇死亡、婴儿死亡和新生儿出生缺陷监测、报告制度。

第七章　罚　则

第四十条　医疗、保健机构或者人员未取得母婴保健技术许可，擅自从事婚前医学检查、遗传病诊断、产前诊断、终止妊娠手术和医学技术鉴定或者出具有关医学证明的，由卫生行政部门给予警告，责令停止违法行为，没收违法所得；违法所得 5000 元以上的，并处违法所得 3 倍以上 5 倍以下的罚款；没有违法所得或者违法所得不足 5000 元的，并处 5000 元以上 2 万元以下的罚款。

第四十一条　从事母婴保健技术服务的人员出具虚假医学证明文件的，依法给予行政处分；有下列情形之一的，由原发证部门撤销相应的母婴保健技术执业资格或者医师执业证书：

（一）因延误诊治，造成严重后果的；

（二）给当事人身心健康造成严重后果的；

（三）造成其他严重后果的。

第四十二条　违反本办法规定进行胎儿性别鉴定的，由卫生行政部门给予警告，责令停止违法行为；对医疗、保健机构直接负责的主管人员和其他直接责任人员，依法给予行政处分。进行胎儿性别鉴定两次以上的或者以营利为目的进行胎儿性别鉴定的，并由原发证机关撤销相应的母婴保健技术执业资格或者医师执业证书。

第八章　附　则

第四十三条　婚前医学检查证明的格式由国务院卫生行政部门规定。

第四十四条　母婴保健法及本办法所称的医疗、保健机构，是指依照《医疗机构管理条例》取得卫生行政部门医疗机构执业许可的各级各类医疗机构。

第四十五条　本办法自公布之日起施行。

中华人民共和国药品管理法

（2019年8月26日第十三届全国人民代表大会常务委员会第十二次会议第二次修订）

（摘录）

……

第一百三十七条 有下列行为之一的，在本法规定的处罚幅度内从重处罚：

……

（二）生产、销售以孕产妇、儿童为主要使用对象的假药、劣药；

……

全国人民代表大会常务委员会关于严惩拐卖、绑架妇女、儿童的犯罪分子的决定

（根据2009年8月27日第十一届全国人民代表大会常务委员会第十次会议《全国人民代表大会常务委员会关于修改部分法律的决定》修正）

为了严惩拐卖、绑架妇女、儿童的犯罪分子，保护妇女、儿童的人身安全，维护社会治安秩序，对刑法有关规定作如下补充修改：

一、拐卖妇女、儿童的，处五年以上十年以下有期徒刑，并处一万元以下罚金；有下列情形之一的，处十年以上有期徒刑或者无期徒刑，并处一万元以下罚金或者没收财产；情节特别严重的，处死刑，并处没收财产：

（一）拐卖妇女、儿童集团的首要分子；

（二）拐卖妇女、儿童三人以上的；

（三）奸淫被拐卖的妇女的；

（四）诱骗、强迫被拐卖的妇女卖淫或者将被拐卖的妇女卖给他人迫使其卖淫的；

（五）造成被拐卖的妇女、儿童或者其亲属重伤、死亡或者其他严重后果的；

（六）将妇女、儿童卖往境外的。

拐卖妇女、儿童是指以出卖为目的，有拐骗、收买、贩卖、接送、中转妇女、儿童的行为之一的。

二、以出卖为目的，使用暴力、胁迫或者麻醉方法绑架妇女、儿童的，处十年以上有期徒刑或者无期徒刑，并处一万元以下罚金或者没收财产；情节特别严重的，处死刑，并处没收财产。

以出卖或者勒索财物为目的，偷盗婴幼儿的，依照本条第一款的规定处罚。

以勒索财物为目的绑架他人的，依照本条第一款的规定处罚。

三、严禁收买被拐卖、绑架的妇女、儿童。收买被拐卖、绑架的妇女、儿童的，处三年以下有期徒刑、拘役或者管制。

收买被拐卖、绑架的妇女，强行与其发生性关系的，依照刑法关于强奸罪的规定处罚。

收买被拐卖、绑架的妇女、儿童，非法剥夺、限制其人身自由或者有伤害、侮辱、虐待等犯罪行为的，依照刑法的有关规定处罚。

收买被拐卖、绑架的妇女、儿童，并有本条第二款、第三款规定的犯罪行为的，依照刑法关于数罪并罚的规定处罚。

收买被拐卖、绑架的妇女、儿童又出卖的，依照本决定第一条的规定处罚。

收买被拐卖、绑架的妇女、儿童，按照被买妇女的意愿，不阻碍其返回原居住地的，对被买儿童没有虐待行为，不阻碍对其进行解救的，可以不追究刑事责任。

四、任何个人或者组织不得阻碍对被拐卖、绑架的妇女、儿童的解救，并不得向被拐卖、绑架的妇女、儿童及其家属或者解救人索要收买妇女、儿童的费用和生活费用；对已经索取的收买妇女、儿童的费用和生活费用，予以追回。

以暴力、威胁方法阻碍国家工作人员解救被收买的妇女、儿童的，依照刑法第一百五十七条的规定处罚；协助转移、隐藏或者以其他方法阻碍国家工作人员解救被收买的妇女、儿童，未使用暴力、威胁方法的，依照治安管理处罚法的规定处罚。

聚众阻碍国家工作人员解救被收买的妇女、儿童的首要分子，处五年以下有期徒刑或者拘役；其他参与者，依照本条第二款的规定处罚。

五、各级人民政府对被拐卖、绑架的妇女、儿童负有解救职责，解救工作由公安机关会同有关部门负责执行。负有解救职责的国家工作人员接到被拐卖、绑架的妇女、儿童及其家属的解救要求或者接到其他人的举报，而对被拐卖、绑架的妇女、儿童不进行解救，造成严重后果的，依照刑法第一百八十七条的规定处罚；情节较轻的，予以行政处分。

负有解救职责的国家工作人员利用职务阻碍解救的，处二年以上七年以下有期徒刑；情节较轻的，处二年以下有期徒刑或者拘役。

六、拐卖、绑架妇女、儿童的非法所得予以没收。

罚没收入一律上缴国库。

七、本决定自公布之日起施行。

最高人民法院关于审理拐卖妇女儿童犯罪案件具体应用法律若干问题的解释

（法释〔2016〕28号）

为依法惩治拐卖妇女、儿童犯罪，切实保障妇女、儿童的合法权益，维护家庭和谐与社会稳定，根据刑法有关规定，结合司法实践，现就审理此类案件具体应用法律的若干问题解释如下：

第一条　对婴幼儿采取欺骗、利诱等手段使其脱离监护人或者看护人的，视为刑法第二百四十条第一款第（六）项规定的“偷盗婴幼儿”。

第二条　医疗机构、社会福利机构等单位的工作人员以非法获利为目的，将所诊疗、护理、抚养的儿童出卖给他人的，以拐卖儿童罪论处。

第三条　以介绍婚姻为名，采取非法扣押身份证件、限制人身自由等方式，或者利用妇女人地生疏、语言不通、孤立无援等境况，违背妇女意志，将其出卖给他人的，应当以拐卖妇女罪追究刑事责任。

以介绍婚姻为名，与被介绍妇女串通骗取他人钱财，数额较大的，应当以诈骗罪追究刑事责任。

第四条　在国家机关工作人员排查来历不明儿童或者进行解救时，将所收买的儿童藏匿、转移或者实施其他妨碍解救行为，经说服教育仍不配合的，属于刑法第二百四十一条第六款规定的“阻碍对其进行解救”。

第五条　收买被拐卖的妇女，业已形成稳定的婚姻家庭关系，解救时被买妇女自愿继续留在当地共同生活的，可以视为“按照被买妇女的意愿，不阻碍其返回原居住地”。

第六条　收买被拐卖的妇女、儿童后又组织、强迫卖淫或者组织乞讨、进行违反治安管理活动等构成其他犯罪的，依照数罪并罚的规定处罚。

第七条　收买被拐卖的妇女、儿童，又以暴力、威胁方法阻碍国家机关工作人员解救被收买的妇女、儿童，或者聚众阻碍国家机关工作人员解救被收买的妇女、儿童，构成妨害公务罪、聚众阻碍解救被收买的妇女、儿童罪的，依照数罪并罚的规定处罚。

第八条 出于结婚目的收买被拐卖的妇女，或者出于抚养目的收买被拐卖的儿童，涉及多名家庭成员、亲友参与的，对其中起主要作用的人员应当依法追究刑事责任。

第九条 刑法第二百四十条、第二百四十一条规定的儿童，是指不满十四周岁的人。其中，不满一周岁的为婴儿，一周岁以上不满六周岁的为幼儿。

第十条 本解释自 2017 年 1 月 1 日起施行。

最高人民法院关于人身安全保护令案件相关程序问题的批复

（法释〔2016〕15号）

中华人民共和国最高人民法院公告

《最高人民法院关于人身安全保护令案件相关程序问题的批复》已于2016年6月6日由最高人民法院审判委员会第1686次会议通过，现予公布，自2016年7月13日起施行。

最高人民法院
2016年7月11日

北京市高级人民法院：

你院《关于人身安全保护令案件相关程序问题的请示》（京高法〔2016〕45号）收悉。经研究，批复如下：

一、关于人身安全保护令案件是否收取诉讼费的问题。同意你院倾向性意见，即向人民法院申请人身安全保护令，不收取诉讼费用。

二、关于申请人身安全保护令是否需要提供担保的问题。同意你院倾向性意见，即根据《中华人民共和国反家庭暴力法》请求人民法院作出人身安全保护令的，申请人不需要提供担保。

三、关于人身安全保护令案件适用程序等问题。人身安全保护令案件适用何种程序，反家庭暴力法中没有作出直接规定。人民法院可以比照特别程序进行审理。家事纠纷案件中的当事人向人民法院申请人身安全保护令的，由审理该案的审判组织作出是否发出人身安全保护令的裁定；如果人身安全保护令的申请人在接受其申请的人民法院并无正在进行的家事案件诉讼，由法官以独任审理的方式审理。至于是否需要就发出人身安全保护令问题听取被申请人的意见，则由承办法官视案件的具体情况决定。

四、关于复议问题。对于人身安全保护令的被申请人提出的复议申请和人身安全保护令的申请人就驳回裁定提出的复议申请，可以由原审判组织进行复议；人民法院认为必要的，也可以另行指定审判组织进行复议。

此复。

全国妇联办公厅　国务院妇儿工委办公室关于加强反家庭暴力经常性工作的意见

（妇厅字〔2020〕31号）

各省、自治区、直辖市妇联、妇儿工委办公室，新疆生产建设兵团妇联、妇儿工委办公室：

为深入贯彻落实习近平总书记关于家庭家教家风的重要讲话精神，贯彻落实党的十九届四中全会精神，在推进社会治理体系和治理能力现代化进程中更好发挥妇联组织和妇儿工委办公室的作用，履行《中华人民共和国反家庭暴力法》的法定职责，推动解决当前反家庭暴力（以下简称反家暴）工作实践中存在的突出问题，经常性地做好反家暴工作，提出以下意见。

一、统一思想、提高认识，以高度的政治责任感和使命感做好反家暴经常性工作

1. 深刻认识反家暴经常性工作的重要意义。习近平总书记指出，“家庭是社会的细胞。家庭和睦则社会安定，家庭幸福则社会祥和，家庭文明则社会文明。”各级妇联组织和妇儿工委办公室要从增强“四个意识”、坚定“四个自信”、做到“两个维护”的高度，深刻认识家庭暴力的危害性和反家暴经常性工作的重要性。家庭暴力侵害妇女儿童人身权利，破坏平等和睦的家庭关系，影响社会和谐稳定，是现代文明社会的“毒瘤”。家庭暴力产生的根源是男女不平等和对儿童权利的不尊重。反对家庭暴力是中国特色社会主义道德的本质要求。做好反家暴经常性工作是家庭文明建设和基层社会治理现代化的重要内容，关乎妇女儿童的幸福感、获得感、安全感，体现中国特色社会主义制度优越性。各级妇联组织和妇儿工委办公室要坚持问题导向、目标导向、结果导向，把反家暴经常性工作抓紧抓实。

2. 坚持以妇女儿童为中心的工作原则。各级妇联组织和妇儿工委办公室要

立足职能，坚持将反家暴工作作为维护妇女儿童权益的经常性和基础性工作，以对家庭暴力“零容忍”的态度，带着对妇女儿童的深厚感情开展反家暴工作。坚持以人身安全为首要考虑因素，尊重家暴受害人的意愿，坚持儿童最大利益原则，通过多部门联动，依法维权，千方百计为家暴受害人提供有力的社会支持。要特别关注遭受家庭暴力的未成年人、老年人、残疾人、孕期和哺乳期妇女、重病妇女，帮助她们摆脱家暴困扰。

3. 坚持标本兼治、预防为主的工作方针。各级妇联组织和妇儿工委办公室要通过生动活泼、持之以恒的男女平等基本国策和保护儿童权利的宣传，使反家暴理念深入人心，成为现代文明社会守法公民的基本素养，促进广大家庭自觉抵制家庭暴力的野蛮行径，营造司法机关、政府部门、社会公众共同反对家庭暴力的社会氛围，从源头上减少家暴发生的风险隐患。

二、做好经常性的反家暴宣传教育

4. 将反家暴宣传教育纳入公民道德建设工程。落实“树文明新风、迎全面小康”活动要求，以社会主义核心价值观为引领，大力推进社会公德、职业道德、家庭美德和个人品德建设，引导人们树立家庭美德、反对家庭暴力，做崇高道德的践行者、文明风尚的维护者、美好生活的创造者。

5. 加强反家暴日常宣传。各级妇联特别要注重将反家暴宣传纳入妇联宣传工作总体规划和日常安排，同时，在“3 · 1”《反家庭暴力法》实施纪念日、“5 · 15”国际家庭日、“11 · 25”国际消除对妇女暴力日等重要时间节点，专题策划、集中宣传。

6. 加强反家暴宣传的针对性。针对“打老婆是家务事”“棍棒底下出孝子”等落后腐朽观念，大力宣传“家和万事兴”的文明理念和反家暴人人有责的法治观念。深入宣传家庭暴力是违法行为，任何单位和个人都有权劝阻和制止，用人单位、学校、医院、村（居）委会等单位都有发现报告的法定义务。广泛宣传执法部门受理和处置家暴的法律措施和典型案例，教育社会公众尊法学法守法用法。

7. 深入开展基层反家暴宣传。乡镇（街道）、村（社区）妇联要善于将反家暴知识融入社区日常宣传和活动中，将宣传品发放到妇女手中，通过通俗易懂的文化表演等直接面向群众进行宣传。特别要在妇女之家、儿童之家、妇女儿童维权站、社区综合服务站、婚姻家庭调解组织、民政婚姻登记处、法院家事审判庭、综治中心、公共法律服务中心等直接服务基层群众的窗口，摆放宣传反家暴知识和求助渠道的卡片等资料。

8. 扩大媒体正面宣传的影响力。积极协调社会公信力高、传播影响力广的中央和地方主要媒体和重点新闻网站开展反家暴宣传，积极利用各类新媒体平台以多种形式传播反家暴法和正面典型案例。要善于通过回应社会热点事件，宣传家暴受害者求助渠道以及可获得的帮助。妇联所属报刊网要将反家暴宣传作为妇女儿童维权宣传的重点内容，在维权专版、专题和专栏中长流水、不断线地主动开展正面宣传；妇联开设的微信、微博等新媒体要以H5、动漫、微视频、微课等生动活泼的形式广泛传播反家暴相关知识。

9. 结合实施“家家幸福安康工程”推进反家暴工作。将反家暴作为寻找“最美家庭”以及“五好家庭”等各类典型家庭评选的基本要求，弘扬文明家风；纳入《家长教育行为规范》《儿童家庭德育指导手册》，引导家长正确履行监护责任。依托全国36万所城乡社区家长学校、74万多个妇女之家、22万多所儿童之家和1万多个网络新媒体平台等，把维护妇女儿童合法权益、反对家庭暴力作为家庭教育指导和家庭文明建设活动的重要内容。

10. 不断提升妇女儿童工作者反家暴的意识和能力。要把反家暴的内容纳入各级妇联干部教育培训规划，针对不同层级妇联干部进行不同重点的培训，加强对村（居）委会干部培训，增强妇联干部、村（居）委会干部对家庭暴力的识别和处置能力。加强对与妇联合作的律师、心理咨询师、人民调解员、家事调查员的反家暴培训，提升专业工作者反家暴的意识和能力。

三、开展经常性的家庭暴力隐患排查和研判分析

11. 注重发现家庭暴力隐患。乡镇（街道）、村（社区）妇联要在组织妇女开展文体、宣传、议事活动、日常入户走访、指导家庭教育、调解婚姻家庭纠纷时，关注是否有家庭矛盾可能引发家暴问题。要特别关爱贫困、残疾、留守、单亲等家庭，避免因生活陷入困境引发家庭矛盾升级，消除家暴隐患。对于家庭矛盾纠纷复杂但不愿调解或经过两次以上调处未见成效的，要及时报告辖区公安机关，同时报告上级妇联。

12. 主动排查家庭暴力线索。乡镇（街道）、村（社区）妇联要加强工作协调，从群众信访、报警平台、综治工作台账、网格员或村民小组长、楼栋长工作记录等各种渠道，掌握辖区内的家庭暴力线索，及时报告辖区公安机关。要发挥妇联执委、妇女（儿童）之家工作人员、志愿者的作用，发现家暴问题或隐患及时报告村（居）委会和同级妇联。

13. 加强家暴现状的监测预警。县级以上妇联可以采取网上通报、会议、电话、微信、QQ 群交流等形式，经常向信访、公安、法院、检察院等部门了解遭受家暴妇女儿童的求助情况，及时掌握本地区家庭暴力的状况和处置难点，研究新情况、新变化，发现反家暴工作的薄弱环节，提出预警预报建议。

14. 加强妇联反家暴工作的分析研判。各省区市妇联每月应收集县级以上妇联掌握的家暴情况，每季度对本地区家暴的形势、特点以及妇联接到的家暴投诉、解答咨询和处置求助的情况进行研判分析并上报全国妇联，同时上报县级以上求助类家暴投诉和舆情案件的基本信息和处置情况。全国妇联每半年综合分析妇联组织掌握的家暴情况和问题建议，向各省区市妇联通报，指导相关工作。

四、提供经常性的反家暴维权服务和关爱帮扶

15. 妥善接待处理家暴求助。各级妇联信访窗口、12338 热线要将为家暴受害人提供维权服务作为为妇女服务的重要内容，以责无旁贷、热情暖心的态度接待家暴投诉，理解受害人处境，保护受害人隐私，尊重受害人真实意愿，鼓励和支持受害人依法维权，按照规范化的工作要求，充分发挥“联”字作用，主动提供法律帮助、心理辅导、社工干预和困难帮扶等综合维权服务。对于共同居住暴力、离婚后遭前夫纠缠等，参照《反家庭暴力法》的有关规定给予帮助。

16. 重视上门了解情况。县级以上妇联在接到家暴投诉后，对于家暴受害人请求妇联调解家庭矛盾、制止暴力行为的，要及时请事发地乡镇（街道）、村（社区）妇联上门了解情况，安抚家暴受害人，可以协调综治、民警、司法员、村（居）委员会主任、当地有威望的长者等，共同对施暴者进行批评教育，或请辖区公安机关对施暴者出具告诫书。

17. 及时发现报告紧急家暴问题。各地妇联组织通过排查发现或接到家暴求助后，对于因家暴造成伤害或面临现实威胁的，要立即报告事发地公安机关，同时报告上级妇联。

18. 帮助协调推动解决问题。对于多次遭受家暴的，或者曾经报警未得到解决、要求伤情鉴定、请求庇护、申请人身安全保护令以及违反保护令等求助，经本人同意，县级、乡镇（街道）妇联要帮助其到有关部门反映问题，做到尽职责、有态度。县级、乡镇（街道）妇联难以协调推动解决的，要及时向同级综治中心或检察机关通报案件，并报告上级妇联。必要时，提请县级妇儿

工委办组织的反家暴专项会议会商处置。

19. 加强与公安部门的联动处置。县级、乡镇（街道）妇联要主动加强与公安机关的经常性沟通，探索家暴警情公安干警、妇联干部双向联动处置机制，组建“反家暴联动工作群”，对于家暴受害人报警，派出所出警时，属地乡镇（街道）或村（社区）妇联可积极配合民警处置家暴警情。

20. 为受害人提供综合维权服务。各级妇联要从受害人需求出发，积极协同民政、教育、人社等部门，力所能及地为其提供基本生活、就业创业、教育培训等方面的帮助，帮助受害人提升自我保护和自身发展的能力。夫妻双方都愿意进行家庭关系调适的，县级妇联应当协调转介专业社会组织提供服务。

21. 加强回访和心理辅导工作。乡镇（街道）、村（社区）妇联对于遭受过家庭暴力的妇女儿童要通过回访了解其生活状况，传递妇联组织的关心关爱。有条件的地方妇联可以支持专业组织开展家庭暴力受害人心理支持小组或家庭成长小组等活动，帮助其更好地认识家暴及其危害、完善其社会支持系统、提升维权意识能力，实现互助成长。探索开展对加害人的心理辅导工作，从根本上预防家庭暴力的发生。

五、加强经常性的反家暴多部门合作会商工作

22. 充分发挥各级妇儿工委组织、协调、指导、督促作用。定期召开反家暴专项会议，召集在《反家庭暴力法》中有明确职责的部门和单位，共同会商涉及反家暴的重大事项和热点、难点问题，加强各部门之间的信息沟通、合作联动。在年底工作总结时注重收集有关成员单位的反家暴工作情况，合力开展反家暴工作。

23. 建立多部门会商机制。国务院妇儿工委办公室每年至少会商1次。省级、地市级、县级妇儿工委办公室结合实际定期会商。发生家庭暴力重大案件、重要问题或同级妇联提请难点问题，随时会商。

24. 推动多部门开展反家暴培训。各级妇儿工委办公室要推动将预防和制止家庭暴力内容纳入男女平等基本国策进党校（行政学院）干部培训和法治教育工作总体安排，实现反家暴培训内容进党校、进机关；推动反家暴执法业务相关规范和技能纳入警察培训课程，有力遏制家暴行为，保障妇女儿童人身安全。

25. 联合社会组织开展反家暴工作。各级妇儿工委办公室、妇联组织可以通过政府购买服务等方式支持社会组织开展家庭暴力预防、干预、服务等工作。

民政部　全国妇联
关于做好家庭暴力受害人庇护救助工作的指导意见

（民发〔2015〕189号）

各省、自治区、直辖市民政厅（局）、妇联，新疆生产建设兵团民政局、妇联：

为加大反对家庭暴力工作力度，依法保护家庭暴力受害人，特别是遭受家庭暴力侵害的妇女、未成年人、老年人等弱势群体的人身安全和其他合法权益，根据《中华人民共和国妇女权益保障法》、《中华人民共和国未成年人保护法》、《中华人民共和国老年人权益保障法》、《社会救助暂行办法》等有关规定，现就民政部门和妇联组织做好家庭暴力受害人（以下简称受害人）庇护救助工作提出以下指导意见：

一、工作对象

家庭暴力受害人庇护救助工作对象是指常住人口及流动人口中，因遭受家庭暴力导致人身安全受到威胁，处于无处居住等暂时生活困境，需要进行庇护救助的未成年人和寻求庇护救助的成年受害人。寻求庇护救助的妇女可携带需要其照料的未成年子女同时申请庇护。

二、工作原则

（一）未成年人特殊、优先保护原则。为遭受家庭暴力侵害的未成年人提供特殊、优先保护，积极主动庇护救助未成年受害人。依法干预处置监护人侵害未成年人合法权益的行为，切实保护未成年人合法权益。

（二）依法庇护原则。依法为受害人提供临时庇护救助服务，充分尊重受害人合理意愿，严格保护其个人隐私。积极运用家庭暴力告诫书、人身安全保护裁定、调解诉讼等法治手段，保障受害人人身安全，维护其合法权益。

（三）专业化帮扶原则。积极购买社会工作、心理咨询等专业服务，鼓励受害人自主接受救助方案和帮扶方式，协助家庭暴力受害人克服心理阴影和行为障碍，协调解决婚姻、生活、学习、工作等方面的实际困难，帮助其顺利返回家庭、融入社会。

（四）社会共同参与原则。在充分发挥民政部门和妇联组织职能职责和工作优势的基础上，动员引导多方面社会力量参与受害人庇护救助服务和反对家庭暴力宣传等工作，形成多方参与、优势互补、共同协作的工作合力。

三、工作内容

（一）及时受理求助。妇联组织要及时接待受害人求助请求或相关人员的举报投诉，根据调查了解的情况向公安机关报告，请公安机关对家庭暴力行为进行调查处置。妇联组织、民政部门发现未成年人遭受虐待、暴力伤害等家庭暴力情形的，应当及时报请公安机关进行调查处置和干预保护。民政部门及救助管理机构应当及时接收公安机关、妇联等有关部门护送或主动寻求庇护救助的受害人，办理入站登记手续，根据性别、年龄实行分类分区救助，妥善安排食宿等临时救助服务并做好隐私保护工作。救助管理机构庇护救助成年受害人期限一般不超过 10 天，因特殊情况需要延长的，报主管民政部门备案。城乡社区服务机构可以为社区内遭受家庭暴力的居民提供应急庇护救助服务。

（二）按需提供转介服务。民政部门及救助管理机构和妇联组织可以通过与社会工作服务机构、心理咨询机构等专业力量合作方式对受害人进行安全评估和需求评估，根据受害人的身心状况和客观需求制定个案服务方案。要积极协调人民法院、司法行政、人力资源社会保障、卫生等部门、社会救助经办机构、医院和社会组织，为符合条件的受害人提供司法救助、法律援助、婚姻家庭纠纷调解、就业援助、医疗救助、心理康复等转介服务。对于实施家庭暴力的未成年人监护人，应通过家庭教育指导、监护监督等多种方式，督促监护人改善监护方式，提升监护能力；对于目睹家庭暴力的未成年人，要提供心理辅导和关爱服务。

（三）加强受害人人身安全保护。民政部门及救助管理机构或妇联组织可以根据需要协助受害人或代表未成年受害人向人民法院申请人身安全保护裁定，依法保护受害人的人身安全，避免其再次受到家庭暴力的侵害。成年受害人在庇护期间自愿离开救助管理机构的，应提出书面申请，说明离开原因，可自行离开、由受害人亲友接回或由当地村（居）民委员会、基层妇联组织护送回家。其他监护人、近亲属前来接领未成年受害人的，经公安机关或村（居）民委员会确认其身份后，救助管理机构可以将未成年受害人交由其照料，并与其办理书面交接手续。

（四）强化未成年受害人救助保护。民政部门和救助管理机构要按照《最高人民法院　最高人民检察院　公安部　民政部关于依法处理监护人侵害未成年人权益行为若干问题的意见》（法发〔2014〕24号）要求，做好未成年受害人临时监护、调查评估、多方会商等工作。救助管理机构要将遭受家庭暴力侵害的未成年受害人安排在专门区域进行救助保护。对于年幼的未成年受害人，要安排专业社会工作者或专人予以陪护和精心照料，待其情绪稳定后可根据需要安排到爱心家庭寄养。未成年受害人接受司法机关调查时，民政部门或救助管理机构要安排专职社会工作者或专人予以陪伴，必要时请妇联组织派员参加，避免其受到“二次伤害”。对于遭受严重家庭暴力侵害的未成年人，民政部门或救助管理机构、妇联组织可以向人民法院提出申请，要求撤销施暴人监护资格，依法另行指定监护人。

四、工作要求

（一）健全工作机制。民政部门和妇联组织要建立有效的信息沟通渠道，建立健全定期会商、联合作业、协同帮扶等联动协作机制，细化具体任务职责和合作流程，共同做好受害人的庇护救助和权益维护工作。民政部门及救助管理机构要为妇联组织、司法机关开展受害人维权服务、司法调查等工作提供设施场所、业务协作等便利。妇联组织要依法为受害人提供维权服务。

（二）加强能力建设。民政部门及救助管理机构和妇联组织要选派政治素质高、业务能力强的工作人员参与受害人庇护救助工作，加强对工作人员的业务指导和能力培训。救助管理机构应开辟专门服务区域设立家庭暴力庇护场所，实现与流浪乞讨人员救助服务区域的相对隔离，有条件的地方可充分利用现有设施设置生活居室、社会工作室、心理访谈室、探访会客室等，设施陈列和环境布置要温馨舒适。救助管理机构要加强家庭暴力庇护工作的管理服务制度建设，建立健全来访会谈、出入登记、隐私保护、信息查阅等制度。妇联组织要加强“12338”法律维权热线和维权队伍建设，为受害人主动求助、法律咨询和依法维权提供便利渠道和服务。

（三）动员社会参与。民政部门和救助管理机构可以通过购买服务、项目合作、志愿服务等多种方式，鼓励支持社会组织、社会工作服务机构、法律服务机构参与家庭暴力受害人庇护救助服务，提供法律政策咨询、心理疏导、婚姻家庭纠纷调解、家庭关系辅导、法律援助等服务，并加强对社会力量的统筹协调。妇联组织可以发挥政治优势、组织优势和群众工作优势，动员引导爱心企业、爱心家庭和志愿者等社会力量通过慈善捐赠、志愿服务等方式参与家庭暴力受害人庇护救助服务。

（四）强化宣传引导。各级妇联组织和民政部门要积极调动舆论资源，主动借助新兴媒体，切实运用各类传播阵地，公布家庭暴力救助维权热线电话，开设反对家庭暴力专题栏目，传播介绍反对家庭暴力的法律法规；加强依法处理家庭暴力典型事例（案例）的法律解读、政策释义和宣传报道，引导受害人及时保存证据，依法维护自身合法权益；城乡社区服务机构要积极开展反对家庭暴力宣传，提高社区居民参与反对家庭暴力工作的意识，鼓励社区居民主动发现和报告监护人虐待未成年人等家庭暴力线索。

民政部　全国妇联

2015 年 9 月 24 日

妇联组织受理家庭暴力投诉工作规程（试行）

（2018 年全国妇联权益部制定）

为加强县以上妇联维权机构和信访窗口接处家庭暴力咨询和投诉工作的规范性，切实履行妇联组织预防和制止家庭暴力的法定职责，依据《中华人民共和国反家庭暴力法》有关规定，制定以下工作规程。

1. 根据《妇联组织信访工作规定》，向社会公布接受咨询和投诉机构的通信地址、电子信箱、投诉电话、工作时间等，接受群众关于家庭暴力的来信、来访、热线咨询和投诉。指导基层维权服务站、家庭暴力投诉点、危机干预中心等深入群众宣传讲解反家庭暴力法，告知妇联维权服务渠道及其它救济途径，提高群众知晓率。

2. 接受并处理乡镇和村、社区妇联对所在地区家庭暴力隐患和问题的报告，指导其在参与矛盾纠纷排查或开展婚姻家庭矛盾纠纷化解等工作时，重点关注辖区内具有家庭暴力危险的家庭情况，关注贫困、残疾、留守、单亲等家庭，增强对家庭暴力案件的发现报告意识。

3. 根据《加强妇联组织舆情分析、研判和应对的工作意见》，落实属地处理原则，对媒体曝光的家庭暴力案件及时跟进，全面掌握情况，主动了解受害妇女维权需求，依法提供维权服务。

4. 妇联信访窗口在接待处理群众婚姻家庭权益等咨询和投诉时，要增强发现家庭暴力风险的意识，注意观察来访者的外貌表情、询问家庭成员关系、心理感受等，如有伤情或表现出恐惧的，要重点面谈评估，作进一步识别。

5. 在工作中发现无民事行为能力人、限制民事行为能力人遭受或疑似遭受家庭暴力的，应当及时向公安机关报案。

6. 接到家庭暴力投诉后，应当按照“登记、危险评估、分级处理、结案存档、跟踪回访”的程序进行处理，并不断完善个案管理流程。投诉地与受害人居住地、家庭暴力行为发生地不一致的，由投诉地妇联根据个案实际和工作需要协调联系，进行转介。必要时，报请上级妇联组织协调处理。

7. 登记家庭暴力投诉时，应当按照“妇联组织信访信息管理系统”的要求，对信访人信息、家庭暴力形式、起因、结果、当事人求助意愿和办理过程、处理情况进行详细记录。定期对投诉进行专项统计上报，并对家庭暴力问题现状和反家庭暴力工作情况作出分析，提出建议。

8. 受理家庭暴力投诉后，要详细了解个案基本情况，询问受害人的真实求助意愿，对其问题作出判断，并根据受害人的危险自评以及现实情况作出危险评估。必要时，应通过其家庭、所在社区和社会支持系统收集相关资料。

9. 对不同危险级别的家庭暴力投诉应当作出分级处理。对于初次遭受家庭暴力且情节较轻的，可运用法律咨询、心理咨询、婚姻家庭关系指导和纠纷调处、社工服务、困难帮扶等方式，为受害人及特别是高危致命危险其家庭提供帮助，并告知可向公安机关报案，由公安机关依法对加害人进行批评教育或出具告诫书。

10. 对于已经造成人身伤害或具有现实危险性的，以及情节较轻但多次遭受家庭暴力的，应当协助受害人反映诉求，支持其报警求助、进行家庭暴力伤情鉴定、申请人身安全保护令、法律援助和庇护救助等。

11. 对于严重的特别是高危致命危险的家庭暴力投诉，或者本人及其亲属面临人身安全威胁的，不能劝和或调解，应当及时报告当地公安机关和上级妇联。同时制定综合性的个案维权服务方案，确定承办人员，与公安、民政、法院等其他部门和机构开展有效合作，共同为受害人提供服务。

12. 受害人是无民事行为能力人、限制民事行为能力人或者因受到强制、威吓等原因无法申请人身安全保护令的，可代为申请或指导其近亲属申请。符合条件的，纳入“中国妇女法律援助行动项目”予以支持。

13. 对已结案的家庭暴力投诉，可通过电话或约见进行回访，并确认受害人在安全环境中反映真实情况。对于严重的家庭暴力案件，应当回访并增加回访次数。可支持专业组织开展受害人心理支持小组或家庭成长小组等后续服务，探索对加害人的心理辅导工作。

14. 维权服务完成后，承办人应当将相关文档如投诉登记表、危险预测量表、相关法律文书、回访记录等收集归档，做好存档工作。需要时，可依法提供作为受害人遭遇家庭暴力的证据材料。

15. 妇联信访工作场所应当放置反家庭暴力的宣传品、播放宣传视频，可采取引入专业组织、招募社会志愿者、培育有关社会组织和相关服务机构等方式，联系和团结社会力量共同做好反家庭暴力工作。

16. 妇联维权干部应当贯彻男女平等的宪法原则，增强识别和处置家庭暴力的能力，破除“打老婆是家务事”“棍棒底下出孝子”等传统观念，深刻认识家庭暴力的实质是控制，耐心细致做工作，不指责受害人，教育引导妇女群众依法理性表达诉求，帮助其依法维权。妇联组织应当关心妇联维权干部的心理健康，通过督导、调适等，给予有效支持，提高工作水平。

家庭暴力受害人证据收集指引

（2021 年 11 月全国妇联权益部发布）

一、证明发生过家庭暴力事实的证据

1. 公安机关出警记录、告诫书、伤情鉴定意见等

公安机关出警后制作的受害人的询问记录、施暴人的讯问笔录、报警回执等。

公安机关对加害人、受害人出具的告诫书。

公安机关依法作出治安管理处罚决定后，抄送给受害人的决定书副本。

公安机关对受害人进行伤情鉴定后出具的报告。

2. 村（居）民委员会、妇联组织、反家暴社会组织、双方用人单位等机构的求助接访记录、调解记录等

受害人如果曾经到这些机构投诉，可以申请查阅调取详细记录，也可以向法院申请调取投诉记录。

3. 病历资料、诊疗花费票据

因家庭暴力就医时，保存好就医的病历资料、诊疗花费票据等。

4. 加害人实施家庭暴力的录音、录像

在保证人身安全的情况下，可以对加害人实施家庭暴力的过程进行录音、录像。

5. 身体伤痕和打砸现场照片、录像

对家庭暴力造成的身体伤痕和打砸现场拍照、录像。

6. 保证书、承诺书、悔过书

如果加害人有悔过的表现，可以要求加害人写保证书等，并签署姓名及日期。

7. 证人证言、未成年子女证言

请目睹或听到家庭暴力发生情况的邻居、同事、未成年子女等作证。

8. 受害人的陈述

自己叙述遭受家庭暴力的情况。

二、证明面临家庭暴力现实危险的证据

反家庭暴力法第二十三条规定，当事人因遭受家庭暴力或者面临家庭暴力的现实危险，向人民法院申请人身安全保护令的，人民法院应当受理。

如果加害人通过电话、短信、微信、QQ 聊天记录、电子邮件等威胁、恐吓的，受害人可以录音、截屏等方式备份保存此类证据，具备条件的，可以通过公证处提取电子证据。

防治职场性骚扰指导手册

（全国妇联权益部，2021 年 3 月）

前　言

近些年，随着现代社会经济的发展，社会生活逐渐复杂化和多元化，发生在职场的性骚扰事件屡见不鲜，带来诸多负面影响。职场性骚扰事件，侵害受害人的权益和身心健康，破坏用人单位的人际关系，影响工作氛围，违反国家法律，违背社会主义核心价值观。因此，防治职场性骚扰已经刻不容缓。

防治职场性骚扰对职工、用人单位和社会具有积极作用。有助于保障职工在工作中处于安全健康的环境和免受性骚扰的基本人权；有助于优化用人单位管理，创建健康文明的文化，提升用人单位形象和核心竞争力，促进可持续发展；有助于消除因性骚扰造成的性别歧视，营造安全健康平等的社会氛围，促进工作场所性别平等和社会公平正义。

为推动用人单位建立职场防治性骚扰机制，有效预防、调查和处理性骚扰问题，依法维护公民合法权益，根据相关法律法规，并在总结借鉴国内外已有经验的基础上，编写了本手册，以期对防治职场性骚扰行为有所帮助。

目　录

一、什么是职场性骚扰
（一）职场性骚扰的定义
（二）职场性骚扰的当事人
（三）职场的范围是什么
二、用人单位如何防治职场性骚扰
（一）建立健全防治职场性骚扰规章制度
（二）教育培训
（三）创建文明、安全的工作环境
（四）建立防治职场性骚扰专门机构
（五）处理职场性骚扰程序

三、个人怎么应对职场性骚扰
（一）如何避免成为骚扰者
（二）遭遇职场性骚扰怎么办
附件 1：中华人民共和国民法典（摘录）
附件 2：中华人民共和国妇女权益保障法（摘录）
附件 3：女职工劳动保护特别规定（摘录）
附件 4：事业单位人事管理条例（摘录）
附件 5：中华人民共和国公务员法（摘录）
附件 6：妇联组织防治职场性骚扰的责任

一、什么是职场性骚扰

（一）职场性骚扰的定义

职场性骚扰，是指发生在工作场所的，以动作、语言、文字、图片、电子信息等方式实施的，与性有关的、违背员工意愿的行为。

具体而言，构成职场性骚扰主要包含以下三个条件：

1. 骚扰者实施了与性有关的行为

性骚扰行为的表现方式多种多样，其共同特点是与性相关。骚扰者在实施性骚扰时，可能采取口头的方式，也可能采用书面形式，还可能采用其他举动。主要包括：

●发送性方面的信息、视频。

●具有性含义的玩笑和戏弄。

●不必要的触碰。

●故意传播具有性含义的谣言。

●询问或告知性经验。

●传播并展示裸体画和具有性内容的图像。

●做出猥亵动作，甚至暴露性器官。

●以提拔或金钱等进行性交换。

●反复凝视对方身体敏感部位。

●在没有得到对方同意的前提下，强行抚摸、搂抱或亲吻。

●要求发生性关系。

2. 骚扰者是在职场上利用职权或职务之便实施的

骚扰者在职场利用职权或职务之便实施的性骚扰构成职场性骚扰。具体说来，可以分为两种情形：

●用人单位的上级领导利用职权之便对下级员工进行性骚扰。如，工厂的“老板”在秘书汇报工作时讲黄色笑话。

●用人单位的员工利用工作之便对同事进行性骚扰。如，工位相邻的两名纺织工人中，一名纺织工人借助位置优势拍另一名纺织工人屁股。

3. 违背受害员工的意愿

性骚扰行为是违背受害员工意愿的行为，受害人因此会产生愤怒、焦虑、畏惧等不良情绪。所谓“违背意愿”，是指用明确反对，或者用拒绝、抵抗的语言文字拒绝骚扰。员工向上级领导投诉、举报的行为也视为一种“违背意愿”的表达。

提示：受害人只要在整个性骚扰事件中有过直接明确的反对的意思表示，就足以证明其拒绝性骚扰的主观意愿。受害人在被骚扰的过程中曾采取的沉默回应、借口推辞或转移话题等间接反对手段，不影响对“违背意愿”的认定。因为受害员工可能出于对骚扰者所拥有职权的畏惧、为保留工作的愿望或舆论的压力，不得已在某些情形下隐忍骚扰者的性骚扰行为。

案　例

受害员工小张向实施性骚扰的上司胡某明确表示“请停止向我发送淫秽语言和图片”后，胡某仍继续给小张发送淫秽内容。此后，小张不再回复胡某的非工作微信。虽然小张在被性骚扰的过程中仅明确拒绝过一次，之后采取的是沉默回应，但上司胡某的性骚扰行为仍被视为违背了员工小张的意愿。

（二）职场性骚扰的当事人

在职场实施性骚扰行为的是骚扰者，被骚扰的是受害人。职场性骚扰可能发生在：

●老板与员工之间。

●领导与下属之间。

●同事之间。

●顾客、客户与员工之间。

（三）职场的范围是什么

职场是指员工因工作要求而需要在场，并在雇主直接或间接管理之下的一切地点。包括：

日常办公场所和其他与履行职责有关的场所，例如：

- 上级领导、同事或自己的办公室。
- 出差途中及目的地。
- 工作用餐、休息地点。
- 与客户会面地点等。

与本职工作有关的适当延伸场所，例如：

- 公司组织的旅行地点。
- 公司举办的社交活动场所。
- 下班后同事聚会地点等。

案例 1

发生在办公室的性骚扰

小赵发现同一办公室的男同事小林经常走到她的办公桌前，有意无意地搂她的腰，把手放在她的大腿上，还经常说一些暧昧的话。这属于发生在办公室的同事之间的职场性骚扰。

案例 2

发生在出差目的地的性骚扰

男员工小孙随女上司李某一同到某市出差，共出差两天。工作结束后，小孙与上司李某都回到酒店自己的房间休息。上司李某晚上 11 点敲小孙的门，带了一瓶红酒，声称自己失眠，让小孙陪自己喝一杯。小孙拒绝无果。李某打开了红酒，喝酒的过程中勾着小孙的手臂，倚靠小孙肩膀，小孙多次推脱无果，最后只能独自逃出房间。这属于发生在出差目的地的职场性骚扰。

二、用人单位如何防治职场性骚扰

链接 1：手册的使用对象和作用

用人单位

☆了解消除工作场所性骚扰的法律规定。

☆了解用人单位的法律义务和责任。

☆创建安全、健康、平等的工作环境。

☆开展预防和制止工作场所性骚扰的宣传倡导和教育培训。

☆建立健全消除工作场所性骚扰的规章制度和工作机制。

☆进行工作场所性骚扰防治状况的定期自查和整改。

☆不断优化消除工作场所性骚扰的制度机制，针对问题采取更加有效的防治措施。

☆对工作场所性骚扰受害者和举报人加以保护。

链接 2：法律规定

《中华人民共和国民法典》第一千零一十条规定："机关、企业、学校等单位应当采取合理的预防、受理投诉、调查处置等措施，防止和制止利用职权、从属关系等实施性骚扰。"

（一）建立健全防治职场性骚扰规章制度

用人单位应当建立关于防治职场性骚扰的专项规章制度，可以是单独制定的，也可以将防治性骚扰纳入单位内的其他的规章制度中，内容主要包括以下几个方面：

- 明确什么是职场性骚扰并明令禁止职场性骚扰行为。
- 明确防治职场性骚扰专门机构及其具体职责，以及投诉电话。
- 单位管理人员对防治职场性骚扰的义务。
- 单位预防性骚扰的措施（包括工作环境、员工行为要求）。
- 对性骚扰的投诉受理、调查取证、认定处理程序。
- 处罚措施。
- 防止打击报复。

●对受害人实施救助。

提示：在制定规章制度时，并非仅由用人单位单方面自行决定。根据《中华人民共和国劳动合同法》第四条的规定："用人单位在制定、修改或者决定有关劳动报酬、工作时间、休息休假、劳动安全卫生、保险福利、职工培训、劳动纪律以及劳动定额管理等直接涉及劳动者切身利益的规章制度或者重大事项时，应当经职工代表大会或者全体职工讨论，提出方案和意见，与工会或者职工代表平等协商确定。""用人单位应当将直接涉及劳动者切身利益的规章制度和重大事项决定公示，或者告知劳动者。"因此，用人单位制定规章制度时，要注意实质内容与形式流程方面的合法性。在起草相关规章制度时，也建议由用人单位内部法务部门与外部律师合作，确保条款的严谨性、可行性、合法性，避免发生针对条款本身理解上的纠纷。

（二）教育培训

1. 与职场性骚扰有关的规章制度应以公开方式让全体员工知悉。例如，张贴在公告栏，公布在单位官网，通过电子邮件寄送给全体员工，印制于员工手册、工作规则中，在教育训练课程中展示，等等。

2. 将防治职场性骚扰纳入员工入职培训和管理层培训。用人单位每年应定期对全体员工进行防治职场性骚扰的教育训练。所有员工都必须参加防治职场性骚扰的定期培训。根据培训对象和内容的不同，可将员工培训分为员工入职培训和管理层培训。

①员工入职培训。内容可以包含"了解单位防治职场性骚扰的制度""拒绝成为加害人""受害之后怎么做"三个方面。

●"了解单位防治职场性骚扰的制度"主要是指员工通过入职培训，了解熟悉相关内容，主要包括：认识性骚扰；性骚扰对单位和员工的危害；单位处置性骚扰的机构；用人单位处理职场性骚扰的原则和流程；实施职场性骚扰应负的法律责任等。

●"拒绝成为加害人"主要是指避免不自觉地成为加害人的角色。培训内容包括性别意识训练，学习职场尊重语言，拒绝被诱导实施性骚扰等。如，办公室里有同事肆无忌惮地对女同事开色情玩笑时，旁观者不应随之附和、起哄，而应及时制止或向投诉机构举报。

●"受害之后怎么做"主要是指员工遭遇性骚扰后，可以采用的救济手段。具体内容包括：遭遇性骚扰后如何举报，如何保存证据，可以向谁求助，如何维护自己的权益等。

②管理层培训。对管理层培训的内容主要包括：防治性骚扰的重要意义；如何预防职场性骚扰；单位防治性骚扰的法律责任；如何处理投诉信息；如何保护受害人合法权益；如何依法做出惩处决定；如何妥善应对舆情等。

（三）创建文明、安全的工作环境

1. 采取集体办公或半封闭式办公的方式，尽量避免设置独立或私密性过强的办公空间，如确需独立的办公环境，尽量采取透明的设计，同时避免形成隔音性过强的密闭空间，不给性骚扰创造客观条件。

2. 在不侵犯员工隐私权的前提下，在办公场所合法合规地安装监控设备，且尽量不留“监控死角”，以预防性骚扰的发生，并有助于保存性骚扰的证据。

3. 避免在举办年会、员工培训时出现低俗化现象。例如，引起性意味联想的互动游戏，用嘴互传很小的纸巾，真心话的游戏问题全部是关于性隐私，等等。

提示：在办公场所安装摄像头应受到如下限制：

☆安装监控设备应当按规定进行报批备案，具体可咨询当地公安机关。

☆应当向员工明示告知，否则有可能因此与员工产生争议。

☆监控应仅限于办公场所，监控的内容仅限于与企业的经营活动有关，单位的更衣室、卫生间、浴室等处不得设置监控。

☆用人单位对受监控的员工个人隐私信息负有严格保密义务，不得随意公开。

☆员工有权要求用人单位妥善保存监控信息。

☆公民依法享有平等权，企业所安装的摄像头应面对整个办公场所，不应只针对特定的某个人。

（四）建立防治职场性骚扰专门机构

防治职场性骚扰专门机构可以设在用人单位的人力资源管理部门或者工会，组成人员除人力资源管理部门或者工会人员，还应包括用人单位的高层管理者，同时确保成员性别相对均衡。防治职场性骚扰专门机构负责防治性骚扰相关事务，履行下列职责：

● 负责统筹规划防治性骚扰工作的教育培训。

● 负责组织对性骚扰投诉的调查。

● 作出对性骚扰行为的认定和处理决定。

● 反映防治性骚扰工作中存在的问题及意见建议。

● 组织起草防治职场性骚扰工作的相关制度。

● 办理其他与防治性骚扰工作相关事务。为便于职工咨询、投诉和举报，防治职场性骚扰专门机构应设置热线电话、传真、专用信箱（包括电子信箱）

等，并对外公布。

案　例

衡水老白干酿酒有限公司的性骚扰处理机构由 5 人组成，其中 3 名男性、2 名女性，中心主任由工会女职工委员会主任担任，并设立了投诉电话。

（五）处理职场性骚扰程序

处理职场性骚扰程序主要有投诉受理、调查、处置等环节构成。

1. 投诉与受理

防治职场性骚扰专门机构发现本单位职工涉嫌性骚扰事件线索或收到涉及本单位职工的投诉举报后，应及时采取行动，进行初步了解，对受害人提供心理辅导或其他帮助，并做好投诉人的隐私保密工作。了解过程中，要主动与相关当事人沟通，听取意见，了解诉求。根据初步了解的情况，若涉嫌性骚扰行为应予以受理的，进入调查程序。

2. 调查

在对性骚扰案件进行调查取证时，调查人员应注意性骚扰发生的“人”“事”“时”“地”“物”五要素。通过与举报人的沟通，深入访谈事件背后的细节，并寻求足以佐证其陈述的所有证据（包括直接、间接、情况证据等），以判断当事人陈述的合理性。还应查明个案发生的背景、当事人之关系、环境、行为人言词、行为及相对人认知等。

在调查过程中，调查人员应遵循回避原则、不公开原则、保密原则、客观公正原则。除让双方当事人充分陈述外，处理机构还应主动告知，双方可以提出对其有利的关系人或证人、或有必要进行职权调查的证据、勘验现场等。如有必要可邀请其他机关协助。

此外，还要注意避免对被害人进行重复询问，定时观察申诉者于事件发生后的情绪反应。如有必要，还可以实际勘验现场、实际模拟。有时为厘清双方说词的真实性，调查时不妨邀请相关专家共同参与。

3. 认定和处理

防治职场性骚扰专门机构应根据调查情况作出认定和处理：

①性骚扰行为不成立的，应终止案件。

②存在性骚扰行为的，根据情节轻重，给予相应惩戒措施。对骚扰者的惩戒措施包括：警告、停薪、调离原岗位、降级、停职、开除等。

●情节较轻的，以批评教育为主。防治职场性骚扰专门机构应对骚扰者进行严厉的批评教育，对受害人尽力安抚、开导。在对骚扰者批评教育后，还应提出明确的警告，再次实施性骚扰将以解雇处理。

案　例

殷某于 2008 年 5 月到某商业公司工作，担任高级销售。为了便于日常工作交流，其所在的销售部建立了工作群。2014 年 8 月 24 日晚，殷某在其所在的工作群中发出了几张色情照片，后撤回。就此事，有同事反映至公司相关部门，人事部门对殷某进行了批评教育，责令其写检查，并在工作群中道歉。

●对骚扰人给受害人带来严重身心伤害，导致需要休息、就医，影响到正常工作和生活等情节严重者，应解除与骚扰人的劳动合同。同时，用人单位可以给予受害人一定的经济补偿。

案　例

2012 年，有人在微博上爆料，某教练对队员进行了性骚扰。后经当地体育局调查核实，该教练在为队员放松按摩时的确存在不轨言行。经研究决定，撤除涉事教练职务并调离，同时给予行政警告处分。

提示：用人单位以涉职场性骚扰为由解雇骚扰者的，应注意保存证据，避免被反诉。2019 年 3 月，北京西城法院通报了涉性骚扰劳动争议纠纷的调研。判例显示，用人单位以性骚扰为由解雇员工，当事员工起诉后，用人单位胜诉率只有 30，一个重要原因是仅有受害人证言，缺乏其他证据作证。据此，法院提示，用人单位一旦收到涉及性骚扰的举报，要及时围绕事件进行细致的走访调查，重视相关证据的收集和固定工作，包括直接证据：受害人陈述包括微信聊天记录、电子邮件、监控录像、报警记录等；也包括间接证据，如收集旁观者的证言；其他见证人的情况说明等。负责调查投诉的部门应考虑所有现存证据，包括任何周边证据，并在各种可能性之间作出权衡，即骚扰发生或没有发生的可能性哪个更大。需要注意的是，即使没有足够的证据证明投诉属实，也不意味着没有发生骚扰或投诉人在说谎。用人单位应确保，无论投诉结果是否得到证实，在没有确凿证据证明投诉是无理取闹或恶意的前提下，均不能对投诉者进行惩戒。

用人单位辞退涉职场性骚扰员工，应当将解除劳动合同通知书送达其本人，通知中注意措辞，做到客观陈述、言辞不偏激；如果用人单位有工会，解除劳动合同需经工会同意。同时，提醒用人单位注意送达的方式和范围，不宜采取通报、张贴等方式进行扩散和传播，以免陷入名誉权纠纷中。

● 涉嫌违法犯罪的，防治职场性骚扰专门机构应及时开展调查并保留证据，同时向公安机关报案。受害人向法院提起民事诉讼的，用人单位应配合作证，提交相关证据。

链接：法律规定

职场性骚扰情节严重者，还有可能构成猥亵罪等犯罪。《中华人民共和国刑法》第二百三十七条规定："以暴力、胁迫或者其他方法强制猥亵他人或者侮辱妇女的，处五年以下有期徒刑或者拘役。聚众或者在公共场所当众犯前款罪的，或者有其他恶劣情节的，处五年以上有期徒刑。"

案　例

范某于2010年进入某物业公司担任保安工作，2014年，公司收到女职工张某的反映，称自己在上夜班时遭到范某的严重性骚扰，范某要求与张某发生性关系。该公司经调查核实相关情况，发现范某还向其他女工实施过多次严重的性骚扰，且拒绝承认错误。后，公司通知范某解除劳动合同。同时，公司的性骚扰举报机构与被骚扰女工协商后，针对范某的性骚扰行为向公安机关报案。

4. 复核

防治职场性骚扰专门机构在作出处理决定后，应及时告知当事人调查认定的事实及拟给予处理的依据，当事人有异议的，应在一定期限内（如，半个月内）递交书面复核申请，提供新证据。防治性骚扰专门机构指派复核工作组进行复核，复核以 1 次为限，复核工作组应由未参加调查工作的人员组成。

5. 告知处理结果

在复核期内未提出复核申请或复核后重新做出决定的，防治职场性骚扰专门机构应及时将处理决定送达被处理人、被处理人所在单位以及相关部门，并告知投诉举报人。

三、个人怎么应对职场性骚扰

链接：手册的使用对象和作用

职　工

☆了解消除工作场所性骚扰的法律规定。

☆了解用人单位应履行的法律义务和责任。

☆了解用人单位消除工作场所性骚扰的规章制度、投诉程序及机制。

☆参与用人单位工作场所性骚扰防治机制的建立，促进并监督用人单位相关机制的执行。

☆了解并识别工作场所性骚扰，加强自我保护，维护自身权益；作为知情者，对工作场所性骚扰采取行动。

（一）如何避免成为骚扰者

1. 尊重他人

提高法律意识和道德修养，尊重他人合法权益。

2. 说话得体

说话时要注意场合，言语要得体，不要挑逗异性、说暧昧语言、开黄色玩笑。

3. 举止文明

和异性在一起，行为举止应文明礼貌，不要有过于亲昵的行为，要保持一定的距离。

（二）遭遇职场性骚扰怎么办

1. 拒绝沉默，坚定说“不”

面对性骚扰，应当向对方明确表明自己的态度。根据性骚扰实施者是否会威胁到自身安全，选择合适的表明态度方式，可以是无声的断然拒绝，也可以直接把话挑明，要求对方检点自己的行为。

链接：调查统计

据《郑州晚报》、新浪网的性骚扰调查结果显示，遭遇性骚扰，选择保持沉默，悄悄躲开并忍耐的被调查者为 7980 人，占到 39.67%；暗示对方放尊重一点的为 6419 人，占 31.91%；仅有 2354 人表示大声提醒，强烈反抗，占 11.7%；特别是认为会用法律保护自己权利的仅有 736 人，占 3.66%。

2. 保留证据

在平时跟骚扰者接触时，可以巧妙地利用录音、录像等工具记录性骚扰过程。注意保留手机短信、聊天记录、电子邮件等有骚扰信息的电子文档。电子信息需要及时到公证机构进行公证，以免被对方删除或者被质疑真实性。告诉同事或亲友性骚扰的事，请她（他）为你作证。

3. 及时向用人单位内部机构进行投诉

受害人应当积极向本单位受理投诉的举报机构或相关部门投诉。如果用人单位没有设立专门的机构，可以向人力资源主管部门或上级领导投诉。

4. 向工会、妇联等组织投诉

受害人可以向工会（职工维权热线 12351）、妇联（妇女维权热线 12338）等组织投诉，寻求支持和帮助。

5. 向公安机关报案

如果受到严重的性骚扰，受害人可以拨打 110 报警电话或向当地公安机关报案，请求对骚扰者予以行政处罚或依法追究其刑事责任。

6. 向法院起诉

受害人可以选择向法院起诉，要求其停止侵害、赔偿经济损失、支付精神损害赔偿。

链接：法律法规

2018 年 12 月，最高人民法院在《民事案件案由规定》中增设“性骚扰损害责任纠纷”案由。受害人可据此提出民事诉讼。

附件 1

中华人民共和国民法典（摘录）

第一千零一十条　违背他人意愿，以言语、文字、图像、肢体行为等方式对他人实施性骚扰的，受害人有权依法请求行为人承担民事责任。

机关、企业、学校等单位应当采取合理的预防、受理投诉、调查处置等措施，防止和制止利用职权、从属关系等实施性骚扰。

附件 2

中华人民共和国妇女权益保障法（摘录）

第二十三条　禁止违背妇女意愿，以言语、文字、图像、肢体行为等方式对其实施性骚扰。

受害妇女可以向有关单位和国家机关投诉。接到投诉的有关单位和国家机关应当及时处理，并书面告知处理结果。

受害妇女可以向公安机关报案，也可以向人民法院提起民事诉讼，依法请求行为人承担民事责任。

第二十五条　用人单位应当采取下列措施预防和制止对妇女的性骚扰：

（一）制定禁止性骚扰的规章制度；

（二）明确负责机构或者人员；

（三）开展预防和制止性骚扰的教育培训活动；

（四）采取必要的安全保卫措施；

（五）设置投诉电话、信箱等，畅通投诉渠道；

（六）建立和完善调查处置程序，及时处置纠纷并保护当事人隐私和个人信息；

（七）支持、协助受害妇女依法维权，必要时为受害妇女提供心理疏导；

（八）其他合理的预防和制止性骚扰措施。

第七十七条　侵害妇女合法权益，导致社会公共利益受损的，检察机关可以发出检察建议；有下列情形之一的，检察机关可以依法提起公益诉讼：

（一）确认农村妇女集体经济组织成员身份时侵害妇女权益或者侵害妇女享有的农村土地承包和集体收益、土地征收征用补偿分配权益和宅基地使用权益；

（二）侵害妇女平等就业权益；

（三）相关单位未采取合理措施预防和制止性骚扰；

（四）通过大众传播媒介或者其他方式贬低损害妇女人格；（五）其他严重

侵害妇女权益的情形。

第八十条 违反本法规定，对妇女实施性骚扰的，由公安机关给予批评教育或者出具告诫书，并由所在单位依法给予处分。

学校、用人单位违反本法规定，未采取必要措施预防和制止性骚扰，造成妇女权益受到侵害或者社会影响恶劣的，由上级机关或者主管部门责令改正；拒不改正或者情节严重的，依法对直接负责的主管人员和其他直接责任人员给予处分。

附件3

女职工劳动保护特别规定（摘录）

第十一条 在劳动场所，用人单位应当预防和制止对女职工的性骚扰。

第十二条 县级以上人民政府人力资源社会保障行政部门、安全生产监督管理部门按照各自职责负责对用人单位遵守本规定的情况进行监督检查。

工会、妇女组织依法对用人单位遵守本规定的情况进行监督。

第十四条 用人单位违反本规定，侵害女职工合法权益的，女职工可以依法投诉、举报、申诉，依法向劳动人事争议调解仲裁机构申请调解仲裁，对仲裁裁决不服的，依法向人民法院提起诉讼。

第十五条 用人单位违反本规定，侵害女职工合法权益，造成女职工损害的，依法给予赔偿；用人单位及其直接负责的主管人员和其他直接责任人员构成犯罪的，依法追究刑事责任。

附件4

事业单位人事管理条例（摘录）

第二十八条 事业单位工作人员有下列行为之一的，给予处分：

（一）损害国家声誉和利益的；

（二）失职渎职的；

（三）利用工作之便谋取不正当利益的；

（四）挥霍、浪费国家资财的；

（五）严重违反职业道德、社会公德的；

（六）其他严重违反纪律的。

第二十九条 处分分为警告、记过、降低岗位等级或者撤职、开除。

受处分的期间为：警告，6个月；记过，12个月；降低岗位等级或者撤职，24个月。

附件5

中华人民共和国公务员法（摘录）

第五十九条　公务员应当遵纪守法，不得有下列行为：

（一）散布有损宪法权威、中国共产党和国家声誉的言论，组织或者参加旨在反对宪法、中国共产党领导和国家的集会、游行、示威等活动；

（二）组织或者参加非法组织，组织或者参加罢工；

（三）挑拨、破坏民族关系，参加民族分裂活动或者组织、利用宗教活动破坏民族团结和社会稳定；

（四）不担当，不作为，玩忽职守，贻误工作；

（五）拒绝执行上级依法作出的决定和命令；

（六）对批评、申诉、控告、检举进行压制或者打击报复；

（七）弄虚作假，误导、欺骗领导和公众；

（八）贪污贿赂，利用职务之便为自己或者他人谋取私利；

（九）违反财经纪律，浪费国家资财；

（十）滥用职权，侵害公民、法人或者其他组织的合法权益；

（十一）泄露国家秘密或者工作秘密；

（十二）在对外交往中损害国家荣誉和利益；

（十三）参与或者支持色情、吸毒、赌博、迷信等活动；

（十四）违反职业道德、社会公德和家庭美德；

（十五）违反有关规定参与禁止的网络传播行为或者网络活动；

（十六）违反有关规定从事或者参与营利性活动，在企业或者其他营利性组织中兼任职务；

（十七）旷工或者因公外出、请假期满无正当理由逾期不归；

（十八）违纪违法的其他行为。

第六十一条　公务员因违纪违法应当承担纪律责任的，依照本法给予处分或者由监察机关依法给予政务处分；违纪违法行为情节轻微，经批评教育后改正的，可以免予处分。

对同一违纪违法行为，监察机关已经作出政务处分决定的，公务员所在机关不再给予处分。

第六十二条　处分分为：警告、记过、记大过、降级、撤职、开除。

附件 6

妇联组织防治职场性骚扰的责任

一、参与推动防治性骚扰的制度建设

妇联组织应当积极参与国家和地方立法，推动出台防治职场性骚扰方面的法律、政策等规定，明确用人单位在防治性骚扰问题上的法律义务和责任。同时，加强与工会组织的合作，促进用人单位制定防治性骚扰的规章制度，建立健全防治性骚扰的工作机制。

二、受理职场性骚扰受害女性的投诉，提供相关支持

畅通信访、12338 服务热线电话，为求助的受害女性提供法律咨询、心理辅导等服务。支持受害女性起诉。

三、约谈用人单位

妇联组织可以单独或联合工会约谈用人单位，采取谈话、对话、函询等方式，开展调查，督促其提高认识，采取合理的预防、受理投诉、调查处置等措施，建立内部防治性骚扰的工作机制，及时处理性骚扰等矛盾纠纷。被约谈单位拒不接受约谈或约谈后拒不改正的，可以通过媒体向社会曝光。

四、开展防治性骚扰方面的法律宣传

妇联组织应当加强防治性骚扰的法律法规宣传，利用“三八”国际妇女节、“12 · 4”国家宪法日等关键节点，开展宣传教育，提高用人单位和社会公众的法治意识，提升女性职工的维权意识。

最高人民法院　全国妇联　教育部　公安部　民政部　司法部　卫生健康委关于加强人身安全保护令制度贯彻实施的意见

（法发〔2022〕10号）

为进一步做好预防和制止家庭暴力工作，依法保护家庭成员特别是妇女、未成年人、老年人、残疾人的合法权益，维护平等、和睦、文明的家庭关系，促进家庭和谐、社会稳定，现就加强人身安全保护令制度贯彻实施提出如下意见：

一、坚持以习近平新时代中国特色社会主义思想为指导。深入贯彻习近平法治思想和习近平总书记关于注重家庭家教家风建设的重要论述精神，在家庭中积极培育和践行社会主义核心价值观，涵养优良家风，弘扬家庭美德，最大限度预防和制止家庭暴力。

二、坚持依法、及时、有效保护受害人原则。各部门在临时庇护、法律援助、司法救助等方面要持续加大对家庭暴力受害人的帮扶力度，建立多层次、多样化、立体式的救助体系。要深刻认识家庭暴力的私密性、突发性特点，提高家庭暴力受害人证据意识，指导其依法及时保存、提交证据。

三、坚持尊重受害人真实意愿原则。各部门在接受涉家庭暴力投诉、反映、求助以及受理案件、转介处置等工作中，应当就采取何种安全保护措施、是否申请人身安全保护令、对加害人的处理方式等方面听取受害人意见，加大对受害人的心理疏导。

四、坚持保护当事人隐私原则。各部门在受理案件、协助执行、履行强制报告义务等工作中应当注重保护当事人尤其是未成年人的隐私。受害人已搬离与加害人共同住所的，不得将受害人的行踪或者联系方式告知加害人，不得在相关文书、回执中列明受害人的现住所。人身安全保护令原则上不得公开。

五、推动建立各部门协同的反家暴工作机制。积极推动将家庭暴力防控纳入社会治安综合治理体系，发挥平安建设考评机制作用。完善人民法院、公安机关、民政部门、司法行政部门、教育部门、卫生部门和妇女联合会等单位共同参与的反家暴工作体系。充分利用信息化建设成果，加强各部门间数据的协同共享。探索通过专案专档、分级预警等方式精准跟踪、实时监督。

六、公安机关应当强化依法干预家庭暴力的观念和意识，加大家庭暴力警情处置力度，强化对加害人的告诫，依法依规出具家庭暴力告诫书。注重搜集、固定证据，积极配合人民法院依职权调取证据，提供出警记录、告诫书、询（讯）问笔录等。有条件的地方可以与人民法院、民政部门、妇女联合会等建立家暴警情联动机制和告诫通报机制。

七、民政部门应当加强对居民委员会、村民委员会、社会工作服务机构、救助管理机构、福利机构等的培训和指导。居民委员会、村民委员会、社会工作服务机构、救助管理机构、福利机构及其工作人员在工作中发现无民事行为能力人、限制民事行为能力人遭受或者疑似遭受家庭暴力的，应当及时向公安机关报案。贯彻落实《关于做好家庭暴力受害人庇护救助工作的指导意见》，加强临时庇护场所建设和人员、资金配备，为家庭暴力受害人及时提供转介安置、法律援助、婚姻家庭纠纷调解等救助服务。

八、司法行政部门应当加大对家庭暴力受害人的法律援助力度，畅通法律援助申请渠道，健全服务网络。各地可以根据实际情况依托当地妇女联合会等建立法律援助工作站或者联络点，方便家庭暴力受害人就近寻求法律援助。加强对反家庭暴力法、未成年人保护法、妇女权益保障法、老年人权益保障法等法律法规的宣传。充分发挥人民调解优势作用，扎实做好婚姻家庭纠纷排查化解工作，预防家庭暴力发生。

九、医疗机构在诊疗过程中，发现可能遭受家庭暴力的伤者，要详细做好伤者的信息登记和诊疗记录，将伤者的主诉、伤情和治疗过程，准确、客观、全面地记录于病历资料。建立医警联动机制，在诊疗过程中发现无民事行为能力人或者限制民事行为能力人遭受或者疑似遭受家庭暴力的，应当及时向公安机关报案，并积极配合公安机关做好医疗诊治资料收集工作。

十、学校、幼儿园应当加强对未成年人保护法、预防未成年人犯罪法、反家庭暴力法等法律法规的宣传教育。注重家校、家园协同。在发现未成年人遭受或者疑似遭受家庭暴力的，应当根据《未成年人学校保护规定》，及时向公安、民政、教育等有关部门报告。注重保护未成年人隐私，加强心理疏导、干预力度。

十一、人民法院应当建立人身安全保护令案件受理“绿色通道”，加大依职权调取证据力度，依法及时作出人身安全保护令。各基层人民法院及其派出人民法庭应当在立案大厅或者诉讼服务中心为当事人申请人身安全保护令提供导诉服务。

十二、坚持最有利于未成年人原则。各部门就家庭暴力事实听取未成年人意见或制作询问笔录时，应当充分考虑未成年人身心特点，提供适宜的场所环境，采取未成年人能够理解的问询方式，保护其隐私和安全。必要时，可安排心理咨询师或社会工作者协助开展工作。未成年人作为受害人的人身安全保护令案件中，人民法院可以通知法律援助机构为其提供法律援助。未成年子女作为证人提供证言的，可不出庭作证。

十三、各部门在接受涉家庭暴力投诉、反映、求助或者处理婚姻家庭纠纷过程中，发现当事人遭受家庭暴力或者面临家庭暴力现实危险的，应当主动告知其可以向人民法院申请人身安全保护令。

十四、人民法院在作出人身安全保护令后，应当在24小时内向当事人送达，同时送达当地公安派出所、居民委员会、村民委员会，也可以视情况送达当地妇女联合会、学校、未成年人保护组织、残疾人联合会、依法设立的老年人组织等。

十五、人民法院在送达人身安全保护令时，应当注重释明和说服教育，督促被申请人遵守人身安全保护令，告知其违反人身安全保护令的法律后果。被申请人不履行或者违反人身安全保护令的，申请人可以向人民法院申请强制执行。被申请人违反人身安全保护令，尚不构成犯罪的，人民法院应当给予训诫，可以根据情节轻重处以一千元以下罚款、十五日以下拘留。

十六、人民法院在送达人身安全保护令时，可以向当地公安派出所、居民委员会、村民委员会、妇女联合会、学校等一并送达协助执行通知书，协助执行通知书中应当明确载明协助事项。相关单位应当按照协助执行通知书的内容予以协助。

十七、人身安全保护令有效期内，公安机关协助执行的内容可以包括：协助督促被申请人遵守人身安全保护令；在人身安全保护令有效期内，被申请人违反人身安全保护令的，公安机关接警后应当及时出警，制止违法行为；接到报警后救助、保护受害人，并搜集、固定证据；发现被申请人违反人身安全保护令的，将情况通报人民法院等。

十八、人身安全保护令有效期内，居民委员会、村民委员会、妇女联合会、学校等协助执行的内容可以包括：在人身安全保护令有效期内进行定期回访、跟踪记录等，填写回访单或记录单，期满由当事人签字后向人民法院反馈；发现被申请人违反人身安全保护令的，应当对其进行批评教育、填写情况反馈表，帮助受害人及时与人民法院、公安机关联系；对加害人进行法治教育，必要时对加害人、受害人进行心理辅导等。

十九、各部门在接受涉家庭暴力投诉、反映、求助或者处理婚姻家庭纠纷过程中，可以探索引入社会工作和心理疏导机制，缓解受害人以及未成年子女的心理创伤，矫治施暴者认识行为偏差，避免暴力升级，从根本上减少恶性事件发生。

二十、各部门应当充分认识人身安全保护令制度的重要意义，加大学习培训力度，熟悉人身安全保护令申请主体、作出程序以及协助执行的具体内容等，加强人身安全保护令制度普法宣传。

最高人民法院　全国妇联　教育部　公安部
民政部　司法部　卫生健康委
2022年3月3日

最高人民法院关于办理人身安全保护令案件适用法律若干问题的规定

（法释〔2022〕17 号）

为正确办理人身安全保护令案件，及时保护家庭暴力受害人的合法权益，根据《中华人民共和国民法典》《中华人民共和国反家庭暴力法》《中华人民共和国民事诉讼法》等相关法律规定，结合审判实践，制定本规定。

第一条 当事人因遭受家庭暴力或者面临家庭暴力的现实危险，依照反家庭暴力法向人民法院申请人身安全保护令的，人民法院应当受理。

向人民法院申请人身安全保护令，不以提起离婚等民事诉讼为条件。

第二条 当事人因年老、残疾、重病等原因无法申请人身安全保护令，其近亲属、公安机关、民政部门、妇女联合会、居民委员会、村民委员会、残疾人联合会、依法设立的老年人组织、救助管理机构等，根据当事人意愿，依照反家庭暴力法第二十三条规定代为申请的，人民法院应当依法受理。

第三条 家庭成员之间以冻饿或者经常性侮辱、诽谤、威胁、跟踪、骚扰等方式实施的身体或者精神侵害行为，应当认定为反家庭暴力法第二条规定的“家庭暴力”。

第四条 反家庭暴力法第三十七条规定的“家庭成员以外共同生活的人”一般包括共同生活的儿媳、女婿、公婆、岳父母以及其他有监护、扶养、寄养等关系的人。

第五条 当事人及其代理人对因客观原因不能自行收集的证据，申请人民法院调查收集，符合《最高人民法院关于适用〈中华人民共和国民事诉讼法〉的解释》第九十四条第一款规定情形的，人民法院应当调查收集。

人民法院经审查，认为办理案件需要的证据符合《最高人民法院关于适用〈中华人民共和国民事诉讼法〉的解释》第九十六条规定的，应当调查收集。

第六条 人身安全保护令案件中，人民法院根据相关证据，认为申请人遭受家庭暴力或者面临家庭暴力现实危险的事实存在较大可能性的，可以依法作出人身安全保护令。

前款所称“相关证据”包括：

（一）当事人的陈述；

（二）公安机关出具的家庭暴力告诫书、行政处罚决定书；

（三）公安机关的出警记录、讯问笔录、询问笔录、接警记录、报警回执等；

（四）被申请人曾出具的悔过书或者保证书等；

（五）记录家庭暴力发生或者解决过程等的视听资料；

（六）被申请人与申请人或者其近亲属之间的电话录音、短信、即时通讯信息、电子邮件等；

（七）医疗机构的诊疗记录；

（八）申请人或者被申请人所在单位、民政部门、居民委员会、村民委员会、妇女联合会、残疾人联合会、未成年人保护组织、依法设立的老年人组织、救助管理机构、反家暴社会公益机构等单位收到投诉、反映或者求助的记录；

（九）未成年子女提供的与其年龄、智力相适应的证言或者亲友、邻居等其他证人证言；

（十）伤情鉴定意见；

（十一）其他能够证明申请人遭受家庭暴力或者面临家庭暴力现实危险的证据。

第七条　人民法院可以通过在线诉讼平台、电话、短信、即时通讯工具、电子邮件等简便方式询问被申请人。被申请人未发表意见的，不影响人民法院依法作出人身安全保护令。

第八条　被申请人认可存在家庭暴力行为，但辩称申请人有过错的，不影响人民法院依法作出人身安全保护令。

第九条　离婚等案件中，当事人仅以人民法院曾作出人身安全保护令为由，主张存在家庭暴力事实的，人民法院应当根据《最高人民法院关于适用〈中华人民共和国民事诉讼法〉的解释》第一百零八条的规定，综合认定是否存在该事实。

第十条　反家庭暴力法第二十九条第四项规定的“保护申请人人身安全的其他措施”可以包括下列措施：

（一）禁止被申请人以电话、短信、即时通讯工具、电子邮件等方式侮辱、诽谤、威胁申请人及其相关近亲属；

（二）禁止被申请人在申请人及其相关近亲属的住所、学校、工作单位等经常出入场所的一定范围内从事可能影响申请人及其相关近亲属正常生活、学习、工作的活动。

第十一条　离婚案件中，判决不准离婚或者调解和好后，被申请人违反人身安全保护令实施家庭暴力的，可以认定为民事诉讼法第一百二十七条第七项规定的“新情况、新理由”。

第十二条　被申请人违反人身安全保护令，符合《中华人民共和国刑法》第三百一十三条规定的，以拒不执行判决、裁定罪定罪处罚；同时构成其他犯罪的，依照刑法有关规定处理。

第十三条　本规定自 2022 年 8 月 1 日起施行。

中国反对拐卖人口行动计划（2021—2030 年）

为积极应对国内外拐卖人口犯罪严峻形势，有效预防、依法打击拐卖人口犯罪，积极救助、妥善安置被拐卖受害人，促进被拐卖受害人身心康复和回归家庭、社会，切实保障公民合法权益，依据有关国际公约和我国法律，制定《中国反对拐卖人口行动计划（2021—2030 年）》（以下简称《行动计划》）。

一、指导思想和总体目标

（一）指导思想。

以习近平新时代中国特色社会主义思想为指导，坚持“以人为本、综合治理、预防为主、打防结合”工作方针，形成“党委领导、政府负责、部门联动、社会协同、公民参与、法治保障、科技支撑”工作格局，不断推进国家治理体系和治理能力现代化，完善制度，健全机制，落实责任，整合资源，标本兼治，有效预防和惩治拐卖人口犯罪，切实保障公民基本权利，维护社会和谐稳定，维护国家安全，展现我负责任大国形象。

（二）总体目标。

坚持和完善集预防、打击、救助、安置、康复于一体的反拐工作长效机制，健全反拐工作协调、配合、保障机制，推进法治反拐、协同反拐、科技反拐、全民反拐的工作模式，不断提高反拐工作法治化、协同化、科技化、社会化水平，形成与社会发展相适应的反拐工作格局。净化网络生态空间，有效防范和严厉打击利用网络拐卖人口等新型犯罪。细化落实各项行动措施，有效预防、坚决打击拐卖人口犯罪，确保被拐卖受害人及时得到救助康复和妥善安置，帮助被拐卖受害人顺利回归家庭和社会。

二、行动措施和任务分工

（一）健全预防犯罪机制。

1. 工作目标。

加强源头治理，完善以社区为基础的预防拐卖人口犯罪网络，实施网格化管理，构建多部门协同、社会广泛参与的群防群治工作体系。综合整治拐卖人口犯罪活动重点地区和“买方市场”，严厉打击利用网络实施拐卖人口犯罪，有效预防拐卖人口犯罪发生。

2. 行动措施。

（1）深化部门协同联动，实现信息互通、工作互动，综合运用大数据、人工智能等现代科技手段和入户走访、群众工作等传统手段，不断完善发现、举报拐卖人口犯罪工作机制。（中央政法委、公安部负责，中央网信办、工业和信息化部、教育部、民政部、司法部、国家卫生健康委、最高人民检察院、全国妇联配合）

（2）加强对全国拐卖人口犯罪形势的分析研判，适时调整预防犯罪工作思路策略。完善针对拐卖人口犯罪活动重点行业、重点场所、重点地区和重点人群的预防犯罪工作。突出预防犯罪工作“点”、“面”效果。（中央政法委负责，中央网信办、教育部、公安部、国家卫生健康委、国务院妇儿工委办公室、全国妇联配合）

——加强人力资源市场管理，规范劳动者求职、用人单位招用和职业介绍活动，推动职业介绍机构、用人单位、劳务派遣单位和用工单位开展反拐教育培训和预防工作。畅通劳动保障监察举报投诉渠道，加强劳动保障监察执法，完善部门联动协作机制，清理整治非法职业中介市场，严厉打击使用童工违法行为。加大对非法使用精神残疾人、智力残疾人或者非持工作居留许可证的外国人从事劳动等违法行为的查处力度。健全人力资源市场发生拐卖人口犯罪的风险防控机制，对在人力资源市场发生的拐卖人口犯罪开展有针对性的预防犯罪工作。（人力资源社会保障部、公安部、中国残联负责，市场监管总局、广电总局、全国总工会、全国妇联配合）

——加强娱乐休闲场所经营管理和治安管理，完善娱乐场所从业人员名簿、营业日志和巡查制度，坚决依法取缔营利性陪侍，严厉打击卖淫嫖娼等违法犯罪，完善对被拐妇女和被拐未成年人的教育挽救和帮扶安置工作机制。（公安部、文化和旅游部负责，民政部、人力资源社会保障部、国家卫生健康委、市场监管总局、全国妇联配合）

——加强网络空间监管和执法检查，督促网络服务提供者切实履行对网络产品、网络服务和网络信息内容管理的主体责任。监督各类网络平台完善对不良信息、违法犯罪信息内容的主动筛查、识别、过滤及举报等机制，严格网络社交账号实名制管理。严厉打击利用网络制作、复制、出版、贩卖、传播淫秽色情内容和实施性骚扰、性侵害未成年人的违法犯罪行为。（公安部负责，中

央网信办、工业和信息化部、市场监管总局配合）

——加强幼儿园、学校等教育教学机构管理，开展人身安全和反拐教育，普及反拐法律、政策措施及相关知识，提高师生反拐警惕性和人身安全意识，掌握反拐应对和求助方法。在校园内外的醒目位置张贴反拐宣传海报。加强幼儿园、学校等教育教学机构门口或周边位置警务室或护学岗建设，完善校园周边巡防制度。（教育部、公安部负责，最高人民检察院、共青团中央配合）

——加大拐卖人口犯罪活动重点地区综合整治力度。上级政府及相关部门应当加强对下级政府及相关部门预防拐卖人口犯罪工作的领导、指导和监督。基层政府、村（居）委会应当将帮助易被拐卖人群和预防拐卖人口犯罪纳入基层社会治理重点工作中，监督父母或其他监护人切实履行对未成年子女的监护职责。落实政府对留守儿童、困境儿童等特殊群体的关爱保护和依法承担的监护职责。（中央政法委、民政部负责，公安部、国务院妇儿工委办公室、共青团中央、全国妇联配合）

——强化基层组织功能，做好预防拐卖人口犯罪基础工作。加强部门协同、信息互通，建立健全有关违法犯罪线索的及时发现和信息通报制度。（公安部、民政部负责）

——实施乡村振兴战略，巩固拓展脱贫攻坚成果。发展壮大乡村产业，为帮助更多农村劳动力就近就业创造条件。加大对脱贫地区妇女的扶持力度，提升农村妇女和农村低收入人口的就业创业能力，不断拓宽农民增收渠道。（农业农村部负责，国家发展改革委、国家民委、人力资源社会保障部、国家乡村振兴局、全国妇联配合）

——保障适龄儿童、少年接受义务教育的权利，监督父母或其他监护人保证适龄未成年人按时入学、稳定上学，采取有效措施切实防止学生在义务教育阶段失学辍学。将反拐工作作为学校管理重要内容，明确幼儿园、学校等单位教职工发现疑似拐卖情形应当及时报告和制止，鼓励学生及其父母或者其他监护人发现疑似拐卖情形及时向学校或公安机关报告。（教育部、公安部负责，最高人民检察院、民政部、中国关工委配合）

——充分利用救助管理机构、未成年人救助保护机构和儿童福利机构做好流浪未成年人和弃婴的救助安置，落实儿童督导员和儿童主任工作职责，完善政府购买服务方式支持社会组织培育发展，引入社会工作等专业力量提供心理疏导、行为矫治、文化教育、技能培训等服务。开发、利用智能化寻亲手段，深化与有关企业、社会组织等合作，做好流浪未成年人的救助寻亲服务。加强街面救助，建立覆盖全面、协同到位、服务及时的救助管理网络，及时发现、救助流浪乞讨和被利用、被强迫违法犯罪的未成年人。（民政部、公安部负责，教育部、财政部、人力资源社会保障部、住房城乡建设部、国家卫生健康委、国务院国资委、共青团中央配合）

——完善重点群体就业支持体系，促进农村有外出务工意愿的妇女、残疾人、失业下岗妇女、女大学生和解救的被拐卖妇女就业创业，落实好促进就业创业各项政策，组织开展实用技术、职业技能和就业创业培训。（人力资源社会保障部、中国残联负责，教育部、国家民委、农业农村部、全国妇联配合）

——加强对流动、留守妇女儿童较多区域的管理，加强对困境儿童的关爱和保护，持续关爱流动、留守妇女儿童。切实发挥儿童督导员、儿童主任、妇联执委、巾帼志愿者、青少年维权岗和“五老”等组织或人员的作用，完善儿童之家等服务平台的功能，提高流动、留守妇女儿童自我保护意识和反拐能力。（民政部、国务院妇儿工委办公室负责，财政部、广电总局、共青团中央、全国妇联、中国关工委配合）

——加强对有长期或多次吸毒、赌博、卖淫等违法行为人员的管理，做好对吸毒人员的强制戒毒和跟踪帮教，做好对有吸毒、赌博、卖淫等违法行为人员的安置帮扶工作，做好对服刑和强制戒毒人员的缺少监护人的未成年子女的监护帮助，防止拐卖人口犯罪发生。（公安部、民政部负责，共青团中央配合）

——加强拐卖人口罪犯教育改造工作，采取措施帮助刑满释放人员重新回归社会，完善对有拐卖人口犯罪前科人员的跟踪管控机制，切实预防和减少重新犯罪。（司法部、公安部负责，民政部配合）

（3）加大拐卖人口犯罪“买方市场”整治力度，运用现代科技手段加强对“买方市场”分析研判，在收买人口犯罪活动高发地区开展综合治理和专项行动，依法惩处买方犯罪人，从源头上减少拐卖人口犯罪的发生。（中央政法委、公安部负责，教育部、民政部、司法部、人力资源社会保障部、国家卫生健康委、市场监管总局、全国妇联配合）

——规范婚姻登记管理。婚姻登记工作人员发现疑似拐卖妇女情形的，应当及时报告和制止。加强涉外婚姻登记管理，强化当事人身份情况和出入境信息共享共核机制，提高涉外婚姻登记的准确性，预防和打击拐卖妇女违法行为。加强婚姻家庭辅导、性别平等教育和亲子亲职教育培训。（民政部负责，

公安部、全国妇联配合）

——加强出生人口性别比综合治理工作，大力开展出生人口性别比偏高综合治理工作。（国务院反拐部际联席会议各成员单位负责）

——加强医疗卫生机构管理，公安机关与医疗卫生机构的孕产信息联网，进一步做好孕产妇出入院信息登记和身份核实制度，严禁以他人名义入院就医和分娩。严厉打击代孕等违法行为。村（居）委会加强对辖区内孕产妇和新生儿的情况了解，发现疑似拐卖妇女儿童情形的，应当及时向有关部门报告和制止。加强出生医学证明管理，严厉打击伪造、变造、买卖出生医学证明等违法犯罪行为。医护人员发现疑似拐卖妇女儿童情形的，应当及时向医院或有关部门报告和制止，落实好侵害未成年人案件强制报告制度。（国家卫生健康委、公安部、民政部负责）

——完善儿童收养制度，严厉打击非法收留抚养行为，整治网络非法送养，严禁任何形式非法收留抚养，严厉打击以收养为名买卖儿童的行为。推进部门间信息共享，加强被非法收留抚养未成年人身份信息核实。规范儿童收养程序，强化收养登记审查。将收养领域不诚信行为纳入公民个人社会信用体系，加强相关法律法规宣传，挤压非法收留抚养行为生存空间。（公安部、民政部负责，中央网信办、工业和信息化部、国家卫生健康委、市场监管总局配合）

——完善维护妇女权益、促进性别平等的村民自治章程和村规民约，提高农村社区治理法治化水平，坚持男女平等基本国策，消除男尊女卑、传宗接代等落后观念，提高女孩受教育水平，营造尊重女性、保护女童的社会氛围。确保女性在农村平等享有土地承包经营、集体经济组织成员身份和收益分配、土地征收或者征用补偿费使用以及宅基地使用等权利。（农业农村部、司法部、民政部、全国妇联负责，教育部、国家乡村振兴局配合）

（4）完善跨国跨境拐卖人口犯罪预防工作机制。加强部门协同，推进统一的出入境管理信息平台建设，实现各地区、各部门之间信息互通、数据共享、业务协同。加强口岸边防检查和边境通道管理，严格出入境人员查验制度，加大对非法入境、非法居留、非法就业外国人的清查力度，加强边境地区人力资源市场监管，严格规范对外劳务合作经营活动，清理整顿跨国婚姻介绍市场，依法取缔非法跨国婚姻介绍机构。加强跨国跨境拐卖人口犯罪预防的政府间合作与区域化治理，不断深化与其他国家、地区在预防跨国跨境拐卖人口犯罪方面的多边或者双边磋商合作机制。（公安部、外交部、人力资源社会保障部、

商务部负责，民政部配合）

（5）加强拐卖人口犯罪预防工作信息化建设，完善“互联网＋反拐”工作模式，推动现代科技手段在拐卖人口犯罪预防工作中的应用。（公安部负责，中央网信办、工业和信息化部配合）

（二）打击犯罪和解救被拐卖受害人。

1. 工作目标。

始终保持打击拐卖人口犯罪高压态势，有力震慑和惩处拐卖人口犯罪。加大拐卖人口犯罪侦查中的新技术应用，推进侦查手段现代化升级。不断提高及时发现和侦破各类拐卖人口犯罪案件的能力和水平，依法严厉打击拐卖人口犯罪，惩治拐卖人口犯罪分子，及时解救被拐卖受害人。

2. 行动措施。

（1）持续组织开展全国打击拐卖人口犯罪专项行动，进一步完善公安机关牵头，有关单位配合、社会协同、公众参与的打拐工作机制，建立健全“线上”和“线下”一体的打拐工作网络。（公安部负责，中央网信办、最高人民法院、最高人民检察院、民政部、人力资源社会保障部、国家卫生健康委、全国妇联配合）

——各级政府相关部门、单位加大打拐工作力度，坚持党委重视、领导主抓、部门负责的工作思路，将打拐工作分解到岗、落实到人，确保事有人干、责有人负，完善拐卖人口犯罪线索发现和移送机制，切实加强打拐工作经费保障。（国务院反拐部际联席会议各成员单位负责）

——各级公安机关完善打拐工作机制，加强上下联动、部门联动、警种联动、地区联动。建立健全“线上”和“线下”打拐工作网络，由刑侦部门牵头，有关部门和警种通力协作，运用现代科技手段，定期分析全国拐卖人口犯罪形势，加强预测预判预警能力，研究完善打、防、控对策。（公安部负责）

——严厉打击利用网络平台实施拐卖人口犯罪。建立健全网络违法犯罪综合治理体系，对社交聊天、信息发布和服务介绍等各类网络平台实施严格管理，监督网络平台切实履行信息生态管理主体责任，切实做好儿童个人信息网络保护，不得违法收集、使用、披露儿童个人信息。完善网上投诉、举报系统，定期开展“净网”行动，清理利用网络平台发布的非法收留抚养、拐卖妇女儿童、性侵害未成年人等相关信息，及时发现相关犯罪线索，严厉打击利用网络实施拐卖人口犯罪。（公安部负责，中央网信办、工业和信息化部、市场监管总局配合）

——严格落实侦办拐卖儿童案件责任制。对拐卖儿童案件实行“一长三包责任制”，由县级以上公安机关负责人担任专案组组长，全面负责侦查破案、解救被拐卖儿童、安抚受害人亲属等工作。案件不破，专案组不得撤销。（公安部负责）

——严格执行儿童失踪快速查找机制。接到儿童失踪报警后，由公安机关指挥中心迅速调集相关警力开展堵截、查找工作，及时抓获犯罪嫌疑人，解救受害人。（公安部负责）

——完善儿童失踪信息发布制度，做好公安部儿童失踪信息紧急发布平台“团圆”系统建设，拓宽群众举报相关线索的渠道。（公安部负责）

——认真开展来历不明儿童摸排工作。各地公安机关负责采集失踪儿童父母血样，检验录入全国打拐DNA（脱氧核糖核酸）信息库，并加强与有关部门沟通，及时发现来历不明、疑似被拐卖的儿童，采血检验入库。对来历不明儿童落户的，要采血检验入库比对，严把儿童落户关。严厉打击司法鉴定机构以及其他组织或者个人违法开展的虚假亲子鉴定行为。禁止除公安机关以外的任何组织或者个人收集被拐卖儿童、父母和疑似被拐卖人员的DNA数据信息。（公安部负责，教育部、民政部、司法部、国家卫生健康委、市场监管总局、广电总局、全国妇联配合）

——完善符合拐卖人口犯罪特点和与被拐卖受害人心理、生理相适应的案件调查程序。落实好“一站式”询问救助工作机制，提高取证质量和效果，避免被拐卖受害人受到二次伤害。（公安部负责，最高人民检察院配合）

（2）依法严惩拐卖人口犯罪。

——明确办理拐卖人口犯罪案件的法律适用标准，对以非法获利为目的偷盗婴幼儿、强抢儿童或者出卖亲生子女、借收养名义拐卖儿童、出卖捡拾儿童等行为，坚决依法惩处。建立统一的办理拐卖人口犯罪案件证据审查认定规则和量刑标准。（最高人民法院、最高人民检察院、公安部负责）

——对拐卖人口犯罪集团首要分子和多次参与、拐卖多人，同时实施其他违法犯罪或者具有累犯等从严、从重处罚情节的，坚决依法惩处。（最高人民法院、最高人民检察院、公安部负责）

——对收买被拐卖受害人以及以暴力、威胁方法阻碍、聚众阻碍国家机关工作人员解救受害人，依法应当追究刑事责任的，坚决依法惩处。（最高人民法院、最高人民检察院、公安部负责）

——对组织卖淫、强迫卖淫、引诱卖淫以及制作、贩卖、传播淫秽物品等犯罪，坚决依法惩处。依法严惩性侵害未成年人犯罪。加大对网络拐卖人口犯罪的打击力度。对利用网络对儿童实施“隔空猥亵”或者制作、贩卖、传播儿童淫秽物品等犯罪，坚决依法惩处。（最高人民法院、最高人民检察院、公安部负责，中央网信办、工业和信息化部、民政部配合）

——对收买、介绍、强迫被拐卖受害人从事色情服务、淫秽表演及强迫劳动的单位和个人，严格依法追究其行政、民事、刑事责任。坚决取缔非法职业中介、婚姻中介机构。对组织强迫儿童、残疾人乞讨，强迫未成年人、残疾人从事违法犯罪活动的依法予以惩处，及时查找受害人亲属并护送受害人前往救助管理机构、未成年人救助保护机构、儿童福利机构等救助保护机构。完善人体器官捐献和移植制度，依法惩治盗窃人体器官、欺骗或强迫他人捐献器官、组织贩卖人体器官等犯罪行为。（公安部、人力资源社会保障部、国家卫生健康委、最高人民法院、最高人民检察院负责，中央政法委、民政部、市场监管总局、全国总工会、共青团中央、全国妇联、中国残联配合）

——对受教唆、欺骗或被胁迫从事违法犯罪行为的被拐卖受害人，依法从宽处理。（最高人民法院、最高人民检察院、公安部负责）

（3）进一步加强信息网络建设，完善全国打拐 DNA 信息库，健全信息收集和交流机制，推进信息共享，提高反拐工作信息化水平。（公安部负责，中央网信办、教育部、工业和信息化部、民政部、财政部、国家卫生健康委、全国妇联配合）

（4）依法解救被拐卖儿童，并送还其亲生父母。对无法查明父母或者其他监护人的打拐解救儿童，由公安机关提供相关材料，交由民政部门予以妥善安置，不得由收买家庭继续抚养。（公安部、民政部负责）

（三）加强被拐卖受害人的救助、安置、康复和回归社会工作。

1. 工作目标。

加强被拐卖受害人的救助、安置、康复、家庭与社区融入等工作，帮助其适应新环境新生活、顺利回归社会。保障被拐卖受害人合法权益，保护被拐卖受害人隐私，使其免受二次伤害。

2. 行动措施。

（1）进一步加强地区、部门和机构间救助被拐卖受害人的协作配合。（民政部负责，中央政法委、公安部配合）

（2）规范被拐卖受害人救助、安置、康复和回归社会工作程序，完善无法查明父母或者其他监护人的打拐解救儿童的安置政策和办法，推动其回归家

庭，促进其健康成长。（公安部、民政部负责，教育部、国家卫生健康委、全国妇联配合）

（3）完善政府多部门合作、社会广泛参与的被拐卖受害人救助、安置和康复工作机制，提升救助管理机构、未成年人救助保护机构、儿童福利机构等机构服务水平。（民政部负责，国家卫生健康委、公安部、全国妇联配合）

——充分利用现有社会福利等设施提供救助和中转康复服务，使被拐卖受害人得到符合其身心、年龄和性别特点的救助安置。（民政部负责，国家发展改革委、公安部、教育部、国家卫生健康委、中国残联配合）

——在被拐卖受害人救助和康复工作中引入专业社会工作服务，鼓励有关社会组织、企事业单位和个人为救助被拐卖受害人提供资金、技术支持和专业服务。（民政部负责，全国总工会、共青团中央、全国妇联、中国残联配合）

——帮助身份信息不明确的被拐卖受害人查找亲属，教育、督促其近亲属或其他监护人履行抚养（赡养）义务。（公安部、民政部负责）

——对滞留在救助管理机构一定期限以上仍未查明身份信息的被拐卖受害人，依法办理户籍，并落实相关社会保障政策。（公安部、民政部负责）

——指定定点医疗机构为被拐卖受害人提供基本医疗服务、心理疏导和治疗服务。相关机构为被拐卖受害人提供残疾等级评定。（国家卫生健康委、中国残联负责，民政部配合）

——通过“线下”、“线上”培训教育等活动，增强被拐卖受害人的法律意识、维权意识。法律援助机构依法为符合条件的被拐卖受害人提供法律援助。（司法部负责，公安部、民政部、全国总工会、共青团中央、全国妇联配合）

（4）落实部门责任，发挥社区功能，加强社会关怀，帮助被拐卖受害人顺利回归社会。

——确保被解救的适龄儿童入学、回归学校和适应新的生活，被救助儿童需要异地就学的，帮助其联系学校，引入专业社会工作服务，做好心理疏导和跟踪回访。（教育部负责，民政部配合）

——为有培训意愿的16岁以上被拐卖受害人提供适宜的职业技能培训、职业指导和职业介绍等就业服务，并帮助其在异地就业。（人力资源社会保障部负责，民政部、全国总工会、全国妇联配合）

——在保护个人隐私前提下，进一步做好被拐卖受害人及其家庭和所在社区工作，保障愿意返回原住地的被拐卖受害人顺利回归家庭和社区。（民政部负责，共青团中央、全国妇联配合）

(5) 为回归社会的被拐卖受害人提供必要服务，切实帮助解决就业、生活和维权等问题。(民政部、司法部、人力资源社会保障部负责，共青团中央、全国妇联配合)

(6) 进一步加强被解救受害人的登记、管理和保护工作，建立并完善专门档案，跟踪了解其生活状况，积极协调有关部门和组织帮助解决实际困难。(公安部、民政部负责，全国妇联配合)

(7) 进一步加强被拐卖受害人身心健康领域的研究，寻求更为有效的心理治疗方法。(国家卫生健康委负责，教育部、共青团中央、全国妇联配合)

(四) 完善法律法规和政策体系。

1. 工作目标。

结合当前拐卖人口犯罪形势和实际工作需要，坚持法治反拐基本原则，研究制定和修订有关法律法规和政策，为深化反拐工作提供法律法规和政策支持。

2. 行动措施。

(1) 修订有关法律法规，进一步健全反拐法律体系。(全国人大常委会法工委、司法部负责，最高人民法院、最高人民检察院、公安部、民政部、人力资源社会保障部、共青团中央、全国妇联配合)

——完善法律适用制度，加大对收买被拐卖受害人行为、网络拐卖人口犯罪的打击力度。(最高人民法院、最高人民检察院、公安部、司法部负责，中央网信办配合)

——制定家庭教育法，明确未成年人父母的监护责任，提高未成年子女防拐、防性侵、防溺水等安全意识，发挥家庭教育在儿童安全成长中的积极作用。(全国人大常委会法工委负责，教育部、司法部、全国妇联、中国关工委配合)

——完善被拐卖受害人救助有关法律法规，切实保障其合法权益。(民政部、司法部负责，全国人大常委会法工委、共青团中央、全国妇联配合)

——完善收养有关法规，规范收养程序，严格审查标准，强化收养登记审查与监督，防止被拐（买）卖儿童通过收养渠道“合法化”。(民政部负责，最高人民法院、最高人民检察院、公安部、司法部配合)

——研究论证对反对拐卖人口专门立法的必要性、可行性，推动将反对拐卖人口法纳入全国人大常委会立法规划。(全国人大常委会法工委负责，最高人民法院、最高人民检察院、公安部、司法部配合)

——落实儿童监护制度。落实家庭监护主体责任，加强对未成年人的父母或其他监护人的法治宣传、监护监督和指导，督促其履行监护责任，提高监护能力，为未成年人健康成长提供良好家庭环境和家庭教育。落实国家监护责任，完善撤销监护人资格诉讼程序，避免因监护人怠于履行监护职责、丧失监护能力或监护人侵权对未成年人造成伤害。（民政部、司法部负责，教育部、公安部、最高人民法院、最高人民检察院、共青团中央、全国妇联配合）

——完善办理拐卖人口犯罪案件司法解释，统一法律适用标准和证据审查认定规则。（最高人民法院、最高人民检察院、公安部、司法部负责）

（2）制定并完善有关政策，加强政策衔接，扩大政策宣传，监督政策落实，推动反拐预防、打击、救助、安置、康复工作科学化、规范化、制度化、法治化，坚持和完善反拐工作制度机制。（国务院反拐部际联席会议各成员单位负责）

（五）加强宣传、教育和培训。

1. 工作目标。

创新宣传教育方法，大力开展反拐安全教育和法治宣传，切实增强人民群众的反拐安全意识和法治观念，提高自我保护能力，警示不法分子，营造“不能拐”、“不敢拐”的全民反拐社会氛围。加强反拐安全教育培训和理论研究，提高反拐工作能力和水平。

2. 行动措施。

（1）创新宣传形式，加强舆论引导，积极回应社会关切，充分运用互联网和新媒体宣传手段，开展多渠道、多形式、全覆盖的反拐和防性侵宣传教育。着重在拐卖人口犯罪活动重点地区、重点场所和易被拐卖人群中开展反拐安全教育和法治宣传，增强群众反拐安全意识和自我保护能力，曝光打拐典型案例，以案说法、以案普法，警示和震慑社会上的不法分子。（中央宣传部、中央网信办、广电总局、公安部负责，教育部、司法部、交通运输部、文化和旅游部、国家卫生健康委、国务院妇儿工委办公室、全国总工会、共青团中央、全国妇联配合）

——发挥新闻媒体宣传教育作用，制作反拐和预防性侵害未成年人的广播电视节目和公益广告宣传片，加大反拐节目的播出频次并优先安排在黄金时段播放，不断提高反拐和预防性侵害未成年人宣传教育的传播力、影响力。（中央宣传部、中央网信办、广电总局负责，公安部、共青团中央、全国妇联配合）

——加强反拐和预防性侵害未成年人法治宣传教育，将反拐法治宣传教育纳入年度普法工作重点。（司法部负责，公安部配合）

——将反拐和防性侵教育纳入中小学和中职学校教育教学活动中，提高学生自我保护意识。教师发现疑似拐卖或者性侵未成年人情形的，应当根据侵害未成年人案件强制报告制度及时向学校或有关部门进行报告。（教育部、司法部负责，公安部配合）

——加强对流动儿童、留守儿童等特殊儿童群体及其父母或其他监护人的反拐和防性侵教育培训，严格落实父母或其他监护人对未成年子女的监护职责。（教育部、民政部负责，公安部、全国妇联、共青团中央、中国关工委配合）

——将反拐宣传教育纳入城乡社区治理工作中，增强社区成员尤其是妇女、儿童的父母或者其他监护人、残疾人及其监护人的反拐、防性侵意识和自我保护能力。（民政部、公安部、全国妇联负责，教育部、国家民委、司法部、最高人民检察院配合）

——定期在火车站、汽车站、航空港、码头、娱乐场所、宾馆饭店等开展反拐专题宣传活动，并在日常安全宣传中纳入反拐相关内容，交通运输行业、娱乐场所、宾馆饭店等单位工作人员发现疑似拐卖或者性侵害未成年人情况应当及时报告和制止，鼓励社会公众发现疑似拐卖或者性侵害未成年人情况进行及时报告和制止。（交通运输部、文化和旅游部、中国民航局、中国国家铁路集团有限公司、公安部负责，司法部、财政部、商务部、共青团中央、全国妇联配合）

——加大对我公民涉外婚姻法律和反诈骗、反拐卖宣传力度，提升其守法和防范风险意识。（民政部、中央宣传部、中央网信办、公安部、司法部负责）

——加强边境地区和偏远地区群众反拐安全教育和法治宣传，提高群众反拐安全意识、识别犯罪和自我保护能力。（司法部负责，国家民委、公安部、民政部、人力资源社会保障部、全国妇联配合）

——在少数民族聚居地区、社区开展反拐和预防性侵害未成年人宣传教育。（国家民委、司法部负责，文化和旅游部、广电总局、全国妇联配合）

——开发符合残疾人特点的宣传教育品，提高残疾人的反拐和预防性侵害安全意识、法治观念和自我保护能力。（中国残联负责，文化和旅游部、广电总局、全国妇联配合）

（2）动员社会力量支持和参与反拐工作。完善公民举报奖励制度，支持、引导民间组织和社会爱心人士参与反拐和寻亲工作。规范反拐志愿者队伍的管理评估制度。运用现代科技手段，不断拓展线索来源渠道。（公安部负责，国务院反拐部际联席会议各成员单位配合）

（3）加强各级反拐工作人员教育培训和反拐工作队伍专业化建设，提高《行动计划》实施能力和反拐工作水平。（国务院反拐部际联席会议各成员单位负责）

——将妇女儿童权益保护和反拐法律法规、政策等纳入教育培训内容，不断提高有关部门开展反拐工作、保障被拐卖受害人合法权益的意识和能力，不断提高侦查、起诉、审判和执行等机关办理拐卖人口犯罪案件的能力和水平。（最高人民法院、最高人民检察院、公安部、司法部负责）

——加强边境口岸地区反拐工作人员教育培训，做好边境口岸地区人口管理和社会治安管理工作，完善边境口岸地区反拐防控体系，提高预防预测预警能力，提高打击跨国跨境拐卖人口犯罪的能力和水平。（最高人民法院、最高人民检察院、公安部、司法部负责）

——加强被拐卖受害人救助工作人员教育培训，提高救助能力和水平。（民政部、国家卫生健康委负责，全国总工会、共青团中央、全国妇联配合）

（4）进一步扩大社会参与，加强打拐法律政策普及，拓宽社会参与和群众举报拐卖人口犯罪线索的渠道。（公安部负责，中央宣传部、中央网信办、最高人民检察院、民政部、广电总局、共青团中央、全国妇联配合）

（六）加强国际合作。

1. 工作目标。

有效预防和严厉打击跨国跨境拐卖人口犯罪，加强对被跨国跨境拐卖受害人的救助。加强与其他国家和地区开展打击拐卖人口犯罪国际合作，积极参与国际社会有关打击贩运人口议题的讨论和磋商。

2. 行动措施。

（1）加强反拐工作国际交流与合作，深化区域间政府反拐合作，开创联合国框架下国际反拐合作新局面。（外交部、公安部负责，商务部配合）

（2）充分利用有关国际组织的资源和技术，加强国际反拐合作项目建设和引进工作。（公安部负责，外交部、商务部配合）

——积极参与湄公河次区域合作反拐进程等各项国际反拐合作机制，推动建立“一带一路”框架下国际反拐合作机制。（公安部负责，全国人大常委会法工委、最高人民法院、最高人民检察院、外交部、民政部、人力资源社会保

障部、商务部、国务院妇儿工委办公室、全国妇联配合）

——加强与国际移民组织、联合国儿童基金会、联合国妇女署、联合国毒品和犯罪问题办公室、澜沧江湄公河综合执法安全合作中心等国际组织和相关国家、地区的交流合作，联合开展反拐教育培训、宣传，掌握国际拐卖人口犯罪发展趋势及应对措施，展示我国反拐工作成效。（外交部、公安部、商务部负责，最高人民法院、最高人民检察院、全国妇联配合）

（3）加强对跨国劳务人员的出国出境前安全培训，严格审查和密切监控输出对象大部分为年轻女性的跨国劳务合作项目，提高防范跨国拐卖妇女犯罪的意识。（公安部负责，商务部、外交部配合）

（4）加强国际警务合作，充分利用双边、多边合作机制和国际刑警组织等渠道，开展打击跨国跨境拐卖人口犯罪联合执法行动，强化跨国拐卖人口犯罪案件侦办合作和情报信息及时互通交流，充分发挥边境反拐警务联络机制作用，共同打击跨国跨境拐卖人口犯罪。（公安部负责，外交部、司法部配合）

（5）加强与相关拐入国政府和国际组织合作，及时解救和接收被拐卖出国的中国籍受害人，并为其提供必要的服务。（外交部、公安部负责，民政部配合）

（6）加强与相关拐出国政府和国际组织合作，及时发现和解救被拐卖入中国的外籍受害人，完善对被跨国跨境拐卖受害人的救助工作机制，做好中转康复工作，并安全送返。（外交部、公安部、民政部负责）

（7）认真履行和充分利用《联合国打击跨国有组织犯罪公约》及其关于预防、禁止和惩治贩运人口特别是妇女和儿童行为的补充议定书，按照《中华人民共和国引渡法》、《中华人民共和国国际刑事司法协助法》开展刑事司法领域的国际合作，稳步推进与其他国家缔结刑事司法协助条约和引渡条约工作，不断扩大打击拐卖人口犯罪国际司法合作网络。（外交部、公安部负责，最高人民法院、最高人民检察院、司法部配合）

三、保障措施

（一）加强组织协调。国务院反拐部际联席会议加强组织领导和统筹协调，制定并完善政策措施，及时研究解决突出问题和困难。联席会议办公室负责协调组织对《行动计划》实施情况进行督导检查，开展阶段性评估和终期评估，对拐卖人口犯罪重点案件和重点地区建立挂牌督办和警示制度。县级以上地方人民政府要逐级建立协调机制，组织协调和督导检查反拐工作，并制定本地区《行动计划》实施细则和年度实施方案。各级反拐工作协调机制成员单位要密切配合，根据任务分工制定本部门、本单位实施方案，并开展自我检查和评估。

（二）完善经费保障。各级政府统筹安排《行动计划》实施经费，支持本地区反拐工作。拓宽反拐资金筹措渠道，鼓励社会组织、慈善机构、企事业单位和个人捐助，争取国际援助，支持开展反拐公益项目。

（三）严格考核监督。将反拐工作纳入平安建设考核范畴以及相关部门、机构的目标管理和考核体系，考核结果送干部主管部门，作为对相关领导班子和领导干部综合考核评价的重要依据。对反拐措施得力、工作创新、成效显著的部门和地区，以及反拐工作先进团体和个人，按照国家有关规定给予表彰和奖励，并在有关推优评选中重点考虑。对拐卖人口犯罪严重、防控打击不力的地区和未切实履行相关职责的部门，进行通报批评，依法依纪追究有关人员的责任，并实行社会治安综合治理一票否决制。

文化教育权益

中华人民共和国教育法

（根据2021年4月29日第十三届全国人民代表大会常务委员会第二十八次会议《关于修改〈中华人民共和国教育法〉的决定》第三次修正）

（摘录）

……

第九条 中华人民共和国公民有受教育的权利和义务。

公民不分民族、种族、性别、职业、财产状况、宗教信仰等，依法享有平等的受教育机会。

……

第三十七条 受教育者在入学、升学、就业等方面依法享有平等权利。

学校和有关行政部门应当按照国家有关规定，保障女子在入学、升学、就业、授予学位、派出留学等方面享有同男子平等的权利。

第三十八条 国家、社会对符合入学条件、家庭经济困难的儿童、少年、青年，提供各种形式的资助。

……

第四十条 国家、社会、家庭、学校及其他教育机构应当为有违法犯罪行为的未成年人接受教育创造条件。

……

第四十六条 国家机关、军队、企业事业组织、社会团体及其他社会组织和个人，应当依法为儿童、少年、青年学生的身心健康成长创造良好的社会环境。

……

第五十条 未成年人的父母或者其他监护人应当为其未成年子女或者其他

被监护人受教育提供必要条件。

未成年人的父母或者其他监护人应当配合学校及其他教育机构，对其未成年子女或者其他被监护人进行教育。

学校、教师可以对学生家长提供家庭教育指导。

……

第五十二条 国家、社会建立和发展对未成年人进行校外教育的设施。

学校及其他教育机构应当同基层群众性自治组织、企业事业组织、社会团体相互配合，加强对未成年人的校外教育工作。

……

中华人民共和国职业教育法

（2022 年 4 月 20 日第十三届全国人民代表大会常务委员会第三十四次会议修订）

（摘录）

……

第十条　国家采取措施，大力发展技工教育，全面提高产业工人素质。

国家采取措施，支持举办面向农村的职业教育，组织开展农业技能培训、返乡创业就业培训和职业技能培训，培养高素质乡村振兴人才。

国家采取措施，扶持革命老区、民族地区、边远地区、欠发达地区职业教育的发展。

国家采取措施，组织各类转岗、再就业、失业人员以及特殊人群等接受各种形式的职业教育，扶持残疾人职业教育的发展。

国家保障妇女平等接受职业教育的权利。

……

中华人民共和国公共文化服务保障法

(2016年12月25日第十二届全国人民代表大会常务委员会第二十五次会议通过)

(摘录)

……

第十四条 本法所称公共文化设施是指用于提供公共文化服务的建筑物、场地和设备，主要包括图书馆、博物馆、文化馆（站）、美术馆、科技馆、纪念馆、体育场馆、工人文化宫、青少年宫、妇女儿童活动中心、老年人活动中心、乡镇（街道）和村（社区）基层综合性文化服务中心、农家（职工）书屋、公共阅报栏（屏）、广播电视播出传输覆盖设施、公共数字文化服务点等。

县级以上地方人民政府应当将本行政区域内的公共文化设施目录及有关信息予以公布。

……

第三十一条 公共文化设施应当根据其功能、特点，按照国家有关规定，向公众免费或者优惠开放。

公共文化设施开放收取费用的，应当每月定期向中小学生免费开放。

公共文化设施开放或者提供培训服务等收取费用的，应当报经县级以上人民政府有关部门批准；收取的费用，应当用于公共文化设施的维护、管理和事业发展，不得挪作他用。

公共文化设施管理单位应当公示服务项目和开放时间；临时停止开放的，应当及时公告。

……

第三十六条 地方各级人民政府应当根据当地实际情况，在人员流动量较大的公共场所、务工人员较为集中的区域以及留守妇女儿童较为集中的农村地区，配备必要的设施，采取多种形式，提供便利可及的公共文化服务。

……

劳动权益

中华人民共和国劳动法

（根据2018年12月29日第十三届全国人民代表大会常务委员会第七次会议《关于修改〈中华人民共和国劳动法〉等七部法律的决定》第二次修正）

（摘录）

第一章　总　则

……

第三条　劳动者享有平等就业和选择职业的权利、取得劳动报酬的权利、休息休假的权利、获得劳动安全卫生保护的权利、接受职业技能培训的权利、享受社会保险和福利的权利、提请劳动争议处理的权利以及法律规定的其他劳动权利。

劳动者应当完成劳动任务，提高职业技能，执行劳动安全卫生规程，遵守劳动纪律和职业道德。

……

第二章　促进就业

……

第十二条　劳动者就业，不因民族、种族、性别、宗教信仰不同而受歧视。

第十三条　妇女享有与男子平等的就业权利。在录用职工时，除国家规定的不适合妇女的工种或者岗位外，不得以性别为由拒绝录用妇女或者提高对妇女的录用标准。

……

第十五条　禁止用人单位招用未满十六周岁的未成年人。

文艺、体育和特种工艺单位招用未满十六周岁的未成年人，必须遵守国家有关规定，并保障其接受义务教育的权利。

第三章　劳动合同和集体合同

……

第二十九条　劳动者有下列情形之一的，用人单位不得依据本法第二十六条、第二十七条的规定解除劳动合同：

（一）患职业病或者因工负伤并被确认丧失或者部分丧失劳动能力的；

（二）患病或者负伤，在规定的医疗期内的；

（三）女职工在孕期、产期、哺乳期内的；

（四）法律、行政法规规定的其他情形。

……

第七章　女职工和未成年人特殊保护

第五十八条　国家对女职工和未成年工实行特殊劳动保护。

未成年工是指年满十六周岁未满十八周岁的劳动者。

第五十九条　禁止安排女职工从事矿山井下、国家规定的第四级体力劳动强度的劳动和其他禁忌从事的劳动。

第六十条　不得安排女职工在经期从事高处、低温、冷水作业和国家规定的第三级体力劳动强度的劳动。

第六十一条　不得安排女职工在怀孕期间从事国家规定的第三级体力劳动强度的劳动和孕期禁忌从事的劳动。对怀孕七个月以上的女职工，不得安排其延长工作时间和夜班劳动。

第六十二条　女职工生育享受不少于九十天的产假。

第六十三条　不得安排女职工在哺乳未满一周岁的婴儿期间从事国家规定的第三级体力劳动强度的劳动和哺乳期禁忌从事的其他劳动，不得安排其延长工作时间和夜班劳动。

第六十四条　不得安排未成年工从事矿山井下、有毒有害、国家规定的第四级体力劳动强度的劳动和其他禁忌从事的劳动。

第六十五条　用人单位应当对未成年工定期进行健康检查。

……

第九章　社会保险和福利

第七十条　国家发展社会保险事业，建立社会保险制度，设立社会保险基金，使劳动者在年老、患病、工伤、失业、生育等情况下获得帮助和补偿。

……

第七十三条　劳动者在下列情形下，依法享受社会保险待遇：

（一）退休；

（二）患病、负伤；

（三）因工伤残或者患职业病；

（四）失业；

（五）生育。

劳动者死亡后，其遗属依法享受遗属津贴。

劳动者享受社会保险待遇的条件和标准由法律、法规规定。

劳动者享受的社会保险金必须按时足额支付。

……

第十二章　法律责任

第九十四条　用人单位非法招用未满十六周岁的未成年人的，由劳动行政部门责令改正，处以罚款；情节严重的，由市场监督管理部门吊销营业执照。

第九十五条　用人单位违反本法对女职工和未成年工的保护规定，侵害其合法权益的，由劳动行政部门责令改正，处以罚款；对女职工或者未成年工造成损害的，应当承担赔偿责任。

……

中华人民共和国劳动合同法

（根据2012年12月28日第十一届全国人民代表大会常务委员会第三十次会议《关于修改〈中华人民共和国劳动合同法〉的决定》修正）

（摘录）

……

第四十一条 有下列情形之一，需要裁减人员二十人以上或者裁减不足二十人但占企业职工总数百分之十以上的，用人单位提前三十日向工会或者全体职工说明情况，听取工会或者职工的意见后，裁减人员方案经向劳动行政部门报告，可以裁减人员：

……

裁减人员时，应当优先留用下列人员：

……

（三）家庭无其他就业人员，有需要扶养的老人或者未成年人的。

……

第四十二条 劳动者有下列情形之一的，用人单位不得依照本法第四十条、第四十一条的规定解除劳动合同：

（一）从事接触职业病危害作业的劳动者未进行离岗前职业健康检查，或者疑似职业病病人在诊断或者医学观察期间的；

（二）在本单位患职业病或者因工负伤并被确认丧失或者部分丧失劳动能力的；

（三）患病或者非因工负伤，在规定的医疗期内的；

（四）女职工在孕期、产期、哺乳期的；

（五）在本单位连续工作满十五年，且距法定退休年龄不足五年的；

（六）法律、行政法规规定的其他情形。

……

第五十二条 企业职工一方与用人单位可以订立劳动安全卫生、女职工权益保护、工资调整机制等专项集体合同。

……

中华人民共和国就业促进法

（根据2015年4月24日第十二届全国人民代表大会常务委员会第十四次会议《关于修改〈中华人民共和国电力法〉等六部法律的决定》修正）

（摘录）

……

第三条　劳动者依法享有平等就业和自主择业的权利。

劳动者就业，不因民族、种族、性别、宗教信仰等不同而受歧视。

……

第九条　工会、共产主义青年团、妇女联合会、残疾人联合会以及其他社会组织，协助人民政府开展促进就业工作，依法维护劳动者的劳动权利。

……

第二十五条　各级人民政府创造公平就业的环境，消除就业歧视，制定政策并采取措施对就业困难人员给予扶持和援助。

第二十六条　用人单位招用人员、职业中介机构从事职业中介活动，应当向劳动者提供平等的就业机会和公平的就业条件，不得实施就业歧视。

第二十七条　国家保障妇女享有与男子平等的劳动权利。

用人单位招用人员，除国家规定的不适合妇女的工种或者岗位外，不得以性别为由拒绝录用妇女或者提高对妇女的录用标准。

用人单位录用女职工，不得在劳动合同中规定限制女职工结婚、生育的内容。

……

第六十二条　违反本法规定，实施就业歧视的，劳动者可以向人民法院提起诉讼。

……

第六十八条　违反本法规定，侵害劳动者合法权益，造成财产损失或者其他损害的，依法承担民事责任；构成犯罪的，依法追究刑事责任。

中华人民共和国工会法

（根据2021年12月24日第十三届全国人民代表大会常务委员会第三十二次会议《关于修改〈中华人民共和国工会法〉的决定》第三次修正）

（摘录）

……

第十一条 用人单位有会员二十五人以上的，应当建立基层工会委员会；不足二十五人的，可以单独建立基层工会委员会，也可以由两个以上单位的会员联合建立基层工会委员会，也可以选举组织员一人，组织会员开展活动。女职工人数较多的，可以建立工会女职工委员会，在同级工会领导下开展工作；女职工人数较少的，可以在工会委员会中设女职工委员。

企业职工较多的乡镇、城市街道，可以建立基层工会的联合会。

县级以上地方建立地方各级总工会。

同一行业或者性质相近的几个行业，可以根据需要建立全国的或者地方的产业工会。

全国建立统一的中华全国总工会。

……

第二十条 企业、事业单位、社会组织违反职工代表大会制度和其他民主管理制度，工会有权要求纠正，保障职工依法行使民主管理的权利。

法律、法规规定应当提交职工大会或者职工代表大会审议、通过、决定的事项，企业、事业单位、社会组织应当依法办理。

第二十一条 工会帮助、指导职工与企业、实行企业化管理的事业单位、社会组织签订劳动合同。

工会代表职工与企业、实行企业化管理的事业单位、社会组织进行平等协商，依法签订集体合同。集体合同草案应当提交职工代表大会或者全体职工讨论通过。

工会签订集体合同，上级工会应当给予支持和帮助。

企业、事业单位、社会组织违反集体合同，侵犯职工劳动权益的，工会可以依法要求企业、事业单位、社会组织予以改正并承担责任；因履行集体合同发生争议，经协商解决不成的，工会可以向劳动争议仲裁机构提请仲裁，仲裁机构不予受理或者对仲裁裁决不服的，可以向人民法院提起诉讼。

第二十二条 企业、事业单位、社会组织处分职工，工会认为不适当的，有权提出意见。

用人单位单方面解除职工劳动合同时，应当事先将理由通知工会，工会认为用人单位违反法律、法规和有关合同，要求重新研究处理时，用人单位应当研究工会的意见，并将处理结果书面通知工会。

职工认为用人单位侵犯其劳动权益而申请劳动争议仲裁或者向人民法院提起诉讼的，工会应当给予支持和帮助。

第二十三条 企业、事业单位、社会组织违反劳动法律法规规定，有下列侵犯职工劳动权益情形，工会应当代表职工与企业、事业单位、社会组织交涉，要求企业、事业单位、社会组织采取措施予以改正；企业、事业单位、社会组织应当予以研究处理，并向工会作出答复；企业、事业单位、社会组织拒不改正的，工会可以提请当地人民政府依法作出处理：

（一）克扣、拖欠职工工资的；

（二）不提供劳动安全卫生条件的；

（三）随意延长劳动时间的；

（四）侵犯女职工和未成年工特殊权益的；

（五）其他严重侵犯职工劳动权益的。

……

第三十九条 企业、事业单位、社会组织研究经营管理和发展的重大问题应当听取工会的意见；召开会议讨论有关工资、福利、劳动安全卫生、工作时间、休息休假、女职工保护和社会保险等涉及职工切身利益的问题，必须有工会代表参加。

企业、事业单位、社会组织应当支持工会依法开展工作，工会应当支持企业、事业单位、社会组织依法行使经营管理权。

……

中华人民共和国公务员法

（2018年12月29日第十三届全国人民代表大会常务委员会第七次会议修订）

（摘录）

……

第二十三条 录用担任一级主任科员以下及其他相当职级层次的公务员，采取公开考试、严格考察、平等竞争、择优录取的办法。

民族自治地方依照前款规定录用公务员时，依照法律和有关规定对少数民族报考者予以适当照顾。

……

第八十九条 对有下列情形之一的公务员，不得辞退：

（一）因公致残，被确认丧失或者部分丧失工作能力的；

（二）患病或者负伤，在规定的医疗期内的；

（三）女性公务员在孕期、产假、哺乳期内的；

（四）法律、行政法规规定的其他不得辞退的情形。

……

劳动保障监察条例

（2004 年 10 月 26 日国务院第 68 次常务会议通过，2004 年 11 月 1 日中华人民共和国国务院令第 423 号公布）

（摘录）

……

第十一条　劳动保障行政部门对下列事项实施劳动保障监察：

（一）用人单位制定内部劳动保障规章制度的情况；

（二）用人单位与劳动者订立劳动合同的情况；

（三）用人单位遵守禁止使用童工规定的情况；

（四）用人单位遵守女职工和未成年工特殊劳动保护规定的情况；

（五）用人单位遵守工作时间和休息休假规定的情况；

（六）用人单位支付劳动者工资和执行最低工资标准的情况；

（七）用人单位参加各项社会保险和缴纳社会保险费的情况；

（八）职业介绍机构、职业技能培训机构和职业技能考核鉴定机构遵守国家有关职业介绍、职业技能培训和职业技能考核鉴定的规定的情况；

（九）法律、法规规定的其他劳动保障监察事项。

……

第二十三条　用人单位有下列行为之一的，由劳动保障行政部门责令改正，按照受侵害的劳动者每人 1000 元以上 5000 元以下的标准计算，处以罚款：

（一）安排女职工从事矿山井下劳动、国家规定的第四级体力劳动强度的劳动或者其他禁忌从事的劳动的；

（二）安排女职工在经期从事高处、低温、冷水作业或者国家规定的第三级体力劳动强度的劳动的；

（三）安排女职工在怀孕期间从事国家规定的第三级体力劳动强度的劳动或者孕期禁忌从事的劳动的；

（四）安排怀孕 7 个月以上的女职工夜班劳动或者延长其工作时间的；

（五）女职工生育享受产假少于 90 天的；

（六）安排女职工在哺乳未满1周岁的婴儿期间从事国家规定的第三级体力劳动强度的劳动或者哺乳期禁忌从事的其他劳动，以及延长其工作时间或者安排其夜班劳动的；

（七）安排未成年工从事矿山井下、有毒有害、国家规定的第四级体力劳动强度的劳动或者其他禁忌从事的劳动的；

（八）未对未成年工定期进行健康检查的。

……

人力资源市场暂行条例

（2018 年 5 月 2 日国务院第 7 次常务会议通过，2018 年 6 月 29 日中华人民共和国国务院令第 700 号公布）

（摘录）

……

第二十四条　用人单位发布或者向人力资源服务机构提供的单位基本情况、招聘人数、招聘条件、工作内容、工作地点、基本劳动报酬等招聘信息，应当真实、合法，不得含有民族、种族、性别、宗教信仰等方面的歧视性内容。

用人单位自主招用人员，需要建立劳动关系的，应当依法与劳动者订立劳动合同，并按照国家有关规定办理社会保险等相关手续。

……

女职工劳动保护特别规定

（2012年4月18日国务院第200次常务会议通过，2012年4月28日中华人民共和国国务院令第619号公布）

第一条 为了减少和解决女职工在劳动中因生理特点造成的特殊困难，保护女职工健康，制定本规定。

第二条 中华人民共和国境内的国家机关、企业、事业单位、社会团体、个体经济组织以及其他社会组织等用人单位及其女职工，适用本规定。

第三条 用人单位应当加强女职工劳动保护，采取措施改善女职工劳动安全卫生条件，对女职工进行劳动安全卫生知识培训。

第四条 用人单位应当遵守女职工禁忌从事的劳动范围的规定。用人单位应当将本单位属于女职工禁忌从事的劳动范围的岗位书面告知女职工。

女职工禁忌从事的劳动范围由本规定附录列示。国务院安全生产监督管理部门会同国务院人力资源社会保障行政部门、国务院卫生行政部门根据经济社会发展情况，对女职工禁忌从事的劳动范围进行调整。

第五条 用人单位不得因女职工怀孕、生育、哺乳降低其工资、予以辞退、与其解除劳动或者聘用合同。

第六条 女职工在孕期不能适应原劳动的，用人单位应当根据医疗机构的证明，予以减轻劳动量或者安排其他能够适应的劳动。

对怀孕7个月以上的女职工，用人单位不得延长劳动时间或者安排夜班劳动，并应当在劳动时间内安排一定的休息时间。

怀孕女职工在劳动时间内进行产前检查，所需时间计入劳动时间。

第七条 女职工生育享受98天产假，其中产前可以休假15天；难产的，增加产假15天；生育多胞胎的，每多生育1个婴儿，增加产假15天。

女职工怀孕未满4个月流产的，享受15天产假；怀孕满4个月流产的，享受42天产假。

第八条 女职工产假期间的生育津贴，对已经参加生育保险的，按照用人单位上年度职工月平均工资的标准由生育保险基金支付；对未参加生育保险的，按照女职工产假前工资的标准由用人单位支付。

女职工生育或者流产的医疗费用，按照生育保险规定的项目和标准，对已经参加生育保险的，由生育保险基金支付；对未参加生育保险的，由用人单位支付。

第九条　对哺乳未满1周岁婴儿的女职工，用人单位不得延长劳动时间或者安排夜班劳动。

用人单位应当在每天的劳动时间内为哺乳期女职工安排1小时哺乳时间；女职工生育多胞胎的，每多哺乳1个婴儿每天增加1小时哺乳时间。

第十条　女职工比较多的用人单位应当根据女职工的需要，建立女职工卫生室、孕妇休息室、哺乳室等设施，妥善解决女职工在生理卫生、哺乳方面的困难。

第十一条　在劳动场所，用人单位应当预防和制止对女职工的性骚扰。

第十二条　县级以上人民政府人力资源社会保障行政部门、安全生产监督管理部门按照各自职责负责对用人单位遵守本规定的情况进行监督检查。

工会、妇女组织依法对用人单位遵守本规定的情况进行监督。

第十三条　用人单位违反本规定第六条第二款、第七条、第九条第一款规定的，由县级以上人民政府人力资源社会保障行政部门责令限期改正，按照受侵害女职工每人1000元以上5000元以下的标准计算，处以罚款。

用人单位违反本规定附录第一条、第二条规定的，由县级以上人民政府安全生产监督管理部门责令限期改正，按照受侵害女职工每人1000元以上5000元以下的标准计算，处以罚款。用人单位违反本规定附录第三条、第四条规定的，由县级以上人民政府安全生产监督管理部门责令限期治理，处5万元以上30万元以下的罚款；情节严重的，责令停止有关作业，或者提请有关人民政府按照国务院规定的权限责令关闭。

第十四条　用人单位违反本规定，侵害女职工合法权益的，女职工可以依法投诉、举报、申诉，依法向劳动人事争议调解仲裁机构申请调解仲裁，对仲裁裁决不服的，依法向人民法院提起诉讼。

第十五条　用人单位违反本规定，侵害女职工合法权益，造成女职工损害的，依法给予赔偿；用人单位及其直接负责的主管人员和其他直接责任人员构成犯罪的，依法追究刑事责任。

第十六条　本规定自公布之日起施行。1988年7月21日国务院发布的《女职工劳动保护规定》同时废止。

附录

女职工禁忌从事的劳动范围

一、女职工禁忌从事的劳动范围：

（一）矿山井下作业；

（二）体力劳动强度分级标准中规定的第四级体力劳动强度的作业；

（三）每小时负重6次以上、每次负重超过20公斤的作业，或者间断负重、每次负重超过25公斤的作业。

二、女职工在经期禁忌从事的劳动范围：

（一）冷水作业分级标准中规定的第二级、第三级、第四级冷水作业；

（二）低温作业分级标准中规定的第二级、第三级、第四级低温作业；

（三）体力劳动强度分级标准中规定的第三级、第四级体力劳动强度的作业；

（四）高处作业分级标准中规定的第三级、第四级高处作业。

三、女职工在孕期禁忌从事的劳动范围：

（一）作业场所空气中铅及其化合物、汞及其化合物、苯、镉、铍、砷、氰化物、氮氧化物、一氧化碳、二硫化碳、氯、己内酰胺、氯丁二烯、氯乙烯、环氧乙烷、苯胺、甲醛等有毒物质浓度超过国家职业卫生标准的作业；

（二）从事抗癌药物、己烯雌酚生产，接触麻醉剂气体等的作业；

（三）非密封源放射性物质的操作，核事故与放射事故的应急处置；

（四）高处作业分级标准中规定的高处作业；

（五）冷水作业分级标准中规定的冷水作业；

（六）低温作业分级标准中规定的低温作业；

（七）高温作业分级标准中规定的第三级、第四级的作业；

（八）噪声作业分级标准中规定的第三级、第四级的作业；

（九）体力劳动强度分级标准中规定的第三级、第四级体力劳动强度的作业；

（十）在密闭空间、高压室作业或者潜水作业，伴有强烈振动的作业，或者需要频繁弯腰、攀高、下蹲的作业。

四、女职工在哺乳期禁忌从事的劳动范围：

（一）孕期禁忌从事的劳动范围的第一项、第三项、第九项；

（二）作业场所空气中锰、氟、溴、甲醇、有机磷化合物、有机氯化合物等有毒物质浓度超过国家职业卫生标准的作业。

女职工保健工作规定

（卫妇发〔1993〕第11号）

第一章　总　则

第一条　为保护女职工的身心健康及其子女的健康发育和成长，提高民族素质，根据《中华人民共和国妇女权益保障法》和《女职工劳动保护规定》，特制定本规定。

第二条　女职工保健工作必须贯彻预防为主的方针，注意女性生理和职业特点，认真执行国家有关保护女职工的各项政策和法规。

第三条　本规定适用于中华人民共和国境内的一切党政机关、人民团体和企业、事业单位。

第二章　组织措施

第四条　本规定由各单位分管女职工保健工作的行政领导负责组织本单位医疗卫生、劳动、人事部门和工会、妇联组织及有关人员共同实施。

第五条　县（含城市区）以上的各级妇幼保健机构，负责对管辖范围内的各单位实施本规定进行业务指导。

第六条　各单位的医疗卫生部门应负责本单位女职工保健工作。女职工人数在1000人以下的厂矿应设兼职妇女保健人员；女职工人数在1000人以上的厂矿，在职工医院的妇产科或妇幼保健站中应有专人负责女职工保健工作。

第三章　保健措施

第七条　月经期保健

1. 宣传普及月经期卫生知识。

2. 女职工在100人以上的单位，应逐步建立女职工卫生室，健全相应的制度并设专人管理，对卫生室管理人员应进行专业培训。女职工每班在100人以下的单位，应设置简易的温水箱及冲洗器。对流动、分散工作单位的女职工应发放单人自用冲洗器。

3. 女职工在月经期间不得从事《女职工禁忌劳动范围的规定》中第四条所规定的作业。

4. 患有重度痛经及月经过多的女职工，经医疗或妇幼保健机构确诊后，月经期间可适当给予 1 至 2 天的休假。

第八条 婚前保健

对欲婚女职工必须进行婚前卫生知识的宣传教育及咨询，并进行婚前健康检查及指导。

第九条 孕前保健

1. 已婚待孕女职工禁忌从事铅、汞、苯、镉等作业场所属于《有毒作业分级》标准中第Ⅲ－Ⅳ级的作业。

2. 积极开展优生宣传和咨询。

3. 对女职工应进行妊娠知识的健康教育，使她们在月经超期时主动接受检查。

4. 患有射线病、慢性职业中毒、近期内有过急性中毒史及其它有碍于母体和胎儿健康疾病者，暂时不宜妊娠。

5. 对有过两次以上自然流产史，现又无子女的女职工，应暂时调离有可能直接或间接导致流产的作业岗位。

第十条 孕期保健

1. 自确立妊娠之日起，应建立孕产妇保健卡（册），进行血压、体重、血、尿常规等基础检查。对接触铅、汞的孕妇，应进行尿中铅、汞含量的测定。

2. 定期进行产前检查、孕期保健和营养指导。

3. 推广孕妇家庭自我监护，系统观察胎动、胎心、宫底高度及体重等。

4. 实行高危孕妇专案管理，无诊疗条件的单位应及时转院就诊，并配合上级医疗和保健机构严密观察和监护。

5. 女职工较多的单位应建立孕妇休息室。妊娠满 7 个月应给予工间休息或适当减轻工作。

6. 妊娠女职工不应加班加点，妊娠 7 个月以上（含 7 个月）一般不得上夜班。

7. 女职工妊娠期间不得从事劳动部颁布的《女职工禁忌劳动范围的规定》第六条所规定的作业。

8. 从事立位作业的女职工，妊娠满 7 个月后，其工作场所应设立工间休息座位。

9. 有关女职工产前、产后、流产的假期及待遇按1988年国务院颁发的《女职工劳动保护规定》（国务院令第9号）和1988年劳动部《关于女职工生育待遇若干问题的通知》（劳险字〈1988〉2号）执行。

第十一条　产后保健

1. 进行产后访视及母乳喂养指导。

2. 产后42天对母子进行健康检查。

3. 产假期满恢复工作时，应允许有1至2周时间逐渐恢复原工作量。

第十二条　哺乳期保健

1. 宣传科学育儿知识，提倡4个月内纯母乳喂养。

2. 对有未满1周岁婴儿的女工，应保证其授乳时间。

3. 婴儿满周岁时，经县（区）以上（含县、区）医疗或保健机构确诊为体弱儿，可适当延长授乳时间，但不得超过6个月。

4. 有未满1周岁婴儿的女职工，一般不得安排上夜班及加班、加点。

5. 有哺乳婴儿5名以上的单位，应逐步建立哺乳室。

6. 不得安排哺乳女职工从事《女职工劳动保护规定》和《女职工禁忌劳动范围的规定》所指出的作业。

第十三条　更年期保健

1. 宣传更年期生理卫生知识，使进入更年期的女职工得到社会广泛的关怀。

2. 经县（区）以上（含县、区）的医疗或妇幼保健机构诊断为更年期综合症者，经治疗效果仍不显著，且不适应原工作的，应暂时安排适宜的工作。

3. 进入更年期的女职工应每1至2年进行一次妇科疾病的查治。

第十四条　对女职工定期进行妇科疾病及乳腺疾病的查治。

第十五条　女职工浴室要淋浴化。厕所要求蹲位。

第十六条　建立健全女职工保健工作统计制度。

第四章　监督管理

第十七条　各级卫生行政部门会同同级劳动、人事部门，工会及妇联组织对本规定的实施情况进行监督。

第十八条　凡违反本规定第七条第3款第（1）、（2）、（3）项、第十条第7、9款、第十二条第2、6款的单位负责人或直接责任者，可依据《女职工劳动保护规定》第十三条规定进行处理。

第十九条 凡违反本规定其它条款的单位或直接责任者，各级卫生行政部门可根据情节给予警告、通报批评、限期改进的处罚。

第二十条 女职工违反国家有关计划生育规定的，其女职工的保健应当按照国家有关计划生育规定办理。

第五章 附 则

第二十一条 本规定中所称企业，系指全民、城镇集体企业，中外合资、合作、独资企业，乡镇企业，农村联户企业、私人企业等。

第二十二条 女职工包括单位固定女职工、合同制女职工、临时女职工。

第二十三条 本规定由中华人民共和国卫生部负责解释。

第二十四条 本规定由颁发之日起实施。

就业服务与就业管理规定

（根据2022年1月7日《人力资源社会保障部关于修改部分规章的决定》第四次修订）

（摘录）

……

第四条　劳动者依法享有平等就业的权利。劳动者就业，不因民族、种族、性别、宗教信仰等不同而受歧视。

……

第九条　用人单位依法享有自主用人的权利。用人单位招用人员，应当向劳动者提供平等的就业机会和公平的就业条件。

……

第十四条　用人单位招用人员不得有下列行为：

（一）提供虚假招聘信息，发布虚假招聘广告；

（二）扣押被录用人员的居民身份证和其他证件；

（三）以担保或者其他名义向劳动者收取财物；

（四）招用未满16周岁的未成年人以及国家法律、行政法规规定不得招用的其他人员；

（五）招用无合法身份证件的人员；

（六）以招用人员为名牟取不正当利益或进行其他违法活动。

……

第十六条　用人单位在招用人员时，除国家规定的不适合妇女从事的工种或者岗位外，不得以性别为由拒绝录用妇女或者提高对妇女的录用标准。

用人单位录用女职工，不得在劳动合同中规定限制女职工结婚、生育的内容。

……

第二十八条　职业指导工作包括以下内容：

（一）向劳动者和用人单位提供国家有关劳动保障的法律法规和政策、人力资源市场状况咨询；

（二）帮助劳动者了解职业状况，掌握求职方法，确定择业方向，增强择业能力；

（三）向劳动者提出培训建议，为其提供职业培训相关信息；

（四）开展对劳动者个人职业素质和特点的测试，并对其职业能力进行评价；

（五）对妇女、残疾人、少数民族人员及退出现役的军人等就业群体提供专门的职业指导服务；

（六）对大中专学校、职业院校、技工学校学生的职业指导工作提供咨询和服务；

（七）对准备从事个体劳动或开办私营企业的劳动者提供创业咨询服务；

（八）为用人单位提供选择招聘方法、确定用人条件和标准等方面的招聘用人指导；

（九）为职业培训机构确立培训方向和专业设置等提供咨询参考。

……

第五十八条 禁止职业中介机构有下列行为：

（一）提供虚假就业信息；

（二）发布的就业信息中包含歧视性内容；

（三）伪造、涂改、转让职业中介许可证；

（四）为无合法证照的用人单位提供职业中介服务；

（五）介绍未满16周岁的未成年人就业；

（六）为无合法身份证件的劳动者提供职业中介服务；

（七）介绍劳动者从事法律、法规禁止从事的职业；

（八）扣押劳动者的居民身份证和其他证件，或者向劳动者收取押金；

（九）以暴力、胁迫、欺诈等方式进行职业中介活动；

（十）超出核准的业务范围经营；

（十一）其他违反法律、法规规定的行为。

……

人力资源社会保障部　教育部等九部门关于进一步规范招聘行为促进妇女就业的通知

（人社部发〔2019〕17号）

各省、自治区、直辖市及新疆生产建设兵团人力资源社会保障厅（局）、教育厅（教委）、司法厅（局）、卫生健康委（卫生计生委）、国资委、医保局、总工会、妇联、人民法院：

男女平等是我国基本国策。促进妇女平等就业，有利于推动妇女更加广泛深入参加社会和经济活动，提升社会生产力和经济活力。党和政府对此高度重视，劳动法、就业促进法、妇女权益保障法等法律法规对保障妇女平等就业权利、不得实施就业性别歧视作出明确规定。当前我国妇女就业情况总体较好，劳动参与率位居世界前列，但妇女就业依然面临一些难题，尤其是招聘中就业性别歧视现象屡禁不止，对妇女就业带来不利影响。为进一步规范招聘行为，促进妇女平等就业，现就有关事项通知如下：

一、把握总体工作要求。各地要以习近平新时代中国特色社会主义思想为指导，深入贯彻男女平等基本国策，把解决就业性别歧视作为推动妇女实现更高质量和更充分就业的重要内容，坚持突出重点和统筹兼顾相结合，坚持柔性调解和刚性执法相结合，坚持积极促进和依法惩戒相结合，以规范招聘行为为重点，加强监管执法，健全工作机制，加大工作力度，切实保障妇女平等就业权利。

二、依法禁止招聘环节中的就业性别歧视。各类用人单位、人力资源服务机构在拟定招聘计划、发布招聘信息、招用人员过程中，不得限定性别（国家规定的女职工禁忌劳动范围等情况除外）或性别优先，不得以性别为由限制妇女求职就业、拒绝录用妇女，不得询问妇女婚育情况，不得将妊娠测试作为入职体检项目，不得将限制生育作为录用条件，不得差别化地提高对妇女的录用标准。国有企事业单位、公共就业人才服务机构及各部门所属人力资源服务机构要带头遵法守法，坚决禁止就业性别歧视行为。

三、强化人力资源市场监管。监督人力资源服务机构建立健全信息发布审查和投诉处理机制，切实履行招聘信息发布审核义务，及时纠正发布含有性别歧视内容招聘信息的行为，确保发布的信息真实、合法、有效。对用人单位、人力资源服务机构发布含有性别歧视内容招聘信息的，依法责令改正；拒不改正的，处1万元以上5万元以下的罚款；情节严重的人力资源服务机构，吊销人力资源服务许可证。将用人单位、人力资源服务机构因发布含有性别歧视内容的招聘信息接受行政处罚等情况纳入人力资源市场诚信记录，依法实施失信惩戒。

四、建立联合约谈机制。畅通窗口来访接待、12333、12338、12351热线等渠道，及时受理就业性别歧视相关举报投诉。根据举报投诉，对涉嫌就业性别歧视的用人单位开展联合约谈，采取谈话、对话、函询等方式，开展调查和调解，督促限期纠正就业性别歧视行为，及时化解劳动者和用人单位间矛盾纠纷。被约谈单位拒不接受约谈或约谈后拒不改正的，依法进行查处，并通过媒体向社会曝光。

五、健全司法救济机制。依法受理妇女就业性别歧视相关起诉，设置平等就业权纠纷案由。积极为遭受就业性别歧视的妇女提供法律咨询等法律帮助，为符合条件的妇女提供法律援助。积极为符合条件的遭受就业性别歧视的妇女提供司法救助。

六、支持妇女就业。加强就业服务，以女大学生为重点，为妇女提供个性化职业指导和有针对性的职业介绍，树立正确就业观和择业观。组织妇女参加适合的培训项目，鼓励用人单位针对产后返岗女职工开展岗位技能提升培训，尽快适应岗位需求。促进3岁以下婴幼儿照护服务发展，加强中小学课后服务，缓解家庭育儿负担，帮助妇女平衡工作与家庭。完善落实生育保险制度，切实发挥生育保险保障功能。加强监察执法，依法惩处侵害女职工孕期、产期、哺乳期特殊劳动保护权益行为。对妇女与用人单位间发生劳动人事争议申请仲裁的，要依法及时快速处理。

七、开展宣传引导。坚决贯彻男女平等基本国策，强化男女平等意识，逐步消除性别偏见。加大反就业性别歧视、保障妇女平等就业权利法律、法规、政策宣传，引导全社会尊重爱护妇女，引导用人单位知法守法依法招用妇女从事各类工作，引导妇女合法理性保障自身权益。树立一批保障妇女平等就业权利用人单位典型，对表现突出的推荐参加全国维护妇女儿童权益先进集体、全国城乡妇女岗位建功先进集体等创评活动。营造有利于妇女就业的社会环境，帮助妇女自立自强，充分发挥自身优势特长，在各行各业展示聪明才智，体现自身价值。

八、加强组织领导。各地区、各有关部门要高度重视促进妇女平等就业，履职尽责、协同配合，齐抓共管、综合施策。人力资源社会保障部门要会同有关部门加强对招用工行为的监察执法，引导合法合理招聘，加强面向妇女的就业服务和职业技能培训。教育部门要推进中小学课后服务。司法部门要提供司法救济和法律援助。卫生健康部门要促进婴幼儿照护服务发展。国有资产监督管理部门要加强对各级各类国有企业招聘行为的指导与监督。医疗保障部门要完善落实生育保险制度。工会组织要积极推动企业依法合规用工。妇联组织要会同有关方面组织开展相关评选表彰，加强宣传引导，加大对妇女的关心关爱。人民法院要积极发布典型案例、指导性案例，充分发挥裁判的规范、引导作用。人力资源社会保障部门、工会组织、妇联组织等部门对涉嫌就业性别歧视的用人单位开展联合约谈。

人力资源社会保障部　教育部　司法部　卫生健康委　国资委
医保局　全国总工会　全国妇联　最高人民法院
2019 年 2 月 18 日

人力资源社会保障部　国家发展改革委　交通运输部　应急部　市场监管总局　国家医保局　最高人民法院　全国总工会　关于维护新就业形态劳动者劳动保障权益的指导意见

（人社部发〔2021〕56号）

各省、自治区、直辖市人民政府、高级人民法院、总工会，新疆生产建设兵团，新疆维吾尔自治区高级人民法院生产建设兵团分院，新疆生产建设兵团总工会：

近年来，平台经济迅速发展，创造了大量就业机会，依托互联网平台就业的网约配送员、网约车驾驶员、货车司机、互联网营销师等新就业形态劳动者数量大幅增加，维护劳动者劳动保障权益面临新情况新问题。为深入贯彻落实党中央、国务院决策部署，支持和规范发展新就业形态，切实维护新就业形态劳动者劳动保障权益，促进平台经济规范健康持续发展，经国务院同意，现提出以下意见：

一、规范用工，明确劳动者权益保障责任

（一）指导和督促企业依法合规用工，积极履行用工责任，稳定劳动者队伍。主动关心关爱劳动者，努力改善劳动条件，拓展职业发展空间，逐步提高劳动者权益保障水平。培育健康向上的企业文化，推动劳动者共享企业发展成果。

（二）符合确立劳动关系情形的，企业应当依法与劳动者订立劳动合同。不完全符合确立劳动关系情形但企业对劳动者进行劳动管理（以下简称不完全符合确立劳动关系情形）的，指导企业与劳动者订立书面协议，合理确定企业与劳动者的权利义务。个人依托平台自主开展经营活动、从事自由职业等，按照民事法律调整双方的权利义务。

（三）平台企业采取劳务派遣等合作用工方式组织劳动者完成平台工作的，

应选择具备合法经营资质的企业，并对其保障劳动者权益情况进行监督。平台企业采用劳务派遣方式用工的，依法履行劳务派遣用工单位责任。对采取外包等其他合作用工方式，劳动者权益受到损害的，平台企业依法承担相应责任。

二、健全制度，补齐劳动者权益保障短板

（四）落实公平就业制度，消除就业歧视。企业招用劳动者不得违法设置性别、民族、年龄等歧视性条件，不得以缴纳保证金、押金或者其他名义向劳动者收取财物，不得违法限制劳动者在多平台就业。

（五）健全最低工资和支付保障制度，推动将不完全符合确立劳动关系情形的新就业形态劳动者纳入制度保障范围。督促企业向提供正常劳动的劳动者支付不低于当地最低工资标准的劳动报酬，按时足额支付，不得克扣或者无故拖欠。引导企业建立劳动报酬合理增长机制，逐步提高劳动报酬水平。

（六）完善休息制度，推动行业明确劳动定员定额标准，科学确定劳动者工作量和劳动强度。督促企业按规定合理确定休息办法，在法定节假日支付高于正常工作时间劳动报酬的合理报酬。

（七）健全并落实劳动安全卫生责任制，严格执行国家劳动安全卫生保护标准。企业要牢固树立安全“红线”意识，不得制定损害劳动者安全健康的考核指标。要严格遵守安全生产相关法律法规，落实全员安全生产责任制，建立健全安全生产规章制度和操作规程，配备必要的劳动安全卫生设施和劳动防护用品，及时对劳动工具的安全和合规状态进行检查，加强安全生产和职业卫生教育培训，重视劳动者身心健康，及时开展心理疏导。强化恶劣天气等特殊情形下的劳动保护，最大限度减少安全生产事故和职业病危害。

（八）完善基本养老保险、医疗保险相关政策，各地要放开灵活就业人员在就业地参加基本养老、基本医疗保险的户籍限制，个别超大型城市难以一步实现的，要结合本地实际，积极创造条件逐步放开。组织未参加职工基本养老、职工基本医疗保险的灵活就业人员，按规定参加城乡居民基本养老、城乡居民基本医疗保险，做到应保尽保。督促企业依法参加社会保险。企业要引导和支持不完全符合确立劳动关系情形的新就业形态劳动者根据自身情况参加相应的社会保险。

（九）强化职业伤害保障，以出行、外卖、即时配送、同城货运等行业的平台企业为重点，组织开展平台灵活就业人员职业伤害保障试点，平台企业应当按规定参加。采取政府主导、信息化引领和社会力量承办相结合的方式，建

立健全职业伤害保障管理服务规范和运行机制。鼓励平台企业通过购买人身意外、雇主责任等商业保险，提升平台灵活就业人员保障水平。

（十）督促企业制定修订平台进入退出、订单分配、计件单价、抽成比例、报酬构成及支付、工作时间、奖惩等直接涉及劳动者权益的制度规则和平台算法，充分听取工会或劳动者代表的意见建议，将结果公示并告知劳动者。工会或劳动者代表提出协商要求的，企业应当积极响应，并提供必要的信息和资料。指导企业建立健全劳动者申诉机制，保障劳动者的申诉得到及时回应和客观公正处理。

三、提升效能，优化劳动者权益保障服务

（十一）创新方式方法，积极为各类新就业形态劳动者提供个性化职业介绍、职业指导、创业培训等服务，及时发布职业薪酬和行业人工成本信息等，为企业和劳动者提供便捷化的劳动保障、税收、市场监管等政策咨询服务，便利劳动者求职就业和企业招工用工。

（十二）优化社会保险经办，探索适合新就业形态的社会保险经办服务模式，在参保缴费、权益查询、待遇领取和结算等方面提供更加便捷的服务，做好社会保险关系转移接续工作，提高社会保险经办服务水平，更好保障参保人员公平享受各项社会保险待遇。

（十三）建立适合新就业形态劳动者的职业技能培训模式，保障其平等享有培训的权利。对各类新就业形态劳动者在就业地参加职业技能培训的，优化职业技能培训补贴申领、发放流程，加大培训补贴资金直补企业工作力度，符合条件的按规定给予职业技能培训补贴。健全职业技能等级制度，支持符合条件的企业按规定开展职业技能等级认定。完善职称评审政策，畅通新就业形态劳动者职称申报评价渠道。

（十四）加快城市综合服务网点建设，推动在新就业形态劳动者集中居住区、商业区设置临时休息场所，解决停车、充电、饮水、如厕等难题，为新就业形态劳动者提供工作生活便利。

（十五）保障符合条件的新就业形态劳动者子女在常住地平等接受义务教育的权利。推动公共文体设施向劳动者免费或低收费开放，丰富公共文化产品和服务供给。

四、齐抓共管，完善劳动者权益保障工作机制

（十六）保障新就业形态劳动者权益是稳定就业、改善民生、加强社会治理的重要内容。各地区要加强组织领导，强化责任落实，切实做好新就业形态劳动者权益保障各项工作。人力资源社会保障部、国家发展改革委、交通运输部、应急部、市场监管总局、国家医保局、最高人民法院、全国总工会等部门和单位要认真履行职责，强化工作协同，将保障劳动者权益纳入数字经济协同治理体系，建立平台企业用工情况报告制度，健全劳动者权益保障联合激励惩戒机制，完善相关政策措施和司法解释。

（十七）各级工会组织要加强组织和工作有效覆盖，拓宽维权和服务范围，积极吸纳新就业形态劳动者加入工会。加强对劳动者的思想政治引领，引导劳动者理性合法维权。监督企业履行用工责任，维护好劳动者权益。积极与行业协会、头部企业或企业代表组织开展协商，签订行业集体合同或协议，推动制定行业劳动标准。

（十八）各级法院和劳动争议调解仲裁机构要加强劳动争议办案指导，畅通裁审衔接，根据用工事实认定企业和劳动者的关系，依法依规处理新就业形态劳动者劳动保障权益案件。各类调解组织、法律援助机构及其他专业化社会组织要依法为新就业形态劳动者提供更加便捷、优质高效的纠纷调解、法律咨询、法律援助等服务。

（十九）各级人力资源社会保障行政部门要加大劳动保障监察力度，督促企业落实新就业形态劳动者权益保障责任，加强治理拖欠劳动报酬、违法超时加班等突出问题，依法维护劳动者权益。各级交通运输、应急、市场监管等职能部门和行业主管部门要规范企业经营行为，加大监管力度，及时约谈、警示、查处侵害劳动者权益的企业。

各地区各有关部门要认真落实本意见要求，出台具体实施办法，加强政策宣传，积极引导社会舆论，增强新就业形态劳动者职业荣誉感，努力营造良好环境，确保各项劳动保障权益落到实处。

人力资源社会保障部　国家发展改革委
交通运输部　应急部　市场监管总局
国家医保局　最高人民法院　全国总工会
2021 年 7 月 16 日

财产权益

中华人民共和国农村土地承包法

（根据2018年12月29日第十三届全国人民代表大会常务委员会第七次会议《关于修改〈中华人民共和国农村土地承包法〉的决定》第二次修正）

（摘录）

……

第六条 农村土地承包，妇女与男子享有平等的权利。承包中应当保护妇女的合法权益，任何组织和个人不得剥夺、侵害妇女应当享有的土地承包经营权。

……

第十六条 家庭承包的承包方是本集体经济组织的农户。

农户内家庭成员依法平等享有承包土地的各项权益。

……

第二十四条 国家对耕地、林地和草地等实行统一登记，登记机构应当向承包方颁发土地承包经营权证或者林权证等证书，并登记造册，确认土地承包经营权。

土地承包经营权证或者林权证等证书应当将具有土地承包经营权的全部家庭成员列入。

登记机构除按规定收取证书工本费外，不得收取其他费用。

……

第二十七条 承包期内，发包方不得收回承包地。

国家保护进城农户的土地承包经营权。不得以退出土地承包经营权作为农户进城落户的条件。

承包期内，承包农户进城落户的，引导支持其按照自愿有偿原则依法在本集体经济组织内转让土地承包经营权或者将承包地交回发包方，也可以鼓励其流转土地经营权。

承包期内，承包方交回承包地或者发包方依法收回承包地时，承包方对其在承包地上投入而提高土地生产能力的，有权获得相应的补偿。

……

第二十九条　下列土地应当用于调整承包土地或者承包给新增人口：

（一）集体经济组织依法预留的机动地；

（二）通过依法开垦等方式增加的；

（三）发包方依法收回和承包方依法、自愿交回的。

……

第三十一条　承包期内，妇女结婚，在新居住地未取得承包地的，发包方不得收回其原承包地；妇女离婚或者丧偶，仍在原居住地生活或者不在原居住地生活但在新居住地未取得承包地的，发包方不得收回其原承包地。

第三十二条　承包人应得的承包收益，依照继承法的规定继承。

林地承包的承包人死亡，其继承人可以在承包期内继续承包。

……

第五十六条　任何组织和个人侵害土地承包经营权、土地经营权的，应当承担民事责任。

第五十七条　发包方有下列行为之一的，应当承担停止侵害、排除妨碍、消除危险、返还财产、恢复原状、赔偿损失等民事责任：

（一）干涉承包方依法享有的生产经营自主权；

（二）违反本法规定收回、调整承包地；

（三）强迫或者阻碍承包方进行土地承包经营权的互换、转让或者土地经营权流转；

（四）假借少数服从多数强迫承包方放弃或者变更土地承包经营权；

（五）以划分“口粮田”和“责任田”等为由收回承包地搞招标承包；

（六）将承包地收回抵顶欠款；

（七）剥夺、侵害妇女依法享有的土地承包经营权；

（八）其他侵害土地承包经营权的行为。

……

关于切实维护农村妇女土地承包权益的通知

（中办厅字〔2001〕9号）

各省、自治区、直辖市党委和人民政府，中央和国家机关各部委，军委总政治部，各人民团体：

目前，各地农村开展的延长土地承包期工作已基本结束，总体上看，党的农村土地承包政策落实情况是好的，绝大多数农民是满意的。但是，长期以来也有一些地方农村对侵害妇女土地承包权益的问题重视和解决不够，有的导致矛盾激化，引发群众上访甚至大规模的群体性事件，影响了农村社会发展和稳定。为更好地贯彻落实党的农村政策，切实维护广大农村妇女的合法权益，经党中央、国务院领导同志同意，现就有关问题通知如下：

一、切实提高对维护农村妇女土地承包权益重要性的认识。男女平等是我国宪法规定的一项基本原则。法律赋予妇女，包括广大农村妇女的权利，任何组织和个人都不得非法剥夺。土地是我国农民最基本的生产资料和生活保障，土地承包是农民最为关切的经济权利。农村土地属农民集体所有，集体经济组织成员无论男女都享有平等的承包权利《中华人民共和国妇女权益保障法》第三十条规定：“农村划分责任田、口粮田等，以及批准宅基地，妇女与男子享有平等权利，不得侵害妇女的合法权益”。“妇女结婚、离婚后，其责任田、口粮田、宅基地等，应当受到保障”。

较长时间以来，一些地方在土地承包中不同程度地存在歧视妇女、侵害妇女权益的问题。有的以村民代表会议或村民大会决议、村委会决定或乡规民约的形式，剥夺妇女的土地承包权和集体经济组织收益分配权；有的以“测婚测嫁”等理由，对未婚女性不分土地或少分土地；有的地方出嫁妇女特别是离婚丧偶妇女户口被强行迁出，承包的土地被强行收回，其他与土地承包相关的经济利益也受到损害。产生这些问题，原因是多方面的，主要是一些地方受封建思想的影响，歧视妇女、漠视妇女权利；政策规定不尽完善，执法不力；对维护妇女合法权益重视不够、措施不力等。这些问题不解决，不仅挫伤广大农村妇女参与社会主义现代化建设的积极性，也损害党和政府以及农村基层组织的形象。各级党委和政府必须从思想上高度重视采取有效措施，切实维护农村妇女的土地承包权益和其他合法权益。要按照江泽民同志关于“三个代表”的重要思想，结合农村思想政治工作和精神文明建设，教育各级干部和广大农民自觉抵制和肃清歧视妇女的封建残余思想，调动广大农村妇女生产劳动的积极性，发挥她们在农村“两个文明”建设中的重要作用。

二、在农村土地承包中，必须坚持男女平等原则，不允许对妇女有任何歧视。农村妇女无论是否婚嫁，都应与相同条件的男性村民享有同等权利，任何组织和个人不得以任何形式剥夺其合法的土地承包权、宅基地使用权、集体经济组织收益分配权和其他有关经济权益。各地县委、县政府要组织一次检查，对侵害妇女土地承包权益的现象要立即予以纠正；对涉及土地承包的规定、村民代表会议或村民大会的决议、乡规民约等进行一次清理，对其中违反男女平等原则、侵害妇女合法权益的内容要坚决废止。

三、要解决好出嫁妇女的土地承包问题。根据传统习俗，妇女出嫁后一般都在婆家生产和生活。因此，为了方便生产生活，妇女嫁入方所在村要优先解决其土地承包问题。在没有解决之前，出嫁妇女娘家所在村不得强行收回其原籍承包地。对于在开展延包工作之前嫁入的妇女，当地在开展延包时应分给嫁入妇女承包地。对于妇女嫁入时已经完成延包工作的，如当地实行“大稳定、小调整”的办法，应在“小调整”时统筹解决；如当地实行“增人不增地、减人不减地”的办法，则出嫁妇女原籍的承包土地应予以保留。不管采取什么办法，都要确保农村出嫁妇女有一份承包土地。有女无儿、儿子没有赡养能力或女儿尽主要赡养义务的家庭，男到女家生产和生活的，应享受同等村民待遇。

四、要处理好离婚或丧偶妇女土地承包问题。妇女离婚或丧偶后仍在原居住地生活的，原居住地应保证其有一份承包地。离婚或丧偶后不在原居住地生活、其新居住地还没有为其解决承包土地的，原居住地所在村应保留其土地承包权。妇女不在原居住地生活但仍保留承包地的，应承担相应的税费义务。

五、有关人民政府和人民法院对侵害妇女土地承包权益的案件，应当依法及时受理。要依照《中华人民共和国妇女权益保障法》、《中华人民共和国土地管理法》以及党的农村政策，切实保护妇女合法权益。有关人民政府对农村妇女因土地承包而产生的争议，应依照有关法律和政策及时进行处理；对不服基层政府和有关部门处理决定而提起诉讼的，人民法院应当依法及时受理。

六、要认真落实党的农村政策，自觉维护农村妇女的合法权益。各级党委、政府及其农业、农村工作部门要把维护农村妇女土地承包权益，作为落实党的农村政策的重要方面，加强经常性的检查指导。各级政法、宣传部门要加强维护妇女合法权益的宣传，对典型案例可以适当公开报道，以帮助广大基层干部提高维护妇女合法权益的自觉性。妇联组织要认真履行代表和维护妇女合法权益的职责，及时了解和反映情况，配合有关部门做好工作，并帮助广大农村妇女依法维护自身权益。对因为侵害妇女合法权益引发的各种矛盾和群体性事件，各级党委、政府和有关方面要认真负责地做好工作，解决问题，化解矛盾。已经有一定工作基础的地方，要及时总结和推广好的经验和办法。对现有的保障妇女土地承包权益的有关政策规定，要在实践中逐步完善并抓好贯彻落实。

中共中央办公厅
国务院办公厅
2001 年 5 月 8 日

中共中央　国务院
关于稳步推进农村集体产权制度
改革的意见

（中发〔2016〕37号）

（摘录）

……

（十）确认农村集体经济组织成员身份。依据有关法律法规，按照尊重历史、兼顾现实、程序规范、群众认可的原则，统筹考虑户籍关系、农村土地承包关系、对集体积累的贡献等因素，协调平衡各方利益，做好农村集体经济组织成员身份确认工作，解决成员边界不清的问题。改革试点中，要探索在群众民主协商基础上确认农村集体经济组织成员的具体程序、标准和管理办法，建立健全农村集体经济组织成员登记备案机制。成员身份的确认既要得到多数人认可，又要防止多数人侵犯少数人权益，切实保护妇女合法权益。提倡农村集体经济组织成员家庭今后的新增人口，通过分享家庭内拥有的集体资产权益的办法，按章程获得集体资产份额和集体成员身份。

……

民政部　中央组织部　中央政法委　中央文明办　司法部　农业农村部　全国妇联关于做好村规民约和居民公约工作的指导意见

（民发〔2018〕144号）

（摘录）

……

二、主要内容

村规民约、居民公约内容一般应包括：(1) 规范日常行为。爱党爱国，践行社会主义核心价值观，正确行使权利，认真履行义务，积极参与公共事务，共同建设和谐美好村、社区等。(2) 维护公共秩序。维护生产秩序，诚实劳动合法经营，节约资源保护环境；维护生活秩序，注意公共卫生，搞好绿化美化；维护社会治安，遵纪守法，勇于同违法犯罪行为、歪风邪气作斗争等。(3) 保障群众权益。坚持男女平等基本国策，依法保障妇女儿童等群体正当合法权益等。(4) 调解群众纠纷。坚持自愿平等，遇事多商量、有事好商量，互谅互让，通过人民调解等方式友好解决争端等。(5) 引导民风民俗。弘扬向上向善、孝老爱亲、勤俭持家等优良传统，推进移风易俗，抵制封建迷信、陈规陋习，倡导健康文明绿色生活方式等。

村规民约、居民公约要坚持问题导向，尤其要针对滥办酒席、天价彩礼、薄养厚葬、攀比炫富、铺张浪费，“等靠要”、懒汉行为，家庭暴力、拒绝赡养老人、侵犯妇女特别是出嫁、离婚、丧偶女性合法权益，涉黑涉恶、“黄赌毒”等突出问题，提出有针对性的抵制和约束内容。村规民约、居民公约一般还应针对违反的情形，提出相应惩戒措施。

村规民约、居民公约一般由名称、正文、审议主体、日期四部分组成。名称一般为《×× 村村规民约》、《×× 社区居民公约》；正文可采取结构式、条款式、三字语、顺口溜、山歌民歌等各种表述形式，应简洁明了、贴近群众生产生活、易于掌握和遵守；审议主体为 ×× 村村民会议、×× 社区居民会议；日期为实施生效的具体时间。

三、制定程序

村规民约、居民公约的制定或修订，一般应经过以下几个步骤：(1) 征集民意。村（社区）党组织、村（居）民委员会广泛征求群众意见，提出需要规范的内容和解决的问题。(2) 拟定草案。村（社区）党组织、村（居）民委员会就提出的问题和事项，组织群众广泛协商，根据群众意见拟定村规民约或居民公约草案，同时听取驻村或社区党代表、人大代表、政协委员、机关干部、法律顾问、妇联执委等意见建议。(3) 提请审核。村（社区）党组织、村（居）民委员会根据有关意见修改完善后，报乡镇党委、政府（街道党工委、办事处）审核把关。(4) 审议表决。村（社区）党组织、村（居）民委员会根据乡镇党委、政府（街道党工委、办事处）的审核意见，进一步修改形成审议稿，提交村（居）民会议审议讨论，根据讨论意见修订完善后提交会议表决通过。表决应遵循《村民委员会组织法》《城市居民委员会组织法》相关规定，并应有一定比例妇女参会。未根据审核意见改正的村规民约、居民公约不应提交村（居）民会议审议表决。(5) 备案公布。村（社区）党组织、村（居）民委员会应于村（居）民会议表决通过后十日内，将村规民约、居民公约报乡镇党委、政府（街道党工委、办事处）备案，经乡镇党委、政府（街道党工委、办事处）严格把关后予以公布，让群众广泛知晓。

村规民约、居民公约在保持相对稳定的同时，可根据当地经济社会发展、群众需求变化以及社情民意等进行修订，修订程序参照制定程序执行。

……

国土资源部关于进一步加快宅基地和集体建设用地确权登记发证有关问题的通知

（国土资发〔2016〕191号）

（摘录）

……

八、依法维护农村妇女和进城落户农民的宅基地权益。农村妇女作为家庭成员，其宅基地权益应记载到不动产登记簿及权属证书上。农村妇女因婚嫁离开原农民集体，取得新家庭宅基地使用权的，应依法予以确权登记，同时注销其原宅基地使用权。

农民进城落户后，其原合法取得的宅基地使用权应予以确权登记。

……

中央农村工作领导小组办公室　农业农村部　中央组织部　国家发展改革委　财政部　自然资源部　中国人民银行　税务总局　国家档案局　全国妇联　关于扎实做好当前重点工作如期完成农村集体产权制度改革阶段性任务的通知

（中农发〔2021〕9号）

（摘录）

……

五、切实维护农村妇女合法权益

各地要充分认识农村集体产权制度改革中维护农村妇女合法权益的重要性，加强组织协调，采取有效措施，抓实抓牢农村妇女权益维护工作。深入排查成员身份确认中妇女在娘家婆家“两头空”“两头占”问题，重点检查离婚、丧偶妇女等群体成员身份确认情况。规范成员（含份额、股份）证书内容，做到已确认为农村集体经济组织成员的妇女“证上有名、名下有权”。各级农业农村、妇联等部门要加大对农村集体产权制度改革维护妇女权益相关法律政策宣传和培训，保障妇女参与改革的知情权、表达权和监督权；加强指导和监督，引导各地通过协商、调解、仲裁、诉讼等途径化解矛盾纠纷。各地要积极总结好经验好做法，建立妇女集体资产权益保护的长效机制。

……

婚姻家庭权益

婚姻登记条例

（2003 年 7 月 30 日国务院第 16 次常务会议通过，2003 年 8 月 8 日中华人民共和国国务院令第 387 号公布）

第一章　总　则

第一条　为了规范婚姻登记工作，保障婚姻自由、一夫一妻、男女平等的婚姻制度的实施，保护婚姻当事人的合法权益，根据《中华人民共和国婚姻法》（以下简称婚姻法），制定本条例。

第二条　内地居民办理婚姻登记的机关是县级人民政府民政部门或者乡（镇）人民政府，省、自治区、直辖市人民政府可以按照便民原则确定农村居民办理婚姻登记的具体机关。

中国公民同外国人，内地居民同香港特别行政区居民（以下简称香港居民）、澳门特别行政区居民（以下简称澳门居民）、台湾地区居民（以下简称台湾居民）、华侨办理婚姻登记的机关是省、自治区、直辖市人民政府民政部门或者省、自治区、直辖市人民政府民政部门确定的机关。

第三条　婚姻登记机关的婚姻登记员应当接受婚姻登记业务培训，经考核合格，方可从事婚姻登记工作。

婚姻登记机关办理婚姻登记，除按收费标准向当事人收取工本费外，不得收取其他费用或者附加其他义务。

第二章　结婚登记

第四条　内地居民结婚，男女双方应当共同到一方当事人常住户口所在地的婚姻登记机关办理结婚登记。

中国公民同外国人在中国内地结婚的，内地居民同香港居民、澳门居民、台湾居民、华侨在中国内地结婚的，男女双方应当共同到内地居民常住户口所在地的婚姻登记机关办理结婚登记。

第五条 办理结婚登记的内地居民应当出具下列证件和证明材料：

（一）本人的户口簿、身份证；

（二）本人无配偶以及与对方当事人没有直系血亲和三代以内旁系血亲关系的签字声明。

办理结婚登记的香港居民、澳门居民、台湾居民应当出具下列证件和证明材料：

（一）本人的有效通行证、身份证；

（二）经居住地公证机构公证的本人无配偶以及与对方当事人没有直系血亲和三代以内旁系血亲关系的声明。

办理结婚登记的华侨应当出具下列证件和证明材料：

（一）本人的有效护照；

（二）居住国公证机构或者有权机关出具的、经中华人民共和国驻该国使（领）馆认证的本人无配偶以及与对方当事人没有直系血亲和三代以内旁系血亲关系的证明，或者中华人民共和国驻该国使（领）馆出具的本人无配偶以及与对方当事人没有直系血亲和三代以内旁系血亲关系的证明。

办理结婚登记的外国人应当出具下列证件和证明材料：

（一）本人的有效护照或者其他有效的国际旅行证件；

（二）所在国公证机构或者有权机关出具的、经中华人民共和国驻该国使（领）馆认证或者该国驻华使（领）馆认证的本人无配偶的证明，或者所在国驻华使（领）馆出具的本人无配偶的证明。

第六条 办理结婚登记的当事人有下列情形之一的，婚姻登记机关不予登记：

（一）未到法定结婚年龄的；

（二）非双方自愿的；

（三）一方或者双方已有配偶的；

（四）属于直系血亲或者三代以内旁系血亲的；

（五）患有医学上认为不应当结婚的疾病的。

第七条 婚姻登记机关应当对结婚登记当事人出具的证件、证明材料进行审查并询问相关情况。对当事人符合结婚条件的，应当当场予以登记，发给结婚证；对当事人不符合结婚条件不予登记的，应当向当事人说明理由。

第八条 男女双方补办结婚登记的，适用本条例结婚登记的规定。

第九条 因胁迫结婚的，受胁迫的当事人依据婚姻法第十一条的规定向婚姻登记机关请求撤销其婚姻的，应当出具下列证明材料：

（一）本人的身份证、结婚证；

（二）能够证明受胁迫结婚的证明材料。

婚姻登记机关经审查认为受胁迫结婚的情况属实且不涉及子女抚养、财产及债务问题的，应当撤销该婚姻，宣告结婚证作废。

第三章 离婚登记

第十条 内地居民自愿离婚的，男女双方应当共同到一方当事人常住户口所在地的婚姻登记机关办理离婚登记。

中国公民同外国人在中国内地自愿离婚的，内地居民同香港居民、澳门居民、台湾居民、华侨在中国内地自愿离婚的，男女双方应当共同到内地居民常住户口所在地的婚姻登记机关办理离婚登记。

第十一条 办理离婚登记的内地居民应当出具下列证件和证明材料：

（一）本人的户口簿、身份证；

（二）本人的结婚证；

（三）双方当事人共同签署的离婚协议书。

办理离婚登记的香港居民、澳门居民、台湾居民、华侨、外国人除应当出具前款第（二）项、第（三）项规定的证件、证明材料外，香港居民、澳门居民、台湾居民还应当出具本人的有效通行证、身份证，华侨、外国人还应当出具本人的有效护照或者其他有效国际旅行证件。

离婚协议书应当载明双方当事人自愿离婚的意思表示以及对子女抚养、财产及债务处理等事项协商一致的意见。

第十二条 办理离婚登记的当事人有下列情形之一的，婚姻登记机关不予受理：

（一）未达成离婚协议的；

（二）属于无民事行为能力人或者限制民事行为能力人的；

（三）其结婚登记不是在中国内地办理的。

第十三条 婚姻登记机关应当对离婚登记当事人出具的证件、证明材料进行审查并询问相关情况。对当事人确属自愿离婚，并已对子女抚养、财产、债务等问题达成一致处理意见的，应当当场予以登记，发给离婚证。

第十四条　离婚的男女双方自愿恢复夫妻关系的，应当到婚姻登记机关办理复婚登记。复婚登记适用本条例结婚登记的规定。

第四章　婚姻登记档案和婚姻登记证

第十五条　婚姻登记机关应当建立婚姻登记档案。婚姻登记档案应当长期保管。具体管理办法由国务院民政部门会同国家档案管理部门规定。

第十六条　婚姻登记机关收到人民法院宣告婚姻无效或者撤销婚姻的判决书副本后，应当将该判决书副本收入当事人的婚姻登记档案。

第十七条　结婚证、离婚证遗失或者损毁的，当事人可以持户口簿、身份证向原办理婚姻登记的机关或者一方当事人常住户口所在地的婚姻登记机关申请补领。婚姻登记机关对当事人的婚姻登记档案进行查证，确认属实的，应当为当事人补发结婚证、离婚证。

第五章　罚　则

第十八条　婚姻登记机关及其婚姻登记员有下列行为之一的，对直接负责的主管人员和其他直接责任人员依法给予行政处分：

（一）为不符合婚姻登记条件的当事人办理婚姻登记的；

（二）玩忽职守造成婚姻登记档案损失的；

（三）办理婚姻登记或者补发结婚证、离婚证超过收费标准收取费用的。

违反前款第（三）项规定收取的费用，应当退还当事人。

第六章　附则

第十九条　中华人民共和国驻外使（领）馆可以依照本条例的有关规定，为男女双方均居住于驻在国的中国公民办理婚姻登记。

第二十条　本条例规定的婚姻登记证由国务院民政部门规定式样并监制。

第二十一条　当事人办理婚姻登记或者补领结婚证、离婚证应当交纳工本费。工本费的收费标准由国务院价格主管部门会同国务院财政部门规定并公布。

第二十二条　本条例自 2003 年 10 月 1 日起施行。1994 年 1 月 12 日国务院批准、1994 年 2 月 1 日民政部发布的《婚姻登记管理条例》同时废止。

最高人民法院关于适用《中华人民共和国民法典》婚姻家庭编的解释（一）

（法释〔2020〕22号）

为正确审理婚姻家庭纠纷案件，根据《中华人民共和国民法典》《中华人民共和国民事诉讼法》等相关法律规定，结合审判实践，制定本解释。

一、一般规定

第一条 持续性、经常性的家庭暴力，可以认定为民法典第一千零四十二条、第一千零七十九条、第一千零九十一条所称的“虐待”。

第二条 民法典第一千零四十二条、第一千零七十九条、第一千零九十一条规定的“与他人同居”的情形，是指有配偶者与婚外异性，不以夫妻名义，持续、稳定地共同居住。

第三条 当事人提起诉讼仅请求解除同居关系的，人民法院不予受理；已经受理的，裁定驳回起诉。

当事人因同居期间财产分割或者子女抚养纠纷提起诉讼的，人民法院应当受理。

第四条 当事人仅以民法典第一千零四十三条为依据提起诉讼的，人民法院不予受理；已经受理的，裁定驳回起诉。

第五条 当事人请求返还按照习俗给付的彩礼的，如果查明属于以下情形，人民法院应当予以支持：

（一）双方未办理结婚登记手续；

（二）双方办理结婚登记手续但确未共同生活；

（三）婚前给付并导致给付人生活困难。

适用前款第二项、第三项的规定，应当以双方离婚为条件。

二、结婚

第六条 男女双方依据民法典第一千零四十九条规定补办结婚登记的，婚姻关系的效力从双方均符合民法典所规定的结婚的实质要件时起算。

第七条　未依据民法典第一千零四十九条规定办理结婚登记而以夫妻名义共同生活的男女，提起诉讼要求离婚的，应当区别对待：

（一）1994 年 2 月 1 日民政部《婚姻登记管理条例》公布实施以前，男女双方已经符合结婚实质要件的，按事实婚姻处理。

（二）1994 年 2 月 1 日民政部《婚姻登记管理条例》公布实施以后，男女双方符合结婚实质要件的，人民法院应当告知其补办结婚登记。未补办结婚登记的，依据本解释第三条规定处理。

第八条　未依据民法典第一千零四十九条规定办理结婚登记而以夫妻名义共同生活的男女，一方死亡，另一方以配偶身份主张享有继承权的，依据本解释第七条的原则处理。

第九条　有权依据民法典第一千零五十一条规定向人民法院就已办理结婚登记的婚姻请求确认婚姻无效的主体，包括婚姻当事人及利害关系人。其中，利害关系人包括：

（一）以重婚为由的，为当事人的近亲属及基层组织；

（二）以未到法定婚龄为由的，为未到法定婚龄者的近亲属；

（三）以有禁止结婚的亲属关系为由的，为当事人的近亲属。

第十条　当事人依据民法典第一千零五十一条规定向人民法院请求确认婚姻无效，法定的无效婚姻情形在提起诉讼时已经消失的，人民法院不予支持。

第十一条　人民法院受理请求确认婚姻无效案件后，原告申请撤诉的，不予准许。

对婚姻效力的审理不适用调解，应当依法作出判决。

涉及财产分割和子女抚养的，可以调解。调解达成协议的，另行制作调解书；未达成调解协议的，应当一并作出判决。

第十二条　人民法院受理离婚案件后，经审理确属无效婚姻的，应当将婚姻无效的情形告知当事人，并依法作出确认婚姻无效的判决。

第十三条　人民法院就同一婚姻关系分别受理了离婚和请求确认婚姻无效案件的，对于离婚案件的审理，应当待请求确认婚姻无效案件作出判决后进行。

第十四条　夫妻一方或者双方死亡后，生存一方或者利害关系人依据民法典第一千零五十一条的规定请求确认婚姻无效的，人民法院应当受理。

第十五条　利害关系人依据民法典第一千零五十一条的规定，请求人民法院确认婚姻无效的，利害关系人为原告，婚姻关系当事人双方为被告。

夫妻一方死亡的，生存一方为被告。

第十六条 人民法院审理重婚导致的无效婚姻案件时，涉及财产处理的，应当准许合法婚姻当事人作为有独立请求权的第三人参加诉讼。

第十七条 当事人以民法典第一千零五十一条规定的三种无效婚姻以外的情形请求确认婚姻无效的，人民法院应当判决驳回当事人的诉讼请求。

当事人以结婚登记程序存在瑕疵为由提起民事诉讼，主张撤销结婚登记的，告知其可以依法申请行政复议或者提起行政诉讼。

第十八条 行为人以给另一方当事人或者其近亲属的生命、身体、健康、名誉、财产等方面造成损害为要挟，迫使另一方当事人违背真实意愿结婚的，可以认定为民法典第一千零五十二条所称的“胁迫”。

因受胁迫而请求撤销婚姻的，只能是受胁迫一方的婚姻关系当事人本人。

第十九条 民法典第一千零五十二条规定的“一年”，不适用诉讼时效中止、中断或者延长的规定。

受胁迫或者被非法限制人身自由的当事人请求撤销婚姻的，不适用民法典第一百五十二条第二款的规定。

第二十条 民法典第一千零五十四条所规定的“自始没有法律约束力”，是指无效婚姻或者可撤销婚姻在依法被确认无效或者被撤销时，才确定该婚姻自始不受法律保护。

第二十一条 人民法院根据当事人的请求，依法确认婚姻无效或者撤销婚姻的，应当收缴双方的结婚证书并将生效的判决书寄送当地婚姻登记管理机关。

第二十二条 被确认无效或者被撤销的婚姻，当事人同居期间所得的财产，除有证据证明为当事人一方所有的以外，按共同共有处理。

三、夫妻关系

第二十三条 夫以妻擅自中止妊娠侵犯其生育权为由请求损害赔偿的，人民法院不予支持；夫妻双方因是否生育发生纠纷，致使感情确已破裂，一方请求离婚的，人民法院经调解无效，应依照民法典第一千零七十九条第三款第五项的规定处理。

第二十四条 民法典第一千零六十二条第一款第三项规定的“知识产权的收益”，是指婚姻关系存续期间，实际取得或者已经明确可以取得的财产性收益。

第二十五条 婚姻关系存续期间，下列财产属于民法典第一千零六十二条规定的“其他应当归共同所有的财产”：

（一）一方以个人财产投资取得的收益；

（二）男女双方实际取得或者应当取得的住房补贴、住房公积金；

（三）男女双方实际取得或者应当取得的基本养老金、破产安置补偿费。

第二十六条　夫妻一方个人财产在婚后产生的收益，除孳息和自然增值外，应认定为夫妻共同财产。

第二十七条　由一方婚前承租、婚后用共同财产购买的房屋，登记在一方名下的，应当认定为夫妻共同财产。

第二十八条　一方未经另一方同意出售夫妻共同所有的房屋，第三人善意购买、支付合理对价并已办理不动产登记，另一方主张追回该房屋的，人民法院不予支持。

夫妻一方擅自处分共同所有的房屋造成另一方损失，离婚时另一方请求赔偿损失的，人民法院应予支持。

第二十九条　当事人结婚前，父母为双方购置房屋出资的，该出资应当认定为对自己子女个人的赠与，但父母明确表示赠与双方的除外。

当事人结婚后，父母为双方购置房屋出资的，依照约定处理；没有约定或者约定不明确的，按照民法典第一千零六十二条第一款第四项规定的原则处理。

第三十条　军人的伤亡保险金、伤残补助金、医药生活补助费属于个人财产。

第三十一条　民法典第一千零六十三条规定为夫妻一方的个人财产，不因婚姻关系的延续而转化为夫妻共同财产。但当事人另有约定的除外。

第三十二条　婚前或者婚姻关系存续期间，当事人约定将一方所有的房产赠与另一方或者共有，赠与方在赠与房产变更登记之前撤销赠与，另一方请求判令继续履行的，人民法院可以按照民法典第六百五十八条的规定处理。

第三十三条　债权人就一方婚前所负个人债务向债务人的配偶主张权利的，人民法院不予支持。但债权人能够证明所负债务用于婚后家庭共同生活的除外。

第三十四条　夫妻一方与第三人串通，虚构债务，第三人主张该债务为夫妻共同债务的，人民法院不予支持。

夫妻一方在从事赌博、吸毒等违法犯罪活动中所负债务，第三人主张该债务为夫妻共同债务的，人民法院不予支持。

第三十五条　当事人的离婚协议或者人民法院生效判决、裁定、调解书已经对夫妻财产分割问题作出处理的，债权人仍有权就夫妻共同债务向男女双方主张权利。

一方就夫妻共同债务承担清偿责任后，主张由另一方按照离婚协议或者人民法院的法律文书承担相应债务的，人民法院应予支持。

第三十六条 夫或者妻一方死亡的，生存一方应当对婚姻关系存续期间的夫妻共同债务承担清偿责任。

第三十七条 民法典第一千零六十五条第三款所称“相对人知道该约定的”，夫妻一方对此负有举证责任。

第三十八条 婚姻关系存续期间，除民法典第一千零六十六条规定情形以外，夫妻一方请求分割共同财产的，人民法院不予支持。

四、父母子女关系

第三十九条 父或者母向人民法院起诉请求否认亲子关系，并已提供必要证据予以证明，另一方没有相反证据又拒绝做亲子鉴定的，人民法院可以认定否认亲子关系一方的主张成立。

父或者母以及成年子女起诉请求确认亲子关系，并提供必要证据予以证明，另一方没有相反证据又拒绝做亲子鉴定的，人民法院可以认定确认亲子关系一方的主张成立。

第四十条 婚姻关系存续期间，夫妻双方一致同意进行人工授精，所生子女应视为婚生子女，父母子女间的权利义务关系适用民法典的有关规定。

第四十一条 尚在校接受高中及其以下学历教育，或者丧失、部分丧失劳动能力等非因主观原因而无法维持正常生活的成年子女，可以认定为民法典第一千零六十七条规定的“不能独立生活的成年子女”。

第四十二条 民法典第一千零六十七条所称“抚养费”，包括子女生活费、教育费、医疗费等费用。

第四十三条 婚姻关系存续期间，父母双方或者一方拒不履行抚养子女义务，未成年子女或者不能独立生活的成年子女请求支付抚养费的，人民法院应予支持。

第四十四条 离婚案件涉及未成年子女抚养的，对不满两周岁的子女，按照民法典第一千零八十四条第三款规定的原则处理。母亲有下列情形之一，父亲请求直接抚养的，人民法院应予支持：

（一）患有久治不愈的传染性疾病或者其他严重疾病，子女不宜与其共同生活；

（二）有抚养条件不尽抚养义务，而父亲要求子女随其生活；

（三）因其他原因，子女确不宜随母亲生活。

第四十五条　父母双方协议不满两周岁子女由父亲直接抚养，并对子女健康成长无不利影响的，人民法院应予支持。

第四十六条　对已满两周岁的未成年子女，父母均要求直接抚养，一方有下列情形之一的，可予优先考虑：

（一）已做绝育手术或者因其他原因丧失生育能力；

（二）子女随其生活时间较长，改变生活环境对子女健康成长明显不利；

（三）无其他子女，而另一方有其他子女；

（四）子女随其生活，对子女成长有利，而另一方患有久治不愈的传染性疾病或者其他严重疾病，或者有其他不利于子女身心健康的情形，不宜与子女共同生活。

第四十七条　父母抚养子女的条件基本相同，双方均要求直接抚养子女，但子女单独随祖父母或者外祖父母共同生活多年，且祖父母或者外祖父母要求并且有能力帮助子女照顾孙子女或者外孙子女的，可以作为父或者母直接抚养子女的优先条件予以考虑。

第四十八条　在有利于保护子女利益的前提下，父母双方协议轮流直接抚养子女的，人民法院应予支持。

第四十九条　抚养费的数额，可以根据子女的实际需要、父母双方的负担能力和当地的实际生活水平确定。

有固定收入的，抚养费一般可以按其月总收入的百分之二十至三十的比例给付。负担两个以上子女抚养费的，比例可以适当提高，但一般不得超过月总收入的百分之五十。

无固定收入的，抚养费的数额可以依据当年总收入或者同行业平均收入，参照上述比例确定。

有特殊情况的，可以适当提高或者降低上述比例。

第五十条　抚养费应当定期给付，有条件的可以一次性给付。

第五十一条　父母一方无经济收入或者下落不明的，可以用其财物折抵抚养费。

第五十二条　父母双方可以协议由一方直接抚养子女并由直接抚养方负担子女全部抚养费。但是，直接抚养方的抚养能力明显不能保障子女所需费用，影响子女健康成长的，人民法院不予支持。

第五十三条 抚养费的给付期限，一般至子女十八周岁为止。

十六周岁以上不满十八周岁，以其劳动收入为主要生活来源，并能维持当地一般生活水平的，父母可以停止给付抚养费。

第五十四条 生父与继母离婚或者生母与继父离婚时，对曾受其抚养教育的继子女，继父或者继母不同意继续抚养的，仍应由生父或者生母抚养。

第五十五条 离婚后，父母一方要求变更子女抚养关系的，或者子女要求增加抚养费的，应当另行提起诉讼。

第五十六条 具有下列情形之一，父母一方要求变更子女抚养关系的，人民法院应予支持：

（一）与子女共同生活的一方因患严重疾病或者因伤残无力继续抚养子女；

（二）与子女共同生活的一方不尽抚养义务或有虐待子女行为，或者其与子女共同生活对子女身心健康确有不利影响；

（三）已满八周岁的子女，愿随另一方生活，该方又有抚养能力；

（四）有其他正当理由需要变更。

第五十七条 父母双方协议变更子女抚养关系的，人民法院应予支持。

第五十八条 具有下列情形之一，子女要求有负担能力的父或者母增加抚养费的，人民法院应予支持：

（一）原定抚养费数额不足以维持当地实际生活水平；

（二）因子女患病、上学，实际需要已超过原定数额；

（三）有其他正当理由应当增加。

第五十九条 父母不得因子女变更姓氏而拒付子女抚养费。父或者母擅自将子女姓氏改为继母或继父姓氏而引起纠纷的，应当责令恢复原姓氏。

第六十条 在离婚诉讼期间，双方均拒绝抚养子女的，可以先行裁定暂由一方抚养。

第六十一条 对拒不履行或者妨害他人履行生效判决、裁定、调解书中有关子女抚养义务的当事人或者其他人，人民法院可依照民事诉讼法第一百一十一条的规定采取强制措施。

五、离婚

第六十二条 无民事行为能力人的配偶有民法典第三十六条第一款规定行为，其他有监护资格的人可以要求撤销其监护资格，并依法指定新的监护人；变更后的监护人代理无民事行为能力一方提起离婚诉讼的，人民法院应予受理。

第六十三条　人民法院审理离婚案件，符合民法典第一千零七十九条第三款规定“应当准予离婚”情形的，不应当因当事人有过错而判决不准离婚。

第六十四条　民法典第一千零八十一条所称的“军人一方有重大过错”，可以依据民法典第一千零七十九条第三款前三项规定及军人有其他重大过错导致夫妻感情破裂的情形予以判断。

第六十五条　人民法院作出的生效的离婚判决中未涉及探望权，当事人就探望权问题单独提起诉讼的，人民法院应予受理。

第六十六条　当事人在履行生效判决、裁定或者调解书的过程中，一方请求中止探望的，人民法院在征询双方当事人意见后，认为需要中止探望的，依法作出裁定；中止探望的情形消失后，人民法院应当根据当事人的请求书面通知其恢复探望。

第六十七条　未成年子女、直接抚养子女的父或者母以及其他对未成年子女负担抚养、教育、保护义务的法定监护人，有权向人民法院提出中止探望的请求。

第六十八条　对于拒不协助另一方行使探望权的有关个人或者组织，可以由人民法院依法采取拘留、罚款等强制措施，但是不能对子女的人身、探望行为进行强制执行。

第六十九条　当事人达成的以协议离婚或者到人民法院调解离婚为条件的财产以及债务处理协议，如果双方离婚未成，一方在离婚诉讼中反悔的，人民法院应当认定该财产以及债务处理协议没有生效，并根据实际情况依照民法典第一千零八十七条和第一千零八十九条的规定判决。

当事人依照民法典第一千零七十六条签订的离婚协议中关于财产以及债务处理的条款，对男女双方具有法律约束力。登记离婚后当事人因履行上述协议发生纠纷提起诉讼的，人民法院应当受理。

第七十条　夫妻双方协议离婚后就财产分割问题反悔，请求撤销财产分割协议的，人民法院应当受理。

人民法院审理后，未发现订立财产分割协议时存在欺诈、胁迫等情形的，应当依法驳回当事人的诉讼请求。

第七十一条　人民法院审理离婚案件，涉及分割发放到军人名下的复员费、自主择业费等一次性费用的，以夫妻婚姻关系存续年限乘以年平均值，所得数额为夫妻共同财产。

前款所称年平均值，是指将发放到军人名下的上述费用总额按具体年限均分得出的数额。其具体年限为人均寿命七十岁与军人入伍时实际年龄的差额。

第七十二条 夫妻双方分割共同财产中的股票、债券、投资基金份额等有价证券以及未上市股份有限公司股份时，协商不成或者按市价分配有困难的，人民法院可以根据数量按比例分配。

第七十三条 人民法院审理离婚案件，涉及分割夫妻共同财产中以一方名义在有限责任公司的出资额，另一方不是该公司股东的，按以下情形分别处理：

（一）夫妻双方协商一致将出资额部分或者全部转让给该股东的配偶，其他股东过半数同意，并且其他股东均明确表示放弃优先购买权的，该股东的配偶可以成为该公司股东；

（二）夫妻双方就出资额转让份额和转让价格等事项协商一致后，其他股东半数以上不同意转让，但愿意以同等条件购买该出资额的，人民法院可以对转让出资所得财产进行分割。其他股东半数以上不同意转让，也不愿意以同等条件购买该出资额的，视为其同意转让，该股东的配偶可以成为该公司股东。

用于证明前款规定的股东同意的证据，可以是股东会议材料，也可以是当事人通过其他合法途径取得的股东的书面声明材料。

第七十四条 人民法院审理离婚案件，涉及分割夫妻共同财产中以一方名义在合伙企业中的出资，另一方不是该企业合伙人的，当夫妻双方协商一致，将其合伙企业中的财产份额全部或者部分转让给对方时，按以下情形分别处理：

（一）其他合伙人一致同意的，该配偶依法取得合伙人地位；

（二）其他合伙人不同意转让，在同等条件下行使优先购买权的，可以对转让所得的财产进行分割；

（三）其他合伙人不同意转让，也不行使优先购买权，但同意该合伙人退伙或者削减部分财产份额的，可以对结算后的财产进行分割；

（四）其他合伙人既不同意转让，也不行使优先购买权，又不同意该合伙人退伙或者削减部分财产份额的，视为全体合伙人同意转让，该配偶依法取得合伙人地位。

第七十五条 夫妻以一方名义投资设立个人独资企业的，人民法院分割夫妻在该个人独资企业中的共同财产时，应当按照以下情形分别处理：

（一）一方主张经营该企业的，对企业资产进行评估后，由取得企业资产所有权一方给予另一方相应的补偿；

（二）双方均主张经营该企业的，在双方竞价基础上，由取得企业资产所有权的一方给予另一方相应的补偿；

（三）双方均不愿意经营该企业的，按照《中华人民共和国个人独资企业法》等有关规定办理。

第七十六条　双方对夫妻共同财产中的房屋价值及归属无法达成协议时，人民法院按以下情形分别处理：

（一）双方均主张房屋所有权并且同意竞价取得的，应当准许；

（二）一方主张房屋所有权的，由评估机构按市场价格对房屋作出评估，取得房屋所有权的一方应当给予另一方相应的补偿；

（三）双方均不主张房屋所有权的，根据当事人的申请拍卖、变卖房屋，就所得价款进行分割。

第七十七条　离婚时双方对尚未取得所有权或者尚未取得完全所有权的房屋有争议且协商不成的，人民法院不宜判决房屋所有权的归属，应当根据实际情况判决由当事人使用。

当事人就前款规定的房屋取得完全所有权后，有争议的，可以另行向人民法院提起诉讼。

第七十八条　夫妻一方婚前签订不动产买卖合同，以个人财产支付首付款并在银行贷款，婚后用夫妻共同财产还贷，不动产登记于首付款支付方名下的，离婚时该不动产由双方协议处理。

依前款规定不能达成协议的，人民法院可以判决该不动产归登记一方，尚未归还的贷款为不动产登记一方的个人债务。双方婚后共同还贷支付的款项及其相对应财产增值部分，离婚时应根据民法典第一千零八十七条第一款规定的原则，由不动产登记一方对另一方进行补偿。

第七十九条　婚姻关系存续期间，双方用夫妻共同财产出资购买以一方父母名义参加房改的房屋，登记在一方父母名下，离婚时另一方主张按照夫妻共同财产对该房屋进行分割的，人民法院不予支持。购买该房屋时的出资，可以作为债权处理。

第八十条　离婚时夫妻一方尚未退休、不符合领取基本养老金条件，另一方请求按照夫妻共同财产分割基本养老金的，人民法院不予支持；婚后以夫妻共同财产缴纳基本养老保险费，离婚时一方主张将养老金账户中婚姻关系存续期间个人实际缴纳部分及利息作为夫妻共同财产分割的，人民法院应予支持。

第八十一条 婚姻关系存续期间，夫妻一方作为继承人依法可以继承的遗产，在继承人之间尚未实际分割，起诉离婚时另一方请求分割的，人民法院应当告知当事人在继承人之间实际分割遗产后另行起诉。

第八十二条 夫妻之间订立借款协议，以夫妻共同财产出借给一方从事个人经营活动或者用于其他个人事务的，应视为双方约定处分夫妻共同财产的行为，离婚时可以按照借款协议的约定处理。

第八十三条 离婚后，一方以尚有夫妻共同财产未处理为由向人民法院起诉请求分割的，经审查该财产确属离婚时未涉及的夫妻共同财产，人民法院应当依法予以分割。

第八十四条 当事人依据民法典第一千零九十二条的规定向人民法院提起诉讼，请求再次分割夫妻共同财产的诉讼时效期间为三年，从当事人发现之日起计算。

第八十五条 夫妻一方申请对配偶的个人财产或者夫妻共同财产采取保全措施的，人民法院可以在采取保全措施可能造成损失的范围内，根据实际情况，确定合理的财产担保数额。

第八十六条 民法典第一千零九十一条规定的“损害赔偿”，包括物质损害赔偿和精神损害赔偿。涉及精神损害赔偿的，适用《最高人民法院关于确定民事侵权精神损害赔偿责任若干问题的解释》的有关规定。

第八十七条 承担民法典第一千零九十一条规定的损害赔偿责任的主体，为离婚诉讼当事人中无过错方的配偶。

人民法院判决不准离婚的案件，对于当事人基于民法典第一千零九十一条提出的损害赔偿请求，不予支持。

在婚姻关系存续期间，当事人不起诉离婚而单独依据民法典第一千零九十一条提起损害赔偿请求的，人民法院不予受理。

第八十八条 人民法院受理离婚案件时，应当将民法典第一千零九十一条等规定中当事人的有关权利义务，书面告知当事人。在适用民法典第一千零九十一条时，应当区分以下不同情况：

（一）符合民法典第一千零九十一条规定的无过错方作为原告基于该条规定向人民法院提起损害赔偿请求的，必须在离婚诉讼的同时提出。

（二）符合民法典第一千零九十一条规定的无过错方作为被告的离婚诉讼

案件，如果被告不同意离婚也不基于该条规定提起损害赔偿请求的，可以就此单独提起诉讼。

（三）无过错方作为被告的离婚诉讼案件，一审时被告未基于民法典第一千零九十一条规定提出损害赔偿请求，二审期间提出的，人民法院应当进行调解；调解不成的，告知当事人另行起诉。双方当事人同意由第二审人民法院一并审理的，第二审人民法院可以一并裁判。

第八十九条　当事人在婚姻登记机关办理离婚登记手续后，以民法典第一千零九十一条规定为由向人民法院提出损害赔偿请求的，人民法院应当受理。但当事人在协议离婚时已经明确表示放弃该项请求的，人民法院不予支持。

第九十条　夫妻双方均有民法典第一千零九十一条规定的过错情形，一方或者双方向对方提出离婚损害赔偿请求的，人民法院不予支持。

六、附则

第九十一条　本解释自 2021 年 1 月 1 日起施行。

最高人民法院关于适用《中华人民共和国民法典》继承编的解释（一）

（法释〔2020〕23号）

为正确审理继承纠纷案件，根据《中华人民共和国民法典》等相关法律规定，结合审判实践，制定本解释。

一、一般规定

第一条 继承从被继承人生理死亡或者被宣告死亡时开始。

宣告死亡的，根据民法典第四十八条规定确定的死亡日期，为继承开始的时间。

第二条 承包人死亡时尚未取得承包收益的，可以将死者生前对承包所投入的资金和所付出的劳动及其增值和孳息，由发包单位或者接续承包合同的人合理折价、补偿。其价额作为遗产。

第三条 被继承人生前与他人订有遗赠扶养协议，同时又立有遗嘱的，继承开始后，如果遗赠扶养协议与遗嘱没有抵触，遗产分别按协议和遗嘱处理；如果有抵触，按协议处理，与协议抵触的遗嘱全部或者部分无效。

第四条 遗嘱继承人依遗嘱取得遗产后，仍有权依照民法典第一千一百三十条的规定取得遗嘱未处分的遗产。

第五条 在遗产继承中，继承人之间因是否丧失继承权发生纠纷，向人民法院提起诉讼的，由人民法院依据民法典第一千一百二十五条的规定，判决确认其是否丧失继承权。

第六条 继承人是否符合民法典第一千一百二十五条第一款第三项规定的“虐待被继承人情节严重”，可以从实施虐待行为的时间、手段、后果和社会影响等方面认定。

虐待被继承人情节严重的，不论是否追究刑事责任，均可确认其丧失继承权。

第七条 继承人故意杀害被继承人的，不论是既遂还是未遂，均应当确认其丧失继承权。

第八条　继承人有民法典第一千一百二十五条第一款第一项或者第二项所列之行为，而被继承人以遗嘱将遗产指定由该继承人继承的，可以确认遗嘱无效，并确认该继承人丧失继承权。

第九条　继承人伪造、篡改、隐匿或者销毁遗嘱，侵害了缺乏劳动能力又无生活来源的继承人的利益，并造成其生活困难的，应当认定为民法典第一千一百二十五条第一款第四项规定的“情节严重”。

二、法定继承

第十条　被收养人对养父母尽了赡养义务，同时又对生父母扶养较多的，除可以依照民法典第一千一百二十七条的规定继承养父母的遗产外，还可以依照民法典第一千一百三十一条的规定分得生父母适当的遗产。

第十一条　继子女继承了继父母遗产的，不影响其继承生父母的遗产。

继父母继承了继子女遗产的，不影响其继承生子女的遗产。

第十二条　养子女与生子女之间、养子女与养子女之间，系养兄弟姐妹，可以互为第二顺序继承人。

被收养人与其亲兄弟姐妹之间的权利义务关系，因收养关系的成立而消除，不能互为第二顺序继承人。

第十三条　继兄弟姐妹之间的继承权，因继兄弟姐妹之间的扶养关系而发生。没有扶养关系的，不能互为第二顺序继承人。

继兄弟姐妹之间相互继承了遗产的，不影响其继承亲兄弟姐妹的遗产。

第十四条　被继承人的孙子女、外孙子女、曾孙子女、外曾孙子女都可以代位继承，代位继承人不受辈数的限制。

第十五条　被继承人的养子女、已形成扶养关系的继子女的生子女可以代位继承；被继承人亲生子女的养子女可以代位继承；被继承人养子女的养子女可以代位继承；与被继承人已形成扶养关系的继子女的养子女也可以代位继承。

第十六条　代位继承人缺乏劳动能力又没有生活来源，或者对被继承人尽过主要赡养义务的，分配遗产时，可以多分。

第十七条　继承人丧失继承权的，其晚辈直系血亲不得代位继承。如该代位继承人缺乏劳动能力又没有生活来源，或者对被继承人尽赡养义务较多的，可以适当分给遗产。

第十八条 丧偶儿媳对公婆、丧偶女婿对岳父母，无论其是否再婚，依照民法典第一千一百二十九条规定作为第一顺序继承人时，不影响其子女代位继承。

第十九条 对被继承人生活提供了主要经济来源，或者在劳务等方面给予了主要扶助的，应当认定其尽了主要赡养义务或主要扶养义务。

第二十条 依照民法典第一千一百三十一条规定可以分给适当遗产的人，分给他们遗产时，按具体情况可以多于或者少于继承人。

第二十一条 依照民法典第一千一百三十一条规定可以分给适当遗产的人，在其依法取得被继承人遗产的权利受到侵犯时，本人有权以独立的诉讼主体资格向人民法院提起诉讼。

第二十二条 继承人有扶养能力和扶养条件，愿意尽扶养义务，但被继承人因有固定收入和劳动能力，明确表示不要求其扶养的，分配遗产时，一般不应因此而影响其继承份额。

第二十三条 有扶养能力和扶养条件的继承人虽然与被继承人共同生活，但对需要扶养的被继承人不尽扶养义务，分配遗产时，可以少分或者不分。

三、遗嘱继承和遗赠

第二十四条 继承人、受遗赠人的债权人、债务人，共同经营的合伙人，也应当视为与继承人、受遗赠人有利害关系，不能作为遗嘱的见证人。

第二十五条 遗嘱人未保留缺乏劳动能力又没有生活来源的继承人的遗产份额，遗产处理时，应当为该继承人留下必要的遗产，所剩余的部分，才可参照遗嘱确定的分配原则处理。

继承人是否缺乏劳动能力又没有生活来源，应当按遗嘱生效时该继承人的具体情况确定。

第二十六条 遗嘱人以遗嘱处分了国家、集体或者他人财产的，应当认定该部分遗嘱无效。

第二十七条 自然人在遗书中涉及死后个人财产处分的内容，确为死者的真实意思表示，有本人签名并注明了年、月、日，又无相反证据的，可以按自书遗嘱对待。

第二十八条 遗嘱人立遗嘱时必须具有完全民事行为能力。无民事行为能力人或者限制民事行为能力人所立的遗嘱，即使其本人后来具有完全民事行为能力，仍属无效遗嘱。遗嘱人立遗嘱时具有完全民事行为能力，后来成为无民事行为能力人或者限制民事行为能力人的，不影响遗嘱的效力。

第二十九条 附义务的遗嘱继承或者遗赠，如义务能够履行，而继承人、受遗赠人无正当理由不履行，经受益人或者其他继承人请求，人民法院可以取消其接受附义务部分遗产的权利，由提出请求的继承人或者受益人负责按遗嘱人的意愿履行义务，接受遗产。

四、遗产的处理

第三十条 人民法院在审理继承案件时，如果知道有继承人而无法通知的，分割遗产时，要保留其应继承的遗产，并确定该遗产的保管人或者保管单位。

第三十一条 应当为胎儿保留的遗产份额没有保留的，应从继承人所继承的遗产中扣回。

为胎儿保留的遗产份额，如胎儿出生后死亡的，由其继承人继承；如胎儿娩出时是死体的，由被继承人的继承人继承。

第三十二条 继承人因放弃继承权，致其不能履行法定义务的，放弃继承权的行为无效。

第三十三条 继承人放弃继承应当以书面形式向遗产管理人或者其他继承人表示。

第三十四条 在诉讼中，继承人向人民法院以口头方式表示放弃继承的，要制作笔录，由放弃继承的人签名。

第三十五条 继承人放弃继承的意思表示，应当在继承开始后、遗产分割前作出。遗产分割后表示放弃的不再是继承权，而是所有权。

第三十六条 遗产处理前或者在诉讼进行中，继承人对放弃继承反悔的，由人民法院根据其提出的具体理由，决定是否承认。遗产处理后，继承人对放弃继承反悔的，不予承认。

第三十七条 放弃继承的效力，追溯到继承开始的时间。

第三十八条 继承开始后，受遗赠人表示接受遗赠，并于遗产分割前死亡的，其接受遗赠的权利转移给他的继承人。

第三十九条 由国家或者集体组织供给生活费用的烈属和享受社会救济的自然人，其遗产仍应准许合法继承人继承。

第四十条 继承人以外的组织或者个人与自然人签订遗赠扶养协议后，无正当理由不履行，导致协议解除的，不能享有受遗赠的权利，其支付的供养费用一般不予补偿；遗赠人无正当理由不履行，导致协议解除的，则应当偿还继承人以外的组织或者个人已支付的供养费用。

第四十一条 遗产因无人继承又无人受遗赠归国家或者集体所有制组织所有时，按照民法典第一千一百三十一条规定可以分给适当遗产的人提出取得遗产的诉讼请求，人民法院应当视情况适当分给遗产。

第四十二条 人民法院在分割遗产中的房屋、生产资料和特定职业所需要的财产时，应当依据有利于发挥其使用效益和继承人的实际需要，兼顾各继承人的利益进行处理。

第四十三条 人民法院对故意隐匿、侵吞或者争抢遗产的继承人，可以酌情减少其应继承的遗产。

第四十四条 继承诉讼开始后，如继承人、受遗赠人中有既不愿参加诉讼，又不表示放弃实体权利的，应当追加为共同原告；继承人已书面表示放弃继承、受遗赠人在知道受遗赠后六十日内表示放弃受遗赠或者到期没有表示的，不再列为当事人。

五、附则

第四十五条 本解释自 2021 年 1 月 1 日起施行。

最高人民法院关于进一步深化家事审判方式和工作机制改革的意见（试行）

（法发〔2018〕12号）

各省、自治区、直辖市高级人民法院，解放军军事法院，新疆维吾尔自治区高级人民法院生产建设兵团分院：

为贯彻以人民为中心的思想，推动家事审判工作改革，发挥家事审判职能作用，最高人民法院自2016年6月1日起在全国范围内选择部分法院开展家事审判方式和工作机制改革试点工作。在总结试点工作基础上，现就进一步深化家事审判方式和工作机制改革提出如下意见：

一、总体要求

1. 准确把握改革的方向目标，维护婚姻家庭和谐稳定，依法保障未成年人、妇女和老年人的合法权益，培育和践行社会主义核心价值观，促进社会和谐健康发展，不断满足人民日益增长的美好生活需要和对家事审判工作的新需求新期待。

2. 牢固树立人性化的审判理念，对当事人的保护要从身份利益、财产利益延伸到人格利益、安全利益和情感利益，保护当事人隐私，注重人文关怀，充分发挥家事审判对婚姻关系的诊断、修复和治疗作用，弘扬文明进步的婚姻家庭伦理观念，推进家风建设和家庭美德建设。

3. 切实转变工作方式，强化法官的职权探知、自由裁量和对当事人处分权的适当干预，注意区分婚姻危机和婚姻死亡，正确处理保护婚姻自由与维护家庭稳定的关系，充分发挥家事调查报告、心理疏导报告及大数据的应用，力求裁判标准客观化以及裁判文书说理情理法相结合。

4. 不断创新工作机制，积极争取各级党委和政府的支持，加强与相关职能部门和单位的协调配合，动员和激励社会各界力量共同参与，推动建立司法、行政和社会相结合的多元化纠纷解决机制，共同打造共建共治共享的社会治理格局。

5. 积极推进机构队伍专业化建设，组建专业化家事审判机构或者团队，探索建立特别的家事法官准入机制、培训机制和考核机制，探索配备专门从事家事调解、家事调查、心理辅导等工作的司法辅助人员，加强家事法官的职业安全保障，完善极端化事件防控措施。

二、家事调解

6. 人民法院审理家事案件，应当增强调解意识，拓展调解方式，创新调解机制，提高调解能力，将调解贯穿案件审判全过程。婚姻效力、身份关系确认、人身安全保护令申请等根据案件性质不能进行调解的案件除外。

7. 依托特邀调解做好家事案件调解工作，通过在立案前委派或者立案后委托特邀调解组织、特邀调解员依法进行调解，促使当事人在平等协商基础上达成调解协议，解决纠纷。可以设立家事调解委员会，设定入册条件，规范家事领域特邀调解程序。

8. 依法成立的人民调解、行政调解、商事调解、行业调解及其他具有调解职能的组织，可以申请加入家事调解委员会特邀调解组织名册。品行良好、公道正派、热心调解工作并具有较强沟通协调能力的个人可以申请加入家事调解委员会特邀调解员名册。人民法院可以邀请人大代表、政协委员、人民陪审员、专家学者、律师、基层法律服务工作者、仲裁员、退休法律工作者、基层工作者以及其他具有社会、人文、法律、教育、心理、婚姻家庭等方面专业知识的个人加入家事调解委员会特邀调解员名册。少数民族聚居地区可邀请熟悉当地语言、风俗习惯、宗教信仰等情形的个人加入家事调解委员会特邀调解员名册。

9. 对适宜调解的纠纷，登记立案前，经当事人同意或者当事人虽未提出调解申请但人民法院认为有必要调解的，可以委派给特邀调解组织或者特邀调解员进行调解。当事人情绪或心理受到严重困扰，无法正常发表意见，情况紧急需要尽快启动有关诉讼程序的案件，除双方当事人申请外，不得进行立案登记前委派调解。

10. 对适宜调解的纠纷，登记立案后，人民法院可以自行调解，也可以委托给特邀调解组织或者特邀调解员进行调解。

11. 离婚案件的调解，双方当事人应亲自到场。当事人确因特殊情况无法到场参加调解的，除本人不能表达意志的以外，应当出具书面意见。

12. 家事案件的调解过程不公开，但当事人均同意公开的除外。主持调解以及参与调解的人员，对调解过程以及调解过程中获悉的国家秘密、商业秘密、个人隐私和其他不宜公开的信息，应当保守秘密。调解人员违反保密义务给当事人造成损害的，应当承担相应法律责任。

13. 委托调解过程中，特邀调解员认为有事实问题需要进行调查的，可以向人民法院提出申请。人民法院根据案情需要，决定是否委托家事调查员进行调查。

14. 有关调解以及特邀调解的其他事项，适用《中华人民共和国民事诉讼法》《中华人民共和国人民调解法》《最高人民法院关于人民法院特邀调解的规定》等相关规定。

三、家事调查

15. 家事案件审理过程中，对于需要进一步查明的事项，人民法院可以自行调查取证，可以委托相关机构进行调查，也可以委托家事调查员对特定事实进行调查。

16. 人民法院应当建立家事调查员名册。建立名册的法院应当为入册的家事调查员颁发证书，并对名册进行管理。上级法院建立的名册，下级法院可以使用。

17. 家事调查员由司法行政、教育部门、妇联、共青团、社区等单位及基层群众组织推荐，由人民法院选任。人民法院可以邀请人大代表、政协委员、人民陪审员、人民调解员、专家学者、律师、基层法律服务工作者、仲裁员、退休法律工作者、基层工作者以及其他具有社会、人文、法律、教育、心理、婚姻家庭等方面专业知识的人员加入家事调查员名册。

18. 家事调查员应当品行良好、公道正派、热心群众工作并具有较强沟通协调能力和丰富的社会知识经验，具有基层工作经历和适宜处理家事纠纷专业背景的个人可优先选任。少数民族聚居地区可考虑优先选任熟悉当地语言、风俗习惯、宗教信仰等的个人。

19. 具体案件中的家事调查员应不少于两人，由人民法院在名册中选择。人民法院选择家事调查员后，应当在 3 日内通知当事人。当事人对家事调查员有异议且有正当理由的，或者双方当事人共同选择其他家事调查员的，人民法院应当另行选择确认。

20. 家事调查员有下列情形之一的，当事人有权申请回避：

（1）是一方当事人或者其代理人近亲属的；

（2）与纠纷有利害关系的；

（3）与当事人、代理人有其他关系，可能影响公正调查的。

家事调查员有上述情形的，应当自行回避，但是双方当事人同意由该调查员调查的除外。

家事调查员的回避由人民法院决定。

21. 人民法院根据案件审理需要，可以委托家事调查员调查下列事项：

（1）当事人的个人经历、性格、教育程度、身心状况、家庭情况、夫妻关系、居住环境、工作情况等；

（2）对子女的抚养情况、子女的心理状况及学习状况等；

（3）对老人的赡养情况等；

（4）其他需要调查的事项。

22. 家事调查员可以采取下列方式进行调查：

（1）与当事人本人及其父母、子女或其他有关人员面谈交流，观察当事人与其子女、父母或其他有关人员之间的关系；

（2）征询八周岁以上的子女对抚养事项及探望事项的意愿和态度；

（3）走访当事人居住的社区、所在单位、子女的学校等；

（4）其他调查方式。

23. 每一项调查事项，均应由两名以上家事调查员共同进行调查。家事调查员应当自人民法院委托调查之日起 15 日内完成调查工作，向人民法院出具书面调查报告。如在上述期限内完成调查事项确有困难的，可以向人民法院申请延长，但最长不超过 30 日。调查报告应当包括人民法院委托调查的所有事项，可以包括家事调查员的分析和建议。

24. 人民法院在收到家事调查报告后，应当向当事人告知家事调查报告的内容，并允许当事人陈述意见。家事调查报告可以作为人民法院审理案件的参考。

25. 家事调查员在调查过程中获知当事人有家庭暴力、危害未成年人合法权益等情形时，应当及时向人民法院报告，同时可向其他相关职能部门、救助机构报告。

26. 家事调查员对于其在调查过程中知悉的商业秘密或个人隐私，负有保密义务。家事调查员违反保密义务给当事人造成损害的，应当承担相应法律责任。

27. 家事调查员不得有以下行为：

（1）在调查过程中借机招揽业务；

（2）向当事人收取费用；

（3）接受当事人请托或收受不正当利益；

（4）不当履行职务，损害当事人合法权益的其他行为。

当事人发现存在上述情形的，可以向人民法院投诉。经审查属实的，人民法院应当立即停止其调查工作，对其提交的调查报告不予采纳，并视情形对其作出警告、通报、除名等相应处理。

四、心理疏导

28. 具有下列情形之一的，人民法院根据实际情况可以建议案件当事人或者未成年人接受心理疏导：

（1）一方当事人同意离婚，对方当事人不同意离婚并且情绪激动的；

（2）探望权纠纷、监护权纠纷以及其他有关亲子关系纠纷的案件中，当事人情绪波动较大的；

（3）存在家庭暴力行为，对当事人身心健康造成较大影响的；

（4）案件所涉及的未成年人情绪波动较大或者有反常行为，需要心理疏导的；

（5）其他需要进行心理疏导的情形。

29. 人民法院可以与当地政府有关机构或者有关心理学组织机构、心理学教育研究机构建立对家事案件当事人或者未成年人进行心理疏导的协作机制。具体协作机制形式、内容由人民法院与有关机构和组织协商确定。

30. 人民法院负责筛选需要心理疏导介入的案件，并启动心理疏导程序。协作机构负责选派心理疏导师具体实施心理疏导工作。

31. 人民法院经审查认为案件当事人或者未成年人需要接受心理疏导的，可向案件当事人或者未成年人的监护人提出心理疏导建议。当事人或者未成年人的监护人同意接受心理疏导的，应填写《同意接受心理疏导确认书》。当事人亦可主动申请接受心理疏导，并提交《心理疏导申请书》。

人民法院应在收到《同意接受心理疏导确认书》或者《心理疏导申请书》之后 3 日内，向协作机构发出《心理疏导工作联系函》。协作机构回函表示同意后 3 日内，人民法院应当与当事人及协作机构协商确定心理疏导的时间和地点。

32. 心理疏导过程中，当事人明确表示不同意继续接受心理疏导的，应当予以终止，人民法院应在案卷中注明。

33. 心理疏导师对其在心理疏导过程中知悉的当事人的商业秘密或个人隐私负有保密义务。心理疏导师违反保密义务给当事人造成损害的，应当承担相应法律责任。

34. 心理疏导工作结束后，协作机构应向人民法院出具心理疏导情况报告，人民法院可以将之作为审理案件的参考。心理疏导的相关材料随案归于副卷，不得对外公开。

五、审理规程

35. 人民法院在开庭前应当告知当事人一般诉讼权利义务、举证责任分配原则、有权申请调查取证、签发人身安全保护令、法律援助、减免诉讼费用等内容。

36. 涉及个人隐私的家事案件，人民法院应当不公开审理。涉及未成年人的家事案件，如果公开审理不利于保护未成年人利益的，人民法院应当不公开审理。

离婚案件，在开庭前，人民法院应当询问当事人是否申请不公开审理。当事人申请不公开的，可以不公开审理。

其他家事案件，当事人申请不公开审理的，人民法院经审查认为不宜公开审理的，可以不公开审理。

37. 身份关系确认案件以及离婚案件，除本人不能表达意志的以外，当事人应当亲自到庭参加诉讼。当事人为无民事行为能力人的，其法定代理人应当到庭。确因特殊情况无法出庭的，必须向人民法院提交书面意见，并委托诉讼代理人到庭参加诉讼。

应当到庭参加诉讼的当事人经传票传唤无正当理由拒不到庭的，属于原告方的，依照民事诉讼法第一百四十三条的规定，可以按撤诉处理；属于被告方的，依照民事诉讼法第一百四十四条的规定，可以缺席判决。

无民事行为能力的当事人的法定代理人，经传票传唤无正当理由拒不到庭的，比照上述规定处理。必要时，人民法院可以拘传其到庭。

确因特殊情况无法出庭的当事人、证人和鉴定人，经人民法院准许后，可以声音或影像传输的形式，参加开庭审理及其他诉讼活动。

38. 人民法院审理家事案件，涉及确定子女抚养权的，应当充分听取八周岁以上子女的意见。必要时，人民法院可以单独询问未成年子女的意见，并提供符合未成年人心理特点的询问环境。

39. 人民法院审理离婚案件，应当对子女抚养、财产分割问题一并处理。对财产分割问题确实不宜一并处理的，可以告知当事人另行起诉。

当事人在离婚诉讼中未对子女抚养、财产分割问题提出诉讼请求的，人民法院应当向当事人释明，引导当事人明确诉讼请求。当事人就子女抚养问题未达成一致，又坚持不要求人民法院处理子女抚养问题的，可以判决不准离婚。

40. 人民法院审理离婚案件，经双方当事人同意，可以设置不超过 3 个月的冷静期。

在冷静期内，人民法院可以根据案件情况开展调解、家事调查、心理疏导等工作。冷静期结束，人民法院应通知双方当事人。

41. 人民法院判决或者调解离婚的案件，根据当事人的申请，人民法院可以为当事人出具离婚证明书。

42. 监护权纠纷、探望权纠纷、抚养纠纷等涉及未成年人的案件，对于与未成年人利益保护相关的事实，人民法院应当根据当事人的申请或者依职权进行调查取证。

43. 离婚案件中，对于当事人的财产状况等事实，当事人难以举证又影响案件审理结果的，人民法院应当根据当事人的申请及提供的明确的线索，向有关金融机构、当事人所在单位等相关机构调查取证。

当事人自认的涉及身份关系确认或社会公共利益的事实，在没有其他证据证明的情形下，一般不能单独作为定案依据。

44. 对于涉及财产分割问题的离婚纠纷案件，人民法院在向当事人送达受理案件通知书和应诉通知书时，应当同时送达《家事案件当事人财产申报表》。

当事人应当在举证期限届满前填写《家事案件当事人财产申报表》，全面、准确地申报夫妻共同财产和个人财产的有关状况。

人民法院应当明确告知当事人不如实申报财产应承担的法律后果。对于拒不申报或故意不如实申报财产的当事人，除在分割夫妻共同财产时可依法对其少分或者不分外，还可对当事人予以训诫；情形严重者，可记入社会征信系统或从业诚信记录；构成妨碍民事诉讼的，可以采取罚款、拘留等强制措施。

45. 当事人向人民法院申请人身安全保护令，应当提供其遭受家庭暴力或者存在家庭暴力风险的证据，人民法院经审查认为存在家庭暴力风险的，应当及时发出人身安全保护令。

六、队伍建设

46. 中级人民法院、基层人民法院可以在规定的内设机构总数内，通过加挂牌子或者单独设置的方式设立家事审判业务机构。不具备条件的，可以在相关审判庭内设立专业化的合议庭或者审判团队负责审理家事案件。

47. 审理家事案件的法官，除法律知识外，还应当掌握一定社会学、教育学和心理学知识。

家事审判合议庭组成人员应当至少有一名女性法官或者女性人民陪审员。

人民法院要定期对从事家事案件审理工作的法官、法官助理、书记员、人民陪审员等进行审判业务、调解技能、心理学等方面的培训，加强家事案件审判人员司法能力建设。

48. 人民法院可以为法官配备特邀调解员、家事调查员、心理学专业人员等司法辅助人员，配合审理家事案件。

人民法院可以会同妇联、司法行政、卫生等部门定期组织司法辅助人员参加培训，并进行考核。

49. 人民法院应当根据实际情况向特邀调解员、家事调查员发放误工、交通等补贴，对表现突出的特邀调解组织、特邀调解员和家事调查员给予物质或者荣誉奖励。

人民法院聘请心理疏导师开展相关工作，应当给付适当的报酬。

上述补贴经费或者报酬经费应当纳入人民法院专项预算。人民法院可以根据有关规定向有关部门申请专项经费。

最高人民法院

2018 年 7 月 18 日

最高人民法院　全国妇联
关于进一步加强合作建立健全妇女儿童权益保护工作机制的通知

（法发〔2019〕21号）

各省、自治区、直辖市高级人民法院，解放军军事法院，新疆维吾尔自治区高级人民法院生产建设兵团分院；各省、自治区、直辖市妇联，新疆生产建设兵团妇联：

为深入贯彻推进《最高人民法院关于进一步深化家事审判方式和工作机制改革的意见（试行）》（法发〔2018〕12号）和《全国妇联、中央综治办、最高人民法院、公安部、民政部、司法部关于做好婚姻家庭纠纷预防化解工作的意见》（妇字〔2017〕13号），在深化家事审判改革过程中，加强人民法院与妇联组织的协同配合，依法维护妇女儿童合法权益，现提出如下措施，请各地结合实际，加以落实。

1. 各级人民法院和妇联组织要以依法保障妇女儿童合法权益，维护平等和睦文明的婚姻家庭关系，促进社会健康发展为目标，充分发挥各自职能作用，在家事调解、家事调查、心理疏导以及反家庭暴力等方面充分加强沟通、协调和配合，建立健全法院诉讼与妇联组织调解有效对接的工作机制，促使婚姻家庭纠纷得到及时化解，妇女儿童合法权益得到有效保护。

2. 各级人民法院应当与同级妇联组织建立健全沟通协调的工作机制，通过定期召开工作联席会议等方式，通报妇女儿童权益保护工作情况，研究解决工作中出现的新情况、新问题，制定婚姻家庭纠纷审判人员、人民陪审员和妇联人民调解员、社会调查员等人员的选任和培训计划等。

3. 各级人民法院和妇联组织要进一步密切家事调解领域的合作。县（市、区）妇联组织加大工作力度，会同司法行政机关等建立健全婚姻家庭纠纷人民调解委员会，选聘专职人民调解员，加强法律、心理、社会工作、妇联维权等领域专业人员担任人民调解员工作，深入开展婚姻家庭纠纷调解。人民法院鼓励支持妇联组织参与人民法院诉调对接工作。各级人民法院与妇联组织开展特邀调解合作时，应当将婚姻家庭纠纷人民调解委员会和人民调解员纳入人民法院特邀调解组织和特邀调解员名册。

对人民法院委派、委托、特邀调解的案件，婚姻家庭纠纷人民调解委员会和人民调解员可以在职权范围内，充分运用妇联组织开展家庭工作的专业优势和传统经验，认真组织开展调解工作。妇联组织、人民调解员应就案件进展情况与人民法院保持联系，及时告知调解结果。

4. 各级人民法院和妇联组织要进一步密切委托家事调查领域的合作。各级妇联组织应当积极向同级人民法院推荐具有性别意识，熟悉法律、心理、婚姻家庭等方面专业知识的人员作为家事调查员人选。人民法院应当建立健全家事调查员名册，并对家事调查的开展及调查报告的制作作出规范性规定和要求，家事调查员依此开展工作。如案件当事人对调查报告的内容提出异议，人民法院可以要求家事调查员出庭说明情况，或由家事调查员对当事人的异议进行书面说明。

5. 对涉及未成年人的离婚、抚养费、抚养权、探望权等亲权关系诉讼，人民法院和妇联组织应当加强对家长亲职教育的合作。诉讼中，人民法院应对家长给予诉讼指导，引导其从儿童利益最大化角度考虑亲权诉讼，解决家庭矛盾。人民法院也可以委托妇联组织推荐专业力量对家长开展亲职教育，积极引导家长正确处理亲子关系和家庭矛盾。

6. 在人民陪审员的选任上，各级妇联组织和人民法院应进一步加强沟通合作。在涉及婚姻家庭纠纷案件中，人民法院可以请当地妇联组织推荐符合基本条件，具有性别平等和儿童利益最大化意识，熟悉妇女儿童心理特点，善于做思想工作的人员作为人民陪审员预备人选，充分发挥妇联人民陪审员的优势。

7. 人民法院在审理家事纠纷案件中，可以根据案件需要委托妇联组织推荐的专业心理咨询机构提供婚姻心理咨询、家庭矛盾分析、科学育儿辅导等有关心理健康的服务，帮助涉案家庭成员疏导心理压力和不良情绪，为妥善处理家事纠纷提供心理支撑。

8. 人民法院可以请家事调查员、人民陪审员、人民调解员参与案件审结后的社会观护，也可以根据案件需要委托妇联组织推荐相关人员，对涉案尤其是具有家庭暴力因素的妇女、儿童当事人的生活状况、纠纷后续情况进行回访观护，并向人民法院反馈回访观护情况。

9. 各级人民法院要建立健全与妇联组织的信访互动机制。妇联组织可就需要了解案件情况的涉诉来信来访与人民法院信访部门及时沟通。人民法院信访部门也可就涉及妇女儿童权益保护的来信来访，邀请妇联组织共同参与矛盾化解。

10. 各级妇联组织和人民法院应当共同开展男女平等基本国策、婚姻法、反家庭暴力法、妇女权益保障法、未成年人保护法等宣传教育活动，注重社会主义核心价值观的宣传，创新宣教载体和阵地，加强新媒体技术在宣教中的运用，通过微视频、微访谈、微案例等多元化形式开展宣传教育活动，营造良好法治氛围。

11. 各级人民法院和妇联组织应当建立健全合作培训机制，加大双向交流培训力度。人民法院和妇联组织可以通过定期培训、以案释法等方式，针对家事案件审判人员、婚姻家庭纠纷人民调解员、人民陪审员、家事调查员、社会观护员等人员，加大与妇女儿童权益保护密切相关的法律业务、心理健康、性别平等和儿童利益最大化意识等方面的培训，增强其预防和处置婚姻家庭纠纷的能力。

12. 各级人民法院在审理家事纠纷案件中要注意引用妇女权益保障法、未成年人保护法、反家庭暴力法等相关条文规定，真正将保护妇女儿童权益的立法精神贯彻于司法实践。在判决说理部分要注重体现情理法的融合，弘扬社会主义核心价值观。

13. 各级人民法院与妇联组织要聚焦未成年人保护、反家庭暴力等婚姻家庭领域的重点难点问题，进一步密切合作，通过定期联席会议等形式，及时沟通、总结，提出应对举措，形成研究报告，促进与妇女、儿童利益密切相关的法律法规和公共政策的完善。各级人民法院要认真总结家事审判方式和工作机制改革的经验，在家事诉讼程序、考核评估等方面进一步创新审判实践，形成研究成果。

14. 各级人民法院对严重侵害妇女、儿童权益的侵权之诉或人身安全保护令等涉及人身权益的诉讼，应当开辟或完善“绿色通道”，迅捷、快速审理案件，及时维护妇女、儿童合法权益。要进一步统一家庭暴力事实认定标准，加大依职权调取证据力度，适当减轻受害方的举证责任；各级妇联组织在接到家庭暴力投诉反映或者求助后，应当及时给予家庭暴力受害人帮助，并对加害人进行法治教育，必要时可以引入专业力量对加害人、受害人进行心理辅导。当事人如系无民事行为能力人、限制民事行为能力人或者因受到强制、威吓等原因，无法自行申请人身安全保护令的，妇联组织收到求助后，可代为向人民法院申请。

最高人民法院　全国妇联

2019 年 8 月 16 日

全国妇联　中央综治办　最高人民法院　公安部　民政部　司法部　关于做好婚姻家庭纠纷预防化解工作的意见

（妇字〔2017〕13号）

婚姻家庭关系是基础社会关系，婚姻家庭和谐是社会稳定的基础和前提。当前，我国正处于社会转型的历史时期，传统婚姻家庭观念和稳定性受到冲击，相关矛盾纠纷易发多发，有的甚至引发刑事案件乃至重大命案，严重损害家庭成员权益、影响社会和谐稳定。为进一步完善矛盾纠纷多元化解机制，做好婚姻家庭纠纷预防化解工作，现提出如下意见。

一、指导思想和基本原则

（一）指导思想。全面贯彻党的十八大和十八届三中、四中、五中、六中全会精神，以邓小平理论、“三个代表”重要思想、科学发展观为指导，深入学习贯彻习近平总书记系列重要讲话精神，增强政治责任感，提高工作预见性，落实中共中央办公厅、国务院办公厅印发的《关于完善矛盾纠纷多元化解机制的意见》，以调解为重要渠道，以防范婚姻家庭纠纷激化引发命案为重点，健全完善预防化解婚姻家庭纠纷工作机制，引导社会公众建立和维护平等、和睦、文明的婚姻家庭关系，进一步增强人民群众的安全感和幸福感，为全面建成小康社会创造和谐稳定的社会环境。

（二）基本原则。坚持党委领导、政府主导、综治协调，发挥人民法院、公安、司法行政、民政等部门职能作用，发挥妇联组织的工作优势，完善衔接联动机制，形成工作合力，为群众化解婚姻家庭纠纷提供多元、便捷的服务。坚持预防为主，把群众满意作为出发点和落脚点，提高预测预警预防能力，积极化解矛盾纠纷，努力做到发现在早、防范在先、处置在小，着力建设平等、和睦、文明的婚姻家庭关系，注重从源头上减少婚姻家庭纠纷的产生，以家庭平安促进社会平安。坚持依法治理，运用法治思维和法治方式化解婚姻家庭纠纷，维护当事人的合法权益。

二、扎实开展基层婚姻家庭纠纷排查化解工作

（三）健全婚姻家庭纠纷排查调处制度。各级综治组织要在党委和政府领导下，切实做好调查研究、组织协调、督导检查、考评、推动等工作，深化“平安家庭”建设，推进婚姻家庭纠纷排查调处工作。针对婚姻家庭纠纷，推动建立集中排查调处和经常性排查调处相结合的工作制度。定期召开矛盾纠纷排查调处工作协调会议，并将分析研判婚姻家庭纠纷作为会议的重要内容，及时掌握婚姻家庭纠纷总体情况，对可能引发恶性案事件的苗头性问题，深入调查研究，并按照“属地管理”和“谁主管谁负责”原则，落实工作责任，推动采取切实可行的措施予以化解。以农村地区为重点，根据本地区婚姻家庭纠纷发生规律特点，组织力量加强春节前后和农民工返乡期等重点时段的专项矛盾纠纷排查化解行动。推动基层组织健全完善农村留守老人、妇女、儿童关爱帮扶体系，重点关注有两地分居、招婿、失独、婚姻关系变化、扶养关系变动、发生遗产继承等情况的家庭，定期了解情况，对家庭关系不和的主动上门做工作、给予重点帮扶，做到底数清、情况明、措施实，有效预防矛盾纠纷的发生、激化。推动加大对公益慈善类、城乡社区服务类社会组织的培育扶持力度，通过政府购买服务等方式，支持社会组织参与婚姻家庭纠纷预防化解工作。支持律师事务所或其他具有调解功能的组织根据当事人的需求提供婚姻家庭纠纷多元化解服务并适当收取费用。

（四）充分发挥综治中心和网格化服务管理作用。按照《社会治安综合治理综治中心建设与管理规范》要求加强各级综治中心建设，发挥其平台作用。确保到 2020 年，在乡镇及以上地方各级综治中心，通过公安、民政、司法行政、人民法院、妇联等单位派员入驻办公，或依托综治信息系统、综治视联网进行信息共享和可视化办公，全部建立婚姻家庭纠纷多元化解的协作联动工作机制；县乡两级综治中心全部建立妇女儿童维权站或婚姻家庭纠纷专门调处窗口，为相关工作开展提供必要场所；村（社区）综治中心，全部建立矛盾纠纷调处室，并与警务室（站）、相关调解组织工作实现衔接，及时发现、处置婚姻家庭纠纷。推进基层综治中心心理咨询室或社会工作室（站）建设，配备心理辅导人员或引入心理咨询师、婚姻家庭咨询师、社会工作师等专业队伍，就婚姻家庭问题开展心理服务、疏导和危机干预等工作。推动城乡社区网格化服务管理全覆盖，发挥其“底座”作用。整合条线资源，设立综合网格员，将定期入户走访、排查上报、先期处置婚姻家庭纠纷作为网格员的重要职责。组织

社区工作者、网格员及平安志愿者、“五老人员”等社会力量，发挥好他们的人缘、地缘优势，推动工作进一步向楼栋（院落）、家庭延伸，第一时间发现并处置婚姻家庭纠纷。

（五）切实发挥公安机关的职能作用。各级公安机关要积极参与矛盾纠纷多元化解机制建设，进一步强化矛盾纠纷排查工作。要坚持预防为主的原则，深入社区、家庭、群众，及时排查发现婚姻家庭纠纷的苗头和线索，会同有关部门及时化解稳控。要积极贯彻落实反家庭暴力法，依法处置家庭暴力行为，严防矛盾激化升级。进一步加强与综治组织、司法行政机关、人民法院、妇联等单位及有关调解组织的衔接配合，有条件的公安派出所等基层执法单位可以设立人民调解室，及时调解受理婚姻家庭纠纷，最大限度预防一般性婚姻家庭纠纷转化为治安案件、刑事案件。

（六）有效发挥妇联组织在家庭和社区的工作优势。各级妇联组织要积极开展法治宣传和家庭美德教育，推动预防和制止家庭暴力工作，维护妇女儿童合法权益，促进家庭和谐、社会稳定。组织开展“建设法治中国 · 巾帼在行动”、寻找“最美家庭”等活动，建好各级妇联信访接待室，畅通 12338 妇女维权服务热线，拓展网络等渠道，及时受理婚姻家庭纠纷投诉。推进城乡社区“妇女之家”、县乡两级综治中心妇女儿童维权站建设，协助调处婚姻家庭纠纷及其他涉及妇女儿童合法权益的案件，做好矛盾排查、心理疏导、纠纷调解、信访代理、法律帮助、困难帮扶等工作。发挥妇联的组织和人才优势，加大与相关单位的衔接配合力度，推进婚姻家庭纠纷人民调解组织建设，积极参与婚姻家庭纠纷的人民调解、行政调解、司法调解等工作。

三、加强婚姻家庭纠纷人民调解工作

（七）建立健全婚姻家庭纠纷人民调解组织。根据矛盾纠纷化解需要，因地制宜推进婚姻家庭纠纷人民调解组织建设。鼓励在县（市、区），由妇联组织会同司法行政机关等建立健全婚姻家庭纠纷人民调解委员会，选聘法律、心理、社会工作等领域的专家、实务工作者和妇联维权干部等担任人民调解员，建立专家库，调解疑难纠纷。在乡镇（街道）、村（社区），充分发挥人民调解组织遍及城乡、熟悉社情民意的优势，选聘专兼职调解员，配备婚姻家庭纠纷调解工作力量，逐步增强调解工作的专业性，立足抓早抓小抓苗头，及时就地化解婚姻家庭纠纷。婚姻家庭纠纷人民调解委员会要以方便群众为原则选择办公地点和办公场所，有条件的基层综治中心应当为婚姻家庭纠纷人民调解委员会提供办公场所，办公场所应悬挂统一的人民调解标牌和标识，公开人民调解制度及调委会组成人员。

（八）着力建设婚姻家庭纠纷人民调解员队伍。司法行政机关要与妇联组织合作加强婚姻家庭纠纷人民调解员队伍建设。设立婚姻家庭纠纷人民调解委员会专职调解员公益岗位，弥补专职调解力量的不足。加强对人民调解员的专业指导，把婚姻家庭纠纷人民调解员纳入司法行政系统培训计划。通过举办培训班、案例研讨等形式，组织开展社会性别意识、法律、心理、社会工作等多方面的专业培训，支持调解员获得法律职业资格、社会工作者职业资格、婚姻家庭咨询师、心理咨询师等资质，增强调解员促进男女平等、坚持儿童利益优先以及保护家庭弱势群体利益的意识，提高调解员专业能力和素质，打造一支专业水平过硬、调解技能娴熟的婚姻家庭纠纷调解员队伍，在人民调解、司法调解、行政调解以及婚姻家庭辅导等工作领域发挥积极作用。

（九）切实加强婚姻家庭纠纷调解工作经费保障。推动落实人民调解法和财政部、司法部《关于进一步加强人民调解工作经费保障的意见》等相关规定，各级地方财政安排婚姻家庭纠纷人民调解委员会补助经费和人民调解员补贴经费，提高保障标准，建立动态增长机制。加快运用政府购买服务的方式，把婚姻家庭纠纷调解工作纳入政府购买服务指导性目录，按照规定的购买方式和程序积极组织实施，并逐步加大购买力度。建立健全“以案定补”、“以奖代补”等办法，引导激励调解员爱岗奉献，落实好因公致伤致残、牺牲人民调解员的医疗、生活救助和抚恤优待政策。鼓励婚姻家庭纠纷人民调解组织通过吸纳社会捐赠、公益赞助等符合国家法律法规规定的渠道筹措经费，提高保障水平。

四、大力推进结婚登记颁证和婚姻家庭辅导工作

（十）加强结婚登记颁证工作。民政部门要探索开展多种形式的婚前教育工作，让婚姻当事人在接受教育中慎思明辨，培养成熟理性的婚姻观念，掌握经营婚姻家庭的技巧。要在坚持自愿、免费的前提下，深入推进结婚登记颁证工作，让当事人在庄重神圣的颁证仪式中感悟婚姻家庭所蕴含的责任与担当。

（十一）推进婚姻家庭辅导工作。民政部门要加强婚姻家庭辅导室建设，发挥好社会组织和专业人才队伍的积极作用，通过政府购买服务等方式，开展婚姻家庭辅导工作。婚姻登记机关应围绕群众需求，在坚持事前告知、自愿接受的前提下，免费提供心理疏导、纠纷调解、法律咨询等婚姻家庭辅导服务，

预防和化解纠纷，促进婚姻家庭的和谐稳定。要善于运用互联网、手机等新载体，不断扩大婚姻辅导工作受众，提高婚姻辅导工作实效。

五、推进家事审判制度改革

（十二）稳步推进家事审判方式和工作机制改革。人民法院要总结家事审判方式和工作机制改革试点经验，研究制定家事审判方式和工作机制改革试点工作规程，积极推动健全婚姻家庭案件审判组织和审判队伍，设立家事审判庭和家事审判团队，选任符合条件的家事主审法官，聘用、培养家事调查员、心理辅导员等审判辅助人员。加强家事审判工作人员调解技能、心理学知识等方面的系统培训。加强硬件设施配置，提升业务装备配备水平。针对家事审判特点，着眼于修复家庭关系，坚持未成年人最大利益原则，从审判组织、队伍建设、证明标准、制止家庭暴力、家庭财产申报、诉讼程序等多方面进行家事审判专业化探索，逐步形成不同于财产类案件的审判模式。

（十三）把调解贯穿婚姻家庭诉讼全过程。人民法院要加强诉调对接平台建设，完善特邀调解组织和特邀调解员名册制度，通过委托调解、委派调解、特邀调解做好婚姻家庭案件调解工作。鼓励相关调解组织在诉调对接平台设立调解工作室，办理人民法院委派或委托调解的案件，推动构建司法、行政和社会力量相结合的新型家事纠纷综合协调解决模式。积极试行家事案件调解前置制度，落实离婚等案件应当调解的规定，把调解贯穿于诉前、诉中、诉后全过程。经人民调解委员会调解达成的协议，鼓励双方当事人依法向人民法院申请司法确认调解协议的效力。

六、强化工作支持

（十四）加强信息化建设。依托社会治安综合治理信息化综合平台，按照相关数据和技术标准，建设在线矛盾纠纷化解信息系统，完善信息沟通机制，推动综治组织和公安、民政、司法行政、人民法院、妇联等单位相关信息系统的互联互通，数据的共享共用，做好婚姻家庭纠纷的在线受理、统计、督办、反馈等工作。依托“雪亮工程”建设，拓展和联接相关视频会议、视频通信系统，逐步延伸至村（社区），开展视频调解等工作，使专业矛盾纠纷调解资源向基层延伸。探索建立婚姻家庭纠纷网上专家库，建立在线法律咨询、在线调解和诉讼案件在线立案、在线审判系统，满足人民群众对便捷、高效化解矛盾纠纷的需求。开发应用平安建设移动客户端、平安建设微信公众号等，建立激励机制，鼓励网格员、志愿者和广大群众利用信息化手段及时上报矛盾纠纷，提升隐患发现能力，逐步探索为群众提供“掌上咨询”“掌上调解”等服务。通过加强信息化支撑，构建“互联网 +”婚姻家庭纠纷预防化解工作格局，推动各单位建立更为灵活的对接协作、跟踪服务制度，使矛盾纠纷在不同发展阶段、不同情况下，都有相应的力量介入开展工作，确保“民不转刑、刑不转命”。

（十五）严格落实责任。贯彻实施中共中央办公厅、国务院办公厅印发的《健全落实社会治安综合治理领导责任制规定》，坚持奖惩并举，充分运用通报、约谈、挂牌督办、一票否决权制等责任督导和追究措施，压实各地各有关部门预防化解婚姻家庭纠纷的责任。发挥综治工作（平安建设）考评的作用，完善“平安家庭”考评标准，坚持问题导向，将因婚姻家庭纠纷引发“民转刑”重大命案等情况作为“平安家庭”考评的重要指标，引导强化命案防控意识和防控责任。加强督导检查，对于因婚姻家庭纠纷引发的一次死亡 3 人以上（包括本数，下同）命案，省级综治组织应当会同相关部门组织工作组进行督查，督促当地分析原因，找准症结，研究提出解决问题的具体措施，限期进行整改。对发生因婚姻家庭纠纷引发的一次死亡 6 人以上命案或一年内发生因婚姻家庭纠纷引发的一次死亡 3 人以上命案超过 3 起的市（地、州、盟），要纳入本省（区、市）公共安全、治安问题相对突出的市（地、州、盟）核报范围。

（十六）营造良好氛围。以贯彻落实婚姻法、反家庭暴力法、妇女权益保障法等为重点，禁止包办、买卖婚姻和其他干涉婚姻自由的行为，禁止借婚姻索取财物，禁止家庭暴力。倡导夫妻互相忠实，互相尊重，家庭成员间敬老爱幼，互助友爱，维护平等、和睦、文明的婚姻家庭关系。大力开展婚姻家庭法律法规宣传教育，注重用典型案例和“大白话”“身边事”释理说法，努力为建设和谐婚姻家庭关系营造良好法治氛围。加强村居（社区）公共法律服务，推动“一村（社区）一法律顾问”工作，重点加强面向农村的法律咨询、法律援助工作，使广大群众享受到方便、高效的法律服务，进一步增强通过法律途径解决纠纷、维护权益的意识。健全基层群众自治制度，通过制订完善村民公约、社区公约，发挥村民议事会、道德评议会、红白事理事会等作用，引导农民自我教育、自我管理，革除高额彩礼等陋习，树立文明新风。

全国妇联　中央综治办　最高人民法院　公安部　民政部　司法部

2017 年 3 月 17 日

其他

中华人民共和国法律援助法

（2021 年 8 月 20 日第十三届全国人民代表大会常务委员会第三十次会议通过）

（摘录）

……

第二十四条 刑事案件的犯罪嫌疑人、被告人因经济困难或者其他原因没有委托辩护人的，本人及其近亲属可以向法律援助机构申请法律援助。

第二十五条 刑事案件的犯罪嫌疑人、被告人属于下列人员之一，没有委托辩护人的，人民法院、人民检察院、公安机关应当通知法律援助机构指派律师担任辩护人：

（一）未成年人；

（二）视力、听力、言语残疾人；

（三）不能完全辨认自己行为的成年人；

（四）可能被判处无期徒刑、死刑的人；

（五）申请法律援助的死刑复核案件被告人；

（六）缺席审判案件的被告人；

（七）法律法规规定的其他人员。

其他适用普通程序审理的刑事案件，被告人没有委托辩护人的，人民法院可以通知法律援助机构指派律师担任辩护人。

第二十六条 对可能被判处无期徒刑、死刑的人，以及死刑复核案件的被告人，法律援助机构收到人民法院、人民检察院、公安机关通知后，应当指派具有三年以上相关执业经历的律师担任辩护人。

第二十七条 人民法院、人民检察院、公安机关通知法律援助机构指派律师担任辩护人时，不得限制或者损害犯罪嫌疑人、被告人委托辩护人的权利。

第二十八条 强制医疗案件的被申请人或者被告人没有委托诉讼代理人的，人民法院应当通知法律援助机构指派律师为其提供法律援助。

第二十九条 刑事公诉案件的被害人及其法定代理人或者近亲属，刑事自诉案件的自诉人及其法定代理人，刑事附带民事诉讼案件的原告人及其法定代理人，因经济困难没有委托诉讼代理人的，可以向法律援助机构申请法律援助。

第三十条 值班律师应当依法为没有辩护人的犯罪嫌疑人、被告人提供法律咨询、程序选择建议、申请变更强制措施、对案件处理提出意见等法律帮助。

第三十一条 下列事项的当事人，因经济困难没有委托代理人的，可以向法律援助机构申请法律援助：

（一）依法请求国家赔偿；

（二）请求给予社会保险待遇或者社会救助；

（三）请求发给抚恤金；

（四）请求给付赡养费、抚养费、扶养费；

（五）请求确认劳动关系或者支付劳动报酬；

（六）请求认定公民无民事行为能力或者限制民事行为能力；

（七）请求工伤事故、交通事故、食品药品安全事故、医疗事故人身损害赔偿；

（八）请求环境污染、生态破坏损害赔偿；

（九）法律、法规、规章规定的其他情形。

第三十二条 有下列情形之一，当事人申请法律援助的，不受经济困难条件的限制：

（一）英雄烈士近亲属为维护英雄烈士的人格权益；

（二）因见义勇为行为主张相关民事权益；

（三）再审改判无罪请求国家赔偿；

（四）遭受虐待、遗弃或者家庭暴力的受害人主张相关权益；

（五）法律、法规、规章规定的其他情形。

第三十三条 当事人不服司法机关生效裁判或者决定提出申诉或者申请再审，人民法院决定、裁定再审或者人民检察院提出抗诉，因经济困难没有委托辩护人或者诉讼代理人的，本人及其近亲属可以向法律援助机构申请法律援助。

……

第四十二条 法律援助申请人有材料证明属于下列人员之一的，免予核查经济困难状况：

（一）无固定生活来源的未成年人、老年人、残疾人等特定群体；

（二）社会救助、司法救助或者优抚对象；

（三）申请支付劳动报酬或者请求工伤事故人身损害赔偿的进城务工人员；

（四）法律、法规、规章规定的其他人员。

……

第四十五条 法律援助机构为老年人、残疾人提供法律援助服务的，应当根据实际情况提供无障碍设施设备和服务。

法律法规对向特定群体提供法律援助有其他特别规定的，依照其规定。

……

第六十八条 工会、共产主义青年团、妇女联合会、残疾人联合会等群团组织开展法律援助工作，参照适用本法的相关规定。

……

中华人民共和国广告法

（根据2021年4月29日第十三届全国人民代表大会常务委员会第二十八次会议《关于修改〈中华人民共和国道路交通安全法〉等八部法律的决定》第二次修正）

（摘录）

……

第九条　广告不得有下列情形：

（一）使用或者变相使用中华人民共和国的国旗、国歌、国徽，军旗、军歌、军徽；

（二）使用或者变相使用国家机关、国家机关工作人员的名义或者形象；

（三）使用“国家级”、“最高级”、“最佳”等用语；

（四）损害国家的尊严或者利益，泄露国家秘密；

（五）妨碍社会安定，损害社会公共利益；

（六）危害人身、财产安全，泄露个人隐私；

（七）妨碍社会公共秩序或者违背社会良好风尚；

（八）含有淫秽、色情、赌博、迷信、恐怖、暴力的内容；

（九）含有民族、种族、宗教、性别歧视的内容；

（十）妨碍环境、自然资源或者文化遗产保护；

（十一）法律、行政法规规定禁止的其他情形。

第十条　广告不得损害未成年人和残疾人的身心健康。

……

第二十条　禁止在大众传播媒介或者公共场所发布声称全部或者部分替代母乳的婴儿乳制品、饮料和其他食品广告。

……

第二十二条　禁止在大众传播媒介或者公共场所、公共交通工具、户外发布烟草广告。禁止向未成年人发送任何形式的烟草广告。

禁止利用其他商品或者服务的广告、公益广告，宣传烟草制品名称、商标、包装、装潢以及类似内容。

烟草制品生产者或者销售者发布的迁址、更名、招聘等启事中，不得含有烟草制品名称、商标、包装、装潢以及类似内容。

……

第二十四条 教育、培训广告不得含有下列内容：

（一）对升学、通过考试、获得学位学历或者合格证书，或者对教育、培训的效果作出明示或者暗示的保证性承诺；

（二）明示或者暗示有相关考试机构或者其工作人员、考试命题人员参与教育、培训；

（三）利用科研单位、学术机构、教育机构、行业协会、专业人士、受益者的名义或者形象作推荐、证明。

……

第三十八条 广告代言人在广告中对商品、服务作推荐、证明，应当依据事实，符合本法和有关法律、行政法规规定，并不得为其未使用过的商品或者未接受过的服务作推荐、证明。

不得利用不满十周岁的未成年人作为广告代言人。

对在虚假广告中作推荐、证明受到行政处罚未满三年的自然人、法人或者其他组织，不得利用其作为广告代言人。

第三十九条 不得在中小学校、幼儿园内开展广告活动，不得利用中小学生和幼儿的教材、教辅材料、练习册、文具、教具、校服、校车等发布或者变相发布广告，但公益广告除外。

第四十条 在针对未成年人的大众传播媒介上不得发布医疗、药品、保健食品、医疗器械、化妆品、酒类、美容广告，以及不利于未成年人身心健康的网络游戏广告。

针对不满十四周岁的未成年人的商品或者服务的广告不得含有下列内容：

（一）劝诱其要求家长购买广告商品或者服务；

（二）可能引发其模仿不安全行为。

……

中华人民共和国治安管理处罚法

（根据2012年10月26日第十一届全国人民代表大会常务委员会第二十九次会议《关于修改〈中华人民共和国治安管理处罚法〉的决定》修正）

（摘录）

……

第十二条 已满十四周岁不满十八周岁的人违反治安管理的，从轻或者减轻处罚；不满十四周岁的人违反治安管理的，不予处罚，但是应当责令其监护人严加管教。

……

第二十一条 违反治安管理行为人有下列情形之一，依照本法应当给予行政拘留处罚的，不执行行政拘留处罚：

（一）已满十四周岁不满十六周岁的；

（二）已满十六周岁不满十八周岁，初次违反治安管理的；

（三）七十周岁以上的；

（四）怀孕或者哺乳自己不满一周岁婴儿的。

……

第四十三条 殴打他人的，或者故意伤害他人身体的，处五日以上十日以下拘留，并处二百元以上五百元以下罚款；情节较轻的，处五日以下拘留或者五百元以下罚款。

有下列情形之一的，处十日以上十五日以下拘留，并处五百元以上一千元以下罚款：

（一）结伙殴打、伤害他人的；

（二）殴打、伤害残疾人、孕妇、不满十四周岁的人或者六十周岁以上的人的；

（三）多次殴打、伤害他人或者一次殴打、伤害多人的。

第四十四条 猥亵他人的，或者在公共场所故意裸露身体，情节恶劣的，处五日以上十日以下拘留；猥亵智力残疾人、精神病人、不满十四周岁的人或者有其他严重情节的，处十日以上十五日以下拘留。

第四十五条 有下列行为之一的，处五日以下拘留或者警告：

（一）虐待家庭成员，被虐待人要求处理的；

（二）遗弃没有独立生活能力的被扶养人的。

……

第八十四条 询问笔录应当交被询问人核对；对没有阅读能力的，应当向其宣读。记载有遗漏或者差错的，被询问人可以提出补充或者更正。被询问人确认笔录无误后，应当签名或者盖章，询问的人民警察也应当在笔录上签名。

被询问人要求就被询问事项自行提供书面材料的，应当准许；必要时，人民警察也可以要求被询问人自行书写。

询问不满十六周岁的违反治安管理行为人，应当通知其父母或者其他监护人到场。

……

第八十七条 公安机关对与违反治安管理行为有关的场所、物品、人身可以进行检查。检查时，人民警察不得少于二人，并应当出示工作证件和县级以上人民政府公安机关开具的检查证明文件。对确有必要立即进行检查的，人民警察经出示工作证件，可以当场检查，但检查公民住所应当出示县级以上人民政府公安机关开具的检查证明文件。

检查妇女的身体，应当由女性工作人员进行。

……

中华人民共和国社区矫正法

（2019年12月28日第十三届全国人民代表大会常务委员会第十五次会议通过）

（摘录）

……

第四条　社区矫正对象应当依法接受社区矫正，服从监督管理。

社区矫正工作应当依法进行，尊重和保障人权。社区矫正对象依法享有的人身权利、财产权利和其他权利不受侵犯，在就业、就学和享受社会保障等方面不受歧视。

……

第二十五条　社区矫正机构应当根据社区矫正对象的情况，为其确定矫正小组，负责落实相应的矫正方案。

根据需要，矫正小组可以由司法所、居民委员会、村民委员会的人员，社区矫正对象的监护人、家庭成员，所在单位或者就读学校的人员以及社会工作者、志愿者等组成。社区矫正对象为女性的，矫正小组中应有女性成员。

……

第三十七条　社区矫正机构可以协调有关部门和单位，依法对就业困难的社区矫正对象开展职业技能培训、就业指导，帮助社区矫正对象中的在校学生完成学业。

……

第五十二条　社区矫正机构应当根据未成年社区矫正对象的年龄、心理特点、发育需要、成长经历、犯罪原因、家庭监护教育条件等情况，采取针对性的矫正措施。

社区矫正机构为未成年社区矫正对象确定矫正小组，应当吸收熟悉未成年人身心特点的人员参加。

对未成年人的社区矫正，应当与成年人分别进行。

第五十三条　未成年社区矫正对象的监护人应当履行监护责任，承担抚养、管教等义务。

监护人怠于履行监护职责的，社区矫正机构应当督促、教育其履行监护责任。监护人拒不履行监护职责的，通知有关部门依法作出处理。

第五十四条 社区矫正机构工作人员和其他依法参与社区矫正工作的人员对履行职责过程中获得的未成年人身份信息应当予以保密。

除司法机关办案需要或者有关单位根据国家规定查询外，未成年社区矫正对象的档案信息不得提供给任何单位或者个人。依法进行查询的单位，应当对获得的信息予以保密。

第五十五条 对未完成义务教育的未成年社区矫正对象，社区矫正机构应当通知并配合教育部门为其完成义务教育提供条件。未成年社区矫正对象的监护人应当依法保证其按时入学接受并完成义务教育。

年满十六周岁的社区矫正对象有就业意愿的，社区矫正机构可以协调有关部门和单位为其提供职业技能培训，给予就业指导和帮助。

第五十六条 共产主义青年团、妇女联合会、未成年人保护组织应当依法协助社区矫正机构做好未成年人社区矫正工作。

国家鼓励其他未成年人相关社会组织参与未成年人社区矫正工作，依法给予政策支持。

第五十七条 未成年社区矫正对象在复学、升学、就业等方面依法享有与其他未成年人同等的权利，任何单位和个人不得歧视。有歧视行为的，应当由教育、人力资源和社会保障等部门依法作出处理。

第五十八条 未成年社区矫正对象在社区矫正期间年满十八周岁的，继续按照未成年人社区矫正有关规定执行。

……

中华人民共和国公职人员政务处分法

（2020年6月20日第十三届全国人民代表大会常务委员会第十九次会议通过）

（摘录）

……

第四十条　有下列行为之一的，予以警告、记过或者记大过；情节较重的，予以降级或者撤职；情节严重的，予以开除：

（一）违背社会公序良俗，在公共场所有不当行为，造成不良影响的；

（二）参与或者支持迷信活动，造成不良影响的；

（三）参与赌博的；

（四）拒不承担赡养、抚养、扶养义务的；

（五）实施家庭暴力，虐待、遗弃家庭成员的；

（六）其他严重违反家庭美德、社会公德的行为。

吸食、注射毒品，组织赌博，组织、支持、参与卖淫、嫖娼、色情淫乱活动的，予以撤职或者开除。

……

中华人民共和国社会保险法

（根据2018年12月29日第十三届全国人民代表大会常务委员会第七次会议《关于修改〈中华人民共和国社会保险法〉的决定》修正）

（摘录）

……

第二条 国家建立基本养老保险、基本医疗保险、工伤保险、失业保险、生育保险等社会保险制度，保障公民在年老、疾病、工伤、失业、生育等情况下依法从国家和社会获得物质帮助的权利。

……

第五十三条 职工应当参加生育保险，由用人单位按照国家规定缴纳生育保险费，职工不缴纳生育保险费。

第五十四条 用人单位已经缴纳生育保险费的，其职工享受生育保险待遇；职工未就业配偶按照国家规定享受生育医疗费用待遇。所需资金从生育保险基金中支付。

生育保险待遇包括生育医疗费用和生育津贴。

第五十五条 生育医疗费用包括下列各项：

（一）生育的医疗费用；

（二）计划生育的医疗费用；

（三）法律、法规规定的其他项目费用。

第五十六条 职工有下列情形之一的，可以按照国家规定享受生育津贴：

（一）女职工生育享受产假；

（二）享受计划生育手术休假；

（三）法律、法规规定的其他情形。

生育津贴按照职工所在用人单位上年度职工月平均工资计发。

……

社会救助暂行办法

（根据2019年3月2日《国务院关于修改部分行政法规的决定》修订）

（摘录）

……

第十二条　对批准获得最低生活保障的家庭，县级人民政府民政部门按照共同生活的家庭成员人均收入低于当地最低生活保障标准的差额，按月发给最低生活保障金。

对获得最低生活保障后生活仍有困难的老年人、未成年人、重度残疾人和重病患者，县级以上地方人民政府应当采取必要措施给予生活保障。

……

第十四条　国家对无劳动能力、无生活来源且无法定赡养、抚养、扶养义务人，或者其法定赡养、抚养、扶养义务人无赡养、抚养、扶养能力的老年人、残疾人以及未满16周岁的未成年人，给予特困人员供养。

……

第三十三条　国家对在义务教育阶段就学的最低生活保障家庭成员、特困供养人员，给予教育救助。

对在高中教育（含中等职业教育）、普通高等教育阶段就学的最低生活保障家庭成员、特困供养人员，以及不能入学接受义务教育的残疾儿童，根据实际情况给予适当教育救助。

……

第五十一条　公安机关和其他有关行政机关的工作人员在执行公务时发现流浪、乞讨人员的，应当告知其向救助管理机构求助。对其中的残疾人、未成年人、老年人和行动不便的其他人员，应当引导、护送到救助管理机构；对突发急病人员，应当立即通知急救机构进行救治。

……

国务院办公厅关于全面推进生育保险和职工基本医疗保险合并实施的意见

（国办发〔2019〕10号）

（摘录）

……

（二）统一基金征缴和管理。生育保险基金并入职工基本医疗保险基金，统一征缴，统筹层次一致。按照用人单位参加生育保险和职工基本医疗保险的缴费比例之和确定新的用人单位职工基本医疗保险费率，个人不缴纳生育保险费。同时，根据职工基本医疗保险基金支出情况和生育待遇的需求，按照收支平衡的原则，建立费率确定和调整机制。

职工基本医疗保险基金严格执行社会保险基金财务制度，不再单列生育保险基金收入，在职工基本医疗保险统筹基金待遇支出中设置生育待遇支出项目。探索建立健全基金风险预警机制，坚持基金运行情况公开，加强内部控制，强化基金行政监督和社会监督，确保基金安全运行。

（三）统一医疗服务管理。两项保险合并实施后实行统一定点医疗服务管理。医疗保险经办机构与定点医疗机构签订相关医疗服务协议时，要将生育医疗服务有关要求和指标增加到协议内容中，并充分利用协议管理，强化对生育医疗服务的监控。执行基本医疗保险、工伤保险、生育保险药品目录以及基本医疗保险诊疗项目和医疗服务设施范围。

促进生育医疗服务行为规范。将生育医疗费用纳入医保支付方式改革范围，推动住院分娩等医疗费用按病种、产前检查按人头等方式付费。生育医疗费用原则上实行医疗保险经办机构与定点医疗机构直接结算。充分利用医保智能监控系统，强化监控和审核，控制生育医疗费用不合理增长。

……

（五）确保职工生育期间的生育保险待遇不变。生育保险待遇包括《中华人民共和国社会保险法》规定的生育医疗费用和生育津贴，所需资金从职工基本医疗保险基金中支付。生育津贴支付期限按照《女职工劳动保护特别规定》等法律法规规定的产假期限执行。

……

艾滋病防治条例

（根据2019年3月2日《国务院关于修改部分行政法规的决定》修订）

（摘录）

……

第十七条　国家鼓励和支持妇女联合会、红十字会开展艾滋病防治的宣传教育，将艾滋病防治的宣传教育纳入妇女儿童工作内容，提高妇女预防艾滋病的意识和能力，组织红十字会会员和红十字会志愿者开展艾滋病防治的宣传教育。

……

第四十三条　医疗卫生机构应当按照国务院卫生主管部门制定的预防艾滋病母婴传播技术指导方案的规定，对孕产妇提供艾滋病防治咨询和检测，对感染艾滋病病毒的孕产妇及其婴儿，提供预防艾滋病母婴传播的咨询、产前指导、阻断、治疗、产后访视、婴儿随访和检测等服务。

第四十四条　县级以上人民政府应当采取下列艾滋病防治关怀、救助措施：

……

（四）向感染艾滋病病毒的孕产妇免费提供预防艾滋病母婴传播的治疗和咨询。

第四十五条　生活困难的艾滋病病人遗留的孤儿和感染艾滋病病毒的未成年人接受义务教育的，应当免收杂费、书本费；接受学前教育和高中阶段教育的，应当减免学费等相关费用。

……

娱乐场所管理条例

（根据2020年11月29日《国务院关于修改和废止部分行政法规的决定》第二次修订）

（摘录）

……

第二条 本条例所称娱乐场所，是指以营利为目的，并向公众开放、消费者自娱自乐的歌舞、游艺等场所。

……

第五条 有下列情形之一的人员，不得开办娱乐场所或者在娱乐场所内从业：

（一）曾犯有组织、强迫、引诱、容留、介绍卖淫罪，制作、贩卖、传播淫秽物品罪，走私、贩卖、运输、制造毒品罪，强奸罪，强制猥亵、侮辱妇女罪，赌博罪，洗钱罪，组织、领导、参加黑社会性质组织罪的；

（二）因犯罪曾被剥夺政治权利的；

（三）因吸食、注射毒品曾被强制戒毒的；

（四）因卖淫、嫖娼曾被处以行政拘留的。

……

第七条 娱乐场所不得设在下列地点：

（一）居民楼、博物馆、图书馆和被核定为文物保护单位的建筑物内；

（二）居民住宅区和学校、医院、机关周围；

（三）车站、机场等人群密集的场所；

（四）建筑物地下一层以下；

（五）与危险化学品仓库毗连的区域。

娱乐场所的边界噪声，应当符合国家规定的环境噪声标准。

……

第二十三条 歌舞娱乐场所不得接纳未成年人。除国家法定节假日外，游艺娱乐场所设置的电子游戏机不得向未成年人提供。

第二十四条 娱乐场所不得招用未成年人；招用外国人的，应当按照国家有关规定为其办理外国人就业许可证。

……

第三十条　娱乐场所应当在营业场所的大厅、包厢、包间内的显著位置悬挂含有禁毒、禁赌、禁止卖淫嫖娼等内容的警示标志、未成年人禁入或者限入标志。标志应当注明公安部门、文化主管部门的举报电话。

……

公安机关办理行政案件程序规定

（根据2020年8月6日公安部令第160号《公安部关于废止和修订部分规章的决定》第三次修正）

（摘录）

……

第六条 办理未成年人的行政案件，应当根据未成年人的身心特点，保障其合法权益。

……

第四十一条 行政案件具有下列情形之一的，不适用快速办理：

（一）违法嫌疑人系盲、聋、哑人，未成年人或者疑似精神病人的；

（二）依法应当适用听证程序的；

（三）可能作出十日以上行政拘留处罚的；

（四）其他不宜快速办理的。

……

第七十五条 询问未成年人时，应当通知其父母或者其他监护人到场，其父母或者其他监护人不能到场的，也可以通知未成年人的其他成年亲属，所在学校、单位、居住地基层组织或者未成年人保护组织的代表到场，并将有关情况记录在案。确实无法通知或者通知后未到场的，应当在询问笔录中注明。

……

第八十四条 对违法嫌疑人进行检查时，应当尊重被检查人的人格尊严，不得以有损人格尊严的方式进行检查。

检查妇女的身体，应当由女性工作人员进行。

依法对卖淫、嫖娼人员进行性病检查，应当由医生进行。

……

第九十四条 对涉嫌吸毒的人员，应当进行吸毒检测，被检测人员应当配合；对拒绝接受检测的，经县级以上公安机关或者其派出机构负责人批准，可以强制检测。采集女性被检测人检测样本，应当由女性工作人员进行。

对涉嫌服用国家管制的精神药品、麻醉药品驾驶机动车的人员，可以对其进行体内国家管制的精神药品、麻醉药品含量检验。

……

第一百六十四条　违法行为人具有下列情形之一，依法应当给予行政拘留处罚的，应当作出处罚决定，但不送拘留所执行：

（一）已满十四周岁不满十六周岁的；

（二）已满十六周岁不满十八周岁，初次违反治安管理或者其他公安行政管理的。但是，曾被收容教养、被行政拘留依法不执行行政拘留或者曾因实施扰乱公共秩序，妨害公共安全，侵犯人身权利、财产权利，妨害社会管理的行为被人民法院判决有罪的除外；

（三）七十周岁以上的；

（四）孕妇或者正在哺乳自己婴儿的妇女。

……

第一百八十一条　当事人中有未成年人的，调解时应当通知其父母或者其他监护人到场。但是，当事人为年满十六周岁以上的未成年人，以自己的劳动收入为主要生活来源，本人同意不通知的，可以不通知。

被侵害人委托其他人参加调解的，应当向公安机关提交委托书，并写明委托权限。违法嫌疑人不得委托他人参加调解。

……

最高人民检察院关于人民检察院直接受理立案侦查案件立案标准的规定（试行）

（高检发释字〔1999〕2号）

（摘录）

……

（二十九）不解救被拐卖、绑架妇女、儿童案（第416条第1款）

不解救被拐卖、绑架妇女、儿童罪是指对被拐卖、绑架的妇女、儿童负有解救职责的公安、司法等国家机关工作人员接到被拐卖、绑架的妇女、儿童及其家属的解救要求或者接到其他人的举报，而对被拐卖、绑架的妇女、儿童不进行解救，造成严重后果的行为。

涉嫌下列情形之一的，应予立案：

1. 因不进行解救，导致被拐卖、绑架的妇女、儿童及其亲属伤残、死亡、精神失常的；

2. 因不进行解救，导致被拐卖、绑架的妇女、儿童被转移、隐匿、转卖，不能及时解救的；

3. 3次以上或者对3名以上被拐卖、绑架的妇女、儿童不进行解救的；

4. 对被拐卖、绑架的妇女、儿童不进行解救，造成恶劣社会影响的。

（三十）阻碍解救被拐卖、绑架妇女、儿童案（第416条第2款）

阻碍解救被拐卖、绑架妇女、儿童罪是指对被拐卖、绑架的妇女、儿童负有解救职责的公安、司法等国家机关工作人员利用职务阻碍解救被拐卖、绑架的妇女、儿童的行为。

涉嫌下列情形之一的，应当立案：

1. 利用职权，禁止、阻止或者妨碍有关部门、人员解救被拐卖、绑架的妇女、儿童的；

2. 利用职务上的便利，向拐卖、绑架者或者收买者通风报信，妨碍解救工作正常进行的；

3. 其他利用职务阻碍解救被拐卖、绑架的妇女、儿童的行为。

……

第二部分

关于保障
未成年人权益

中华人民共和国未成年人保护法

（2020年10月17日第十三届全国人民代表大会常务委员会第二十二次会议第二次修订）

目 录

第一章 总 则
第二章 家庭保护
第三章 学校保护
第四章 社会保护
第五章 网络保护
第六章 政府保护
第七章 司法保护
第八章 法律责任
第九章 附 则

第一章 总 则

第一条 为了保护未成年人身心健康，保障未成年人合法权益，促进未成年人德智体美劳全面发展，培养有理想、有道德、有文化、有纪律的社会主义建设者和接班人，培养担当民族复兴大任的时代新人，根据宪法，制定本法。

第二条 本法所称未成年人是指未满十八周岁的公民。

第三条 国家保障未成年人的生存权、发展权、受保护权、参与权等权利。

未成年人依法平等地享有各项权利，不因本人及其父母或者其他监护人的民族、种族、性别、户籍、职业、宗教信仰、教育程度、家庭状况、身心健康状况等受到歧视。

第四条 保护未成年人，应当坚持最有利于未成年人的原则。处理涉及未成年人事项，应当符合下列要求：

（一）给予未成年人特殊、优先保护；

（二）尊重未成年人人格尊严；

（三）保护未成年人隐私权和个人信息；

（四）适应未成年人身心健康发展的规律和特点；

（五）听取未成年人的意见；

（六）保护与教育相结合。

第五条　国家、社会、学校和家庭应当对未成年人进行理想教育、道德教育、科学教育、文化教育、法治教育、国家安全教育、健康教育、劳动教育，加强爱国主义、集体主义和中国特色社会主义的教育，培养爱祖国、爱人民、爱劳动、爱科学、爱社会主义的公德，抵制资本主义、封建主义和其他腐朽思想的侵蚀，引导未成年人树立和践行社会主义核心价值观。

第六条　保护未成年人，是国家机关、武装力量、政党、人民团体、企业事业单位、社会组织、城乡基层群众性自治组织、未成年人的监护人以及其他成年人的共同责任。

国家、社会、学校和家庭应当教育和帮助未成年人维护自身合法权益，增强自我保护的意识和能力。

第七条　未成年人的父母或者其他监护人依法对未成年人承担监护职责。

国家采取措施指导、支持、帮助和监督未成年人的父母或者其他监护人履行监护职责。

第八条　县级以上人民政府应当将未成年人保护工作纳入国民经济和社会发展规划，相关经费纳入本级政府预算。

第九条　县级以上人民政府应当建立未成年人保护工作协调机制，统筹、协调、督促和指导有关部门在各自职责范围内做好未成年人保护工作。协调机制具体工作由县级以上人民政府民政部门承担，省级人民政府也可以根据本地实际情况确定由其他有关部门承担。

第十条　共产主义青年团、妇女联合会、工会、残疾人联合会、关心下一代工作委员会、青年联合会、学生联合会、少年先锋队以及其他人民团体、有关社会组织，应当协助各级人民政府及其有关部门、人民检察院、人民法院做好未成年人保护工作，维护未成年人合法权益。

第十一条　任何组织或者个人发现不利于未成年人身心健康或者侵犯未成年人合法权益的情形，都有权劝阻、制止或者向公安、民政、教育等有关部门提出检举、控告。

国家机关、居民委员会、村民委员会、密切接触未成年人的单位及其工作人员，在工作中发现未成年人身心健康受到侵害、疑似受到侵害或者面临其他危险情形的，应当立即向公安、民政、教育等有关部门报告。

有关部门接到涉及未成年人的检举、控告或者报告，应当依法及时受理、处置，并以适当方式将处理结果告知相关单位和人员。

第十二条　国家鼓励和支持未成年人保护方面的科学研究，建设相关学科、设置相关专业，加强人才培养。

第十三条　国家建立健全未成年人统计调查制度，开展未成年人健康、受教育等状况的统计、调查和分析，发布未成年人保护的有关信息。

第十四条　国家对保护未成年人有显著成绩的组织和个人给予表彰和奖励。

第二章　家庭保护

第十五条　未成年人的父母或者其他监护人应当学习家庭教育知识，接受家庭教育指导，创造良好、和睦、文明的家庭环境。

共同生活的其他成年家庭成员应当协助未成年人的父母或者其他监护人抚养、教育和保护未成年人。

第十六条　未成年人的父母或者其他监护人应当履行下列监护职责：

（一）为未成年人提供生活、健康、安全等方面的保障；

（二）关注未成年人的生理、心理状况和情感需求；

（三）教育和引导未成年人遵纪守法、勤俭节约，养成良好的思想品德和行为习惯；

（四）对未成年人进行安全教育，提高未成年人的自我保护意识和能力；

（五）尊重未成年人受教育的权利，保障适龄未成年人依法接受并完成义务教育；

（六）保障未成年人休息、娱乐和体育锻炼的时间，引导未成年人进行有益身心健康的活动；

（七）妥善管理和保护未成年人的财产；

（八）依法代理未成年人实施民事法律行为；

（九）预防和制止未成年人的不良行为和违法犯罪行为，并进行合理管教；

（十）其他应当履行的监护职责。

第十七条　未成年人的父母或者其他监护人不得实施下列行为：

（一）虐待、遗弃、非法送养未成年人或者对未成年人实施家庭暴力；

（二）放任、教唆或者利用未成年人实施违法犯罪行为；

（三）放任、唆使未成年人参与邪教、迷信活动或者接受恐怖主义、分裂主义、极端主义等侵害；

（四）放任、唆使未成年人吸烟（含电子烟，下同）、饮酒、赌博、流浪乞讨或者欺凌他人；

（五）放任或者迫使应当接受义务教育的未成年人失学、辍学；

（六）放任未成年人沉迷网络，接触危害或者可能影响其身心健康的图书、报刊、电影、广播电视节目、音像制品、电子出版物和网络信息等；

（七）放任未成年人进入营业性娱乐场所、酒吧、互联网上网服务营业场所等不适宜未成年人活动的场所；

（八）允许或者迫使未成年人从事国家规定以外的劳动；

（九）允许、迫使未成年人结婚或者为未成年人订立婚约；

（十）违法处分、侵吞未成年人的财产或者利用未成年人牟取不正当利益；

（十一）其他侵犯未成年人身心健康、财产权益或者不依法履行未成年人保护义务的行为。

第十八条　未成年人的父母或者其他监护人应当为未成年人提供安全的家庭生活环境，及时排除引发触电、烫伤、跌落等伤害的安全隐患；采取配备儿童安全座椅、教育未成年人遵守交通规则等措施，防止未成年人受到交通事故的伤害；提高户外安全保护意识，避免未成年人发生溺水、动物伤害等事故。

第十九条　未成年人的父母或者其他监护人应当根据未成年人的年龄和智力发展状况，在作出与未成年人权益有关的决定前，听取未成年人的意见，充分考虑其真实意愿。

第二十条　未成年人的父母或者其他监护人发现未成年人身心健康受到侵害、疑似受到侵害或者其他合法权益受到侵犯的，应当及时了解情况并采取保护措施；情况严重的，应当立即向公安、民政、教育等部门报告。

第二十一条　未成年人的父母或者其他监护人不得使未满八周岁或者由于身体、心理原因需要特别照顾的未成年人处于无人看护状态，或者将其交由无民事行为能力、限制民事行为能力、患有严重传染性疾病或者其他不适宜的人员临时照护。

未成年人的父母或者其他监护人不得使未满十六周岁的未成年人脱离监护单独生活。

第二十二条　未成年人的父母或者其他监护人因外出务工等原因在一定期限内不能完全履行监护职责的，应当委托具有照护能力的完全民事行为能力人代为照护；无正当理由的，不得委托他人代为照护。

未成年人的父母或者其他监护人在确定被委托人时，应当综合考虑其道德品质、家庭状况、身心健康状况、与未成年人生活情感上的联系等情况，并听取有表达意愿能力未成年人的意见。

具有下列情形之一的，不得作为被委托人：

（一）曾实施性侵害、虐待、遗弃、拐卖、暴力伤害等违法犯罪行为；

（二）有吸毒、酗酒、赌博等恶习；

（三）曾拒不履行或者长期怠于履行监护、照护职责；

（四）其他不适宜担任被委托人的情形。

第二十三条 未成年人的父母或者其他监护人应当及时将委托照护情况书面告知未成年人所在学校、幼儿园和实际居住地的居民委员会、村民委员会，加强和未成年人所在学校、幼儿园的沟通；与未成年人、被委托人至少每周联系和交流一次，了解未成年人的生活、学习、心理等情况，并给予未成年人亲情关爱。

未成年人的父母或者其他监护人接到被委托人、居民委员会、村民委员会、学校、幼儿园等关于未成年人心理、行为异常的通知后，应当及时采取干预措施。

第二十四条 未成年人的父母离婚时，应当妥善处理未成年子女的抚养、教育、探望、财产等事宜，听取有表达意愿能力未成年人的意见。不得以抢夺、藏匿未成年子女等方式争夺抚养权。

未成年人的父母离婚后，不直接抚养未成年子女的一方应当依照协议、人民法院判决或者调解确定的时间和方式，在不影响未成年人学习、生活的情况下探望未成年子女，直接抚养的一方应当配合，但被人民法院依法中止探望权的除外。

第三章 学校保护

第二十五条 学校应当全面贯彻国家教育方针，坚持立德树人，实施素质教育，提高教育质量，注重培养未成年学生认知能力、合作能力、创新能力和实践能力，促进未成年学生全面发展。

学校应当建立未成年学生保护工作制度，健全学生行为规范，培养未成年学生遵纪守法的良好行为习惯。

第二十六条 幼儿园应当做好保育、教育工作，遵循幼儿身心发展规律，实施启蒙教育，促进幼儿在体质、智力、品德等方面和谐发展。

第二十七条　学校、幼儿园的教职员工应当尊重未成年人人格尊严，不得对未成年人实施体罚、变相体罚或者其他侮辱人格尊严的行为。

第二十八条　学校应当保障未成年学生受教育的权利，不得违反国家规定开除、变相开除未成年学生。

学校应当对尚未完成义务教育的辍学未成年学生进行登记并劝返复学；劝返无效的，应当及时向教育行政部门书面报告。

第二十九条　学校应当关心、爱护未成年学生，不得因家庭、身体、心理、学习能力等情况歧视学生。对家庭困难、身心有障碍的学生，应当提供关爱；对行为异常、学习有困难的学生，应当耐心帮助。

学校应当配合政府有关部门建立留守未成年学生、困境未成年学生的信息档案，开展关爱帮扶工作。

第三十条　学校应当根据未成年学生身心发展特点，进行社会生活指导、心理健康辅导、青春期教育和生命教育。

第三十一条　学校应当组织未成年学生参加与其年龄相适应的日常生活劳动、生产劳动和服务性劳动，帮助未成年学生掌握必要的劳动知识和技能，养成良好的劳动习惯。

第三十二条　学校、幼儿园应当开展勤俭节约、反对浪费、珍惜粮食、文明饮食等宣传教育活动，帮助未成年人树立浪费可耻、节约为荣的意识，养成文明健康、绿色环保的生活习惯。

第三十三条　学校应当与未成年学生的父母或者其他监护人互相配合，合理安排未成年学生的学习时间，保障其休息、娱乐和体育锻炼的时间。

学校不得占用国家法定节假日、休息日及寒暑假期，组织义务教育阶段的未成年学生集体补课，加重其学习负担。

幼儿园、校外培训机构不得对学龄前未成年人进行小学课程教育。

第三十四条　学校、幼儿园应当提供必要的卫生保健条件，协助卫生健康部门做好在校、在园未成年人的卫生保健工作。

第三十五条　学校、幼儿园应当建立安全管理制度，对未成年人进行安全教育，完善安保设施、配备安保人员，保障未成年人在校、在园期间的人身和财产安全。

学校、幼儿园不得在危及未成年人人身安全、身心健康的校舍和其他设施、场所中进行教育教学活动。

学校、幼儿园安排未成年人参加文化娱乐、社会实践等集体活动，应当保护未成年人的身心健康，防止发生人身伤害事故。

第三十六条 使用校车的学校、幼儿园应当建立健全校车安全管理制度，配备安全管理人员，定期对校车进行安全检查，对校车驾驶人进行安全教育，并向未成年人讲解校车安全乘坐知识，培养未成年人校车安全事故应急处理技能。

第三十七条 学校、幼儿园应当根据需要，制定应对自然灾害、事故灾难、公共卫生事件等突发事件和意外伤害的预案，配备相应设施并定期进行必要的演练。

未成年人在校内、园内或者本校、本园组织的校外、园外活动中发生人身伤害事故的，学校、幼儿园应当立即救护，妥善处理，及时通知未成年人的父母或者其他监护人，并向有关部门报告。

第三十八条 学校、幼儿园不得安排未成年人参加商业性活动，不得向未成年人及其父母或者其他监护人推销或者要求其购买指定的商品和服务。

学校、幼儿园不得与校外培训机构合作为未成年人提供有偿课程辅导。

第三十九条 学校应当建立学生欺凌防控工作制度，对教职员工、学生等开展防治学生欺凌的教育和培训。

学校对学生欺凌行为应当立即制止，通知实施欺凌和被欺凌未成年学生的父母或者其他监护人参与欺凌行为的认定和处理；对相关未成年学生及时给予心理辅导、教育和引导；对相关未成年学生的父母或者其他监护人给予必要的家庭教育指导。

对实施欺凌的未成年学生，学校应当根据欺凌行为的性质和程度，依法加强管教。对严重的欺凌行为，学校不得隐瞒，应当及时向公安机关、教育行政部门报告，并配合相关部门依法处理。

第四十条 学校、幼儿园应当建立预防性侵害、性骚扰未成年人工作制度。对性侵害、性骚扰未成年人等违法犯罪行为，学校、幼儿园不得隐瞒，应当及时向公安机关、教育行政部门报告，并配合相关部门依法处理。

学校、幼儿园应当对未成年人开展适合其年龄的性教育，提高未成年人防范性侵害、性骚扰的自我保护意识和能力。对遭受性侵害、性骚扰的未成年人，学校、幼儿园应当及时采取相关的保护措施。

第四十一条 婴幼儿照护服务机构、早期教育服务机构、校外培训机构、校外托管机构等应当参照本章有关规定，根据不同年龄阶段未成年人的成长特点和规律，做好未成年人保护工作。

第四章　社会保护

第四十二条　全社会应当树立关心、爱护未成年人的良好风尚。

国家鼓励、支持和引导人民团体、企业事业单位、社会组织以及其他组织和个人，开展有利于未成年人健康成长的社会活动和服务。

第四十三条　居民委员会、村民委员会应当设置专人专岗负责未成年人保护工作，协助政府有关部门宣传未成年人保护方面的法律法规，指导、帮助和监督未成年人的父母或者其他监护人依法履行监护职责，建立留守未成年人、困境未成年人的信息档案并给予关爱帮扶。

居民委员会、村民委员会应当协助政府有关部门监督未成年人委托照护情况，发现被委托人缺乏照护能力、怠于履行照护职责等情况，应当及时向政府有关部门报告，并告知未成年人的父母或者其他监护人，帮助、督促被委托人履行照护职责。

第四十四条　爱国主义教育基地、图书馆、青少年宫、儿童活动中心、儿童之家应当对未成年人免费开放；博物馆、纪念馆、科技馆、展览馆、美术馆、文化馆、社区公益性互联网上网服务场所以及影剧院、体育场馆、动物园、植物园、公园等场所，应当按照有关规定对未成年人免费或者优惠开放。

国家鼓励爱国主义教育基地、博物馆、科技馆、美术馆等公共场馆开设未成年人专场，为未成年人提供有针对性的服务。

国家鼓励国家机关、企业事业单位、部队等开发自身教育资源，设立未成年人开放日，为未成年人主题教育、社会实践、职业体验等提供支持。

国家鼓励科研机构和科技类社会组织对未成年人开展科学普及活动。

第四十五条　城市公共交通以及公路、铁路、水路、航空客运等应当按照有关规定对未成年人实施免费或者优惠票价。

第四十六条　国家鼓励大型公共场所、公共交通工具、旅游景区景点等设置母婴室、婴儿护理台以及方便幼儿使用的坐便器、洗手台等卫生设施，为未成年人提供便利。

第四十七条　任何组织或者个人不得违反有关规定，限制未成年人应当享有的照顾或者优惠。

第四十八条　国家鼓励创作、出版、制作和传播有利于未成年人健康成长的图书、报刊、电影、广播电视节目、舞台艺术作品、音像制品、电子出版物和网络信息等。

第四十九条 新闻媒体应当加强未成年人保护方面的宣传，对侵犯未成年人合法权益的行为进行舆论监督。新闻媒体采访报道涉及未成年人事件应当客观、审慎和适度，不得侵犯未成年人的名誉、隐私和其他合法权益。

第五十条 禁止制作、复制、出版、发布、传播含有宣扬淫秽、色情、暴力、邪教、迷信、赌博、引诱自杀、恐怖主义、分裂主义、极端主义等危害未成年人身心健康内容的图书、报刊、电影、广播电视节目、舞台艺术作品、音像制品、电子出版物和网络信息等。

第五十一条 任何组织或者个人出版、发布、传播的图书、报刊、电影、广播电视节目、舞台艺术作品、音像制品、电子出版物或者网络信息，包含可能影响未成年人身心健康内容的，应当以显著方式作出提示。

第五十二条 禁止制作、复制、发布、传播或者持有有关未成年人的淫秽色情物品和网络信息。

第五十三条 任何组织或者个人不得刊登、播放、张贴或者散发含有危害未成年人身心健康内容的广告；不得在学校、幼儿园播放、张贴或者散发商业广告；不得利用校服、教材等发布或者变相发布商业广告。

第五十四条 禁止拐卖、绑架、虐待、非法收养未成年人，禁止对未成年人实施性侵害、性骚扰。

禁止胁迫、引诱、教唆未成年人参加黑社会性质组织或者从事违法犯罪活动。

禁止胁迫、诱骗、利用未成年人乞讨。

第五十五条 生产、销售用于未成年人的食品、药品、玩具、用具和游戏游艺设备、游乐设施等，应当符合国家或者行业标准，不得危害未成年人的人身安全和身心健康。上述产品的生产者应当在显著位置标明注意事项，未标明注意事项的不得销售。

第五十六条 未成年人集中活动的公共场所应当符合国家或者行业安全标准，并采取相应安全保护措施。对可能存在安全风险的设施，应当定期进行维护，在显著位置设置安全警示标志并标明适龄范围和注意事项；必要时应当安排专门人员看管。

大型的商场、超市、医院、图书馆、博物馆、科技馆、游乐场、车站、码头、机场、旅游景区景点等场所运营单位应当设置搜寻走失未成年人的安全警报系统。场所运营单位接到求助后，应当立即启动安全警报系统，组织人员进行搜寻并向公安机关报告。

公共场所发生突发事件时，应当优先救护未成年人。

第五十七条　旅馆、宾馆、酒店等住宿经营者接待未成年人入住，或者接待未成年人和成年人共同入住时，应当询问父母或者其他监护人的联系方式、入住人员的身份关系等有关情况；发现有违法犯罪嫌疑的，应当立即向公安机关报告，并及时联系未成年人的父母或者其他监护人。

第五十八条　学校、幼儿园周边不得设置营业性娱乐场所、酒吧、互联网上网服务营业场所等不适宜未成年人活动的场所。营业性歌舞娱乐场所、酒吧、互联网上网服务营业场所等不适宜未成年人活动场所的经营者，不得允许未成年人进入；游艺娱乐场所设置的电子游戏设备，除国家法定节假日外，不得向未成年人提供。经营者应当在显著位置设置未成年人禁入、限入标志；对难以判明是否是未成年人的，应当要求其出示身份证件。

第五十九条　学校、幼儿园周边不得设置烟、酒、彩票销售网点。禁止向未成年人销售烟、酒、彩票或者兑付彩票奖金。烟、酒和彩票经营者应当在显著位置设置不向未成年人销售烟、酒或者彩票的标志；对难以判明是否是未成年人的，应当要求其出示身份证件。

任何人不得在学校、幼儿园和其他未成年人集中活动的公共场所吸烟、饮酒。

第六十条　禁止向未成年人提供、销售管制刀具或者其他可能致人严重伤害的器具等物品。经营者难以判明购买者是否是未成年人的，应当要求其出示身份证件。

第六十一条　任何组织或者个人不得招用未满十六周岁未成年人，国家另有规定的除外。

营业性娱乐场所、酒吧、互联网上网服务营业场所等不适宜未成年人活动的场所不得招用已满十六周岁的未成年人。

招用已满十六周岁未成年人的单位和个人应当执行国家在工种、劳动时间、劳动强度和保护措施等方面的规定，不得安排其从事过重、有毒、有害等危害未成年人身心健康的劳动或者危险作业。

任何组织或者个人不得组织未成年人进行危害其身心健康的表演等活动。经未成年人的父母或者其他监护人同意，未成年人参与演出、节目制作等活动，活动组织方应当根据国家有关规定，保障未成年人合法权益。

第六十二条　密切接触未成年人的单位招聘工作人员时，应当向公安机关、人民检察院查询应聘者是否具有性侵害、虐待、拐卖、暴力伤害等违法犯罪记录；发现其具有前述行为记录的，不得录用。

密切接触未成年人的单位应当每年定期对工作人员是否具有上述违法犯罪记录进行查询。通过查询或者其他方式发现其工作人员具有上述行为的，应当及时解聘。

第六十三条 任何组织或者个人不得隐匿、毁弃、非法删除未成年人的信件、日记、电子邮件或者其他网络通讯内容。

除下列情形外，任何组织或者个人不得开拆、查阅未成年人的信件、日记、电子邮件或者其他网络通讯内容：

（一）无民事行为能力未成年人的父母或者其他监护人代未成年人开拆、查阅；

（二）因国家安全或者追查刑事犯罪依法进行检查；

（三）紧急情况下为了保护未成年人本人的人身安全。

第五章 网络保护

第六十四条 国家、社会、学校和家庭应当加强未成年人网络素养宣传教育，培养和提高未成年人的网络素养，增强未成年人科学、文明、安全、合理使用网络的意识和能力，保障未成年人在网络空间的合法权益。

第六十五条 国家鼓励和支持有利于未成年人健康成长的网络内容的创作与传播，鼓励和支持专门以未成年人为服务对象、适合未成年人身心健康特点的网络技术、产品、服务的研发、生产和使用。

第六十六条 网信部门及其他有关部门应当加强对未成年人网络保护工作的监督检查，依法惩处利用网络从事危害未成年人身心健康的活动，为未成年人提供安全、健康的网络环境。

第六十七条 网信部门会同公安、文化和旅游、新闻出版、电影、广播电视等部门根据保护不同年龄阶段未成年人的需要，确定可能影响未成年人身心健康网络信息的种类、范围和判断标准。

第六十八条 新闻出版、教育、卫生健康、文化和旅游、网信等部门应当定期开展预防未成年人沉迷网络的宣传教育，监督网络产品和服务提供者履行预防未成年人沉迷网络的义务，指导家庭、学校、社会组织互相配合，采取科学、合理的方式对未成年人沉迷网络进行预防和干预。

任何组织或者个人不得以侵害未成年人身心健康的方式对未成年人沉迷网络进行干预。

第六十九条　学校、社区、图书馆、文化馆、青少年宫等场所为未成年人提供的互联网上网服务设施，应当安装未成年人网络保护软件或者采取其他安全保护技术措施。

智能终端产品的制造者、销售者应当在产品上安装未成年人网络保护软件，或者以显著方式告知用户未成年人网络保护软件的安装渠道和方法。

第七十条　学校应当合理使用网络开展教学活动。未经学校允许，未成年学生不得将手机等智能终端产品带入课堂，带入学校的应当统一管理。

学校发现未成年学生沉迷网络的，应当及时告知其父母或者其他监护人，共同对未成年学生进行教育和引导，帮助其恢复正常的学习生活。

第七十一条　未成年人的父母或者其他监护人应当提高网络素养，规范自身使用网络的行为，加强对未成年人使用网络行为的引导和监督。

未成年人的父母或者其他监护人应当通过在智能终端产品上安装未成年人网络保护软件、选择适合未成年人的服务模式和管理功能等方式，避免未成年人接触危害或者可能影响其身心健康的网络信息，合理安排未成年人使用网络的时间，有效预防未成年人沉迷网络。

第七十二条　信息处理者通过网络处理未成年人个人信息的，应当遵循合法、正当和必要的原则。处理不满十四周岁未成年人个人信息的，应当征得未成年人的父母或者其他监护人同意，但法律、行政法规另有规定的除外。

未成年人、父母或者其他监护人要求信息处理者更正、删除未成年人个人信息的，信息处理者应当及时采取措施予以更正、删除，但法律、行政法规另有规定的除外。

第七十三条　网络服务提供者发现未成年人通过网络发布私密信息的，应当及时提示，并采取必要的保护措施。

第七十四条　网络产品和服务提供者不得向未成年人提供诱导其沉迷的产品和服务。

网络游戏、网络直播、网络音视频、网络社交等网络服务提供者应当针对未成年人使用其服务设置相应的时间管理、权限管理、消费管理等功能。

以未成年人为服务对象的在线教育网络产品和服务，不得插入网络游戏链接，不得推送广告等与教学无关的信息。

第七十五条　网络游戏经依法审批后方可运营。

国家建立统一的未成年人网络游戏电子身份认证系统。网络游戏服务提供者应当要求未成年人以真实身份信息注册并登录网络游戏。

网络游戏服务提供者应当按照国家有关规定和标准，对游戏产品进行分类，作出适龄提示，并采取技术措施，不得让未成年人接触不适宜的游戏或者游戏功能。

网络游戏服务提供者不得在每日二十二时至次日八时向未成年人提供网络游戏服务。

第七十六条 网络直播服务提供者不得为未满十六周岁的未成年人提供网络直播发布者账号注册服务；为年满十六周岁的未成年人提供网络直播发布者账号注册服务时，应当对其身份信息进行认证，并征得其父母或者其他监护人同意。

第七十七条 任何组织或者个人不得通过网络以文字、图片、音视频等形式，对未成年人实施侮辱、诽谤、威胁或者恶意损害形象等网络欺凌行为。

遭受网络欺凌的未成年人及其父母或者其他监护人有权通知网络服务提供者采取删除、屏蔽、断开链接等措施。网络服务提供者接到通知后，应当及时采取必要的措施制止网络欺凌行为，防止信息扩散。

第七十八条 网络产品和服务提供者应当建立便捷、合理、有效的投诉和举报渠道，公开投诉、举报方式等信息，及时受理并处理涉及未成年人的投诉、举报。

第七十九条 任何组织或者个人发现网络产品、服务含有危害未成年人身心健康的信息，有权向网络产品和服务提供者或者网信、公安等部门投诉、举报。

第八十条 网络服务提供者发现用户发布、传播可能影响未成年人身心健康的信息且未作显著提示的，应当作出提示或者通知用户予以提示；未作出提示的，不得传输相关信息。

网络服务提供者发现用户发布、传播含有危害未成年人身心健康内容的信息的，应当立即停止传输相关信息，采取删除、屏蔽、断开链接等处置措施，保存有关记录，并向网信、公安等部门报告。

网络服务提供者发现用户利用其网络服务对未成年人实施违法犯罪行为的，应当立即停止向该用户提供网络服务，保存有关记录，并向公安机关报告。

第六章　政府保护

第八十一条 县级以上人民政府承担未成年人保护协调机制具体工作的职能部门应当明确相关内设机构或者专门人员，负责承担未成年人保护工作。

乡镇人民政府和街道办事处应当设立未成年人保护工作站或者指定专门人员，及时办理未成年人相关事务；支持、指导居民委员会、村民委员会设立专人专岗，做好未成年人保护工作。

第八十二条　各级人民政府应当将家庭教育指导服务纳入城乡公共服务体系，开展家庭教育知识宣传，鼓励和支持有关人民团体、企业事业单位、社会组织开展家庭教育指导服务。

第八十三条　各级人民政府应当保障未成年人受教育的权利，并采取措施保障留守未成年人、困境未成年人、残疾未成年人接受义务教育。

对尚未完成义务教育的辍学未成年学生，教育行政部门应当责令父母或者其他监护人将其送入学校接受义务教育。

第八十四条　各级人民政府应当发展托育、学前教育事业，办好婴幼儿照护服务机构、幼儿园，支持社会力量依法兴办母婴室、婴幼儿照护服务机构、幼儿园。

县级以上地方人民政府及其有关部门应当培养和培训婴幼儿照护服务机构、幼儿园的保教人员，提高其职业道德素质和业务能力。

第八十五条　各级人民政府应当发展职业教育，保障未成年人接受职业教育或者职业技能培训，鼓励和支持人民团体、企业事业单位、社会组织为未成年人提供职业技能培训服务。

第八十六条　各级人民政府应当保障具有接受普通教育能力、能适应校园生活的残疾未成年人就近在普通学校、幼儿园接受教育；保障不具有接受普通教育能力的残疾未成年人在特殊教育学校、幼儿园接受学前教育、义务教育和职业教育。

各级人民政府应当保障特殊教育学校、幼儿园的办学、办园条件，鼓励和支持社会力量举办特殊教育学校、幼儿园。

第八十七条　地方人民政府及其有关部门应当保障校园安全，监督、指导学校、幼儿园等单位落实校园安全责任，建立突发事件的报告、处置和协调机制。

第八十八条　公安机关和其他有关部门应当依法维护校园周边的治安和交通秩序，设置监控设备和交通安全设施，预防和制止侵害未成年人的违法犯罪行为。

第八十九条　地方人民政府应当建立和改善适合未成年人的活动场所和设施，支持公益性未成年人活动场所和设施的建设和运行，鼓励社会力量兴办适合未成年人的活动场所和设施，并加强管理。

地方人民政府应当采取措施，鼓励和支持学校在国家法定节假日、休息日及寒暑假期将文化体育设施对未成年人免费或者优惠开放。

地方人民政府应当采取措施，防止任何组织或者个人侵占、破坏学校、幼儿园、婴幼儿照护服务机构等未成年人活动场所的场地、房屋和设施。

第九十条 各级人民政府及其有关部门应当对未成年人进行卫生保健和营养指导，提供卫生保健服务。

卫生健康部门应当依法对未成年人的疫苗预防接种进行规范，防治未成年人常见病、多发病，加强传染病防治和监督管理，做好伤害预防和干预，指导和监督学校、幼儿园、婴幼儿照护服务机构开展卫生保健工作。

教育行政部门应当加强未成年人的心理健康教育，建立未成年人心理问题的早期发现和及时干预机制。卫生健康部门应当做好未成年人心理治疗、心理危机干预以及精神障碍早期识别和诊断治疗等工作。

第九十一条 各级人民政府及其有关部门对困境未成年人实施分类保障，采取措施满足其生活、教育、安全、医疗康复、住房等方面的基本需要。

第九十二条 具有下列情形之一的，民政部门应当依法对未成年人进行临时监护：

（一）未成年人流浪乞讨或者身份不明，暂时查找不到父母或者其他监护人；

（二）监护人下落不明且无其他人可以担任监护人；

（三）监护人因自身客观原因或者因发生自然灾害、事故灾难、公共卫生事件等突发事件不能履行监护职责，导致未成年人监护缺失；

（四）监护人拒绝或者怠于履行监护职责，导致未成年人处于无人照料的状态；

（五）监护人教唆、利用未成年人实施违法犯罪行为，未成年人需要被带离安置；

（六）未成年人遭受监护人严重伤害或者面临人身安全威胁，需要被紧急安置；

（七）法律规定的其他情形。

第九十三条 对临时监护的未成年人，民政部门可以采取委托亲属抚养、家庭寄养等方式进行安置，也可以交由未成年人救助保护机构或者儿童福利机构进行收留、抚养。

临时监护期间，经民政部门评估，监护人重新具备履行监护职责条件的，民政部门可以将未成年人送回监护人抚养。

第九十四条　具有下列情形之一的，民政部门应当依法对未成年人进行长期监护：

（一）查找不到未成年人的父母或者其他监护人；

（二）监护人死亡或者被宣告死亡且无其他人可以担任监护人；

（三）监护人丧失监护能力且无其他人可以担任监护人；

（四）人民法院判决撤销监护人资格并指定由民政部门担任监护人；

（五）法律规定的其他情形。

第九十五条　民政部门进行收养评估后，可以依法将其长期监护的未成年人交由符合条件的申请人收养。收养关系成立后，民政部门与未成年人的监护关系终止。

第九十六条　民政部门承担临时监护或者长期监护职责的，财政、教育、卫生健康、公安等部门应当根据各自职责予以配合。

县级以上人民政府及其民政部门应当根据需要设立未成年人救助保护机构、儿童福利机构，负责收留、抚养由民政部门监护的未成年人。

第九十七条　县级以上人民政府应当开通全国统一的未成年人保护热线，及时受理、转介侵犯未成年人合法权益的投诉、举报；鼓励和支持人民团体、企业事业单位、社会组织参与建设未成年人保护服务平台、服务热线、服务站点，提供未成年人保护方面的咨询、帮助。

第九十八条　国家建立性侵害、虐待、拐卖、暴力伤害等违法犯罪人员信息查询系统，向密切接触未成年人的单位提供免费查询服务。

第九十九条　地方人民政府应当培育、引导和规范有关社会组织、社会工作者参与未成年人保护工作，开展家庭教育指导服务，为未成年人的心理辅导、康复救助、监护及收养评估等提供专业服务。

第七章　司法保护

第一百条　公安机关、人民检察院、人民法院和司法行政部门应当依法履行职责，保障未成年人合法权益。

第一百零一条　公安机关、人民检察院、人民法院和司法行政部门应当确定专门机构或者指定专门人员，负责办理涉及未成年人案件。办理涉及未成年人案件的人员应当经过专门培训，熟悉未成年人身心特点。专门机构或者专门人员中，应当有女性工作人员。

公安机关、人民检察院、人民法院和司法行政部门应当对上述机构和人员实行与未成年人保护工作相适应的评价考核标准。

第一百零二条 公安机关、人民检察院、人民法院和司法行政部门办理涉及未成年人案件，应当考虑未成年人身心特点和健康成长的需要，使用未成年人能够理解的语言和表达方式，听取未成年人的意见。

第一百零三条 公安机关、人民检察院、人民法院、司法行政部门以及其他组织和个人不得披露有关案件中未成年人的姓名、影像、住所、就读学校以及其他可能识别出其身份的信息，但查找失踪、被拐卖未成年人等情形除外。

第一百零四条 对需要法律援助或者司法救助的未成年人，法律援助机构或者公安机关、人民检察院、人民法院和司法行政部门应当给予帮助，依法为其提供法律援助或者司法救助。

法律援助机构应当指派熟悉未成年人身心特点的律师为未成年人提供法律援助服务。

法律援助机构和律师协会应当对办理未成年人法律援助案件的律师进行指导和培训。

第一百零五条 人民检察院通过行使检察权，对涉及未成年人的诉讼活动等依法进行监督。

第一百零六条 未成年人合法权益受到侵犯，相关组织和个人未代为提起诉讼的，人民检察院可以督促、支持其提起诉讼；涉及公共利益的，人民检察院有权提起公益诉讼。

第一百零七条 人民法院审理继承案件，应当依法保护未成年人的继承权和受遗赠权。

人民法院审理离婚案件，涉及未成年子女抚养问题的，应当尊重已满八周岁未成年子女的真实意愿，根据双方具体情况，按照最有利于未成年子女的原则依法处理。

第一百零八条 未成年人的父母或者其他监护人不依法履行监护职责或者严重侵犯被监护的未成年人合法权益的，人民法院可以根据有关人员或者单位的申请，依法作出人身安全保护令或者撤销监护人资格。

被撤销监护人资格的父母或者其他监护人应当依法继续负担抚养费用。

第一百零九条 人民法院审理离婚、抚养、收养、监护、探望等案件涉及未成年人的，可以自行或者委托社会组织对未成年人的相关情况进行社会调查。

第一百一十条　公安机关、人民检察院、人民法院讯问未成年犯罪嫌疑人、被告人，询问未成年被害人、证人，应当依法通知其法定代理人或者其成年亲属、所在学校的代表等合适成年人到场，并采取适当方式，在适当场所进行，保障未成年人的名誉权、隐私权和其他合法权益。

人民法院开庭审理涉及未成年人案件，未成年被害人、证人一般不出庭作证；必须出庭的，应当采取保护其隐私的技术手段和心理干预等保护措施。

第一百一十一条　公安机关、人民检察院、人民法院应当与其他有关政府部门、人民团体、社会组织互相配合，对遭受性侵害或者暴力伤害的未成年被害人及其家庭实施必要的心理干预、经济救助、法律援助、转学安置等保护措施。

第一百一十二条　公安机关、人民检察院、人民法院办理未成年人遭受性侵害或者暴力伤害案件，在询问未成年被害人、证人时，应当采取同步录音录像等措施，尽量一次完成；未成年被害人、证人是女性的，应当由女性工作人员进行。

第一百一十三条　对违法犯罪的未成年人，实行教育、感化、挽救的方针，坚持教育为主、惩罚为辅的原则。

对违法犯罪的未成年人依法处罚后，在升学、就业等方面不得歧视。

第一百一十四条　公安机关、人民检察院、人民法院和司法行政部门发现有关单位未尽到未成年人教育、管理、救助、看护等保护职责的，应当向该单位提出建议。被建议单位应当在一个月内作出书面回复。

第一百一十五条　公安机关、人民检察院、人民法院和司法行政部门应当结合实际，根据涉及未成年人案件的特点，开展未成年人法治宣传教育工作。

第一百一十六条　国家鼓励和支持社会组织、社会工作者参与涉及未成年人案件中未成年人的心理干预、法律援助、社会调查、社会观护、教育矫治、社区矫正等工作。

第八章　法律责任

第一百一十七条　违反本法第十一条第二款规定，未履行报告义务造成严重后果的，由上级主管部门或者所在单位对直接负责的主管人员和其他直接责任人员依法给予处分。

第一百一十八条 未成年人的父母或者其他监护人不依法履行监护职责或者侵犯未成年人合法权益的，由其居住地的居民委员会、村民委员会予以劝诫、制止；情节严重的，居民委员会、村民委员会应当及时向公安机关报告。

公安机关接到报告或者公安机关、人民检察院、人民法院在办理案件过程中发现未成年人的父母或者其他监护人存在上述情形的，应当予以训诫，并可以责令其接受家庭教育指导。

第一百一十九条 学校、幼儿园、婴幼儿照护服务等机构及其教职员工违反本法第二十七条、第二十八条、第三十九条规定的，由公安、教育、卫生健康、市场监督管理等部门按照职责分工责令改正；拒不改正或者情节严重的，对直接负责的主管人员和其他直接责任人员依法给予处分。

第一百二十条 违反本法第四十四条、第四十五条、第四十七条规定，未给予未成年人免费或者优惠待遇的，由市场监督管理、文化和旅游、交通运输等部门按照职责分工责令限期改正，给予警告；拒不改正的，处一万元以上十万元以下罚款。

第一百二十一条 违反本法第五十条、第五十一条规定的，由新闻出版、广播电视、电影、网信等部门按照职责分工责令限期改正，给予警告，没收违法所得，可以并处十万元以下罚款；拒不改正或者情节严重的，责令暂停相关业务、停产停业或者吊销营业执照、吊销相关许可证，违法所得一百万元以上的，并处违法所得一倍以上十倍以下的罚款，没有违法所得或者违法所得不足一百万元的，并处十万元以上一百万元以下罚款。

第一百二十二条 场所运营单位违反本法第五十六条第二款规定、住宿经营者违反本法第五十七条规定的，由市场监督管理、应急管理、公安等部门按照职责分工责令限期改正，给予警告；拒不改正或者造成严重后果的，责令停业整顿或者吊销营业执照、吊销相关许可证，并处一万元以上十万元以下罚款。

第一百二十三条 相关经营者违反本法第五十八条、第五十九条第一款、第六十条规定的，由文化和旅游、市场监督管理、烟草专卖、公安等部门按照职责分工责令限期改正，给予警告，没收违法所得，可以并处五万元以下罚款；拒不改正或者情节严重的，责令停业整顿或者吊销营业执照、吊销相关许可证，可以并处五万元以上五十万元以下罚款。

第一百二十四条 违反本法第五十九条第二款规定，在学校、幼儿园和其他未成年人集中活动的公共场所吸烟、饮酒的，由卫生健康、教育、市场监督管理等部门按照职责分工责令改正，给予警告，可以并处五百元以下罚款；场所管理者未及时制止的，由卫生健康、教育、市场监督管理等部门按照职责分工给予警告，并处一万元以下罚款。

第一百二十五条　违反本法第六十一条规定的，由文化和旅游、人力资源和社会保障、市场监督管理等部门按照职责分工责令限期改正，给予警告，没收违法所得，可以并处十万元以下罚款；拒不改正或者情节严重的，责令停产停业或者吊销营业执照、吊销相关许可证，并处十万元以上一百万元以下罚款。

第一百二十六条　密切接触未成年人的单位违反本法第六十二条规定，未履行查询义务，或者招用、继续聘用具有相关违法犯罪记录人员的，由教育、人力资源和社会保障、市场监督管理等部门按照职责分工责令限期改正，给予警告，并处五万元以下罚款；拒不改正或者造成严重后果的，责令停业整顿或者吊销营业执照、吊销相关许可证，并处五万元以上五十万元以下罚款，对直接负责的主管人员和其他直接责任人员依法给予处分。

第一百二十七条　信息处理者违反本法第七十二条规定，或者网络产品和服务提供者违反本法第七十三条、第七十四条、第七十五条、第七十六条、第七十七条、第八十条规定的，由公安、网信、电信、新闻出版、广播电视、文化和旅游等有关部门按照职责分工责令改正，给予警告，没收违法所得，违法所得一百万元以上的，并处违法所得一倍以上十倍以下罚款，没有违法所得或者违法所得不足一百万元的，并处十万元以上一百万元以下罚款，对直接负责的主管人员和其他责任人员处一万元以上十万元以下罚款；拒不改正或者情节严重的，并可以责令暂停相关业务、停业整顿、关闭网站、吊销营业执照或者吊销相关许可证。

第一百二十八条　国家机关工作人员玩忽职守、滥用职权、徇私舞弊，损害未成年人合法权益的，依法给予处分。

第一百二十九条　违反本法规定，侵犯未成年人合法权益，造成人身、财产或者其他损害的，依法承担民事责任。

违反本法规定，构成违反治安管理行为的，依法给予治安管理处罚；构成犯罪的，依法追究刑事责任。

第九章　附　则

第一百三十条　本法中下列用语的含义：

（一）密切接触未成年人的单位，是指学校、幼儿园等教育机构；校外培训机构；未成年人救助保护机构、儿童福利机构等未成年人安置、救助机构；婴幼儿照护服务机构、早期教育服务机构；校外托管、临时看护机构；家政服务机构；为未成年人提供医疗服务的医疗机构；其他对未成年人负有教育、培训、监护、救助、看护、医疗等职责的企业事业单位、社会组织等。

（二）学校，是指普通中小学、特殊教育学校、中等职业学校、专门学校。

（三）学生欺凌，是指发生在学生之间，一方蓄意或者恶意通过肢体、语言及网络等手段实施欺压、侮辱，造成另一方人身伤害、财产损失或者精神损害的行为。

第一百三十一条 对中国境内未满十八周岁的外国人、无国籍人，依照本法有关规定予以保护。

第一百三十二条 本法自 2021 年 6 月 1 日起施行。

中华人民共和国预防未成年人犯罪法

（2020年12月26日第十三届全国人民代表大会常务委员会第二十四次会议修订）

目　录

第一章　总　则
第二章　预防犯罪的教育
第三章　对不良行为的干预
第四章　对严重不良行为的矫治
第五章　对重新犯罪的预防
第六章　法律责任
第七章　附　则

第一章　总　则

第一条　为了保障未成年人身心健康，培养未成年人良好品行，有效预防未成年人违法犯罪，制定本法。

第二条　预防未成年人犯罪，立足于教育和保护未成年人相结合，坚持预防为主、提前干预，对未成年人的不良行为和严重不良行为及时进行分级预防、干预和矫治。

第三条　开展预防未成年人犯罪工作，应当尊重未成年人人格尊严，保护未成年人的名誉权、隐私权和个人信息等合法权益。

第四条　预防未成年人犯罪，在各级人民政府组织下，实行综合治理。

国家机关、人民团体、社会组织、企业事业单位、居民委员会、村民委员会、学校、家庭等各负其责、相互配合，共同做好预防未成年人犯罪工作，及时消除滋生未成年人违法犯罪行为的各种消极因素，为未成年人身心健康发展创造良好的社会环境。

第五条　各级人民政府在预防未成年人犯罪方面的工作职责是：

（一）制定预防未成年人犯罪工作规划；

（二）组织公安、教育、民政、文化和旅游、市场监督管理、网信、卫生健康、新闻出版、电影、广播电视、司法行政等有关部门开展预防未成年人犯罪工作；

（三）为预防未成年人犯罪工作提供政策支持和经费保障；

（四）对本法的实施情况和工作规划的执行情况进行检查；

（五）组织开展预防未成年人犯罪宣传教育；

（六）其他预防未成年人犯罪工作职责。

第六条 国家加强专门学校建设，对有严重不良行为的未成年人进行专门教育。专门教育是国民教育体系的组成部分，是对有严重不良行为的未成年人进行教育和矫治的重要保护处分措施。

省级人民政府应当将专门教育发展和专门学校建设纳入经济社会发展规划。县级以上地方人民政府成立专门教育指导委员会，根据需要合理设置专门学校。

专门教育指导委员会由教育、民政、财政、人力资源社会保障、公安、司法行政、人民检察院、人民法院、共产主义青年团、妇女联合会、关心下一代工作委员会、专门学校等单位，以及律师、社会工作者等人员组成，研究确定专门学校教学、管理等相关工作。

专门学校建设和专门教育具体办法，由国务院规定。

第七条 公安机关、人民检察院、人民法院、司法行政部门应当由专门机构或者经过专业培训、熟悉未成年人身心特点的专门人员负责预防未成年人犯罪工作。

第八条 共产主义青年团、妇女联合会、工会、残疾人联合会、关心下一代工作委员会、青年联合会、学生联合会、少年先锋队以及有关社会组织，应当协助各级人民政府及其有关部门、人民检察院和人民法院做好预防未成年人犯罪工作，为预防未成年人犯罪培育社会力量，提供支持服务。

第九条 国家鼓励、支持和指导社会工作服务机构等社会组织参与预防未成年人犯罪相关工作，并加强监督。

第十条 任何组织或者个人不得教唆、胁迫、引诱未成年人实施不良行为或者严重不良行为，以及为未成年人实施上述行为提供条件。

第十一条 未成年人应当遵守法律法规及社会公共道德规范，树立自尊、自律、自强意识，增强辨别是非和自我保护的能力，自觉抵制各种不良行为以及违法犯罪行为的引诱和侵害。

第十二条 预防未成年人犯罪，应当结合未成年人不同年龄的生理、心理特点，加强青春期教育、心理关爱、心理矫治和预防犯罪对策的研究。

第十三条　国家鼓励和支持预防未成年人犯罪相关学科建设、专业设置、人才培养及科学研究，开展国际交流与合作。

第十四条　国家对预防未成年人犯罪工作有显著成绩的组织和个人，给予表彰和奖励。

第二章　预防犯罪的教育

第十五条　国家、社会、学校和家庭应当对未成年人加强社会主义核心价值观教育，开展预防犯罪教育，增强未成年人的法治观念，使未成年人树立遵纪守法和防范违法犯罪的意识，提高自我管控能力。

第十六条　未成年人的父母或者其他监护人对未成年人的预防犯罪教育负有直接责任，应当依法履行监护职责，树立优良家风，培养未成年人良好品行；发现未成年人心理或者行为异常的，应当及时了解情况并进行教育、引导和劝诫，不得拒绝或者怠于履行监护职责。

第十七条　教育行政部门、学校应当将预防犯罪教育纳入学校教学计划，指导教职员工结合未成年人的特点，采取多种方式对未成年学生进行有针对性的预防犯罪教育。

第十八条　学校应当聘任从事法治教育的专职或者兼职教师，并可以从司法和执法机关、法学教育和法律服务机构等单位聘请法治副校长、校外法治辅导员。

第十九条　学校应当配备专职或者兼职的心理健康教育教师，开展心理健康教育。学校可以根据实际情况与专业心理健康机构合作，建立心理健康筛查和早期干预机制，预防和解决学生心理、行为异常问题。

学校应当与未成年学生的父母或者其他监护人加强沟通，共同做好未成年学生心理健康教育；发现未成年学生可能患有精神障碍的，应当立即告知其父母或者其他监护人送相关专业机构诊治。

第二十条　教育行政部门应当会同有关部门建立学生欺凌防控制度。学校应当加强日常安全管理，完善学生欺凌发现和处置的工作流程，严格排查并及时消除可能导致学生欺凌行为的各种隐患。

第二十一条　教育行政部门鼓励和支持学校聘请社会工作者长期或者定期进驻学校，协助开展道德教育、法治教育、生命教育和心理健康教育，参与预防和处理学生欺凌等行为。

第二十二条 教育行政部门、学校应当通过举办讲座、座谈、培训等活动，介绍科学合理的教育方法，指导教职员工、未成年学生的父母或者其他监护人有效预防未成年人犯罪。

学校应当将预防犯罪教育计划告知未成年学生的父母或者其他监护人。未成年学生的父母或者其他监护人应当配合学校对未成年学生进行有针对性的预防犯罪教育。

第二十三条 教育行政部门应当将预防犯罪教育的工作效果纳入学校年度考核内容。

第二十四条 各级人民政府及其有关部门、人民检察院、人民法院、共产主义青年团、少年先锋队、妇女联合会、残疾人联合会、关心下一代工作委员会等应当结合实际，组织、举办多种形式的预防未成年人犯罪宣传教育活动。有条件的地方可以建立青少年法治教育基地，对未成年人开展法治教育。

第二十五条 居民委员会、村民委员会应当积极开展有针对性的预防未成年人犯罪宣传活动，协助公安机关维护学校周围治安，及时掌握本辖区内未成年人的监护、就学和就业情况，组织、引导社区社会组织参与预防未成年人犯罪工作。

第二十六条 青少年宫、儿童活动中心等校外活动场所应当把预防犯罪教育作为一项重要的工作内容，开展多种形式的宣传教育活动。

第二十七条 职业培训机构、用人单位在对已满十六周岁准备就业的未成年人进行职业培训时，应当将预防犯罪教育纳入培训内容。

第三章 对不良行为的干预

第二十八条 本法所称不良行为，是指未成年人实施的不利于其健康成长的下列行为：

（一）吸烟、饮酒；

（二）多次旷课、逃学；

（三）无故夜不归宿、离家出走；

（四）沉迷网络；

（五）与社会上具有不良习性的人交往，组织或者参加实施不良行为的团伙；

（六）进入法律法规规定未成年人不宜进入的场所；

（七）参与赌博、变相赌博，或者参加封建迷信、邪教等活动；

（八）阅览、观看或者收听宣扬淫秽、色情、暴力、恐怖、极端等内容的读物、音像制品或者网络信息等；

（九）其他不利于未成年人身心健康成长的不良行为。

第二十九条　未成年人的父母或者其他监护人发现未成年人有不良行为的，应当及时制止并加强管教。

第三十条　公安机关、居民委员会、村民委员会发现本辖区内未成年人有不良行为的，应当及时制止，并督促其父母或者其他监护人依法履行监护职责。

第三十一条　学校对有不良行为的未成年学生，应当加强管理教育，不得歧视；对拒不改正或者情节严重的，学校可以根据情况予以处分或者采取以下管理教育措施：

（一）予以训导；

（二）要求遵守特定的行为规范；

（三）要求参加特定的专题教育；

（四）要求参加校内服务活动；

（五）要求接受社会工作者或者其他专业人员的心理辅导和行为干预；

（六）其他适当的管理教育措施。

第三十二条　学校和家庭应当加强沟通，建立家校合作机制。学校决定对未成年学生采取管理教育措施的，应当及时告知其父母或者其他监护人；未成年学生的父母或者其他监护人应当支持、配合学校进行管理教育。

第三十三条　未成年学生偷窃少量财物，或者有殴打、辱骂、恐吓、强行索要财物等学生欺凌行为，情节轻微的，可以由学校依照本法第三十一条规定采取相应的管理教育措施。

第三十四条　未成年学生旷课、逃学的，学校应当及时联系其父母或者其他监护人，了解有关情况；无正当理由的，学校和未成年学生的父母或者其他监护人应当督促其返校学习。

第三十五条　未成年人无故夜不归宿、离家出走的，父母或者其他监护人、所在的寄宿制学校应当及时查找，必要时向公安机关报告。

收留夜不归宿、离家出走未成年人的，应当及时联系其父母或者其他监护人、所在学校；无法取得联系的，应当及时向公安机关报告。

第三十六条　对夜不归宿、离家出走或者流落街头的未成年人，公安机关、公共场所管理机构等发现或者接到报告后，应当及时采取有效保护措施，并通知其父母或者其他监护人、所在的寄宿制学校，必要时应当护送其返回住所、学校；无法与其父母或者其他监护人、学校取得联系的，应当护送未成年人到救助保护机构接受救助。

第三十七条 未成年人的父母或者其他监护人、学校发现未成年人组织或者参加实施不良行为的团伙，应当及时制止；发现该团伙有违法犯罪嫌疑的，应当立即向公安机关报告。

第四章 对严重不良行为的矫治

第三十八条 本法所称严重不良行为，是指未成年人实施的有刑法规定、因不满法定刑事责任年龄不予刑事处罚的行为，以及严重危害社会的下列行为：

（一）结伙斗殴，追逐、拦截他人，强拿硬要或者任意损毁、占用公私财物等寻衅滋事行为；

（二）非法携带枪支、弹药或者弩、匕首等国家规定的管制器具；

（三）殴打、辱骂、恐吓，或者故意伤害他人身体；

（四）盗窃、哄抢、抢夺或者故意损毁公私财物；

（五）传播淫秽的读物、音像制品或者信息等；

（六）卖淫、嫖娼，或者进行淫秽表演；

（七）吸食、注射毒品，或者向他人提供毒品；

（八）参与赌博赌资较大；

（九）其他严重危害社会的行为。

第三十九条 未成年人的父母或者其他监护人、学校、居民委员会、村民委员会发现有人教唆、胁迫、引诱未成年人实施严重不良行为的，应当立即向公安机关报告。公安机关接到报告或者发现有上述情形的，应当及时依法查处；对人身安全受到威胁的未成年人，应当立即采取有效保护措施。

第四十条 公安机关接到举报或者发现未成年人有严重不良行为的，应当及时制止，依法调查处理，并可以责令其父母或者其他监护人消除或者减轻违法后果，采取措施严加管教。

第四十一条 对有严重不良行为的未成年人，公安机关可以根据具体情况，采取以下矫治教育措施：

（一）予以训诫；

（二）责令赔礼道歉、赔偿损失；

（三）责令具结悔过；

（四）责令定期报告活动情况；

（五）责令遵守特定的行为规范，不得实施特定行为、接触特定人员或者进入特定场所；

（六）责令接受心理辅导、行为矫治；

（七）责令参加社会服务活动；

（八）责令接受社会观护，由社会组织、有关机构在适当场所对未成年人进行教育、监督和管束；

（九）其他适当的矫治教育措施。

第四十二条　公安机关在对未成年人进行矫治教育时，可以根据需要邀请学校、居民委员会、村民委员会以及社会工作服务机构等社会组织参与。

未成年人的父母或者其他监护人应当积极配合矫治教育措施的实施，不得妨碍阻挠或者放任不管。

第四十三条　对有严重不良行为的未成年人，未成年人的父母或者其他监护人、所在学校无力管教或者管教无效的，可以向教育行政部门提出申请，经专门教育指导委员会评估同意后，由教育行政部门决定送入专门学校接受专门教育。

第四十四条　未成年人有下列情形之一的，经专门教育指导委员会评估同意，教育行政部门会同公安机关可以决定将其送入专门学校接受专门教育：

（一）实施严重危害社会的行为，情节恶劣或者造成严重后果；

（二）多次实施严重危害社会的行为；

（三）拒不接受或者配合本法第四十一条规定的矫治教育措施；

（四）法律、行政法规规定的其他情形。

第四十五条　未成年人实施刑法规定的行为、因不满法定刑事责任年龄不予刑事处罚的，经专门教育指导委员会评估同意，教育行政部门会同公安机关可以决定对其进行专门矫治教育。

省级人民政府应当结合本地的实际情况，至少确定一所专门学校按照分校区、分班级等方式设置专门场所，对前款规定的未成年人进行专门矫治教育。

前款规定的专门场所实行闭环管理，公安机关、司法行政部门负责未成年人的矫治工作，教育行政部门承担未成年人的教育工作。

第四十六条　专门学校应当在每个学期适时提请专门教育指导委员会对接受专门教育的未成年学生的情况进行评估。对经评估适合转回普通学校就读的，专门教育指导委员会应当向原决定机关提出书面建议，由原决定机关决定是否将未成年学生转回普通学校就读。

原决定机关决定将未成年学生转回普通学校的，其原所在学校不得拒绝接收；因特殊情况，不适宜转回原所在学校的，由教育行政部门安排转学。

第四十七条 专门学校应当对接受专门教育的未成年人分级分类进行教育和矫治，有针对性地开展道德教育、法治教育、心理健康教育，并根据实际情况进行职业教育；对没有完成义务教育的未成年人，应当保证其继续接受义务教育。

专门学校的未成年学生的学籍保留在原学校，符合毕业条件的，原学校应当颁发毕业证书。

第四十八条 专门学校应当与接受专门教育的未成年人的父母或者其他监护人加强联系，定期向其反馈未成年人的矫治和教育情况，为父母或者其他监护人、亲属等看望未成年人提供便利。

第四十九条 未成年人及其父母或者其他监护人对本章规定的行政决定不服的，可以依法提起行政复议或者行政诉讼。

第五章　对重新犯罪的预防

第五十条 公安机关、人民检察院、人民法院办理未成年人刑事案件，应当根据未成年人的生理、心理特点和犯罪的情况，有针对性地进行法治教育。

对涉及刑事案件的未成年人进行教育，其法定代理人以外的成年亲属或者教师、辅导员等参与有利于感化、挽救未成年人的，公安机关、人民检察院、人民法院应当邀请其参加有关活动。

第五十一条 公安机关、人民检察院、人民法院办理未成年人刑事案件，可以自行或者委托有关社会组织、机构对未成年犯罪嫌疑人或者被告人的成长经历、犯罪原因、监护、教育等情况进行社会调查；根据实际需要并经未成年犯罪嫌疑人、被告人及其法定代理人同意，可以对未成年犯罪嫌疑人、被告人进行心理测评。

社会调查和心理测评的报告可以作为办理案件和教育未成年人的参考。

第五十二条 公安机关、人民检察院、人民法院对于无固定住所、无法提供保证人的未成年人适用取保候审的，应当指定合适成年人作为保证人，必要时可以安排取保候审的未成年人接受社会观护。

第五十三条　对被拘留、逮捕以及在未成年犯管教所执行刑罚的未成年人，应当与成年人分别关押、管理和教育。对未成年人的社区矫正，应当与成年人分别进行。

对有上述情形且没有完成义务教育的未成年人，公安机关、人民检察院、人民法院、司法行政部门应当与教育行政部门相互配合，保证其继续接受义务教育。

第五十四条　未成年犯管教所、社区矫正机构应当对未成年犯、未成年社区矫正对象加强法治教育，并根据实际情况对其进行职业教育。

第五十五条　社区矫正机构应当告知未成年社区矫正对象安置帮教的有关规定，并配合安置帮教工作部门落实或者解决未成年社区矫正对象的就学、就业等问题。

第五十六条　对刑满释放的未成年人，未成年犯管教所应当提前通知其父母或者其他监护人按时接回，并协助落实安置帮教措施。没有父母或者其他监护人、无法查明其父母或者其他监护人的，未成年犯管教所应当提前通知未成年人原户籍所在地或者居住地的司法行政部门安排人员按时接回，由民政部门或者居民委员会、村民委员会依法对其进行监护。

第五十七条　未成年人的父母或者其他监护人和学校、居民委员会、村民委员会对接受社区矫正、刑满释放的未成年人，应当采取有效的帮教措施，协助司法机关以及有关部门做好安置帮教工作。

居民委员会、村民委员会可以聘请思想品德优秀，作风正派，热心未成年人工作的离退休人员、志愿者或其他人员协助做好前款规定的安置帮教工作。

第五十八条　刑满释放和接受社区矫正的未成年人，在复学、升学、就业等方面依法享有与其他未成年人同等的权利，任何单位和个人不得歧视。

第五十九条　未成年人的犯罪记录依法被封存的，公安机关、人民检察院、人民法院和司法行政部门不得向任何单位或者个人提供，但司法机关因办案需要或者有关单位根据国家有关规定进行查询的除外。依法进行查询的单位和个人应当对相关记录信息予以保密。

未成年人接受专门矫治教育、专门教育的记录，以及被行政处罚、采取刑事强制措施和不起诉的记录，适用前款规定。

第六十条　人民检察院通过依法行使检察权，对未成年人重新犯罪预防工作等进行监督。

第六章　法律责任

第六十一条　公安机关、人民检察院、人民法院在办理案件过程中发现实施严重不良行为的未成年人的父母或者其他监护人不依法履行监护职责的，应当予以训诫，并可以责令其接受家庭教育指导。

第六十二条　学校及其教职员工违反本法规定，不履行预防未成年人犯罪工作职责，或者虐待、歧视相关未成年人的，由教育行政等部门责令改正，通报批评；情节严重的，对直接负责的主管人员和其他直接责任人员依法给予处分。构成违反治安管理行为的，由公安机关依法予以治安管理处罚。

教职员工教唆、胁迫、引诱未成年人实施不良行为或者严重不良行为，以及品行不良、影响恶劣的，教育行政部门、学校应当依法予以解聘或者辞退。

第六十三条　违反本法规定，在复学、升学、就业等方面歧视相关未成年人的，由所在单位或者教育、人力资源社会保障等部门责令改正；拒不改正的，对直接负责的主管人员或者其他直接责任人员依法给予处分。

第六十四条　有关社会组织、机构及其工作人员虐待、歧视接受社会观护的未成年人，或者出具虚假社会调查、心理测评报告的，由民政、司法行政等部门对直接负责的主管人员或者其他直接责任人员依法给予处分，构成违反治安管理行为的，由公安机关予以治安管理处罚。

第六十五条　教唆、胁迫、引诱未成年人实施不良行为或者严重不良行为，构成违反治安管理行为的，由公安机关依法予以治安管理处罚。

第六十六条　国家机关及其工作人员在预防未成年人犯罪工作中滥用职权、玩忽职守、徇私舞弊的，对直接负责的主管人员和其他直接责任人员，依法给予处分。

第六十七条　违反本法规定，构成犯罪的，依法追究刑事责任。

第七章　附　则

第六十八条　本法自 2021 年 6 月 1 日起施行。

中华人民共和国刑事诉讼法

（根据2018年10月26日第十三届全国人民代表大会常务委员会第六次会议《关于修改〈中华人民共和国刑事诉讼法〉的决定》第三次修正）

（摘录）

……

第二百七十七条　对犯罪的未成年人实行教育、感化、挽救的方针，坚持教育为主、惩罚为辅的原则。

人民法院、人民检察院和公安机关办理未成年人刑事案件，应当保障未成年人行使其诉讼权利，保障未成年人得到法律帮助，并由熟悉未成年人身心特点的审判人员、检察人员、侦查人员承办。

第二百七十八条　未成年犯罪嫌疑人、被告人没有委托辩护人的，人民法院、人民检察院、公安机关应当通知法律援助机构指派律师为其提供辩护。

第二百七十九条　公安机关、人民检察院、人民法院办理未成年人刑事案件，根据情况可以对未成年犯罪嫌疑人、被告人的成长经历、犯罪原因、监护教育等情况进行调查。

第二百八十条　对未成年犯罪嫌疑人、被告人应当严格限制适用逮捕措施。人民检察院审查批准逮捕和人民法院决定逮捕，应当讯问未成年犯罪嫌疑人、被告人，听取辩护律师的意见。

对被拘留、逮捕和执行刑罚的未成年人与成年人应当分别关押、分别管理、分别教育。

第二百八十一条　对于未成年人刑事案件，在讯问和审判的时候，应当通知未成年犯罪嫌疑人、被告人的法定代理人到场。无法通知、法定代理人不能到场或者法定代理人是共犯的，也可以通知未成年犯罪嫌疑人、被告人的其他成年亲属，所在学校、单位、居住地基层组织或者未成年人保护组织的代表到场，并将有关情况记录在案。到场的法定代理人可以代为行使未成年犯罪嫌疑人、被告人的诉讼权利。

到场的法定代理人或者其他人员认为办案人员在讯问、审判中侵犯未成年人合法权益的，可以提出意见。讯问笔录、法庭笔录应当交给到场的法定代理人或者其他人员阅读或者向他宣读。

讯问女性未成年犯罪嫌疑人，应当有女工作人员在场。

审判未成年人刑事案件，未成年被告人最后陈述后，其法定代理人可以进行补充陈述。

询问未成年被害人、证人，适用第一款、第二款、第三款的规定。

第二百八十二条 对于未成年人涉嫌刑法分则第四章、第五章、第六章规定的犯罪，可能判处一年有期徒刑以下刑罚，符合起诉条件，但有悔罪表现的，人民检察院可以作出附条件不起诉的决定。人民检察院在作出附条件不起诉的决定以前，应当听取公安机关、被害人的意见。

对附条件不起诉的决定，公安机关要求复议、提请复核或者被害人申诉的，适用本法第一百七十九条、第一百八十条的规定。

未成年犯罪嫌疑人及其法定代理人对人民检察院决定附条件不起诉有异议的，人民检察院应当作出起诉的决定。

第二百八十三条 在附条件不起诉的考验期内，由人民检察院对被附条件不起诉的未成年犯罪嫌疑人进行监督考察。未成年犯罪嫌疑人的监护人，应当对未成年犯罪嫌疑人加强管教，配合人民检察院做好监督考察工作。

附条件不起诉的考验期为六个月以上一年以下，从人民检察院作出附条件不起诉的决定之日起计算。

被附条件不起诉的未成年犯罪嫌疑人，应当遵守下列规定：

（一）遵守法律法规，服从监督；

（二）按照考察机关的规定报告自己的活动情况；

（三）离开所居住的市、县或者迁居，应当报经考察机关批准；

（四）按照考察机关的要求接受矫治和教育。

第二百八十四条 被附条件不起诉的未成年犯罪嫌疑人，在考验期内有下列情形之一的，人民检察院应当撤销附条件不起诉的决定，提起公诉：

（一）实施新的犯罪或者发现决定附条件不起诉以前还有其他犯罪需要追诉的；

（二）违反治安管理规定或者考察机关有关附条件不起诉的监督管理规定，情节严重的。

被附条件不起诉的未成年犯罪嫌疑人，在考验期内没有上述情形，考验期满的，人民检察院应当作出不起诉的决定。

第二百八十五条 审判的时候被告人不满十八周岁的案件，不公开审理。

但是，经未成年被告人及其法定代理人同意，未成年被告人所在学校和未成年人保护组织可以派代表到场。

第二百八十六条　犯罪的时候不满十八周岁，被判处五年有期徒刑以下刑罚的，应当对相关犯罪记录予以封存。

犯罪记录被封存的，不得向任何单位和个人提供，但司法机关为办案需要或者有关单位根据国家规定进行查询的除外。依法进行查询的单位，应当对被封存的犯罪记录的情况予以保密。

第二百八十七条　办理未成年人刑事案件，除本章已有规定的以外，按照本法的其他规定进行。

……

中华人民共和国义务教育法

（根据2018年12月29日第十三届全国人民代表大会常务委员会第七次会议《关于修改〈中华人民共和国产品质量法〉等五部法律的决定》第二次修正）

（摘录）

第一章　总　则

第一条　为了保障适龄儿童、少年接受义务教育的权利，保证义务教育的实施，提高全民族素质，根据宪法和教育法，制定本法。

第二条　国家实行九年义务教育制度。

义务教育是国家统一实施的所有适龄儿童、少年必须接受的教育，是国家必须予以保障的公益性事业。

实施义务教育，不收学费、杂费。

国家建立义务教育经费保障机制，保证义务教育制度实施。

……

第四条　凡具有中华人民共和国国籍的适龄儿童、少年，不分性别、民族、种族、家庭财产状况、宗教信仰等，依法享有平等接受义务教育的权利，并履行接受义务教育的义务。

第五条　各级人民政府及其有关部门应当履行本法规定的各项职责，保障适龄儿童、少年接受义务教育的权利。

适龄儿童、少年的父母或者其他法定监护人应当依法保证其按时入学接受并完成义务教育。

依法实施义务教育的学校应当按照规定标准完成教育教学任务，保证教育教学质量。

社会组织和个人应当为适龄儿童、少年接受义务教育创造良好的环境。

……

第二章　学　生

第十一条　凡年满六周岁的儿童，其父母或者其他法定监护人应当送其入学接受并完成义务教育；条件不具备的地区的儿童，可以推迟到七周岁。

适龄儿童、少年因身体状况需要延缓入学或者休学的，其父母或者其他法定监护人应当提出申请，由当地乡镇人民政府或者县级人民政府教育行政部门批准。

第十二条　适龄儿童、少年免试入学。地方各级人民政府应当保障适龄儿童、少年在户籍所在地学校就近入学。

父母或者其他法定监护人在非户籍所在地工作或者居住的适龄儿童、少年，在其父母或者其他法定监护人工作或者居住地接受义务教育的，当地人民政府应当为其提供平等接受义务教育的条件。具体办法由省、自治区、直辖市规定。

县级人民政府教育行政部门对本行政区域内的军人子女接受义务教育予以保障。

第十三条　县级人民政府教育行政部门和乡镇人民政府组织和督促适龄儿童、少年入学，帮助解决适龄儿童、少年接受义务教育的困难，采取措施防止适龄儿童、少年辍学。

居民委员会和村民委员会协助政府做好工作，督促适龄儿童、少年入学。

第十四条　禁止用人单位招用应当接受义务教育的适龄儿童、少年。

根据国家有关规定经批准招收适龄儿童、少年进行文艺、体育等专业训练的社会组织，应当保证所招收的适龄儿童、少年接受义务教育；自行实施义务教育的，应当经县级人民政府教育行政部门批准。

第三章　学　校

……

第十七条　县级人民政府根据需要设置寄宿制学校，保障居住分散的适龄儿童、少年入学接受义务教育。

第十八条　国务院教育行政部门和省、自治区、直辖市人民政府根据需要，在经济发达地区设置接收少数民族适龄儿童、少年的学校（班）。

第十九条　县级以上地方人民政府根据需要设置相应的实施特殊教育的学校（班），对视力残疾、听力语言残疾和智力残疾的适龄儿童、少年实施义务教育。特殊教育学校（班）应当具备适应残疾儿童、少年学习、康复、生活特点的场所和设施。

普通学校应当接收具有接受普通教育能力的残疾适龄儿童、少年随班就读，并为其学习、康复提供帮助。

第二十条 县级以上地方人民政府根据需要，为具有预防未成年人犯罪法规定的严重不良行为的适龄少年设置专门的学校实施义务教育。

第二十一条 对未完成义务教育的未成年犯和被采取强制性教育措施的未成年人应当进行义务教育，所需经费由人民政府予以保障。

……

中华人民共和国家庭教育促进法

（2021年10月23日第十三届全国人民代表大会常务委员会第三十一次会议通过）

目　录

第一章　总　则
第二章　家庭责任
第三章　国家支持
第四章　社会协同
第五章　法律责任
第六章　附　则

第一章　总　则

第一条　为了发扬中华民族重视家庭教育的优良传统，引导全社会注重家庭、家教、家风，增进家庭幸福与社会和谐，培养德智体美劳全面发展的社会主义建设者和接班人，制定本法。

第二条　本法所称家庭教育，是指父母或者其他监护人为促进未成年人全面健康成长，对其实施的道德品质、身体素质、生活技能、文化修养、行为习惯等方面的培育、引导和影响。

第三条　家庭教育以立德树人为根本任务，培育和践行社会主义核心价值观，弘扬中华民族优秀传统文化、革命文化、社会主义先进文化，促进未成年人健康成长。

第四条　未成年人的父母或者其他监护人负责实施家庭教育。

国家和社会为家庭教育提供指导、支持和服务。

国家工作人员应当带头树立良好家风，履行家庭教育责任。

第五条　家庭教育应当符合以下要求：

（一）尊重未成年人身心发展规律和个体差异；

（二）尊重未成年人人格尊严，保护未成年人隐私权和个人信息，保障未成年人合法权益；

（三）遵循家庭教育特点，贯彻科学的家庭教育理念和方法；

（四）家庭教育、学校教育、社会教育紧密结合、协调一致；

（五）结合实际情况采取灵活多样的措施。

第六条 各级人民政府指导家庭教育工作，建立健全家庭学校社会协同育人机制。县级以上人民政府负责妇女儿童工作的机构，组织、协调、指导、督促有关部门做好家庭教育工作。

教育行政部门、妇女联合会统筹协调社会资源，协同推进覆盖城乡的家庭教育指导服务体系建设，并按照职责分工承担家庭教育工作的日常事务。

县级以上精神文明建设部门和县级以上人民政府公安、民政、司法行政、人力资源和社会保障、文化和旅游、卫生健康、市场监督管理、广播电视、体育、新闻出版、网信等有关部门在各自的职责范围内做好家庭教育工作。

第七条 县级以上人民政府应当制定家庭教育工作专项规划，将家庭教育指导服务纳入城乡公共服务体系和政府购买服务目录，将相关经费列入财政预算，鼓励和支持以政府购买服务的方式提供家庭教育指导。

第八条 人民法院、人民检察院发挥职能作用，配合同级人民政府及其有关部门建立家庭教育工作联动机制，共同做好家庭教育工作。

第九条 工会、共产主义青年团、残疾人联合会、科学技术协会、关心下一代工作委员会以及居民委员会、村民委员会等应当结合自身工作，积极开展家庭教育工作，为家庭教育提供社会支持。

第十条 国家鼓励和支持企业事业单位、社会组织及个人依法开展公益性家庭教育服务活动。

第十一条 国家鼓励开展家庭教育研究，鼓励高等学校开设家庭教育专业课程，支持师范院校和有条件的高等学校加强家庭教育学科建设，培养家庭教育服务专业人才，开展家庭教育服务人员培训。

第十二条 国家鼓励和支持自然人、法人和非法人组织为家庭教育事业进行捐赠或者提供志愿服务，对符合条件的，依法给予税收优惠。

国家对在家庭教育工作中做出突出贡献的组织和个人，按照有关规定给予表彰、奖励。

第十三条 每年5月15日国际家庭日所在周为全国家庭教育宣传周。

第二章　家庭责任

第十四条 父母或者其他监护人应当树立家庭是第一个课堂、家长是第一任老师的责任意识，承担对未成年人实施家庭教育的主体责任，用正确思想、方法和行为教育未成年人养成良好思想、品行和习惯。

共同生活的具有完全民事行为能力的其他家庭成员应当协助和配合未成年人的父母或者其他监护人实施家庭教育。

第十五条　未成年人的父母或者其他监护人及其他家庭成员应当注重家庭建设，培育积极健康的家庭文化，树立和传承优良家风，弘扬中华民族家庭美德，共同构建文明、和睦的家庭关系，为未成年人健康成长营造良好的家庭环境。

第十六条　未成年人的父母或者其他监护人应当针对不同年龄段未成年人的身心发展特点，以下列内容为指引，开展家庭教育：

（一）教育未成年人爱党、爱国、爱人民、爱集体、爱社会主义，树立维护国家统一的观念，铸牢中华民族共同体意识，培养家国情怀；

（二）教育未成年人崇德向善、尊老爱幼、热爱家庭、勤俭节约、团结互助、诚信友爱、遵纪守法，培养其良好社会公德、家庭美德、个人品德意识和法治意识；

（三）帮助未成年人树立正确的成才观，引导其培养广泛兴趣爱好、健康审美追求和良好学习习惯，增强科学探索精神、创新意识和能力；

（四）保证未成年人营养均衡、科学运动、睡眠充足、身心愉悦，引导其养成良好生活习惯和行为习惯，促进其身心健康发展；

（五）关注未成年人心理健康，教导其珍爱生命，对其进行交通出行、健康上网和防欺凌、防溺水、防诈骗、防拐卖、防性侵等方面的安全知识教育，帮助其掌握安全知识和技能，增强其自我保护的意识和能力；

（六）帮助未成年人树立正确的劳动观念，参加力所能及的劳动，提高生活自理能力和独立生活能力，养成吃苦耐劳的优秀品格和热爱劳动的良好习惯。

第十七条　未成年人的父母或者其他监护人实施家庭教育，应当关注未成年人的生理、心理、智力发展状况，尊重其参与相关家庭事务和发表意见的权利，合理运用以下方式方法：

（一）亲自养育，加强亲子陪伴；

（二）共同参与，发挥父母双方的作用；

（三）相机而教，寓教于日常生活之中；

（四）潜移默化，言传与身教相结合；

（五）严慈相济，关心爱护与严格要求并重；

（六）尊重差异，根据年龄和个性特点进行科学引导；

（七）平等交流，予以尊重、理解和鼓励；

（八）相互促进，父母与子女共同成长；

（九）其他有益于未成年人全面发展、健康成长的方式方法。

第十八条 未成年人的父母或者其他监护人应当树立正确的家庭教育理念，自觉学习家庭教育知识，在孕期和未成年人进入婴幼儿照护服务机构、幼儿园、中小学校等重要时段进行有针对性的学习，掌握科学的家庭教育方法，提高家庭教育的能力。

第十九条 未成年人的父母或者其他监护人应当与中小学校、幼儿园、婴幼儿照护服务机构、社区密切配合，积极参加其提供的公益性家庭教育指导和实践活动，共同促进未成年人健康成长。

第二十条 未成年人的父母分居或者离异的，应当相互配合履行家庭教育责任，任何一方不得拒绝或者怠于履行；除法律另有规定外，不得阻碍另一方实施家庭教育。

第二十一条 未成年人的父母或者其他监护人依法委托他人代为照护未成年人的，应当与被委托人、未成年人保持联系，定期了解未成年人学习、生活情况和心理状况，与被委托人共同履行家庭教育责任。

第二十二条 未成年人的父母或者其他监护人应当合理安排未成年人学习、休息、娱乐和体育锻炼的时间，避免加重未成年人学习负担，预防未成年人沉迷网络。

第二十三条 未成年人的父母或者其他监护人不得因性别、身体状况、智力等歧视未成年人，不得实施家庭暴力，不得胁迫、引诱、教唆、纵容、利用未成年人从事违反法律法规和社会公德的活动。

第三章　国家支持

第二十四条 国务院应当组织有关部门制定、修订并及时颁布全国家庭教育指导大纲。

省级人民政府或者有条件的设区的市级人民政府应当组织有关部门编写或者采用适合当地实际的家庭教育指导读本，制定相应的家庭教育指导服务工作规范和评估规范。

第二十五条 省级以上人民政府应当组织有关部门统筹建设家庭教育信息化共享服务平台，开设公益性网上家长学校和网络课程，开通服务热线，提供线上家庭教育指导服务。

第二十六条　县级以上地方人民政府应当加强监督管理，减轻义务教育阶段学生作业负担和校外培训负担，畅通学校家庭沟通渠道，推进学校教育和家庭教育相互配合。

第二十七条　县级以上地方人民政府及有关部门组织建立家庭教育指导服务专业队伍，加强对专业人员的培养，鼓励社会工作者、志愿者参与家庭教育指导服务工作。

第二十八条　县级以上地方人民政府可以结合当地实际情况和需要，通过多种途径和方式确定家庭教育指导机构。

家庭教育指导机构对辖区内社区家长学校、学校家长学校及其他家庭教育指导服务站点进行指导，同时开展家庭教育研究、服务人员队伍建设和培训、公共服务产品研发。

第二十九条　家庭教育指导机构应当及时向有需求的家庭提供服务。

对于父母或者其他监护人履行家庭教育责任存在一定困难的家庭，家庭教育指导机构应当根据具体情况，与相关部门协作配合，提供有针对性的服务。

第三十条　设区的市、县、乡级人民政府应当结合当地实际采取措施，对留守未成年人和困境未成年人家庭建档立卡，提供生活帮扶、创业就业支持等关爱服务，为留守未成年人和困境未成年人的父母或者其他监护人实施家庭教育创造条件。

教育行政部门、妇女联合会应当采取有针对性的措施，为留守未成年人和困境未成年人的父母或者其他监护人实施家庭教育提供服务，引导其积极关注未成年人身心健康状况、加强亲情关爱。

第三十一条　家庭教育指导机构开展家庭教育指导服务活动，不得组织或者变相组织营利性教育培训。

第三十二条　婚姻登记机构和收养登记机构应当通过现场咨询辅导、播放宣传教育片等形式，向办理婚姻登记、收养登记的当事人宣传家庭教育知识，提供家庭教育指导。

第三十三条　儿童福利机构、未成年人救助保护机构应当对本机构安排的寄养家庭、接受救助保护的未成年人的父母或者其他监护人提供家庭教育指导。

第三十四条　人民法院在审理离婚案件时，应当对有未成年子女的夫妻双方提供家庭教育指导。

第三十五条　妇女联合会发挥妇女在弘扬中华民族家庭美德、树立良好家风等方面的独特作用，宣传普及家庭教育知识，通过家庭教育指导机构、社区家长学校、文明家庭建设等多种渠道组织开展家庭教育实践活动，提供家庭教育指导服务。

第三十六条 自然人、法人和非法人组织可以依法设立非营利性家庭教育服务机构。

县级以上地方人民政府及有关部门可以采取政府补贴、奖励激励、购买服务等扶持措施，培育家庭教育服务机构。

教育、民政、卫生健康、市场监督管理等有关部门应当在各自职责范围内，依法对家庭教育服务机构及从业人员进行指导和监督。

第三十七条 国家机关、企业事业单位、群团组织、社会组织应当将家风建设纳入单位文化建设，支持职工参加相关的家庭教育服务活动。

文明城市、文明村镇、文明单位、文明社区、文明校园和文明家庭等创建活动，应当将家庭教育情况作为重要内容。

第四章 社会协同

第三十八条 居民委员会、村民委员会可以依托城乡社区公共服务设施，设立社区家长学校等家庭教育指导服务站点，配合家庭教育指导机构组织面向居民、村民的家庭教育知识宣传，为未成年人的父母或者其他监护人提供家庭教育指导服务。

第三十九条 中小学校、幼儿园应当将家庭教育指导服务纳入工作计划，作为教师业务培训的内容。

第四十条 中小学校、幼儿园可以采取建立家长学校等方式，针对不同年龄段未成年人的特点，定期组织公益性家庭教育指导服务和实践活动，并及时联系、督促未成年人的父母或者其他监护人参加。

第四十一条 中小学校、幼儿园应当根据家长的需求，邀请有关人员传授家庭教育理念、知识和方法，组织开展家庭教育指导服务和实践活动，促进家庭与学校共同教育。

第四十二条 具备条件的中小学校、幼儿园应当在教育行政部门的指导下，为家庭教育指导服务站点开展公益性家庭教育指导服务活动提供支持。

第四十三条 中小学校发现未成年学生严重违反校规校纪的，应当及时制止、管教，告知其父母或者其他监护人，并为其父母或者其他监护人提供有针对性的家庭教育指导服务；发现未成年学生有不良行为或者严重不良行为的，按照有关法律规定处理。

第四十四条　婴幼儿照护服务机构、早期教育服务机构应当为未成年人的父母或者其他监护人提供科学养育指导等家庭教育指导服务。

第四十五条　医疗保健机构在开展婚前保健、孕产期保健、儿童保健、预防接种等服务时，应当对有关成年人、未成年人的父母或者其他监护人开展科学养育知识和婴幼儿早期发展的宣传和指导。

第四十六条　图书馆、博物馆、文化馆、纪念馆、美术馆、科技馆、体育场馆、青少年宫、儿童活动中心等公共文化服务机构和爱国主义教育基地每年应当定期开展公益性家庭教育宣传、家庭教育指导服务和实践活动，开发家庭教育类公共文化服务产品。

广播、电视、报刊、互联网等新闻媒体应当宣传正确的家庭教育知识，传播科学的家庭教育理念和方法，营造重视家庭教育的良好社会氛围。

第四十七条　家庭教育服务机构应当加强自律管理，制定家庭教育服务规范，组织从业人员培训，提高从业人员的业务素质和能力。

第五章　法律责任

第四十八条　未成年人住所地的居民委员会、村民委员会、妇女联合会，未成年人的父母或者其他监护人所在单位，以及中小学校、幼儿园等有关密切接触未成年人的单位，发现父母或者其他监护人拒绝、怠于履行家庭教育责任，或者非法阻碍其他监护人实施家庭教育的，应当予以批评教育、劝诫制止，必要时督促其接受家庭教育指导。

未成年人的父母或者其他监护人依法委托他人代为照护未成年人，有关单位发现被委托人不依法履行家庭教育责任的，适用前款规定。

第四十九条　公安机关、人民检察院、人民法院在办理案件过程中，发现未成年人存在严重不良行为或者实施犯罪行为，或者未成年人的父母或者其他监护人不正确实施家庭教育侵害未成年人合法权益的，根据情况对父母或者其他监护人予以训诫，并可以责令其接受家庭教育指导。

第五十条　负有家庭教育工作职责的政府部门、机构有下列情形之一的，由其上级机关或者主管单位责令限期改正；情节严重的，对直接负责的主管人员和其他直接责任人员依法予以处分：

（一）不履行家庭教育工作职责；

（二）截留、挤占、挪用或者虚报、冒领家庭教育工作经费；

（三）其他滥用职权、玩忽职守或者徇私舞弊的情形。

第五十一条 家庭教育指导机构、中小学校、幼儿园、婴幼儿照护服务机构、早期教育服务机构违反本法规定，不履行或者不正确履行家庭教育指导服务职责的，由主管部门责令限期改正；情节严重的，对直接负责的主管人员和其他直接责任人员依法予以处分。

第五十二条 家庭教育服务机构有下列情形之一的，由主管部门责令限期改正；拒不改正或者情节严重的，由主管部门责令停业整顿、吊销营业执照或者撤销登记：

（一）未依法办理设立手续；

（二）从事超出许可业务范围的行为或作虚假、引人误解宣传，产生不良后果；

（三）侵犯未成年人及其父母或者其他监护人合法权益。

第五十三条 未成年人的父母或者其他监护人在家庭教育过程中对未成年人实施家庭暴力的，依照《中华人民共和国未成年人保护法》、《中华人民共和国反家庭暴力法》等法律的规定追究法律责任。

第五十四条 违反本法规定，构成违反治安管理行为的，由公安机关依法予以治安管理处罚；构成犯罪的，依法追究刑事责任。

第六章　附　则

第五十五条 本法自 2022 年 1 月 1 日起施行。

中华人民共和国网络安全法

（2016年11月7日第十二届全国人民代表大会常务委员会第二十四次会议通过）

（摘录）

……

第十三条　国家支持研究开发有利于未成年人健康成长的网络产品和服务，依法惩治利用网络从事危害未成年人身心健康的活动，为未成年人提供安全、健康的网络环境。

……

中华人民共和国个人信息保护法

（2021年8月20日第十三届全国人民代表大会常务委员会第三十次会议通过）

（摘录）

……

第二十八条 敏感个人信息是一旦泄露或者非法使用，容易导致自然人的人格尊严受到侵害或者人身、财产安全受到危害的个人信息，包括生物识别、宗教信仰、特定身份、医疗健康、金融账户、行踪轨迹等信息，以及不满十四周岁未成年人的个人信息。

只有在具有特定的目的和充分的必要性，并采取严格保护措施的情形下，个人信息处理者方可处理敏感个人信息。

……

第三十一条 个人信息处理者处理不满十四周岁未成年人个人信息的，应当取得未成年人的父母或者其他监护人的同意。

个人信息处理者处理不满十四周岁未成年人个人信息的，应当制定专门的个人信息处理规则。

……

中华人民共和国疫苗管理法

（2019年6月29日第十三届全国人民代表大会常务委员会第十一次会议通过）

（摘录）

……

第六条　国家实行免疫规划制度。

居住在中国境内的居民，依法享有接种免疫规划疫苗的权利，履行接种免疫规划疫苗的义务。政府免费向居民提供免疫规划疫苗。

县级以上人民政府及其有关部门应当保障适龄儿童接种免疫规划疫苗。监护人应当依法保证适龄儿童按时接种免疫规划疫苗。

……

第十二条　各级人民政府及其有关部门、疾病预防控制机构、接种单位、疫苗上市许可持有人和疫苗行业协会等应当通过全国儿童预防接种日等活动定期开展疫苗安全法律、法规以及预防接种知识等的宣传教育、普及工作。

新闻媒体应当开展疫苗安全法律、法规以及预防接种知识等的公益宣传，并对疫苗违法行为进行舆论监督。有关疫苗的宣传报道应当全面、科学、客观、公正。

……

第四十五条　医疗卫生人员实施接种，应当告知受种者或者其监护人所接种疫苗的品种、作用、禁忌、不良反应以及现场留观等注意事项，询问受种者的健康状况以及是否有接种禁忌等情况，并如实记录告知和询问情况。受种者或者其监护人应当如实提供受种者的健康状况和接种禁忌等情况。有接种禁忌不能接种的，医疗卫生人员应当向受种者或者其监护人提出医学建议，并如实记录提出医学建议情况。

医疗卫生人员在实施接种前，应当按照预防接种工作规范的要求，检查受种者健康状况、核查接种禁忌，查对预防接种证，检查疫苗、注射器的外观、批号、有效期，核对受种者的姓名、年龄和疫苗的品名、规格、剂量、接种部位、接种途径，做到受种者、预防接种证和疫苗信息相一致，确认无误后方可实施接种。

医疗卫生人员应当对符合接种条件的受种者实施接种。受种者在现场留观期间出现不良反应的，医疗卫生人员应当按照预防接种工作规范的要求，及时采取救治等措施。

……

第四十七条 国家对儿童实行预防接种证制度。在儿童出生后一个月内，其监护人应当到儿童居住地承担预防接种工作的接种单位或者出生医院为其办理预防接种证。接种单位或者出生医院不得拒绝办理。监护人应当妥善保管预防接种证。

预防接种实行居住地管理，儿童离开原居住地期间，由现居住地承担预防接种工作的接种单位负责对其实施接种。

预防接种证的格式由国务院卫生健康主管部门规定。

第四十八条 儿童入托、入学时，托幼机构、学校应当查验预防接种证，发现未按照规定接种免疫规划疫苗的，应当向儿童居住地或者托幼机构、学校所在地承担预防接种工作的接种单位报告，并配合接种单位督促其监护人按照规定补种。疾病预防控制机构应当为托幼机构、学校查验预防接种证等提供技术指导。

儿童入托、入学预防接种证查验办法由国务院卫生健康主管部门会同国务院教育行政部门制定。

……

第九十二条 监护人未依法保证适龄儿童按时接种免疫规划疫苗的，由县级人民政府卫生健康主管部门批评教育，责令改正。

托幼机构、学校在儿童入托、入学时未按照规定查验预防接种证，或者发现未按照规定接种的儿童后未向接种单位报告的，由县级以上地方人民政府教育行政部门责令改正，给予警告，对主要负责人、直接负责的主管人员和其他直接责任人员依法给予处分。

……

中华人民共和国道路交通安全法

（根据2021年4月29日第十三届全国人民代表大会常务委员会第二十八次会议《关于修改〈中华人民共和国道路交通安全法〉第八部法律的决定》第三次修正）

（摘录）

……

第六十四条　学龄前儿童以及不能辨认或者不能控制自己行为的精神疾病患者、智力障碍者在道路上通行，应当由其监护人、监护人委托的人或者对其负有管理、保护职责的人带领。

盲人在道路上通行，应当使用盲杖或者采取其他导盲手段，车辆应当避让盲人。

……

中国儿童发展纲要（2021—2030年）

前 言

儿童是国家的未来、民族的希望。当代中国少年儿童既是实现第一个百年奋斗目标的经历者、见证者，更是实现第二个百年奋斗目标、建设社会主义现代化强国的生力军。促进儿童健康成长，能够为国家可持续发展提供宝贵资源和不竭动力，是建设社会主义现代化强国、实现中华民族伟大复兴中国梦的必然要求。党和国家始终高度重视儿童事业发展，先后制定实施三个周期的中国儿童发展纲要，为儿童生存、发展、受保护和参与权利的实现提供了重要保障。

党的十八大以来，以习近平同志为核心的党中央把培养好少年儿童作为一项战略性、基础性工作，坚持儿童优先原则，大力发展儿童事业，保障儿童权利的法律法规政策体系进一步完善，党委领导、政府主责、妇女儿童工作委员会（以下简称妇儿工委）协调、多部门合作、全社会参与的儿童工作机制进一步巩固，儿童发展环境进一步优化。截至2020年底，婴儿、5岁以下儿童死亡率分别从2010年的13.1‰、16.4‰下降到5.4‰、7.5‰；学前教育毛入园率从2010年的56.6%上升到85.2%，九年义务教育巩固率从2010年的91.1%上升到95.2%，高中阶段毛入学率从2010年的82.5%上升到91.2%；农村留守儿童、困境儿童等弱势群体得到更多关爱和保护。儿童发展和儿童事业取得了历史性新成就。

受经济社会发展水平制约，我国儿童事业发展仍然存在不平衡不充分问题。贯彻儿童优先原则的力度需要进一步加大，儿童思想引领需要进一步增强，保障儿童权利的法治建设需要持续推进，儿童发展的城乡、区域和群体之间差距需要进一步缩小，基层儿童保护和服务机制需要进一步健全，科技进步和生活方式变革给做好儿童工作带来新挑战，儿童事业发展使命艰巨、任重道远。

当前，我国正处于实现“两个一百年”奋斗目标的历史交汇期。坚持党的全面领导，坚持以人民为中心，坚持新发展理念，统筹推进“五位一体”总体布局，协调推进“四个全面”战略布局，推进国家治理体系和治理能力现代化，构建人类命运共同体，为儿童事业发展提供了重大机遇、擘画了美好前景。站在新的历史起点上，需要进一步落实儿童优先原则，全面提高儿童综合素质，培养造就德智体美劳全面发展的社会主义建设者和接班人，引领亿万儿童勇担新使命、建功新时代。

依据宪法和未成年人保护法等有关法律法规，按照国家经济社会发展的总体目标和要求，结合我国儿童发展的实际情况，参照联合国《儿童权利公约》和2030年可持续发展议程等国际公约和文件宗旨，制定本纲要。

一、指导思想、基本原则和总体目标

（一）指导思想。

高举中国特色社会主义伟大旗帜，深入贯彻党的十九大和十九届二中、三中、四中、五中全会精神，坚持以马克思列宁主义、毛泽东思想、邓小平理论、“三个代表”重要思想、科学发展观、习近平新时代中国特色社会主义思想为指导，坚定不移贯彻新发展理念，坚持以人民为中心的发展思想，坚持走中国特色社会主义儿童发展道路，坚持和完善最有利于儿童、促进儿童全面发展的制度机制，落实立德树人根本任务，优化儿童发展环境，保障儿童生存、发展、受保护和参与权利，全面提升儿童综合素质，为实现第二个百年奋斗目标、建设社会主义现代化强国奠定坚实的人才基础。

（二）基本原则。

1. 坚持党的全面领导。把握儿童事业发展的政治方向，贯彻落实党中央关于儿童事业发展的决策部署，切实把党的领导贯彻到儿童事业发展的全过程和各方面。

2. 坚持对儿童发展的优先保障。在出台法律、制定政策、编制规划、部署工作时优先考虑儿童的利益和发展需求。

3. 坚持促进儿童全面发展。尊重儿童的人格尊严，遵循儿童身心发展特点和规律，保障儿童身心健康，促进儿童在德智体美劳各方面全面发展。

4. 坚持保障儿童平等发展。创造公平社会环境，消除对儿童一切形式的歧视，保障所有儿童平等享有发展权利和机会。

5. 坚持鼓励儿童参与。尊重儿童主体地位，鼓励和支持儿童参与家庭、社会和文化生活，创造有利于儿童参与的社会环境。

（三）总体目标。

保障儿童权利的法律法规政策体系更加健全，促进儿童发展的工作机制更加完善，儿童优先的社会风尚普遍形成，城乡、区域、群体之间的儿童发展差距明显缩小。儿童享有更加均等和可及的基本公共服务，享有更加普惠和优越的福利保障，享有更加和谐友好的家庭和社会环境。儿童在健康、安全、教育、福利、家庭、环境、法律保护等领域的权利进一步实现，思想道德素养和全面发展水平显著提升，获得感、幸福感、安全感明显增强。展望 2035 年，与国家基本实现社会主义现代化相适应，儿童优先原则全面贯彻，儿童全面发展取得更为明显的实质性进展，广大儿童成长为建设社会主义现代化强国、担当民族复兴大任的时代新人。

二、发展领域、主要目标和策略措施

（一）儿童与健康。

主要目标：

1. 覆盖城乡的儿童健康服务体系更加完善，儿童医疗保健服务能力明显增强，儿童健康水平不断提高。

2. 普及儿童健康生活方式，提高儿童及其照护人健康素养。

3. 新生儿、婴儿和 5 岁以下儿童死亡率分别降至 3.0‰、5.0‰和 6.0‰以下，地区和城乡差距逐步缩小。

4. 构建完善覆盖婚前、孕前、孕期、新生儿和儿童各阶段的出生缺陷防治体系，预防和控制出生缺陷。

5. 儿童常见疾病和恶性肿瘤等严重危害儿童健康的疾病得到有效防治。

6. 适龄儿童免疫规划疫苗接种率以乡（镇、街道）为单位保持在 90% 以上。

7. 促进城乡儿童早期发展服务供给，普及儿童早期发展的知识、方法和技能。

8. 5 岁以下儿童贫血率和生长迟缓率分别控制在 10% 和 5% 以下，儿童超重、肥胖上升趋势得到有效控制。

9. 儿童新发近视率明显下降，小学生近视率降至 38% 以下，初中生近视率降至 60% 以下，高中阶段学生近视率降至 70% 以下。0—6 岁儿童眼保健和视力检查覆盖率达到 90% 以上。

10. 增强儿童体质，中小学生国家学生体质健康标准达标优良率达到 60% 以上。

11. 增强儿童心理健康服务能力，提升儿童心理健康水平。

12. 适龄儿童普遍接受性教育，儿童性健康服务可及性明显提高。

策略措施：

1. 优先保障儿童健康。将儿童健康理念融入经济社会发展政策，儿童健康主要指标纳入政府目标和责任考核。完善涵盖儿童的基本医疗卫生制度，加强儿童医疗保障政策与公共卫生政策衔接。加大对儿童医疗卫生与健康事业的投入力度，支持革命老区、民族地区、边疆地区和欠发达地区的儿童健康事业发展，逐步实现基本妇幼健康服务均等化。建设统一的妇幼健康信息平台，推动妇幼健康信息平台与电子健康档案的互联互通和信息共享，完善妇幼健康统计调查制度，推行“互联网 + 妇幼健康”服务模式，完善妇幼健康大数据，加强信息互联共享，实现儿童健康全周期全过程管理和服务的信息化、智能化。开展“儿童健康综合发展示范县”创建活动。

2. 完善儿童健康服务体系。构建国家、区域、省、市、县级儿童医疗保健服务网络，以妇幼保健机构、儿童医院和综合医院儿科为重点，统筹规划和配置区域内儿童健康服务资源。省、市、县级均各设置 1 所政府举办、标准化的妇幼保健机构，每千名儿童拥有儿科执业（助理）医生达到 1.12 名、床位增至 3.17 张。建立完善以区县妇幼保健机构为龙头，乡镇卫生院、社区卫生服务中心为枢纽，村卫生室为基础的基层儿童保健服务网络，每所乡镇卫生院、社区卫生服务中心至少配备 1 名提供规范儿童基本医疗服务的全科医生，至少配备 2 名专业从事儿童保健的医生。完善儿童急救体系。加快儿童医学人才培养，提高全科医生的儿科和儿童保健专业技能，提高儿科医务人员薪酬待遇。

3. 加大儿童健康知识宣传普及力度。强化父母或其他监护人是儿童健康第一责任人的理念，依托家庭、社区、学校、幼儿园、托育机构，加大科学育儿、预防疾病、及时就医、合理用药、合理膳食、应急避险、心理健康等知识和技能宣传普及力度，促进儿童养成健康行为习惯。构建全媒体健康知识传播机制。发挥健康科普专家库和资源库作用。推进医疗机构规范设置“孕妇学校”和家长课堂，鼓励医疗机构、医务人员、相关社会组织等开展健康科普活动。预防和制止儿童吸烟（含电子烟）、酗酒，保护儿童远离毒品。

4. 保障新生儿安全与健康。深入实施危重新生儿筛查与评估、高危新生儿专案管理、危急重症救治、新生儿死亡评审等制度。加强新生儿规范化访视工作，新生儿访视率保持在 90% 以上。完善医疗机构产科、新生儿科质量规范化管理体系，加强新生儿保健专科建设。依托现有机构加强危重新生儿救治中心建设，强化危重新生儿救治保障。

5. 加强出生缺陷综合防治。建立多部门联动防治出生缺陷的工作机制，落实出生缺陷三级防治措施，加强知识普及和出生缺陷防控咨询，推广婚姻登记、婚育健康宣传教育、生育指导“一站式”服务。强化婚前孕前保健，提升产前筛查和诊断能力，推动围孕期、产前产后一体化和多学科诊疗协作，规范服务与质量监管。扩大新生儿疾病筛查病种范围，建立筛查、阳性病例召回、诊断、治疗和随访一体化服务模式，促进早筛早诊早治。加强地中海贫血防治。健全出生缺陷防治网络，加强出生缺陷监测，促进出生缺陷防治领域科技创新和成果转化。

6. 加强儿童保健服务和管理。加强儿童保健门诊标准化、规范化建设，提升儿童保健服务质量。扎实开展 0—6 岁儿童健康管理工作，3 岁以下儿童系统管理率和 7 岁以下儿童健康管理率保持在 90% 以上。推进以视力、听力、肢体、智力及孤独症等五类残疾为重点的 0—6 岁儿童残疾筛查，完善筛查、诊断、康复、救助相衔接的工作机制。提高儿童康复服务能力和水平。增强学校、幼儿园、托育机构的常见病预防保健能力，按标准配备校医、幼儿园及托育机构卫生保健人员和必要保健设备。加强对孤儿、流动儿童、留守儿童和困境儿童等重点人群的健康管理。

7. 强化儿童疾病防治。以早产、低出生体重、贫血、肥胖、心理行为异常、视力不良、龋齿等儿童健康问题为重点，推广儿童疾病防治适宜技术，建立早期筛查、诊断和干预服务机制。加强儿童口腔保健，12 岁儿童龋患率控制在 25% 以内。加强儿童重大传染性疾病、新发传染病管理以及艾滋病、梅毒、乙肝母婴阻断工作。完善儿童血液病、恶性肿瘤等重病诊疗体系、药品供应制度、综合保障制度，开发治疗恶性肿瘤等疾病的特效药。科学合理制定罕见病目录，加强罕见病管理。推广应用中医儿科适宜技术。

8. 加强儿童免疫规划疫苗管理和预防接种。扩大国家免疫规划，维持较高水平的国家免疫规划疫苗接种率。支持多联多价等新型疫苗研制。加强疫苗研制、生产、流通和预防接种管理。完善预防接种异常反应补偿相关政策。

9. 加强儿童早期发展服务。建立健全多部门协作的儿童早期发展工作机制，开展涵盖良好健康、充足营养、回应性照护、早期学习、安全保障等多维度的儿童早期发展综合服务。加强对家庭和托育机构的婴幼儿早期发展指导服务。促进儿童早期发展服务进农村、进社区、进家庭，探索推广入户家访指导等适合农村边远地区儿童、困境儿童的早期发展服务模式。

10. 改善儿童营养状况。关注儿童生命早期 1000 天营养，开展孕前、孕产期营养与膳食评价指导。实施母乳喂养促进行动，强化爱婴医院管理，加强公共场所和工作场所母婴设施建设，6 个月内婴儿纯母乳喂养率达到 50% 以上。

普及为 6 月龄以上儿童合理添加辅食的知识技能。开展儿童生长发育监测和评价，加强个性化营养指导，保障儿童营养充足。加强食育教育，引导科学均衡饮食、吃动平衡，预防控制儿童超重和肥胖。加强学校、幼儿园、托育机构的营养健康教育和膳食指导。加大碘缺乏病防治知识宣传普及力度。完善食品标签体系。

11. 有效控制儿童近视。加强 0—6 岁儿童眼保健和视力检查工作，推动建立儿童视力电子档案。减轻学生学业负担，指导监督学生做好眼保健操，纠正不良读写姿势。保障学校、幼儿园、托育机构室内采光、照明和课桌椅、黑板等达到规定标准。指导家长掌握科学用眼护眼知识并引导儿童科学用眼护眼。教育儿童按需科学规范合理使用电子产品。确保儿童每天接触户外自然光不少于 1 小时。

12. 增强儿童身体素质。推进阳光体育运动，开足开齐体育与健康课。保障儿童每天至少 1 小时中等及以上强度的运动，培养儿童良好运动习惯。全面实施《国家学生体质健康标准》，完善学生健康体检和体质监测制度。鼓励公共体育场馆设施免费或优惠向周边学校和儿童开放，落实学校体育场馆设施在课余和节假日向学生开放政策，支持学校向体育类社会组织购买课后体育服务。进一步加大户外运动、健身休闲等配套公共基础设施建设力度。合理安排儿童作息，保证每天睡眠时间小学生达到 10 小时、初中生达到 9 小时、高中生达到 8 小时。

13. 加强儿童心理健康服务。构建儿童心理健康教育、咨询服务、评估治疗、危机干预和心理援助公共服务网络。中小学校配备心理健康教育教师。积极开展生命教育和挫折教育，培养儿童珍爱生命意识和自我情绪调适能力。关注和满足孤儿、事实无人抚养儿童、留守儿童和困境儿童心理发展需要。提高教师、家长预防和识别儿童心理行为异常的能力，加强儿童医院、精神专科医院和妇幼保健机构儿童心理咨询及专科门诊建设。大力培养儿童心理健康服务人才。

14. 为儿童提供性教育和性健康服务。引导儿童树立正确的性别观念和道德观念，正确认识两性关系。将性教育纳入基础教育体系和质量监测体系，增强教育效果。引导父母或其他监护人根据儿童年龄阶段和发展特点开展性教育，加强防范性侵害教育，提高儿童自我保护意识和能力。促进学校与医疗机构密切协作，提供适宜儿童的性健康服务，保护就诊儿童隐私。设立儿童性健康保护热线。

15. 加强儿童健康领域科研创新。围绕儿童重大疾病的预防、诊断、治疗、康复和健康管理开展基础研究和应用研究。加强儿科科技创新基地、平台建设，发挥儿科医学领域国家临床医学研究中心重要作用。鼓励儿童用药研发生产，加快儿童用药申报审批工作。完善儿童临床用药规范，药品说明书明确表述儿童用药信息。扩大国家基本药物目录中儿科用药品种和剂型范围，探索制定国家儿童基本药物目录，及时更新儿童禁用药品目录。推动儿童健康科技国际交流合作。

（二）儿童与安全。

主要目标：

1. 减少儿童伤害所致死亡和残疾。儿童伤害死亡率以2020年数据为基数下降20%。

2. 排查消除溺水隐患，儿童溺水死亡率持续下降。

3. 推广使用儿童安全座椅、安全头盔，儿童出行安全得到有效保障。

4. 减少儿童跌倒、跌落、烧烫伤和中毒等伤害的发生、致残和死亡。

5. 儿童食品安全得到有效保障。

6. 提升儿童用品质量安全水平。

7. 预防和制止针对儿童一切形式的暴力。

8. 提高对学生欺凌的综合治理能力，预防和有效处置学生欺凌。

9. 预防和干预儿童沉迷网络，有效治理不良信息、泄露隐私等问题。

10. 儿童遭受意外和暴力伤害的监测报告系统进一步完善。

策略措施：

1. 创建儿童安全环境。树立儿童伤害可防可控意识，通过宣传教育、改善环境、加强执法、使用安全产品、开展评估等策略，创建有利于儿童成长的家庭、学校、社区安全环境。开展安全自护教育，提高儿童及其看护人的安全意识，帮助其掌握安全知识技能，培养儿童安全行为习惯。落实学校、幼儿园、托育机构等安全管理主体责任，开展儿童防伤害、防暴力、避灾险、会自救等教育活动。

2. 建立健全儿童伤害防控工作体系。加大儿童伤害防控领域立法和执法力度。构建完善多部门合作的儿童伤害防控工作机制，鼓励社会力量参与儿童伤害防控。制定实施国家、地方儿童伤害防控行动计划，探索创新并大力推广儿童伤害防控适宜技术，优先制定实施针对流动儿童、留守儿童、困境儿童的伤害防控措施。

3. 预防和控制儿童溺水。加强看护，保证儿童远离危险水体。隔离、消除家庭及校园环境的溺水隐患，加强农村地区相关水体的防护隔离和安全巡查，加强开放性水域、水上游乐场所、船只等安全管理并配置适用于儿童的应急救援装备。加强预防溺水和应急救援知识技能教育，普及儿童游泳及水上安全技能，引导儿童使用安全游泳场所。

4. 预防和控制儿童道路交通伤害。完善交通安全立法。提高儿童看护人看护能力，培养儿童养成良好交通行为习惯。推广使用儿童安全座椅、安全头盔和儿童步行及骑乘非机动车反光标识。完善儿童道路安全防护用品标准，加强生产和销售监管。道路规划建设充分考虑儿童年龄特点，完善校园周边安全设施，严查严处交通违法行为。落实校车安全管理条例。

5. 预防和控制儿童跌倒、跌落、烧烫伤、中毒等伤害。消除环境危险因素，推广使用窗户护栏、窗口限位器等防护用品，减少儿童跌倒、跌落。教育儿童远离火源，引导家庭分隔热源，安全使用家用电器，推广使用具有儿童保护功能的家用电器，预防儿童烧烫伤。推广使用儿童安全包装，提升儿童看护人对农药、药物、日用化学品等的识别及保管能力，避免儿童中毒。预防婴幼儿窒息，提升看护人对婴幼儿有效照护能力。规范犬类管理及宠物饲养，预防动物咬伤。加强防灾减灾教育，提高儿童及其看护人针对地震、火灾、踩踏等的防灾避险技能。

6. 加强儿童食品安全监管。完善儿童食品安全标准体系。强化婴幼儿配方食品和婴幼儿辅助食品安全监管，加大婴幼儿配方乳粉产品抽检监测及不合格食品处罚力度。落实学校、幼儿园、托育机构食品安全管理主体责任，消除儿童集体用餐各环节食品安全隐患，加强校内及周边食品安全监管。严肃查处食品安全违法违规行为。

7. 预防和减少产品引发的儿童伤害。强化产品质量安全监管。健全儿童用品强制性国家标准体系，完善产品安全警示标识。建立健全儿童玩具强制性国家标准，加强儿童用品行业自律，鼓励制定技术先进的团体标准。对部分儿童用品依法实施强制性产品认证管理。持续开展儿童用品质量安全守护行动，严厉查处制售假冒伪劣产品的违法行为，鼓励消费者依法投诉举报产品安全问题。加强对产品造成儿童伤害的信息监测、分析、监督检查和缺陷产品召回工作。杜绝“毒跑道”、“毒校服”，保障游戏游艺设备及大型游乐设施安全，引导儿童安全使用电动扶梯、旋转门等设施设备。

8. 预防和控制针对儿童的暴力伤害。宣传倡导对儿童暴力零容忍理念，提升公众的法治意识和儿童保护意识，增强儿童的安全意识和自我保护能力。强化国家、社会、学校、家庭保护责任，建立防控针对儿童暴力伤害的部门合作工作机制，健全各级未成年人保护工作平台，落实针对儿童暴力伤害的发现、报告、干预机制。落实密切接触未成年人的机构和人员的强制报告责任。鼓励公众依法劝阻、制止、检举、控告针对儿童的暴力行为。依法严惩针对儿童的暴力违法犯罪行为。

9. 加强对学生欺凌的综合治理。完善落实学生欺凌综合治理的部门合作工作机制。营造文明安全校园环境，加强思想道德教育、法治教育和心理健康教育，培养学生的健全人格和社会交往能力。严格学校日常安全管理，健全学生欺凌早期预警、事中处理、事后干预等工作机制，提高教职员工、家长、学生对欺凌的预防和处置能力。依法依规调查和处置欺凌事件，发挥教育惩戒作用。强化校园周边综合治理，将学生欺凌专项治理纳入社会治安综合治理工作。

10. 加强未成年人网络保护。落实政府、企业、学校、家庭、社会保护责任，为儿童提供安全、健康的网络环境，保障儿童在网络空间中的合法权益。加强网络监管和治理，完善和落实网络信息监测、识别、举报、处置制度，依法惩处利用网络散布价值导向不良信息、从事危害未成年人身心健康的行为。网络游戏、网络直播、网络音视频、网络社交等网络服务提供者，针对未成年人使用其服务依法设置相应的时间管理、权限管理、消费管理等功能，不得为未满十六周岁儿童提供网络直播发布者账号注册服务。加强网络语言文明教育，坚决遏阻庸俗暴戾网络语言传播。实施国家统一的未成年人网络游戏电子身份认证，完善游戏产品分类、内容审核、时长限制等措施。加强儿童个人信息和隐私保护。

11. 提高对儿童遭受意外和暴力伤害的紧急救援、医疗救治、康复服务水平。广泛宣传儿童紧急救援知识，提升看护人、教师紧急救援技能。完善公共场所急救设施配备。完善国家紧急医学救援网络，加强儿童伤害院前急救设施设备配备，实现院前急救与院内急诊的有效衔接，加强康复机构能力建设，提高儿童医学救治以及康复服务的效率和水平。

12. 完善监测机制。建立健全国家和地方儿童遭受意外和暴力伤害监测体系，通过医疗机构、学校、幼儿园、托育机构、社区、司法机关等多渠道收集儿童伤害数据，促进数据规范化。建立多部门、多专业参与的数据共享、分析、评估和利用工作机制。

（三）儿童与教育。

主要目标：

1. 全面落实立德树人根本任务，培养德智体美劳全面发展的社会主义建设者和接班人。

2. 适龄儿童普遍接受有质量的学前教育，学前教育毛入园率达到并保持在90%以上。

3. 促进义务教育优质均衡发展和城乡一体化，九年义务教育巩固率提高到96%以上。

4. 巩固提高高中阶段教育普及水平，高中阶段教育毛入学率达到并保持在92%以上。

5. 孤儿、事实无人抚养儿童、残疾儿童、农业转移人口随迁子女、留守儿童、困境儿童等特殊群体受教育权利得到根本保障。残疾儿童义务教育巩固水平进一步提高。

6. 儿童科学素质全面提升，科学兴趣、创新意识、实践能力不断提高。

7. 以提高儿童综合素质为导向的教育评价体系更加完善。

8. 加强校园文化建设，营造友善、平等、相互尊重的师生关系和同学关系。

9. 学校家庭社会协同育人机制进一步完善。

策略措施：

1. 全面贯彻党的教育方针。坚持社会主义办学方向，健全立德树人落实机制，实施素质教育，完善德智体美劳全面培养的教育体系。提高思想道德素质，引领学生坚定理想信念，热爱祖国、热爱人民、热爱中国共产党、热爱社会主义，培育和践行社会主义核心价值观。提升智育水平，发展学生终身学习能力，促进思维发展，激发创新意识。坚持健康第一，深化体教融合，帮助学生磨练坚强意志、锻炼强健体魄。改进美育教学，提升学生审美和人文素养。加强劳动教育，引导学生树立正确的劳动观，形成良好劳动习惯，培养勤俭、奋斗、创新、奉献的劳动精神。

2. 全面落实教育优先发展战略。经济社会发展规划上优先安排教育，财政资金投入上优先保障教育，公共资源配置上优先满足教育。优化教育经费支出结构，把义务教育作为教育投入重中之重。依法落实各级政府教育支出责任，完善各教育阶段财政补助政策。支持和规范社会力量办学。

3. 培养儿童良好思想道德素质、法治意识和行为习惯。加强理想教育、道德教育、法治教育、劳动教育，养成良好道德品质、法治意识和行为习惯，形成积极健康的人格和良好心理品质。中小学、幼儿园广泛开展性别平等教育。完善德育工作体系，深化课程育人、文化育人、活动育人、实践育人、管理育人、协同育人。创新德育工作形式，丰富德育内容，增强德育工作吸引力、感染力和实效性。

4. 全面推进教育理念、体系、制度、内容、方法创新。严格落实课程方案和课程标准，提高教学质量。完善教材编写、修订、审查、选用、退出机制。遵循教育规律和学生身心发展规律，尊重个体差异，因材施教，推行启发式、探究式、参与式、合作式教学。探索具有特殊才能学生的培养体系。提升校园智能化水平，提高信息化服务教育教学和管理的能力水平，推动优质教育资源在线辐射农村和边远地区薄弱学校，加快发展适合不同学生的信息化自主学习方式，满足个性化发展需求。提高民族地区教育质量和水平，加大国家通用语言文字推广力度。深化民族团结进步教育。

5. 逐步推进学前教育全面普及。继续实施学前教育行动计划，重点补齐人口集中流入地、农村地区、欠发达地区、民族地区以及城市薄弱地区的普惠性资源短板，基本实现学前教育公共服务体系全覆盖。加强学前幼儿普通话教育，推进学前学会普通话。严格落实城镇小区配套幼儿园政策，鼓励国有企事业单位、街道、村集体举办公办幼儿园。健全普惠性学前教育成本分担机制，建立公办园收费标准动态调整机制，加强非营利性民办园收费监管，遏制过度逐利行为。注重科学保教，建立健全幼儿园保教质量监测体系，坚决克服和纠正“小学化”倾向，全面提升保教质量。

6. 推进城乡义务教育一体化发展。科学规划布局城乡学校建设，落实新建居住区配套建设学校规定，合理有序扩大城镇学校学位供给，解决城镇大班额问题。全面加强乡村小规模学校和乡镇寄宿制学校建设，进一步改善农村学校办学条件，加强乡村教师队伍建设，提升农村义务教育质量，推进义务教育优质均衡发展。健全精准控辍保学长效机制，提高义务教育巩固水平。保障女童平等接受义务教育。推进义务教育学校免试就近入学全覆盖，全面实行义务教育公办民办学校同步招生，支持和规范民办义务教育发展。

7. 进一步普及高中阶段教育。加快普通高中育人方式改革，推动高中阶段学校多样化有特色发展，满足学生个性化、多样化发展需要。推进中等职业教育和普通高中教育协调发展，建立中等职业教育和普通高中统一招生平台，深化职普融通。大力发展中等职业教育，建设一批优秀中职学校和优质专业，放宽中职招生地域限制。完善高中阶段学生资助政策。

8. 保障特殊儿童群体受教育权利。完善特殊教育保障机制，推进适龄残疾儿童教育全覆盖，提高特殊教育质量。坚持以普通学校随班就读为主体，以特殊教育学校为骨干，以送教上门和远程教育为补充，全面推进融合教育。大力发展残疾儿童学前教育，进一步提高残疾儿童义务教育巩固水平，加快发展以职业教育为重点的残疾人高中阶段教育。推进孤独症儿童教育工作。保障农业转移人口随迁子女平等享有基本公共教育服务。加强家庭经济困难学生精准资助，完善奖学金、助学金和助学贷款政策。加强对留守儿童和困境儿童的法治教育、安全教育和心理健康教育，优先满足留守儿童寄宿需求。在特殊教育学校大力推广国家通用手语和国家通用盲文。

9. 提高儿童科学素质。实施未成年人科学素质提升行动。将弘扬科学精神贯穿教育全过程，开展学前科学启蒙教育，提高学校科学教育质量，完善课程标准和课程体系，丰富课程资源，激发学生求知欲和想象力，培养儿童的创新精神和实践能力，鼓励有创新潜质的学生个性化发展。加强社会协同，注重利用科技馆、儿童中心、青少年宫、博物馆等校外场所开展校外科学学习和实践活动。广泛开展社区科普活动。加强专兼职科学教师和科技辅导员队伍建设。完善科学教育质量和未成年人科学素质监测评估。

10. 建立健全科学的教育评价制度体系。树立科学的教育质量观，建立健全以发展素质教育为导向的科学评价体系。落实县域义务教育质量、学校办学质量和学生发展质量评价标准。针对不同主体和不同学段、不同类型教育特点，改进结果评价，强化过程评价，探索增值评价，健全综合评价，克服唯分数、唯升学倾向。完善初高中学生学业水平考试和综合素质评价制度。高中阶段学校实行基于初中学业水平考试成绩、结合综合素质评价的招生录取模式，落实优质普通高中招生指标分配到初中政策，健全分类考试、综合评价、多元录取的高校招生机制。

11. 加强教师队伍建设。完善师德师风建设长效机制，引导教师自觉践行社会主义核心价值观，提升职业道德修养，坚守教书育人职责。完善教师资格准入制度，着力解决教师结构性、阶段性、区域性短缺问题。加强教师进修培训，提高基本功和专业能力。弘扬尊师重教的社会风尚。培养造就一支有理想信念、有道德情操、有扎实学识、有仁爱之心的高素质专业化创新型教师队伍。

12. 开展民主、文明、和谐、平等的友好型学校建设。加强校风、教风、学风建设，开展文明校园创建，构建尊师爱生的师生关系和团结友爱的同学关系。保障学生参与学校事务的权利。美化校园环境，优化学生学习、生活条件，推进校园无障碍环境建设和改造，为学生提供安全饮用水、卫生厕所和适合身高的课桌椅，改善学校用餐和学生寄宿条件。培育和丰富积极向上、健康文明的校园文化。

13. 坚持学校教育与家庭教育、社会教育相结合。加强家园、家校协作，推动教师家访制度化、常态化。加强中小学、幼儿园、社区家长学校、家长委员会建设，普及家庭教育知识，推广家庭教育经验。统筹社会教育各类场地、设施和队伍等资源，丰富校外教育内容和形式，鼓励儿童积极参与科技、文化、体育、艺术、劳动等实践活动，参与日常生活劳动、生产劳动和服务性劳动，帮助学生深入了解国情、社情、民情。增强校外教育公益性。加强校外教育理论研究。规范校外培训，切实减轻学生课外培训负担，严格监管面向低龄儿童的校外网络教育培训。充分发挥中小学校课后服务主渠道作用，完善中小学课后服务保障机制和措施，课后服务结束时间原则上不早于当地正常下班时间。发挥共青团、少先队、妇联、科协、关工委等组织的育人作用，形成学校、家庭、社会协同育人合力。

（四）儿童与福利。

主要目标：

1. 提升儿童福利水平，基本建成与经济社会发展水平相适应的适度普惠型儿童福利制度体系。

2. 面向儿童的基本公共服务均等化水平明显提高，城乡、区域和不同群体儿童的公共服务需求得到公平满足。

3. 巩固提高基本医疗保障水平，保障儿童基本医疗权益。

4. 构建连续完整的儿童营养改善项目支持体系。

5. 加快普惠托育服务体系建设，托育机构和托位数量持续增加。

6. 孤儿、事实无人抚养儿童、残疾儿童、流浪儿童生存、发展和安全权益得到有效保障。

7. 留守儿童关爱服务体系不断完善，流动儿童服务机制更加健全。

8. 城乡社区儿童之家覆盖率进一步巩固提高，服务能力持续提升。

9. 监测预防、强制报告、应急处置、评估帮扶、监护干预“五位一体”的基层儿童保护机制有效运行。县级以上人民政府开通并有效运行全国统一的儿童保护热线。

10. 基层儿童福利工作阵地和队伍建设进一步加强。

11. 为儿童服务的社会组织和儿童社会工作专业队伍明显壮大。

策略措施：

1. 完善儿童福利保障和救助制度体系。积极推进儿童福利立法。逐步建成与国家经济社会发展水平相适应、与相关福利制度相衔接的适度普惠型儿童福利制度体系。完善困境儿童分类保障政策，加大困境儿童保障力度。完善儿童福利政策，合理提高儿童福利标准。合理制定低保标准和特困人员救助供养标准并建立动态调整机制，提升儿童生活质量。

2. 提高面向儿童的公共服务供给水平。提高基本公共服务均等化和可及性水平，将儿童教育、医疗卫生、福利保障事项优先纳入基本公共服务清单，提高服务智慧化水平。完善面向儿童的基本公共服务标准体系，推动基本公共服务向欠发达地区、薄弱环节、特殊儿童群体倾斜。扩大公共服务覆盖面，全面落实儿童乘坐公共交通工具和游览参观票价优惠政策，推进采取年龄标准优先、身高标准补充的儿童票价优待政策。

3. 做好儿童医疗保障工作。强化基本医疗保险、大病保险、医疗救助三重保障功能，巩固提高儿童参加城乡居民基本医疗保险覆盖率。健全基本医疗保险筹资和待遇调整机制，完善医保目录动态调整机制。做好低收入家庭儿童城乡居民医保参保工作。做好符合条件的家庭经济困难患儿医疗救助。促进各类医疗保障互补衔接，支持商业保险机构开发并推广适宜不同年龄阶段儿童的大病和意外伤害险产品，统筹调动慈善医疗救助力量，支持医疗互助有序发展，合力降低患儿家庭医疗费用负担。

4. 推进实施儿童营养改善项目。巩固脱贫地区儿童营养改善项目实施成果。稳妥推进农村义务教育学生营养改善计划，完善膳食费用分摊机制。加强3—5岁学龄前儿童营养改善工作，实施学龄前儿童营养改善计划，构建从婴儿期到学龄期连续完整的儿童营养改善项目支持体系。

5. 发展普惠托育服务体系。将婴幼儿照护服务纳入经济社会发展规划，研究编制托育服务发展专项规划，强化政策引导，综合运用土地、住房、财政、金融、人才等支持政策，扩大托育服务供给。大力发展多种形式的普惠托育服务，推动建设一批承担指导功能的示范托育服务机构和社区托育服务设施，支持有条件的用人单位为职工提供托育服务，鼓励国有企业等主体积极参与各级政府推动的普惠托育服务体系建设，支持和引导社会力量依托社区提供普惠托育服务，鼓励和支持有条件的幼儿园招收2—3岁幼儿，制定家庭托育点管理办法。加大专业人才培养培训力度，依法逐步实行从业人员职业资格准入制度。制定完善托育服务的标准规范，加强综合监管，推动托育服务规范健康发展。

6. 加强孤儿和事实无人抚养儿童保障。落实孤儿和事实无人抚养儿童保障政策，明确保障对象，规范认定流程，合理确定保障标准。畅通亲属抚养、家庭寄养、机构养育和依法收养孤儿安置渠道。落实社会散居孤儿、事实无人抚养儿童监护责任。完善儿童收养相关法规政策，引导鼓励国内家庭收养病残儿童。健全收养评估制度，建立收养状况回访监督制度，加强收养登记信息化建设。推动收养工作高质量发展。

7. 落实残疾儿童康复救助制度。完善儿童残疾筛查、诊断、治疗、康复一体化工作机制，建立残疾报告和信息共享制度。提高残疾儿童康复服务覆盖率，为有需求的残疾儿童提供康复医疗、康复辅助器具、康复训练等基本康复服务，促进康复辅助器具提质升级。完善残疾儿童康复服务标准，增强残疾儿童康复服务供给能力，规范残疾儿童康复机构管理。支持儿童福利机构面向社会残疾儿童开展替代照料、养育教育辅导、康复训练等服务。

8. 加强流浪儿童救助保护工作。落实流浪儿童街面巡查和转介处置职责，依法依规为流浪儿童提供生活照料、身份查询、接送返回等服务。流出地县级政府建立源头治理和回归稳固机制，落实流浪儿童相关社会保障和义务教育等政策，教育督促流浪儿童父母或其他监护人履行抚养义务。依法严厉打击遗弃、虐待未成年人违法犯罪行为。

9. 加强留守儿童关爱保护。进一步完善留守儿童关爱保护工作体系。强化家庭监护主体责任，提高监护能力。强化县、乡级政府属地责任，落实关爱帮扶政策措施。常态化开展寒暑假特别关爱行动，充分发挥群团组织以及社会组织、社会工作者、志愿者等作用，加强对留守儿童心理、情感、行为和安全自护的指导服务。积极倡导企业履行社会责任，为务工人员加强与留守未成年子女的联系沟通提供支持。落实支持农民工返乡就业创业相关政策措施，从源头上减少留守儿童现象。

10. 完善流动儿童服务机制。深化户籍制度改革，健全以居住证为载体、与居住年限等条件挂钩的基本公共服务提供机制，推进城镇常住人口基本公共服务均等化，保障儿童平等享有教育、医疗卫生等基本公共服务。健全以社区为依托、面向流动儿童家庭的管理和服务网络，提升专业服务能力，促进流动儿童及其家庭融入社区。

11. 提高儿童之家建设、管理和服务水平。健全政府主导、部门统筹、多方参与、共同建设儿童之家的工作格局，巩固提高儿童之家覆盖率。完善儿童之家建设标准、工作制度和管理规范，配备专兼职工作人员，发挥社区儿童主任和妇联执委作用，提升管理和使用效能。保证儿童之家服务时长，拓展服务内容，确保服务安全，通过购买服务、项目合作等方式引入有资质的相关社会组织为儿童提供专业化、精细化服务，充分发挥儿童之家在基层社会治理和儿童保护中的作用。

12. 建立健全基层儿童保护机制。完善县（市、区、旗）、乡镇（街道）、村（社区）三级儿童保护机制。督促学校、幼儿园、托育机构、医疗机构、儿童福利机构、未成年人救助保护机构、村（居）民委员会等主体强化主动报告意识，履行困境儿童和受暴力伤害儿童强制报告义务。开通全国统一的儿童保护热线，及时受理、转介侵犯儿童合法权益的投诉、举报，探索完善接报、评估、处置、帮扶等一体化工作流程，明确相关部门工作职责和协作程序，形成“一门受理、协同办理”的工作机制。

13. 提升未成年人救助保护机构、儿童福利机构和基层儿童工作队伍服务能力。推进承担集中养育职能的儿童福利机构优化提质，推进儿童养育、康复、教育、医疗、社会工作一体化发展。整合县级儿童福利机构和未成年人救助保护相关机构职能，为临时监护情形未成年人、社会散居孤儿、留守儿童和困境儿童等提供服务。加强未成年人救助保护中心建设，制定完善未成年人救助保护机构工作标准。进一步落实未成年人救助保护机构、儿童督导员、儿童主任的工作职责，加大儿童督导员、儿童主任等基层儿童工作者培训力度，提高服务能力。

14. 支持引导社会力量参与儿童保护和服务工作。通过政府委托、项目合作、重点推介、孵化扶持等方式，积极培育为儿童服务的社会组织和志愿服务组织。将更多符合条件的儿童保护和服务事项纳入政府购买服务指导性目录，积极引导为儿童服务的社会组织面向城乡社区、家庭和学校提供服务。加强儿童社会工作专业队伍建设，提高服务技能水平。引导社会资源向欠发达地区倾斜，扶持欠发达地区为儿童服务的社会组织发展。

（五）儿童与家庭。

主要目标：

1. 发挥家庭立德树人第一所学校作用，培养儿童的好思想、好品行、好习惯。

2. 尊重儿童主体地位，保障儿童平等参与自身和家庭事务的权利。

3. 教育引导父母或其他监护人落实抚养、教育、保护责任，树立科学育儿理念，掌握运用科学育儿方法。

4. 培养儿童成为好家风的践行者和传承者。

5. 增强亲子互动，建立平等和谐的亲子关系。

6. 覆盖城乡的家庭教育指导服务体系基本建成，指导服务能力进一步提升。95% 的城市社区和 85% 的农村社区（村）建立家长学校或家庭教育指导服务站点。

7. 支持家庭生育养育教育的法律法规政策体系基本形成。

8. 提升家庭领域理论和实践研究水平，促进成果转化应用。

策略措施：

1. 将立德树人落实到家庭教育各方面。父母或其他监护人应将立德树人作为家庭教育的首要任务，将思想品德教育融入日常生活，帮助儿童开拓视野、认识社会，通过身边人、身边事，培养儿童的好思想、好品德、好习惯，引导儿童树立正确的世界观、人生观、价值观。教育引导儿童践行社会主义核心价值观，学习中华民族优秀传统文化，厚植爱党爱祖国爱社会主义情怀。增强法治意识和社会责任感，从小学会做人、学会做事、学会学习，扣好人生第一粒扣子。

2. 尊重儿童主体地位和权利。引导父母或其他监护人以儿童为本，尊重儿童的身心发展规律和特点，保障儿童休息、锻炼、闲暇和娱乐的权利，合理安排儿童的学习和生活，增加体育锻炼、劳动实践、休息娱乐、社会实践、同伴交往、亲子活动等时间。尊重儿童的知情权、参与权，重视听取并采纳儿童的合理意见。教育引导儿童增强家庭和社会责任意识，鼓励儿童自主选择、自我管理、自我服务，参与力所能及的家务劳动，培养劳动习惯，提高劳动技能。

3. 增强监护责任意识和能力。创造良好家庭环境，满足儿童身心发展需要，培养儿童良好行为习惯和健康生活方式，提高安全意识和自救自护能力。加强宣传教育培训，帮助父母或其他监护人学习家庭教育知识，树立科学育儿理念和正确成才观，掌握科学育儿方法，尊重个体差异，因材施教。禁止对儿童殴打、虐待等一切形式的家庭暴力。加强对家庭落实监护责任的支持、监督和干预，根据不同需求为家庭提供分类指导和福利保障。

4. 用好家风培养熏陶儿童。发挥父母榜样和示范作用，教育引导儿童传承尊老爱幼、男女平等、夫妻和睦、勤俭持家、亲子平等、邻里团结的家庭美德，践行爱国爱家、相亲相爱、向上向善、共建共享的社会主义家庭文明新风尚。广泛开展内容丰富、形式新颖、富有教育意义的好家风宣传弘扬活动，推出系列家风文化服务产品。引领儿童养成文明健康的生活方式和消费模式，杜绝浪费。

5. 培育良好亲子关系。引导家庭建立有效的亲子沟通方式，加强亲子交流，增加陪伴时间，提高陪伴质量。鼓励支持家庭开展亲子游戏、亲子阅读、亲子运动、亲子出游等活动。指导帮助家庭调适亲子关系，缓解育儿焦虑，化解亲子矛盾。鼓励支持各类教育、科技、文化、体育、娱乐等公益性设施和场所以及城乡社区儿童之家等为开展家庭亲子活动提供条件。加强亲子阅读指导，培养儿童良好阅读习惯。分年龄段推荐优秀儿童书目，完善儿童社区阅读场所和功能，鼓励社区图书室设立亲子阅读区。

6. 构建覆盖城乡的家庭教育指导服务体系。依托现有机构设立家庭教育指导服务中心，统筹家庭教育指导服务工作，依托家长学校、城乡社区公共服务设施、妇女之家、儿童之家等设立家庭教育指导服务站点。建设家庭教育信息化共享平台，开设网上家长学校和家庭教育指导课程。中小学、幼儿园健全家庭教育指导服务工作制度，将家庭教育指导服务纳入学校工作计划和教师业务培训。社区（村）支持协助家庭教育指导服务站点开展家庭教育指导服务。鼓励支持公共文化服务场所开展家庭教育指导活动，利用多种媒体开展家庭教育知识宣传。

7. 强化对家庭教育指导服务的支持保障。推进实施家庭教育工作规划，推动家庭教育指导服务普惠享有，并纳入政府购买服务指导性目录，培育家庭教育服务机构。加强对家庭教育服务机构和从业人员的管理，规范家庭教育服务市场。加强家庭教育服务行业自律，研究制定服务质量标准，建立行业认证体系。鼓励机关、企事业单位和社会组织面向本单位职工开展家庭教育指导服务。支持社会工作机构、志愿服务组织和专业工作者依法依规开展家庭教育指导服务。

8. 完善支持家庭生育养育教育的法律法规政策。推进家庭教育立法及实施。完善三孩生育政策配套措施。促进出生人口性别比趋于正常。提高优生优育服务水平，增加优质普惠托育服务供给，推进教育公平与优质教育资源供给，落实产假制度和生育津贴，探索实施父母育儿假。推动将 3 岁以下婴幼儿照护服务费用纳入个人所得税专项附加扣除，加强住房等支持政策，减轻生育养育教育负担。将困境儿童及其家庭支持与保障作为家庭支持政策的优先领域。加快完善家政服务标准，提高家庭服务智慧化和数字化水平。鼓励用人单位创办母婴室和托育托管服务设施，实施弹性工时、居家办公等灵活的家庭友好措施。

9. 加强家庭领域理论和实践研究。充分发挥学术型社会组织作用，鼓励有条件的高校和科研机构开设家庭教育专业和课程，建立家庭领域研究基地，培养壮大家庭领域研究队伍，提升研究水平。坚持问题导向，聚焦家庭建设、家庭教育、家风培树等开展研究，及时推进研究成果转化，为家庭领域相关工作提供理论支撑。

（六）儿童与环境。

主要目标：

1. 将儿童优先理念落实到公共政策制定、公共设施建设、公共服务供给各方面，尊重、爱护儿童的社会环境进一步形成。

2. 提供更多有益于儿童全面发展的高质量精神文化产品。

3. 保护儿童免受各类传媒不良信息影响。提升儿童媒介素养。

4. 儿童参与家庭、学校和社会事务的权利得到充分保障。

5. 建设儿童友好城市和儿童友好社区。

6. 增加公益性儿童教育、科技、文化、体育、娱乐等校外活动场所，提高利用率和服务质量。

7. 减少环境污染对儿童的伤害。农村自来水普及率达到 90%，稳步提高农村卫生厕所普及率。

8. 提高儿童生态环境保护意识，帮助养成绿色低碳生活习惯。

9. 预防和应对突发事件时充分考虑儿童的身心特点，优先满足儿童的特殊需求。

10. 儿童事务国际交流与合作广泛开展，在促进全球儿童事业发展中的作用进一步彰显。

策略措施：

1. 全面贯彻儿童优先原则。建立和完善促进儿童优先发展的制度体系，提高政府部门和社会公众对儿童权利的认识，增强保障儿童权利的自觉性。在出台法律、制定政策、编制规划、部署工作时优先考虑儿童利益和需求。鼓励企事业单位、各类公共服务机构和社会组织参与儿童发展和权利保护服务。在城乡建设规划和城市改造中提供更多适合儿童的公共设施和活动场所。

2. 提升面向儿童的公共文化服务水平。制作和传播体现社会主义核心价值观、适合儿童的图书、电影、歌曲、游戏、广播电视节目、动画片等精神文化产品，培育儿童文化品牌。支持儿童参与民族优秀传统文化的保护、传承和创新。探索在网络空间开展儿童思想道德教育的新途径、新方法，增强知识性、趣味性和时代性。支持儿童题材作品参加国家舞台艺术精品创作扶持工程等重大项目和重要展演节庆活动。鼓励社会组织、文化艺术机构为儿童文化艺术活动提供专业指导和场地支持。公共图书馆单设儿童阅览区，公共图书馆盲人阅览区为盲童阅读提供便利，鼓励社区图书室设立儿童图书专区。

3. 加强新闻出版、文化等领域市场监管和执法。加强对儿童出版物的审读、鉴定和处置，深化“扫黄打非”工作，清除淫秽色情低俗、暴力恐怖迷信等有害出版物及信息。清理校园周边非法销售出版物和涉及低俗内容的儿童文化用品、玩具。严格网络出版、文化市场管理与执法，及时整治网络游戏、视频、直播、社交、学习类移动应用软件传播危害未成年人身心健康的有害信息。严格管控诱导未成年人无底线追星、拜金炫富等存在价值导向问题的不良信息和行为。加强互联网营业场所和娱乐场所执法，查处违规接纳未成年人、提供含有禁止内容的曲目和游戏游艺设备等违规行为。落实互联网企业主体责任，在产品开发、内容审核、用户管理、保护措施、举报处置等环节完善治理手段。

4. 规范与儿童相关的广告和商业性活动。规范与儿童有关的产品（服务）广告播出。在针对儿童的大众传播媒介上不得发布医疗、药品、医疗器械、保健食品、化妆品、酒类、美容广告，以及不利于儿童身心健康的网络游戏广告。禁止在大众传播媒介、公共场所发布声称全部或部分替代母乳的婴儿乳制品、饮料和其他食品广告。加大对相关虚假违法广告案件的查处力度。规范和限制安排儿童参加商业性展演活动。

5. 加强儿童媒介素养教育。保障儿童利用和参与媒介的权利。丰富儿童数字生活体验，提高数字生活质量。通过学校、幼儿园、家庭和社会等多种渠道，提升儿童及其监护人媒介素养，加强对不同年龄阶段儿童使用网络的分类教育指导，帮助儿童掌握网络基本知识技能，提高学习交流的能力，养成良好用网习惯，引导儿童抵制网络不文明行为，增强信息识别和网上自我保护能力，防止沉迷网络。为欠发达地区儿童、残疾儿童、困境儿童安全合理参与网络提供条件。

6. 保障儿童参与和表达的权利。尊重儿童参与自身和家庭事务的权利，培养儿童参与意识和能力。涉及儿童的法规政策制定、实施和评估以及重大事项决策，听取儿童意见。将儿童参与纳入学校、校外教育机构、社区工作计划。支持共青团、少先队、妇联等组织开展社会实践及体验活动。加强学校班委会和学生会建设，畅通学生参与学校事务的渠道。广泛开展儿童参与的宣传、教育和培训活动。

7. 开展儿童友好城市和儿童友好社区创建工作。鼓励创建社会政策友好、公共服务友好、权利保障友好、成长空间友好、发展环境友好的中国特色儿童友好城市。建立多部门合作工作机制，制定适合我国国情的儿童友好城市和儿童友好社区标准体系和建设指南，建设一批国家儿童友好城市。积极参与国际儿童友好城市建设交流活动。

8. 加大儿童校外活动场所建设和管理力度。将儿童活动场所建设纳入地方经济社会发展规划，加强各类爱国主义教育基地、党史国史教育基地、民族团结进步教育基地、科普教育基地、中小学生研学实践教育基地等的建设，加大对农村地区儿童活动场所建设和运行的扶持力度，推进儿童活动场所无障碍建设和改造。规范儿童校外活动场所管理，各类公益性教育、科技、文化、体育、娱乐场所对儿童免费或优惠开放，根据条件开辟儿童活动专区。在具备条件的校外活动场所普遍建立少先队组织。发挥校外活动场所的育人优势，打造特色鲜明、参与面广的儿童主题活动品牌。

9. 优化儿童健康成长的自然环境和人居环境。控制和治理大气、水、土壤等环境污染以及工业、生活和农村面源污染，加强水源保护和水质监测。加强铅等重金属污染防治和监测。推进城市饮用水水源地规范化建设。实施农村供水保障工程，提高农村集中供水率、自来水普及率、水质达标率和供水保证率。深入开展爱国卫生运动，持续改善村容村貌和人居环境，分类有序推进农村厕所革命，统筹农村改厕和污水、黑臭水体治理，因地制宜建设污水处理设施。

10. 创新开展面向儿童的生态文明宣传教育活动。把生态文明教育纳入国民教育体系，融入课堂教学、校园活动、社会实践等环节。推进生态环境科普基地和中小学环境教育社会实践基地建设，在世界环境日、全国低碳日、全国科技活动周等节点开展丰富的儿童环保主题活动，依托自然保护地等建设儿童自然教育保护基地，开展儿童自然教育。培养儿童生态文明意识，树立珍惜资源、保护自然、珍爱生命、与自然和谐相处的观念，自觉养成健康文明、绿色低碳、垃圾分类的良好生活习惯。

11. 在突发事件预防和应对中加强对儿童的保护。在制定突发事件应急预案时统筹考虑儿童的特殊需求。制定儿童防护用品标准，应急处置期间，优先保证儿童食品、药品、用品供给。学校、幼儿园、托育机构、校外教育机构和社区开展形式多样的安全教育和应急演练活动，提高教职工、儿童及其监护人识别灾害事故风险和应对灾害事故的能力。公共场所发生突发事件时，应优先救护儿童。在灾后恢复与重建阶段，针对儿童特点采取优先救助和康复措施，将灾害事故对儿童的伤害降到最低程度。

12. 开展促进儿童发展的国际交流与合作。认真履行联合国《儿童权利公约》等国际公约和文件，落实与儿童发展相关的可持续发展目标，扩大多边、双边特别是与共建“一带一路”国家的交流与合作，吸收借鉴国际社会在儿童领域的有益经验，积极宣介促进儿童发展的“中国故事”，在推动构建人类命运共同体、促进全球儿童事业发展中贡献中国智慧、彰显中国担当。

（七）儿童与法律保护。

主要目标：

1. 完善保障儿童权益的法律体系。

2. 加强保障儿童权益的执法工作。

3. 完善司法保护制度，司法工作体系满足儿童身心发展特殊需要。

4. 儿童法治素养和自我保护意识进一步提升，社会公众保护儿童的意识和能力进一步提高。

5. 依法保障儿童的民事权益。

6. 落实儿童监护制度，保障儿童获得有效监护。

7. 禁止使用童工，禁止对儿童的经济剥削，严格监管安排儿童参与商业性活动的行为。

8. 依法严惩性侵害、家庭暴力、拐卖、遗弃等侵犯儿童人身权利的违法犯罪行为。

9. 依法严惩利用网络侵犯儿童合法权益的违法犯罪行为。

10. 预防未成年人违法犯罪，对未成年人违法犯罪实行分级干预。降低未成年人犯罪人数占未成年人人口数量的比重。

策略措施：

1. 完善落实保障儿童权益的法律法规。健全保障儿童生存权、发展权、受保护权、参与权的法律法规体系。推动加快家庭教育、学前教育、儿童福利、网络保护等立法进程，适时修订相关法律法规、出台司法解释。增强立法工作的科学性和可操作性。加强未成年人保护法实施，落实法律监督、司法建议和法治督察制度。加强保障儿童权益的法学理论与实践研究。

2. 严格保障儿童权益执法。全面落实保障儿童权益主体责任。加大行政执法力度，及时发现和处置监护侵害、家庭暴力、校园及周边安全隐患、食品药品安全隐患等问题。探索建立保障儿童权益多部门综合执法制度，探索建立儿童救助协作制度，强化部门间信息沟通和工作衔接，形成执法、保护、服务合力。

3. 健全未成年人司法工作体系。公安机关、人民检察院、人民法院和司法行政部门应当确定专门机构或者指定专门人员负责办理涉及未成年人案件。完善未成年人司法保护工作评价考核标准。加强专业化办案与社会化保护配合衔接，加强司法机关与政府部门、人民团体、社会组织和社会工作者等的合作，共同做好未成年人心理干预、社会观护、教育矫治、社区矫正等工作。

4. 加强对未成年人的特殊司法保护。依法保障涉案未成年人的隐私权、名誉权以及知情权、参与权等诉讼权利。落实未成年人犯罪案件特别程序关于严格限制适用逮捕措施、法律援助、社会调查、心理评估、法定代理人或合适成年人到场、附条件不起诉、不公开审理、犯罪记录封存等规定。增强未成年人社区矫正实施效果。落实涉案未成年人与成年人分别关押、分别管理、分别教育制度。

5. 依法为儿童提供法律援助和司法救助。依托公共法律服务平台，为儿童提供法律咨询等法律援助服务，推进法律援助标准化、规范化建设，推进专业化儿童法律援助队伍建设。保障符合司法救助条件的儿童获得有针对性的经济救助、身心康复、生活安置、复学就业等多元综合救助。

6. 加强儿童保护的法治宣传教育。完善学校、家庭、社会共同参与的儿童法治教育工作机制，提高儿童法治素养。扎实推进青少年法治教育实践基地、法治资源教室和网络平台建设，运用法治副校长、以案释法、模拟法庭等多样化方式深入开展法治教育和法治实践活动。提高社会公众的法治意识，推动形成依法保障儿童权益的良好氛围。引导媒体客观、审慎、适度采访和报道涉未成年人案件。

7. 全面保障儿童的民事权益。依法保障儿童的人身权利、财产权利和其他合法权益。开展涉及儿童权益纠纷调解工作，探索父母婚内分居期间未成年子女权益保护措施，依法保障父母离婚后未成年子女获得探望、抚养、教育、保护的权利。依法保障儿童和胎儿的继承权和受遗赠权。依法保护儿童名誉、隐私和个人信息等人格权。完善支持起诉制度。对食品药品安全、产品质量、烟酒销售、文化宣传、网络传播等领域侵害儿童合法权益的行为，开展公益诉讼工作。

8. 完善落实监护制度。强化父母或其他监护人履行对未成年子女的抚养、教育和保护职责，依法规范父母或其他监护人委托他人照护未成年子女的行为。督促落实监护责任，禁止早婚早育和早婚辍学行为。加强对监护的监督、指导和帮助，落实强制家庭教育制度。强化村（居）民委员会对父母或其他监护人监护和委托照护的监督责任，村（居）儿童主任切实做好儿童面临监护风险或受到监护侵害情况发现、核实、报告工作。探索建立监护风险及异常状况评估制度。依法纠正和处理监护人侵害儿童权益事件。符合法定情形的儿童由县级以上民政部门代表国家进行监护。确保突发事件情况下无人照料儿童及时获得临时监护。

9. 严厉查处使用童工等违法犯罪行为。加强对使用童工行为的日常巡视监察和专项执法检查。严格落实儿童参加演出、节目制作等方面国家有关规定。加强对企业、其他经营组织或个人、网络平台等吸纳儿童参与广告拍摄、商业代言、演出、赛事、节目制作、网络直播等的监督管理。严格执行未成年工特殊保护规定，用人单位定期对未成年工进行健康检查，不得安排其从事过重、有毒、有害等危害儿童身心健康的劳动或者危险作业。

10. 预防和依法严惩性侵害儿童违法犯罪行为。加强儿童预防性侵害教育，提高儿童、家庭、学校、社区识别防范性侵害和发现报告的意识和能力，落实强制报告制度。建立全国统一的性侵害、虐待、拐卖、暴力伤害等违法犯罪人员信息查询系统，完善落实入职查询、从业禁止制度。探索建立性侵害儿童犯罪人员信息公开制度，严格落实外籍教师无犯罪证明备案制度。加强立案和立案监督，完善立案标准和定罪量刑标准。依法严惩对儿童负有特殊职责人员实施的性侵害行为，依法严惩组织、强迫、引诱、容留、介绍未成年人卖淫犯罪。建立未成年被害人“一站式”取证机制，保护未成年被害人免受“二次伤害”。探索制定性侵害儿童案件特殊证据标准。对遭受性侵害或者暴力伤害的未成年被害人及其家庭实施必要的心理干预、经济救助、法律援助、转学安置等保护措施。

11. 预防和依法严惩对儿童实施家庭暴力的违法犯罪行为。加强反家庭暴力宣传，杜绝针对儿童的家庭暴力以及严重忽视等不利于儿童身心健康的行为。落实强制报告制度，及时受理、调查、立案和转处儿童遭受家庭暴力案件。出台关于反家庭暴力法的司法解释、指导意见或实施细则，充分运用告诫书、人身安全保护令、撤销监护人资格等措施，加强对施暴人的惩戒和教育。

对构成犯罪的施暴人依法追究刑事责任，从严处理重大恶性案件。保护未成年被害人的隐私和安全，及时为未成年被害人及目睹家庭暴力的儿童提供心理疏导、医疗救治和临时庇护。

12. 严厉打击拐卖儿童和引诱胁迫儿童涉毒、涉黑涉恶等违法犯罪行为。坚持和完善集预防、打击、救助、安置、康复于一体的反拐工作长效机制，继续实施反对拐卖人口行动计划。有效防范和严厉打击借收养名义买卖儿童、利用网络平台实施拐卖人口等违法犯罪行为，加大对出卖亲生子女犯罪的预防和打击力度，完善孕产妇就医生产身份核实机制，完善亲子鉴定意见书和出生医学证明开具制度，落实儿童出生登记制度。妥善安置查找不到亲生父母和自生自卖类案件的被解救儿童。禁止除公安机关以外的任何组织或者个人收集被拐卖儿童、父母和疑似被拐卖人员 DNA 数据等信息。实施全国青少年毒品预防教育工程，开展对引诱、教唆、欺骗、强迫、容留儿童吸贩毒犯罪专项打击行动。依法严惩胁迫、引诱、教唆儿童参与黑社会性质组织从事违法犯罪活动的行为。

13. 严厉打击侵犯儿童合法权益的网络违法犯罪行为。加强对网络空间涉及儿童违法犯罪的分析研究，以案释法，提高公众对儿童网络保护的意识和能力。禁止制作、复制、发布、传播或者持有有关未成年人的淫秽色情物品和网络信息。依法严惩利用网络性引诱、性侵害儿童的违法犯罪行为。禁止对儿童实施侮辱、诽谤、威胁或者恶意损害形象等网络欺凌行为。严厉打击利用网络诱骗儿童参与赌博以及敲诈勒索、实施金融诈骗等违法犯罪行为。

14. 有效预防未成年人违法犯罪。加强对未成年人的法治和预防犯罪教育。落实未成年人违法犯罪分级干预制度，依法采取教育矫治措施，及时发现、制止、管教未成年人不良行为。及时制止、处理未成年人严重不良行为和未达刑事责任年龄未成年人严重危害他人及社会的行为。完善专门学校入学程序、学生和学籍管理、转回普通学校等制度。对涉罪未成年人坚持依法惩戒与精准帮教相结合，增强教育矫治效果，预防重新犯罪。保障涉罪未成年人免受歧视，依法实现在复学、升学、就业等方面的同等权利。强化预防未成年人犯罪工作的基层基础。

三、组织实施

（一）坚持党的全面领导。坚持以习近平新时代中国特色社会主义思想为指导，坚持以人民为中心的发展思想，坚持走中国特色社会主义儿童发展道路，把党的领导贯穿于纲要组织实施全过程。贯彻党中央关于儿童事业发展的决策部署，在统筹推进“五位一体”总体布局、协调推进“四个全面”战略布局中推进纲要实施。

（二）落实纲要实施责任。完善落实党委领导、政府主责、妇儿工委协调、多部门合作、全社会参与的纲要实施工作机制。国务院及地方各级人民政府负责纲要实施工作，各级妇儿工委负责组织、协调、指导、督促工作，各级妇儿工委办公室负责具体工作。有关部门、相关机构和人民团体结合职责，承担纲要相关目标任务落实工作。在出台法律、制定政策、编制规划、部署工作时贯彻落实儿童优先原则，切实保障儿童权益，促进儿童优先发展。

（三）加强纲要与国民经济和社会发展规划的衔接。在经济社会发展总体规划及相关专项规划中贯彻落实儿童优先原则，将纲要实施以及儿童发展纳入经济社会发展总体规划及相关专项规划，结合经济社会发展总体规划部署要求推进纲要实施，实现儿童事业发展与经济社会发展同步规划、同步部署、同步推进、同步落实。

（四）制定地方儿童发展规划和部门实施方案。省级人民政府依据本纲要，结合实际制定本级儿童发展规划。市、县级人民政府依据本纲要以及上一级儿童发展规划，结合实际制定本级儿童发展规划。省、市、县级规划颁布后1个月内报送上一级妇儿工委办公室。中央及地方承担纲要（规划）目标任务的有关部门、相关机构和人民团体结合职责，按照任务分工，制定实施方案并报送同级妇儿工委办公室。

（五）完善实施纲要的工作制度机制。健全目标管理责任制，将纲要实施纳入政府议事日程和考核内容，将纲要目标分解到责任单位并纳入目标管理和考核内容。健全督导检查制度，定期对纲要实施情况开展督查。健全报告制度，责任单位每年向同级妇儿工委报告纲要实施情况和下一年工作安排，下级妇儿工委每年向上一级妇儿工委报告本地区规划实施情况和下一年工作安排。健全议事协调制度，定期召开妇女儿童工作会议和妇儿工委全体会议、联络员会议等，总结交流情况，研究解决问题，部署工作任务。健全纲要实施示范制度，充分发挥示范单位以点带面、示范带动作用。健全表彰制度，对实施纲要先进集体和先进个人按照有关规定进行表彰。

（六）加强儿童发展经费支持。各级人民政府将实施纲要所需工作经费纳入财政预算，实现儿童事业和经济社会同步发展。重点支持革命老区、民族地区、边疆地区、欠发达地区儿童发展，支持特殊困难儿童群体发展。动员社会力量，多渠道筹集资源，共同发展儿童事业。

（七）坚持和创新实施纲要的有效做法。贯彻新发展理念，坚持问题导向、目标导向，构建促进儿童发展的法律法规政策体系，完善儿童权益保障机制，实施促进儿童发展的民生项目。通过分类指导、示范先行，总结推广好做法好经验。通过政府购买服务等方式，发挥社会力量推动纲要实施的作用。开展国际交流合作，交流互鉴经验做法，讲好中国儿童发展故事。

（八）加强纲要实施能力建设。将习近平总书记关于儿童和儿童工作的重要论述以及儿童优先原则有关内容、相关法律法规政策纳入各级干部学习内容，将实施纲要所需知识纳入培训计划，举办多层次、多形式培训，增强政府有关部门、相关机构和人员实施纲要的责任意识和能力。以政治建设为统领，加强各级妇儿工委及其办公室能力建设，促进机构职能优化高效，为更好履职尽责提供必要的人力物力财力支持，为纲要实施提供组织保障。

（九）加大纲要宣传力度。大力宣传习近平总书记关于儿童和儿童工作的重要论述，宣传在党的坚强领导下儿童事业发展的成就，宣传儿童优先原则和保障儿童权益、促进儿童发展的法律法规政策，宣传纲要内容和纲要实施的经验、成效，努力营造关爱儿童、有利于儿童发展的社会氛围。

（十）加强儿童发展调查研究。充分发挥各级妇儿工委及其办公室作用，加强儿童工作智库建设，依托高校、研究机构、社会组织等建设儿童发展研究基地，培育专业研究力量，广泛深入开展理论与实践研究，为制定完善相关法律法规政策提供参考。

（十一）鼓励社会各界广泛参与纲要实施。健全学校、家庭、社会“三位一体”教育网络，鼓励企事业单位、社会组织、慈善机构和公益人士参与保障儿童权益、促进儿童发展等工作。鼓励儿童参与纲要实施，提高儿童在参与纲要实施中实现自身全面发展的意识和能力。

四、监测评估

（一）加强监测评估制度建设。对纲要实施情况进行年度监测、中期评估、终期评估。落实并逐步完善儿童统计监测方案。各级统计部门牵头组织开展年度监测，各级妇儿工委成员单位、有关部门、相关机构向同级统计部门报送年度监测数据，及时收集、分析反映儿童发展状况的相关数据和信息。各级妇儿工委组织开展中期和终期评估，各级妇儿工委成员单位、有关部门、相关机构向同级妇儿工委提交中期和终期评估报告。通过评估，了解掌握纲要实施进展和儿童发展状况，系统分析评价纲要目标任务完成情况，评判纲要策略措施的实施效果，总结经验做法，找出突出问题，预测发展趋势，提出对策建议。监测评估工作所需经费纳入财政预算。

（二）加强监测评估工作组织领导。各级妇儿工委设立监测评估领导小组，由同级妇儿工委及相关部门负责同志组成，负责监测评估工作的组织领导、监测评估方案的审批、监测评估报告的审核等。领导小组下设监测组和评估组。

监测组由各级统计部门牵头，相关部门负责纲要实施情况统计监测的人员参加，负责监测工作的组织、指导和培训，制定监测方案和指标体系，收集、分析数据信息，向同级妇儿工委提交年度、中期和终期监测报告，编辑出版年度妇女儿童统计资料等。监测组成员负责统筹协调本部门纲要实施监测、分析、数据上报、分性别分年龄指标完善等工作。

评估组由各级妇儿工委办公室牵头，相关部门负责纲要实施的人员参加，负责评估工作的组织、指导和培训，制定评估方案，组织开展评估工作，向同级妇儿工委提交中期和终期评估报告。评估组成员负责统筹协调本部门纲要实施自我评估工作，参加妇儿工委组织的评估工作。支持评估组相关部门就儿童保护与发展中的突出问题开展专项调查、评估，结果可供中期和终期评估参考。

（三）加强儿童发展统计监测。规范完善儿童发展统计监测指标体系，根据需要调整扩充儿童发展统计指标，推动纳入国家和部门常规统计以及统计调查制度，加强部门分年龄统计工作，推进儿童发展统计监测制度化建设。国家、省、市三级建立完善儿童发展统计监测数据库，支持县级儿童发展统计监测数据库建设。鼓励支持相关部门对儿童发展缺项数据开展专项统计调查。

（四）提升监测评估工作能力和水平。加强监测评估工作培训和部门协作，规范监测数据收集渠道、报送方式，提高数据质量。运用互联网和大数据等，丰富儿童发展和分年龄统计信息。科学设计监测评估方案和方法，探索开展第三方评估。提升监测评估工作科学化、标准化、专业化水平。

（五）有效利用监测评估成果。发挥监测评估结果服务决策的作用，定期向同级人民政府及相关部门报送监测评估情况，为决策提供依据。建立监测评估报告交流、反馈和发布机制。加强对监测评估结果的研判和运用，对预计完成困难、波动较大的监测指标及时预警，对评估发现的突出问题和短板弱项及时提出对策建议。运用监测评估结果指导下一阶段纲要实施，实现纲要实施的常态化监测、动态化预警、精准化干预、高质量推进。

未成年人学校保护规定

（中华人民共和国教育部令第 50 号，2021 年 5 月 25 日教育部第 1 次部务会议审议通过）

第一章　总　则

第一条　为了落实学校保护职责，保障未成年人合法权益，促进未成年人德智体美劳全面发展、健康成长，根据《中华人民共和国教育法》《中华人民共和国未成年人保护法》等法律法规，制定本规定。

第二条　普通中小学、中等职业学校（以下简称学校）对本校未成年人（以下统称学生）在校学习、生活期间合法权益的保护，适用本规定。

第三条　学校应当全面贯彻国家教育方针，落实立德树人根本任务，弘扬社会主义核心价值观，依法办学、依法治校，履行学生权益保护法定职责，健全保护制度，完善保护机制。

第四条　学校学生保护工作应当坚持最有利于未成年人的原则，注重保护和教育相结合，适应学生身心健康发展的规律和特点；关心爱护每个学生，尊重学生权利，听取学生意见。

第五条　教育行政部门应当落实工作职责，会同有关部门健全学校学生保护的支持措施、服务体系，加强对学校学生保护工作的支持、指导、监督和评价。

第二章　一般保护

第六条　学校应当平等对待每个学生，不得因学生及其父母或者其他监护人（以下统称家长）的民族、种族、性别、户籍、职业、宗教信仰、教育程度、家庭状况、身心健康情况等歧视学生或者对学生进行区别对待。

第七条　学校应当落实安全管理职责，保护学生在校期间人身安全。学校不得组织、安排学生从事抢险救灾、参与危险性工作，不得安排学生参加商业性活动及其他不宜学生参加的活动。

学生在校内或者本校组织的校外活动中发生人身伤害事故的，学校应当依据有关规定妥善处理，及时通知学生家长；情形严重的，应当按规定向有关部门报告。

第八条　学校不得设置侵犯学生人身自由的管理措施，不得对学生在课间及其他非教学时间的正当交流、游戏、出教室活动等言行自由设置不必要的约束。

第九条　学校应当尊重和保护学生的人格尊严，尊重学生名誉，保护和培育学生的荣誉感、责任感，表彰、奖励学生做到公开、公平、公正；在教育、管理中不得使用任何贬损、侮辱学生及其家长或者所属特定群体的言行、方式。

第十条　学校采集学生个人信息，应当告知学生及其家长，并对所获得的学生及其家庭信息负有管理、保密义务，不得毁弃以及非法删除、泄露、公开、买卖。

学校在奖励、资助、申请贫困救助等工作中，不得泄露学生个人及其家庭隐私；学生的考试成绩、名次等学业信息，学校应当便利学生本人和家长知晓，但不得公开，不得宣传升学情况；除因法定事由，不得查阅学生的信件、日记、电子邮件或者其他网络通讯内容。

第十一条　学校应当尊重和保护学生的受教育权利，保障学生平等使用教育教学设施设备、参加教育教学计划安排的各种活动，并在学业成绩和品行上获得公正评价。

对身心有障碍的学生，应当提供合理便利，实施融合教育，给予特别支持；对学习困难、行为异常的学生，应当以适当方式教育、帮助，必要时，可以通过安排教师或者专业人员课后辅导等方式给予帮助或者支持。

学校应当建立留守学生、困境学生档案，配合政府有关部门做好关爱帮扶工作，避免学生因家庭因素失学、辍学。

第十二条　义务教育学校不得开除或者变相开除学生，不得以长期停课、劝退等方式，剥夺学生在校接受并完成义务教育的权利；对转入专门学校的学生，应当保留学籍，原决定机关决定转回的学生，不得拒绝接收。

义务教育学校应当落实学籍管理制度，健全辍学或者休学、长期请假学生的报告备案制度，对辍学学生应当及时进行劝返，劝返无效的，应当报告有关主管部门。

第十三条　学校应当按规定科学合理安排学生在校作息时间，保证学生有休息、参加文娱活动和体育锻炼的机会和时间，不得统一要求学生在规定的上课时间前到校参加课程教学活动。

义务教育学校不得占用国家法定节假日、休息日及寒暑假，组织学生集体补课；不得以集体补课等形式侵占学生休息时间。

第十四条 学校不得采用毁坏财物的方式对学生进行教育管理，对学生携带进入校园的违法违规物品，按规定予以暂扣的，应当统一管理，并依照有关规定予以处理。

学校不得违反规定向学生收费，不得强制要求或者设置条件要求学生及家长捐款捐物、购买商品或者服务，或者要求家长提供物质帮助、需支付费用的服务等。

第十五条 学校以发布、汇编、出版等方式使用学生作品，对外宣传或者公开使用学生个体肖像的，应当取得学生及其家长许可，并依法保护学生的权利。

第十六条 学校应当尊重学生的参与权和表达权，指导、支持学生参与学校章程、校规校纪、班级公约的制定，处理与学生权益相关的事务时，应当以适当方式听取学生意见。

第十七条 学校对学生实施教育惩戒或者处分学生的，应当依据有关规定，听取学生的陈述、申辩，遵循审慎、公平、公正的原则作出决定。

除开除学籍处分以外，处分学生应当设置期限，对受到处分的学生应当跟踪观察、有针对性地实施教育，确有改正的，到期应当予以解除。解除处分后，学生获得表彰、奖励及其他权益，不再受原处分影响。

第三章 专项保护

第十八条 学校应当落实法律规定建立学生欺凌防控和预防性侵害、性骚扰等专项制度，建立对学生欺凌、性侵害、性骚扰行为的零容忍处理机制和受伤害学生的关爱、帮扶机制。

第十九条 学校应当成立由校内相关人员、法治副校长、法律顾问、有关专家、家长代表、学生代表等参与的学生欺凌治理组织，负责学生欺凌行为的预防和宣传教育、组织认定、实施矫治、提供援助等。

学校应当定期针对全体学生开展防治欺凌专项调查，对学校是否存在欺凌等情形进行评估。

第二十条 学校应当教育、引导学生建立平等、友善、互助的同学关系，组织教职工学习预防、处理学生欺凌的相关政策、措施和方法，对学生开展相应的专题教育，并且应当根据情况给予相关学生家长必要的家庭教育指导。

第二十一条　教职工发现学生实施下列行为的，应当及时制止：

（一）殴打、脚踢、掌掴、抓咬、推撞、拉扯等侵犯他人身体或者恐吓威胁他人；

（二）以辱骂、讥讽、嘲弄、挖苦、起侮辱性绰号等方式侵犯他人人格尊严；

（三）抢夺、强拿硬要或者故意毁坏他人财物；

（四）恶意排斥、孤立他人，影响他人参加学校活动或者社会交往；

（五）通过网络或者其他信息传播方式捏造事实诽谤他人、散布谣言或者错误信息诋毁他人、恶意传播他人隐私。

学生之间，在年龄、身体或者人数等方面占优势的一方蓄意或者恶意对另一方实施前款行为，或者以其他方式欺压、侮辱另一方，造成人身伤害、财产损失或者精神损害的，可以认定为构成欺凌。

第二十二条　教职工应当关注因身体条件、家庭背景或者学习成绩等可能处于弱势或者特殊地位的学生，发现学生存在被孤立、排挤等情形的，应当及时干预。

教职工发现学生有明显的情绪反常、身体损伤等情形，应当及时沟通了解情况，可能存在被欺凌情形的，应当及时向学校报告。

学校应当教育、支持学生主动、及时报告所发现的欺凌情形，保护自身和他人的合法权益。

第二十三条　学校接到关于学生欺凌报告的，应当立即开展调查，认为可能构成欺凌的，应当及时提交学生欺凌治理组织认定和处置，并通知相关学生的家长参与欺凌行为的认定和处理。认定构成欺凌的，应当对实施或者参与欺凌行为的学生作出教育惩戒或者纪律处分，并对其家长提出加强管教的要求，必要时，可以由法治副校长、辅导员对学生及其家长进行训导、教育。

对违反治安管理或者涉嫌犯罪等严重欺凌行为，学校不得隐瞒，应当及时向公安机关、教育行政部门报告，并配合相关部门依法处理。

不同学校学生之间发生的学生欺凌事件，应当在主管教育行政部门的指导下建立联合调查机制，进行认定和处理。

第二十四条　学校应当建立健全教职工与学生交往行为准则、学生宿舍安全管理规定、视频监控管理规定等制度，建立预防、报告、处置性侵害、性骚扰工作机制。

学校应当采取必要措施预防并制止教职工以及其他进入校园的人员实施以

下行为：

（一）与学生发生恋爱关系、性关系；

（二）抚摸、故意触碰学生身体特定部位等猥亵行为；

（三）对学生作出调戏、挑逗或者具有性暗示的言行；

（四）向学生展示传播包含色情、淫秽内容的信息、书刊、影片、音像、图片或者其他淫秽物品；

（五）持有包含淫秽、色情内容的视听、图文资料；

（六）其他构成性骚扰、性侵害的违法犯罪行为。

第四章　管理要求

第二十五条　学校应当制定规范教职工、学生行为的校规校纪。校规校纪应当内容合法、合理，制定程序完备，向学生及其家长公开，并按照要求报学校主管部门备案。

第二十六条　学校应当严格执行国家课程方案，按照要求开齐开足课程、选用教材和教学辅助资料。学校开发的校本课程或者引进的课程应当经过科学论证，并报主管教育行政部门备案。

学校不得与校外培训机构合作向学生提供有偿的课程或者课程辅导。

第二十七条　学校应当加强作业管理，指导和监督教师按照规定科学适度布置家庭作业，不得超出规定增加作业量，加重学生学习负担。

第二十八条　学校应当按照规定设置图书馆、班级图书角，配备适合学生认知特点、内容积极向上的课外读物，营造良好阅读环境，培养学生阅读习惯，提升阅读质量。

学校应当加强读物和校园文化环境管理，禁止含有淫秽、色情、暴力、邪教、迷信、赌博、恐怖主义、分裂主义、极端主义等危害未成年人身心健康内容的读物、图片、视听作品等，以及商业广告、有悖于社会主义核心价值观的文化现象进入校园。

第二十九条　学校应当建立健全安全风险防控体系，按照有关规定完善安全、卫生、食品等管理制度，提供符合标准的教育教学设施、设备等，制定自然灾害、突发事件、极端天气和意外伤害应急预案，配备相应设施并定期组织必要的演练。

学生在校期间学校应当对校园实行封闭管理，禁止无关人员进入校园。

第三十条　学校应当以适当方式教育、提醒学生及家长，避免学生使用兴奋剂或者镇静催眠药、镇痛剂等成瘾性药物；发现学生使用的，应当予以制止、向主管部门或者公安机关报告，并应当及时通知家长，但学生因治疗需要并经执业医师诊断同意使用的除外。

第三十一条　学校应当建立学生体质监测制度，发现学生出现营养不良、近视、肥胖、龋齿等倾向或者有导致体质下降的不良行为习惯，应当进行必要的管理、干预，并通知家长，督促、指导家长实施矫治。

学校应当完善管理制度，保障学生在课间、课后使用学校的体育运动场地、设施开展体育锻炼；在周末和节假日期间，按规定向学生和周边未成年人免费或者优惠开放。

第三十二条　学校应当建立学生心理健康教育管理制度，建立学生心理健康问题的早期发现和及时干预机制，按照规定配备专职或者兼职心理健康教育教师、建设心理辅导室，或者通过购买专业社工服务等多种方式为学生提供专业化、个性化的指导和服务。

有条件的学校，可以定期组织教职工进行心理健康状况测评，指导、帮助教职工以积极、乐观的心态对待学生。

第三十三条　学校可以禁止学生携带手机等智能终端产品进入学校或者在校园内使用；对经允许带入的，应当统一管理，除教学需要外，禁止带入课堂。

第三十四条　学校应当将科学、文明、安全、合理使用网络纳入课程内容，对学生进行网络安全、网络文明和防止沉迷网络的教育，预防和干预学生过度使用网络。

学校为学生提供的上网设施，应当安装未成年人上网保护软件或者采取其他安全保护技术措施，避免学生接触不适宜未成年人接触的信息；发现网络产品、服务、信息有危害学生身心健康内容的，或者学生利用网络实施违法活动的，应当立即采取措施并向有关主管部门报告。

第三十五条　任何人不得在校园内吸烟、饮酒。学校应当设置明显的禁止吸烟、饮酒的标识，并不得以烟草制品、酒精饮料的品牌冠名学校、教学楼、设施设备及各类教学、竞赛活动。

第三十六条　学校应当严格执行入职报告和准入查询制度，不得聘用有下列情形的人员：

（一）受到剥夺政治权利或者因故意犯罪受到有期徒刑以上刑事处罚的；

（二）因卖淫、嫖娼、吸毒、赌博等违法行为受到治安管理处罚的；

（三）因虐待、性骚扰、体罚或者侮辱学生等情形被开除或者解聘的；

（四）实施其他被纳入教育领域从业禁止范围的行为的。

学校在聘用教职工或引入志愿者、社工等校外人员时，应当要求相关人员提交承诺书；对在聘人员应当按照规定定期开展核查，发现存在前款规定情形的人员应当及时解聘。

第三十七条 学校发现拟聘人员或者在职教职工存在下列情形的，应当对有关人员是否符合相应岗位要求进行评估，必要时可以安排有专业资质的第三方机构进行评估，并将相关结论作为是否聘用或者调整工作岗位、解聘的依据：

（一）有精神病史的；

（二）有严重酗酒、滥用精神类药物史的；

（三）有其他可能危害未成年人身心健康或者可能造成不良影响的身心疾病的。

第三十八条 学校应当加强对教职工的管理，预防和制止教职工实施法律、法规、规章以及师德规范禁止的行为。学校及教职工不得实施下列行为：

（一）利用管理学生的职务便利或者招生考试、评奖评优、推荐评价等机会，以任何形式向学生及其家长索取、收受财物或者接受宴请、其他利益；

（二）以牟取利益为目的，向学生推销或者要求、指定学生购买特定辅导书、练习册等教辅材料或者其他商品、服务；

（三）组织、要求学生参加校外有偿补课，或者与校外机构、个人合作向学生提供其他有偿服务；

（四）诱导、组织或者要求学生及其家长登录特定经营性网站，参与视频直播、网络购物、网络投票、刷票等活动；

（五）非法提供、泄露学生信息或者利用所掌握的学生信息牟取利益；

（六）其他利用管理学生的职权牟取不正当利益的行为。

第三十九条 学校根据《校车安全管理条例》配备、使用校车的，应当依法建立健全校车安全管理制度，向学生讲解校车安全乘坐知识，培养学生校车安全事故应急处理技能。

第四十条 学校应当定期巡查校园及周边环境，发现存在法律禁止在学校周边设立的营业场所、销售网点的，应当及时采取应对措施，并报告主管教育部门或者其他有关主管部门。

学校及其教职工不得安排或者诱导、组织学生进入营业性娱乐场所、互联网上网服务营业场所、电子游戏场所、酒吧等不适宜未成年人活动的场所；发现学生进入上述场所的，应当及时予以制止、教育，并向上述场所的主管部门反映。

第五章　保护机制

第四十一条　校长是学生学校保护的第一责任人。学校应当指定一名校领导直接负责学生保护工作，并明确具体的工作机构，有条件的，可以设立学生保护专员开展学生保护工作。学校应当为从事学生保护工作的人员接受相关法律、理论和技能的培训提供条件和支持，对教职工开展未成年人保护专项培训。

有条件的学校可以整合欺凌防治、纪律处分等组织、工作机制，组建学生保护委员会，统筹负责学生权益保护及相关制度建设。

第四十二条　学校要树立以生命关怀为核心的教育理念，利用安全教育、心理健康教育、环境保护教育、健康教育、禁毒和预防艾滋病教育等专题教育，引导学生热爱生命、尊重生命；要有针对性地开展青春期教育、性教育，使学生了解生理健康知识，提高防范性侵害、性骚扰的自我保护意识和能力。

第四十三条　学校应当结合相关课程要求，根据学生的身心特点和成长需求开展以宪法教育为核心、以权利与义务教育为重点的法治教育，培养学生树立正确的权利观念，并开展有针对性的预防犯罪教育。

第四十四条　学校可以根据实际组成由学校相关负责人、教师、法治副校长（辅导员）、司法和心理等方面专业人员参加的专业辅导工作机制，对有不良行为的学生进行矫治和帮扶；对有严重不良行为的学生，学校应当配合有关部门进行管教，无力管教或者管教无效的，可以依法向教育行政部门提出申请送专门学校接受专门教育。

第四十五条　学校在作出与学生权益有关的决定前，应当告知学生及其家长，听取意见并酌情采纳。

学校应当发挥学生会、少代会、共青团等学生组织的作用，指导、支持学生参与权益保护，对于情节轻微的学生纠纷或者其他侵害学生权益的情形，可以安排学生代表参与调解。

第四十六条　学校应当建立与家长有效联系机制，利用家访、家长课堂、家长会等多种方式与学生家长建立日常沟通。

学校应当建立学生重大生理、心理疾病报告制度，向家长及时告知学生身体及心理健康状况；学校发现学生身体状况或者情绪反应明显异常、突发疾病或者受到伤害的，应当及时通知学生家长。

第四十七条 学校和教职工发现学生遭受或疑似遭受家庭暴力、虐待、遗弃、长期无人照料、失踪等不法侵害以及面临不法侵害危险的，应当依照规定及时向公安、民政、教育等有关部门报告。学校应当积极参与、配合有关部门做好侵害学生权利案件的调查处理工作。

第四十八条 教职员工发现学生权益受到侵害，属于本职工作范围的，应当及时处理；不属于本职工作范围或者不能处理的，应当及时报告班主任或学校负责人；必要时可以直接向主管教育行政部门或者公安机关报告。

第四十九条 学生因遭受遗弃、虐待向学校请求保护的，学校不得拒绝、推诿，需要采取救助措施的，应当先行救助。

学校应当关心爱护学生，为身体或者心理受到伤害的学生提供相应的心理健康辅导、帮扶教育。对因欺凌造成身体或者心理伤害，无法在原班级就读的学生，学生家长提出调整班级请求，学校经评估认为有必要的，应当予以支持。

第六章　支持与监督

第五十条 教育行政部门应当积极探索与人民检察院、人民法院、公安、司法、民政、应急管理等部门以及从事未成年人保护工作的相关群团组织的协同机制，加强对学校学生保护工作的指导与监督。

第五十一条 教育行政部门应当会同有关部门健全教职工从业禁止人员名单和查询机制，指导、监督学校健全准入和定期查询制度。

第五十二条 教育行政部门可以通过政府购买服务的方式，组织具有相应资质的社会组织、专业机构及其他社会力量，为学校提供法律咨询、心理辅导、行为矫正等专业服务，为预防和处理学生权益受侵害的案件提供支持。

教育行政部门、学校在与有关部门、机构、社会组织及个人合作进行学生保护专业服务与支持过程中，应当与相关人员签订保密协议，保护学生个人及家庭隐私。

第五十三条 教育行政部门应当指定专门机构或者人员承担学生保护的监督职责，有条件的，可以设立学生保护专兼职监察员负责学生保护工作，处理或者指导处理学生欺凌、性侵害、性骚扰以及其他侵害学生权益的事件，会同有关部门落实学校安全区域制度，健全依法处理涉校纠纷的工作机制。

负责学生保护职责的人员应当接受专门业务培训，具备学生保护的必要知识与能力。

第五十四条　教育行政部门应当通过建立投诉举报电话、邮箱或其他途径，受理对学校或者教职工违反本规定或者其他法律法规、侵害学生权利的投诉、举报；处理过程中发现有关人员行为涉嫌违法犯罪的，应当及时向公安机关报案或者移送司法机关。

第五十五条　县级教育行政部门应当会同民政部门，推动设立未成年人保护社会组织，协助受理涉及学生权益的投诉举报、开展侵害学生权益案件的调查和处理，指导、支持学校、教职工、家长开展学生保护工作。

第五十六条　地方教育行政部门应当建立学生保护工作评估制度，定期组织或者委托第三方对管辖区域内学校履行保护学生法定职责情况进行评估，评估结果作为学校管理水平评价、校长考评考核的依据。

各级教育督导机构应当将学校学生保护工作情况纳入政府履行教育职责评价和学校督导评估的内容。

第七章　责任与处理

第五十七条　学校未履行未成年人保护法规定的职责，违反本规定侵犯学生合法权利的，主管教育行政部门应当责令改正，并视情节和后果，依照有关规定和权限分别对学校的主要负责人、直接责任人或者其他责任人员进行诫勉谈话、通报批评、给予处分或者责令学校给予处分；同时，可以给予学校 1 至 3 年不得参与相应评奖评优，不得获评各类示范、标兵单位等荣誉的处理。

第五十八条　学校未履行对教职工的管理、监督责任，致使发生教职工严重侵害学生身心健康的违法犯罪行为，或者有包庇、隐瞒不报，威胁、阻拦报案，妨碍调查、对学生打击报复等行为的，主管教育部门应当对主要负责人和直接责任人给予处分或者责令学校给予处分；情节严重的，应当移送有关部门查处，构成违法犯罪的，依法追究相应法律责任。因监管不力、造成严重后果而承担领导责任的校长，5 年内不得再担任校长职务。

第五十九条　学校未按本规定建立学生权利保护机制，或者制定的校规违反法律法规和本规定，由主管教育部门责令限期改正、给予通报批评；情节严重、影响较大或者逾期不改正的，可以对学校主要负责人和直接负责人给予处分或者责令学校给予处分。

第六十条　教职工违反本规定的，由学校或者主管教育部门依照事业单位人员管理、中小学教师管理的规定予以处理。

教职工实施第二十四条第二款禁止行为的，应当依法予以开除或者解聘；有教师资格的，由主管教育行政部门撤销教师资格，纳入从业禁止人员名单；涉嫌犯罪的，移送有关部门依法追究责任。

教职工违反第三十八条规定牟取不当利益的，应当责令退还所收费用或者所获利益，给学生造成经济损失的，应当依法予以赔偿，并视情节给予处分，涉嫌违法犯罪的移送有关部门依法追究责任。

学校应当根据实际，建立健全校内其他工作人员聘用和管理制度，对其他人员违反本规定的，根据情节轻重予以校内纪律处分直至予以解聘，涉嫌违反治安管理或者犯罪的，移送有关部门依法追究责任。

第六十一条 教育行政部门未履行对学校的指导、监督职责，管辖区域内学校出现严重侵害学生权益情形的，由上级教育行政部门、教育督导机构责令改正、予以通报批评，情节严重的依法追究主要负责人或者直接责任人的责任。

第八章 附 则

第六十二条 幼儿园、特殊教育学校应当根据未成年人身心特点，依据本规定有针对性地加强在园、在校未成年人合法权益的保护，并参照本规定、结合实际建立保护制度。

幼儿园、特殊教育学校及其教职工违反保护职责，侵害在园、在校未成年人合法权益的，应当适用本规定从重处理。

第六十三条 本规定自 2021 年 9 月 1 日起施行。

未成年人节目管理规定

（2019 年 2 月 14 日国家广播电视总局局务会议审议通过）

第一章　总　则

第一条　为了规范未成年人节目，保护未成年人身心健康，保障未成年人合法权益，教育引导未成年人，培育和弘扬社会主义核心价值观，根据《中华人民共和国未成年人保护法》《广播电视管理条例》等法律、行政法规，制定本规定。

第二条　从事未成年人节目的制作、传播活动，适用本规定。

本规定所称未成年人节目，包括未成年人作为主要参与者或者以未成年人为主要接收对象的广播电视节目和网络视听节目。

第三条　从事未成年人节目制作、传播活动，应当以培养能够担当民族复兴大任的时代新人为着眼点，以培育和弘扬社会主义核心价值观为根本任务，弘扬中华优秀传统文化、革命文化和社会主义先进文化，坚持创新发展，增强原创能力，自觉保护未成年人合法权益，尊重未成年人发展和成长规律，促进未成年人健康成长。

第四条　未成年人节目管理工作应当坚持正确导向，注重保护尊重未成年人的隐私和人格尊严等合法权益，坚持教育保护并重，实行社会共治，防止未成年人节目出现商业化、成人化和过度娱乐化倾向。

第五条　国务院广播电视主管部门负责全国未成年人节目的监督管理工作。

县级以上地方人民政府广播电视主管部门负责本行政区域内未成年人节目的监督管理工作。

第六条　广播电视和网络视听行业组织应当结合行业特点，依法制定未成年人节目行业自律规范，加强职业道德教育，切实履行社会责任，促进业务交流，维护成员合法权益。

第七条　广播电视主管部门对在培育和弘扬社会主义核心价值观、强化正面教育、贴近现实生活、创新内容形式、产生良好社会效果等方面表现突出的未成年人节目，以及在未成年人节目制作、传播活动中做出突出贡献的组织、个人，按照有关规定予以表彰、奖励。

第二章　节目规范

第八条　国家支持、鼓励含有下列内容的未成年人节目的制作、传播：

（一）培育和弘扬社会主义核心价值观；

（二）弘扬中华优秀传统文化、革命文化和社会主义先进文化；

（三）引导树立正确的世界观、人生观、价值观；

（四）发扬中华民族传统家庭美德，树立优良家风；

（五）符合未成年人身心发展规律和特点；

（六）保护未成年人合法权益和情感，体现人文关怀；

（七）反映未成年人健康生活和积极向上的精神面貌；

（八）普及自然和社会科学知识；

（九）其他符合国家支持、鼓励政策的内容。

第九条　未成年人节目不得含有下列内容：

（一）渲染暴力、血腥、恐怖，教唆犯罪或者传授犯罪方法；

（二）除健康、科学的性教育之外的涉性话题、画面；

（三）肯定、赞许未成年人早恋；

（四）诋毁、歪曲或者以不当方式表现中华优秀传统文化、革命文化、社会主义先进文化；

（五）歪曲民族历史或者民族历史人物，歪曲、丑化、亵渎、否定英雄烈士事迹和精神；

（六）宣扬、美化、崇拜曾经对我国发动侵略战争和实施殖民统治的国家、事件、人物；

（七）宣扬邪教、迷信或者消极颓废的思想观念；

（八）宣扬或者肯定不良的家庭观、婚恋观、利益观；

（九）过分强调或者过度表现财富、家庭背景、社会地位；

（十）介绍或者展示自杀、自残和其他易被未成年人模仿的危险行为及游戏项目等；

（十一）表现吸毒、滥用麻醉药品、精神药品和其他违禁药物；

（十二）表现吸烟、售烟和酗酒；

（十三）表现违反社会公共道德、扰乱社会秩序等不良举止行为；

（十四）渲染帮会、黑社会组织的各类仪式；

（十五）宣传、介绍不利于未成年人身心健康的网络游戏；

（十六）法律、行政法规禁止的其他内容。

以科普、教育、警示为目的，制作、传播的节目中确有必要出现上述内容的，应当根据节目内容采取明显图像或者声音等方式予以提示，在显著位置设置明确提醒，并对相应画面、声音进行技术处理，避免过分展示。

第十条　不得制作、传播利用未成年人或者未成年人角色进行商业宣传的非广告类节目。

制作、传播未成年人参与的歌唱类选拔节目、真人秀节目、访谈脱口秀节目应当符合国务院广播电视主管部门的要求。

第十一条　广播电视播出机构、网络视听节目服务机构、节目制作机构应当根据不同年龄段未成年人身心发展状况，制作、传播相应的未成年人节目，并采取明显图像或者声音等方式予以提示。

第十二条　邀请未成年人参与节目制作，应当事先经其法定监护人同意。不得以恐吓、诱骗或者收买等方式迫使、引诱未成年人参与节目制作。

制作未成年人节目应当保障参与制作的未成年人人身和财产安全，以及充足的学习和休息时间。

第十三条　未成年人节目制作过程中，不得泄露或者质问、引诱未成年人泄露个人及其近亲属的隐私信息，不得要求未成年人表达超过其判断能力的观点。

对确需报道的未成年人违法犯罪案件，不得披露犯罪案件中未成年人当事人的姓名、住所、照片、图像等个人信息，以及可能推断出未成年人当事人身份的资料。对于不可避免含有上述内容的画面和声音，应当采取技术处理，达到不可识别的标准。

第十四条　邀请未成年人参与节目制作，其服饰、表演应当符合未成年人年龄特征和时代特点，不得诱导未成年人谈论名利、情爱等话题。

未成年人节目不得宣扬童星效应或者包装、炒作明星子女。

第十五条　未成年人节目应当严格控制设置竞赛排名，不得设置过高物质奖励，不得诱导未成年人现场拉票或者询问未成年人失败退出的感受。

情感故事类、矛盾调解类等节目应当尊重和保护未成年人情感，不得就家庭矛盾纠纷采访未成年人，不得要求未成年人参与节目录制和现场调解，避免未成年人亲眼目睹家庭矛盾冲突和情感纠纷。

未成年人节目不得以任何方式对未成年人进行品行、道德方面的测试，放大不良现象和非理性情绪。

第十六条 未成年人节目的主持人应当依法取得职业资格，言行妆容不得引起未成年人心理不适，并在节目中切实履行引导把控职责。

未成年人节目设置嘉宾，应当按照国务院广播电视主管部门的规定，将道德品行作为首要标准，严格遴选、加强培训，不得选用因丑闻劣迹、违法犯罪等行为造成不良社会影响的人员，并提高基层群众作为节目嘉宾的比重。

第十七条 国产原创未成年人节目应当积极体现中华文化元素，使用外国的人名、地名、服装、形象、背景等应当符合剧情需要。

未成年人节目中的用语用字应当符合有关通用语言文字的法律规定。

第十八条 未成年人节目前后播出广告或者播出过程中插播广告，应当遵守以下规定：

（一）未成年人专门频率、频道、专区、链接、页面不得播出医疗、药品、保健食品、医疗器械、化妆品、酒类、美容广告、不利于未成年人身心健康的网络游戏广告，以及其他不适宜未成年人观看的广告，其他未成年人节目前后不得播出上述广告；

（二）针对不满十四周岁的未成年人的商品或者服务的广告，不得含有劝诱其要求家长购买广告商品或者服务、可能引发其模仿不安全行为的内容；

（三）不得利用不满十周岁的未成年人作为广告代言人；

（四）未成年人广播电视节目每小时播放广告不得超过12分钟；

（五）未成年人网络视听节目播出或者暂停播出过程中，不得插播、展示广告，内容切换过程中的广告时长不得超过30秒。

第三章　传播规范

第十九条 未成年人专门频率、频道应当通过自制、外购、节目交流等多种方式，提高制作、播出未成年人节目的能力，提升节目质量和频率、频道专业化水平，满足未成年人收听收看需求。

网络视听节目服务机构应当以显著方式在显著位置对所传播的未成年人节目建立专区，专门播放适宜未成年人收听收看的节目。

未成年人专门频率频道、网络专区不得播出未成年人不宜收听收看的节目。

第二十条 广播电视播出机构、网络视听节目服务机构对所播出的录播或者用户上传的未成年人节目，应当按照有关规定履行播前审查义务；对直播节目，应当采取直播延时、备用节目替换等必要的技术手段，确保所播出的未成年人节目中不得含有本规定第九条第一款禁止内容。

第二十一条　广播电视播出机构、网络视听节目服务机构应当建立未成年人保护专员制度，安排具有未成年人保护工作经验或者教育背景的人员专门负责未成年人节目、广告的播前审查，并对不适合未成年人收听收看的节目、广告提出调整播出时段或者暂缓播出的建议，暂缓播出的建议由有关节目审查部门组织专家论证后实施。

第二十二条　广播电视播出机构、网络视听节目服务机构在未成年人节目播出过程中，应当至少每隔 30 分钟在显著位置发送易于辨认的休息提示信息。

第二十三条　广播电视播出机构在法定节假日和学校寒暑假每日 8：00 至 23：00，以及法定节假日和学校寒暑假之外时间每日 15：00 至 22：00，播出的节目应当适宜所有人群收听收看。

未成年人专门频率频道全天播出未成年人节目的比例应当符合国务院广播电视主管部门的要求，在每日 17：00—22：00 之间应当播出国产动画片或者其他未成年人节目，不得播出影视剧以及引进节目，确需在这一时段播出优秀未成年人影视剧的，应当符合国务院广播电视主管部门的要求。

未成年人专门频率频道、网络专区每日播出或者可供点播的国产动画片和引进动画片的比例应当符合国务院广播电视主管部门的规定。

第二十四条　网络用户上传含有未成年人形象、信息的节目且未经未成年人法定监护人同意的，未成年人的法定监护人有权通知网络视听节目服务机构采取删除、屏蔽、断开链接等必要措施。网络视听节目服务机构接到通知并确认其身份后应当及时采取相关措施。

第二十五条　网络视听节目服务机构应当对网络用户上传的未成年人节目建立公众监督举报制度。在接到公众书面举报后经审查发现节目含有本规定第九条第一款禁止内容或者属于第十条第一款禁止节目类型的，网络视听节目服务机构应当及时采取删除、屏蔽、断开链接等必要措施。

第二十六条　广播电视播出机构、网络视听节目服务机构应当建立由未成年人保护专家、家长代表、教师代表等组成的未成年人节目评估委员会，定期对未成年人节目、广告进行播前、播中、播后评估。必要时，可以邀请未成年人参加评估。评估意见应当作为节目继续播出或者调整的重要依据，有关节目审查部门应当对是否采纳评估意见作出书面说明。

第二十七条　广播电视播出机构、网络视听节目服务机构应当建立未成年人节目社会评价制度，并以适当方式及时公布所评价节目的改进情况。

第二十八条 广播电视播出机构、网络视听节目服务机构应当就未成年人保护情况每年度向当地人民政府广播电视主管部门提交书面年度报告。

评估委员会工作情况、未成年人保护专员履职情况和社会评价情况应当作为年度报告的重要内容。

第四章 监督管理

第二十九条 广播电视主管部门应当建立健全未成年人节目监听监看制度，运用日常监听监看、专项检查、实地抽查等方式，加强对未成年人节目的监督管理。

第三十条 广播电视主管部门应当建立未成年人节目违法行为警示记录系统。

对列入警示记录的严重违反本规定的广播电视节目制作经营机构、广播电视播出机构、网络视听节目服务机构，广播电视主管部门应当及时向社会公布，并告知其有陈述、申辩的权利。

第三十一条 广播电视主管部门应当会同有关部门建立健全违规失信联合惩戒机制，对严重违反本规定的广播电视节目制作经营机构、广播电视播出机构、网络视听节目服务机构及其主要责任人开展联合惩戒。

第三十二条 广播电视主管部门应当设立未成年人节目违法行为举报制度，公布举报电话、邮箱等联系方式。

任何单位或者个人有权举报违反本规定的未成年人节目。广播电视主管部门接到举报，应当记录并及时依法调查、处理；对不属于本部门职责范围的，应当及时移送有关部门。

第三十三条 全国性广播电视、网络视听行业组织应当依据本规定，制定未成年人节目内容审核具体行业标准，加强从业人员培训，并就培训情况向国务院广播电视主管部门提交书面年度报告。

第五章 法律责任

第三十四条 违反本规定，制作、传播含有本规定第九条第一款禁止内容的未成年人节目的，或者在以科普、教育、警示为目的制作的节目中，包含本规定第九条第一款禁止内容但未设置明确提醒、进行技术处理的，或者制作、传播本规定第十条禁止的未成年人节目类型的，依照《广播电视管理条例》第四十九条的规定予以处罚。

第三十五条　违反本规定，播放、播出广告的时间超过规定或者播出国产动画片和引进动画片的比例不符合国务院广播电视主管部门规定的，依照《广播电视管理条例》第五十条的规定予以处罚。

第三十六条　违反本规定第十一条至第十七条、第十九条至第二十二条、第二十三条第一款和第二款、第二十四条至第二十八条的规定，由县级以上人民政府广播电视主管部门责令限期改正，给予警告，可以并处三万元以下的罚款。

违反第十八条第一项至第三项的规定，由有关部门依法予以处罚。

第三十七条　广播电视节目制作经营机构、广播电视播出机构、网络视听节目服务机构违反本规定，其主管部门或者有权处理单位，应当依法对负有责任的主管人员或者直接责任人员给予处分、处理；造成严重社会影响的，广播电视主管部门可以向被处罚单位的主管部门或者有权处理单位通报情况，提出对负有责任的主管人员或者直接责任人员的处分、处理建议，并可函询后续处分、处理结果。

第三十八条　广播电视主管部门工作人员滥用职权、玩忽职守、徇私舞弊或者未依照本规定履行职责的，对负有责任的主管人员和直接责任人员依法给予处分。

第六章　附　则

第三十九条　本规定所称网络视听节目服务机构，是指互联网视听节目服务机构和专网及定向传播视听节目服务机构。

本规定所称学校寒暑假是指广播电视播出机构所在地、网络视听节目服务机构注册地教育行政部门规定的时间段。

第四十条　未构成本规定所称未成年人节目，但节目中含有未成年人形象、信息等内容，有关内容规范和法律责任参照本规定执行。

第四十一条　本规定自 2019 年 4 月 30 日起施行。

儿童个人信息网络保护规定

（国家互联网信息办公室令第 4 号，2019 年 8 月 22 日国家互联网信息办公室室务会议审议通过）

（摘录）

……

第五条 儿童监护人应当正确履行监护职责，教育引导儿童增强个人信息保护意识和能力，保护儿童个人信息安全。

……

第九条 网络运营者收集、使用、转移、披露儿童个人信息的，应当以显著、清晰的方式告知儿童监护人，并应当征得儿童监护人的同意。

第十条 网络运营者征得同意时，应当同时提供拒绝选项，并明确告知以下事项：

（一）收集、存储、使用、转移、披露儿童个人信息的目的、方式和范围；

（二）儿童个人信息存储的地点、期限和到期后的处理方式；

（三）儿童个人信息的安全保障措施；

（四）拒绝的后果；

（五）投诉、举报的渠道和方式；

（六）更正、删除儿童个人信息的途径和方法；

（七）其他应当告知的事项。

前款规定的告知事项发生实质性变化的，应当再次征得儿童监护人的同意。

第十一条 网络运营者不得收集与其提供的服务无关的儿童个人信息，不得违反法律、行政法规的规定和双方的约定收集儿童个人信息。

……

第十四条 网络运营者使用儿童个人信息，不得违反法律、行政法规的规定和双方约定的目的、范围。因业务需要，确需超出约定的目的、范围使用的，应当再次征得儿童监护人的同意。

……

第十八条 网络运营者不得披露儿童个人信息，但法律、行政法规规定应当披露或者根据与儿童监护人的约定可以披露的除外。

第十九条　儿童或者其监护人发现网络运营者收集、存储、使用、披露的儿童个人信息有错误的，有权要求网络运营者予以更正。网络运营者应当及时采取措施予以更正。

第二十条　儿童或者其监护人要求网络运营者删除其收集、存储、使用、披露的儿童个人信息的，网络运营者应当及时采取措施予以删除，包括但不限于以下情形：

（一）网络运营者违反法律、行政法规的规定或者双方的约定收集、存储、使用、转移、披露儿童个人信息的；

（二）超出目的范围或者必要期限收集、存储、使用、转移、披露儿童个人信息的；

（三）儿童监护人撤回同意的；

（四）儿童或者其监护人通过注销等方式终止使用产品或者服务的。

第二十一条　网络运营者发现儿童个人信息发生或者可能发生泄露、毁损、丢失的，应当立即启动应急预案，采取补救措施；造成或者可能造成严重后果的，应当立即向有关主管部门报告，并将事件相关情况以邮件、信函、电话、推送通知等方式告知受影响的儿童及其监护人，难以逐一告知的，应当采取合理、有效的方式发布相关警示信息。

……

第二十三条　网络运营者停止运营产品或者服务的，应当立即停止收集儿童个人信息的活动，删除其持有的儿童个人信息，并将停止运营的通知及时告知儿童监护人。

第二十四条　任何组织和个人发现有违反本规定行为的，可以向网信部门和其他有关部门举报。

网信部门和其他有关部门收到相关举报的，应当依据职责及时进行处理。

……

未成年工特殊保护规定

（劳部发〔1994〕498号）

第一条 为维护未成年工的合法权益，保护其在生产劳动中的健康，根据《中华人民共和国劳动法》的有关规定，制定本规定。

第二条 未成年工是指年满十六周岁，未满十八周岁的劳动者。

未成年工的特殊保护是针对未成年工处于生长发育期的特点，以及接受义务教育的需要，采取的特殊劳动保护措施。

第三条 用人单位不得安排未成年工从事以下范围的劳动：

（一）《生产性粉尘作业危害程度分级》国家标准中第一级以上的接尘作业；

（二）《有毒作业分级》国家标准中第一级以上的有毒作业；

（三）《高处作业分级》国家标准中第二级以上的高处作业；

（四）《冷水作业分级》国家标准中第二级以上的冷水作业；

（五）《高温作业分级》国家标准中第三级以上的高温作业；

（六）《低温作业分级》国家标准中第三级以上的低温作业；

（七）《体力劳动强度分级》国家标准中第四级体力劳动强度的作业；

（八）矿山井下及矿山地面采石作业；

（九）森林业中的伐木、流放及守林作业；

（十）工作场所接触放射性物质的作业；

（十一）有易燃易爆、化学性烧伤和热烧伤等危险性大的作业；

（十二）地质勘探和资源勘探的野外作业；

（十三）潜水、涵洞、涵道作业和海拔三千米以上的高原作业（不包括世居高原者）；

（十四）连续负重每小时在六次以上并每次超过20公斤，间断负重每次超过25公斤的作业；

（十五）使用凿岩机、捣固机、气镐、气铲、铆钉机、电锤的作业；

（十六）工作中需要长时间保持低头、弯腰、上举、下蹲等强迫体位和动作频率每分钟大于五十次的流水线作业；

（十七）锅炉司炉。

第四条　未成年工患有某种疾病或具有某些生理缺陷（非残疾型）时，用人单位不得安排其从事以下范围的劳动：

（一）《高处作业分级》国家标准中第一级以上的高处作业；

（二）《低温作业分级》国家标准中第二级以上的低温作业；

（三）《高温作业分级》国家标准中第二级以上的高温作业；

（四）《体力劳动强度分级》国家标准中第三级以上体力劳动强度的作业；

（五）接触铅、苯、汞、甲醛、二硫化碳等易引起过敏反应的作业。

第五条　患有某种疾病或具有某些生理缺陷（非残疾型）的未成年工，是指有以下一种或一种以上情况者：

（一）心血管系统

1. 先天性心脏病；

2. 克山病；

3. 收缩期或舒张期二级以上心脏杂音。

（二）呼吸系统

1. 中度以上气管炎或支气管哮喘；

2. 呼吸音明显减弱；

3. 各类结核病；

4. 体弱儿，呼吸道反复感染者。

（三）消化系统

1. 各类肝炎；

2. 肝、脾肿大；

3. 胃、十二指肠溃疡；

4. 各种消化道疝。

（四）泌尿系统

1. 急、慢性肾炎；

2. 泌尿系感染。

（五）内分泌系统

1. 甲状腺机能亢进；

2. 中度以上糖尿病。

（六）精神神经系统

1. 智力明显低下；

2. 精神忧郁或狂暴。

（七）肌肉、骨骼运动系统

1. 身高和体重低于同龄人标准；

2. 一个及一个以上肢体存在明显功能障碍；

3. 躯干四分之一以上部位活动受限，包括强直或不能旋转。

（八）其他

1. 结核性胸膜炎；

2. 各类重度关节炎；

3. 血吸虫病；

4. 严重贫血，其血色素每升低于 95 克（< 9.5g/dL）。

第六条 用人单位应按下列要求对未成年工定期进行健康检查：

（一）安排工作岗位之前；

（二）工作满 1 年；

（三）年满 18 周岁，距前一次的体检时间已超过半年。

第七条 未成年工的健康检查，应按本规定所附《未成年工健康检查表》列出的项目进行。

第八条 用人单位应根据未成年工的健康检查结果安排其从事适合的劳动，对不能胜任原劳动岗位的，应根据医务部门的证明，予以减轻劳动量或安排其他劳动。

第九条 对未成年工的使用和特殊保护实行登记制度。

（一）用人单位招收使用未成年工，除符合一般用工要求外，还须向所在地的县级以上劳动行政部门办理登记。劳动行政部门根据《未成年工健康检查表》、《未成年工登记表》，核发《未成年工登记证》。

（二）各级劳动行政部门须按本规定第三、四、五、七条的有关规定，审核体检情况和拟安排的劳动范围。

（三）未成年工须持《未成年工登记证》上岗。

（四）《未成年工登记证》由国务院劳动行政部门统一印制。

第十条 未成年工上岗前用人单位应对其进行有关的职业安全卫生教育、培训；未成年工体检和登记，由用人单位统一办理和承担费用。

第十一条 县级以上劳动行政部门对用人单位执行本规定的情况进行监督检查，对违反本规定的行为依照有关法规进行处罚。

各级工会组织对本规定的执行情况进行监督。

第十二条 省、自治区、直辖市劳动行政部门可以根据本规定制定实施办法。

第十三条 本规定自 1995 年 1 月 1 日起施行。

禁止使用童工规定

（2002 年 9 月 18 日国务院第 63 次常务会议通过，2002 年 10 月 1 日中华人民共和国国务院令第 364 号公布）

第一条 为保护未成年人的身心健康，促进义务教育制度的实施，维护未成年人的合法权益，根据宪法和劳动法、未成年人保护法，制定本规定。

第二条 国家机关、社会团体、企业事业单位、民办非企业单位或者个体工商户（以下统称用人单位）均不得招用不满 16 周岁的未成年人（招用不满 16 周岁的未成年人，以下统称使用童工）。

禁止任何单位或者个人为不满 16 周岁的未成年人介绍就业。

禁止不满 16 周岁的未成年人开业从事个体经营活动。

第三条 不满 16 周岁的未成年人的父母或者其他监护人应当保护其身心健康，保障其接受义务教育的权利，不得允许其被用人单位非法招用。

不满 16 周岁的未成年人的父母或者其他监护人允许其被用人单位非法招用的，所在地的乡（镇）人民政府、城市街道办事处以及村民委员会、居民委员会应当给予批评教育。

第四条 用人单位招用人员时，必须核查被招用人员的身份证；对不满 16 周岁的未成年人，一律不得录用。用人单位录用人员的录用登记、核查材料应当妥善保管。

第五条 县级以上各级人民政府劳动保障行政部门负责本规定执行情况的监督检查。

县级以上各级人民政府公安、工商行政管理、教育、卫生等行政部门在各自职责范围内对本规定的执行情况进行监督检查，并对劳动保障行政部门的监督检查给予配合。

工会、共青团、妇联等群众组织应当依法维护未成年人的合法权益。

任何单位或者个人发现使用童工的，均有权向县级以上人民政府劳动保障行政部门举报。

第六条 用人单位使用童工的，由劳动保障行政部门按照每使用一名童工每月处 5000 元罚款的标准给予处罚；在使用有毒物品的作业场所使用童工的，按照《使用有毒物品作业场所劳动保护条例》规定的罚款幅度，或者按照每使用一名童工每月处5000元罚款的标准，从重处罚。劳动保障行政部门并应当责令用人单位限期将童工送回原居住地交其父母或者其他监护人，所需交通和食宿费用全部由用人单位承担。

用人单位经劳动保障行政部门依照前款规定责令限期改正，逾期仍不将童工送交其父母或者其他监护人的，从责令限期改正之日起，由劳动保障行政部门按照每使用一名童工每月处1万元罚款的标准处罚，并由工商行政管理部门吊销其营业执照或者由民政部门撤销民办非企业单位登记；用人单位是国家机关、事业单位的，由有关单位依法对直接负责的主管人员和其他直接责任人员给予降级或者撤职的行政处分或者纪律处分。

第七条 单位或者个人为不满16周岁的未成年人介绍就业的，由劳动保障行政部门按照每介绍一人处5000元罚款的标准给予处罚；职业中介机构为不满16周岁的未成年人介绍就业的，并由劳动保障行政部门吊销其职业介绍许可证。

第八条 用人单位未按照本规定第四条的规定保存录用登记材料，或者伪造录用登记材料的，由劳动保障行政部门处1万元的罚款。

第九条 无营业执照、被依法吊销营业执照的单位以及未依法登记、备案的单位使用童工或者介绍童工就业的，依照本规定第六条、第七条、第八条规定的标准加一倍罚款，该非法单位由有关的行政主管部门予以取缔。

第十条 童工患病或者受伤的，用人单位应当负责送到医疗机构治疗，并负担治疗期间的全部医疗和生活费用。

童工伤残或者死亡的，用人单位由工商行政管理部门吊销营业执照或者由民政部门撤销民办非企业单位登记；用人单位是国家机关、事业单位的，由有关单位依法对直接负责的主管人员和其他直接责任人员给予降级或者撤职的行政处分或者纪律处分；用人单位还应当一次性地对伤残的童工、死亡童工的直系亲属给予赔偿，赔偿金额按照国家工伤保险的有关规定计算。

第十一条 拐骗童工，强迫童工劳动，使用童工从事高空、井下、放射性、高毒、易燃易爆以及国家规定的第四级体力劳动强度的劳动，使用不满14周岁的童工，或者造成童工死亡或者严重伤残的，依照刑法关于拐卖儿童罪、强迫劳动罪或者其他罪的规定，依法追究刑事责任。

第十二条 国家行政机关工作人员有下列行为之一的，依法给予记大过或者降级的行政处分；情节严重的，依法给予撤职或者开除的行政处分；构成犯罪的，依照刑法关于滥用职权罪、玩忽职守罪或者其他罪的规定，依法追究刑事责任：

（一）劳动保障等有关部门工作人员在禁止使用童工的监督检查工作中发现使用童工的情况，不予制止、纠正、查处的；

（二）公安机关的人民警察违反规定发放身份证或者在身份证上登录虚假出生年月的；

（三）工商行政管理部门工作人员发现申请人是不满 16 周岁的未成年人，仍然为其从事个体经营发放营业执照的。

第十三条　文艺、体育单位经未成年人的父母或者其他监护人同意，可以招用不满 16 周岁的专业文艺工作者、运动员。用人单位应当保障被招用的不满 16 周岁的未成年人的身心健康，保障其接受义务教育的权利。文艺、体育单位招用不满 16 周岁的专业文艺工作者、运动员的办法，由国务院劳动保障行政部门会同国务院文化、体育行政部门制定。

学校、其他教育机构以及职业培训机构按照国家有关规定组织不满 16 周岁的未成年人进行不影响其人身安全和身心健康的教育实践劳动、职业技能培训劳动，不属于使用童工。

第十四条　本规定自 2002 年 12 月 1 日起施行。1991 年 4 月 15 日国务院发布的《禁止使用童工规定》同时废止。

关于建立侵害未成年人案件强制报告制度的意见（试行）

第一条 为切实加强对未成年人的全面综合司法保护，及时有效惩治侵害未成年人违法犯罪，根据《中华人民共和国刑事诉讼法》《中华人民共和国未成年人保护法》《中华人民共和国反家庭暴力法》《中华人民共和国执业医师法》及相关法律法规，结合未成年人保护工作实际，制定本意见。

第二条 侵害未成年人案件强制报告，是指国家机关、法律法规授权行使公权力的各类组织及法律规定的公职人员，密切接触未成年人行业的各类组织及其从业人员，在工作中发现未成年人遭受或者疑似遭受不法侵害以及面临不法侵害危险的，应当立即向公安机关报案或举报。

第三条 本意见所称密切接触未成年人行业的各类组织，是指依法对未成年人负有教育、看护、医疗、救助、监护等特殊职责，或者虽不负有特殊职责但具有密切接触未成年人条件的企事业单位、基层群众自治组织、社会组织。主要包括：居（村）民委员会；中小学校、幼儿园、校外培训机构、未成年人校外活动场所等教育机构及校车服务提供者；托儿所等托育服务机构；医院、妇幼保健院、急救中心、诊所等医疗机构；儿童福利机构、救助管理机构、未成年人救助保护机构、社会工作服务机构；旅店、宾馆等。

第四条 本意见所称在工作中发现未成年人遭受或者疑似遭受不法侵害以及面临不法侵害危险的情况包括：

（一）未成年人的生殖器官或隐私部位遭受或疑似遭受非正常损伤的；

（二）不满十四周岁的女性未成年人遭受或疑似遭受性侵害、怀孕、流产的；

（三）十四周岁以上女性未成年人遭受或疑似遭受性侵害所致怀孕、流产的；

（四）未成年人身体存在多处损伤、严重营养不良、意识不清，存在或疑似存在受到家庭暴力、欺凌、虐待、殴打或者被人麻醉等情形的；

（五）未成年人因自杀、自残、工伤、中毒、被人麻醉、殴打等非正常原因导致伤残、死亡情形的；

（六）未成年人被遗弃或长期处于无人照料状态的；

（七）发现未成年人来源不明、失踪或者被拐卖、收买的；

（八）发现未成年人被组织乞讨的；

（九）其他严重侵害未成年人身心健康的情形或未成年人正在面临不法侵害危险的。

第五条　根据本意见规定情形向公安机关报案或举报的，应按照主管行政机关要求报告备案。

第六条　具备先期核实条件的相关单位、机构、组织及人员，可以对未成年人疑似遭受不法侵害的情况进行初步核实，并在报案或举报时将相关材料一并提交公安机关。

第七条　医疗机构及其从业人员在收治遭受或疑似遭受人身、精神损害的未成年人时，应当保持高度警惕，按规定书写、记录和保存相关病历资料。

第八条　公安机关接到疑似侵害未成年人权益的报案或举报后，应当立即接受，问明案件初步情况，并制作笔录。根据案件的具体情况，涉嫌违反治安管理的，依法受案审查；涉嫌犯罪的，依法立案侦查。对不属于自己管辖的，及时移送有管辖权的公安机关。

第九条　公安机关侦查未成年人被侵害案件，应当依照法定程序，及时、全面收集固定证据。对于严重侵害未成年人的暴力犯罪案件、社会高度关注的重大、敏感案件，公安机关、人民检察院应当加强办案中的协商、沟通与配合。

公安机关、人民检察院依法向报案人员或者单位调取指控犯罪所需要的处理记录、监控资料、证人证言等证据时，相关单位及其工作人员应当积极予以协助配合，并按照有关规定全面提供。

第十条　公安机关应当在受案或者立案后三日内向报案单位反馈案件进展，并在移送审查起诉前告知报案单位。

第十一条　人民检察院应当切实加强对侵害未成年人案件的立案监督。认为公安机关应当立案而不立案的，应当要求公安机关说明不立案的理由。认为不立案理由不能成立的，应当通知公安机关立案，公安机关接到通知后应当立即立案。

第十二条　公安机关、人民检察院发现未成年人需要保护救助的，应当委托或者联合民政部门或共青团、妇联等群团组织，对未成年人及其家庭实施必要的经济救助、医疗救治、心理干预、调查评估等保护措施。未成年被害人生活特别困难的，司法机关应当及时启动司法救助。

公安机关、人民检察院发现未成年人父母或者其他监护人不依法履行监护职责，或者侵害未成年人合法权益的，应当予以训诫或者责令其接受家庭教育指导。经教育仍不改正，情节严重的，应当依法依规予以惩处。

公安机关、妇联、居民委员会、村民委员会、救助管理机构、未成年人救助保护机构发现未成年人遭受家庭暴力或面临家庭暴力的现实危险，可以依法向人民法院代为申请人身安全保护令。

第十三条 公安机关、人民检察院和司法行政机关及教育、民政、卫生健康等主管行政机关应当对报案人的信息予以保密。违法窃取、泄露报告事项、报告受理情况以及报告人信息的，依法依规予以严惩。

第十四条 相关单位、组织及其工作人员应当注意保护未成年人隐私，对于涉案未成年人身份、案情等信息资料予以严格保密，严禁通过互联网或者以其他方式进行传播。私自传播的，依法给予治安处罚或追究其刑事责任。

第十五条 依法保障相关单位及其工作人员履行强制报告责任，对根据规定报告侵害未成年人案件而引发的纠纷，报告人不予承担相应法律责任；对于干扰、阻碍报告的组织或个人，依法追究法律责任。

第十六条 负有报告义务的单位及其工作人员未履行报告职责，造成严重后果的，由其主管行政机关或者本单位依法对直接负责的主管人员或者其他直接责任人员给予相应处分；构成犯罪的，依法追究刑事责任。相关单位或者单位主管人员阻止工作人员报告的，予以从重处罚。

第十七条 对于行使公权力的公职人员长期不重视强制报告工作，不按规定落实强制报告制度要求的，根据其情节、后果等情况，监察委员会应当依法对相关单位和失职失责人员进行问责，对涉嫌职务违法犯罪的依法调查处理。

第十八条 人民检察院依法对本意见的执行情况进行法律监督。对于工作中发现相关单位对本意见执行、监管不力的，可以通过发出检察建议书等方式进行监督纠正。

第十九条 对于因及时报案使遭受侵害未成年人得到妥善保护、犯罪分子受到依法惩处的，公安机关、人民检察院、民政部门应及时向其主管部门反馈相关情况，单独或联合给予相关机构、人员奖励、表彰。

第二十条 强制报告责任单位的主管部门应当在本部门职能范围内指导、督促责任单位严格落实本意见，并通过年度报告、不定期巡查等方式，对本意见执行情况进行检查。注重加强指导和培训，切实提高相关单位和人员的未成年人保护意识和能力水平。

第二十一条 各级监察委员会、人民检察院、公安机关、司法行政机关、教育、民政、卫生健康部门和妇联、共青团组织应当加强沟通交流，定期通报工作情况，及时研究实践中出现的新情况、新问题。

各部门建立联席会议制度，明确强制报告工作联系人，畅通联系渠道，加强工作衔接和信息共享。人民检察院负责联席会议制度日常工作安排。

第二十二条 相关单位应加强对侵害未成年人案件强制报告的政策和法治宣传，强化全社会保护未成年人、与侵害未成年人违法犯罪行为作斗争的意识，争取理解与支持，营造良好社会氛围。

第二十三条 本意见自印发之日起试行。

最高人民检察院　国家监察委员会　教育部
公安部　民政部　司法部　国家卫生健康委员会
中国共产主义青年团中央委员会　中华全国妇女联合会
2020 年 5 月 7 日

最高人民法院　最高人民检察院
公安部　司法部
关于依法严惩利用未成年人实施
黑恶势力犯罪的意见

（2020 年 3 月 23 日）

扫黑除恶专项斗争开展以来，各级人民法院、人民检察院、公安机关和司法行政机关坚决贯彻落实中央部署，严格依法办理涉黑涉恶案件，取得了显著成效。近期，不少地方在办理黑恶势力犯罪案件时，发现一些未成年人被胁迫、利诱参与、实施黑恶势力犯罪，严重损害了未成年人健康成长，严重危害社会和谐稳定。为保护未成年人合法权益，依法从严惩治胁迫、教唆、引诱、欺骗等利用未成年人实施黑恶势力犯罪的行为，根据有关法律规定，制定本意见。

一、突出打击重点，依法严惩利用未成年人实施黑恶势力犯罪的行为

（一）黑社会性质组织、恶势力犯罪集团、恶势力，实施下列行为之一的，应当认定为“利用未成年人实施黑恶势力犯罪”：

1. 胁迫、教唆未成年人参加黑社会性质组织、恶势力犯罪集团、恶势力，或者实施黑恶势力违法犯罪活动的；

2. 拉拢、引诱、欺骗未成年人参加黑社会性质组织、恶势力犯罪集团、恶势力，或者实施黑恶势力违法犯罪活动的；

3. 招募、吸收、介绍未成年人参加黑社会性质组织、恶势力犯罪集团、恶势力，或者实施黑恶势力违法犯罪活动的；

4. 雇用未成年人实施黑恶势力违法犯罪活动的；

5. 其他利用未成年人实施黑恶势力犯罪的情形。

黑社会性质组织、恶势力犯罪集团、恶势力，根据刑法和《最高人民法院、最高人民检察院、公安部、司法部关于办理黑恶势力犯罪案件若干问题的指导意见》《最高人民法院、最高人民检察院、公安部、司法部关于办理恶势

力刑事案件若干问题的意见》等法律、司法解释性质文件的规定认定。

（二）利用未成年人实施黑恶势力犯罪，具有下列情形之一的，应当从重处罚：

1. 组织、指挥未成年人实施故意杀人、故意伤害致人重伤或者死亡、强奸、绑架、抢劫等严重暴力犯罪的；

2. 向未成年人传授实施黑恶势力犯罪的方法、技能、经验的；

3. 利用未达到刑事责任年龄的未成年人实施黑恶势力犯罪的；

4. 为逃避法律追究，让未成年人自首、做虚假供述顶罪的；

5. 利用留守儿童、在校学生实施犯罪的；

6. 利用多人或者多次利用未成年人实施犯罪的；

7. 针对未成年人实施违法犯罪的；

8. 对未成年人负有监护、教育、照料等特殊职责的人员利用未成年人实施黑恶势力违法犯罪活动的；

9. 其他利用未成年人违法犯罪应当从重处罚的情形。

（三）黑社会性质组织、恶势力犯罪集团利用未成年人实施犯罪的，对犯罪集团首要分子，按照集团所犯的全部罪行，从重处罚。对犯罪集团的骨干成员，按照其组织、指挥的犯罪，从重处罚。

恶势力利用未成年人实施犯罪的，对起组织、策划、指挥作用的纠集者，恶势力共同犯罪中罪责严重的主犯，从重处罚。

黑社会性质组织、恶势力犯罪集团、恶势力成员直接利用未成年人实施黑恶势力犯罪的，从重处罚。

（四）有胁迫、教唆、引诱等利用未成年人参加黑社会性质组织、恶势力犯罪集团、恶势力，或者实施黑恶势力犯罪的行为，虽然未成年人并没有加入黑社会性质组织、恶势力犯罪集团、恶势力，或者没有实际参与实施黑恶势力违法犯罪活动，对黑社会性质组织、恶势力犯罪集团、恶势力的首要分子、骨干成员、纠集者、主犯和直接利用的成员，即便有自首、立功、坦白等从轻减轻情节的，一般也不予从轻或者减轻处罚。

（五）被黑社会性质组织、恶势力犯罪集团、恶势力利用，偶尔参与黑恶势力犯罪活动的未成年人，按其所实施的具体犯罪行为定性，一般不认定为黑恶势力犯罪组织成员。

二、严格依法办案，形成打击合力

（一）人民法院、人民检察院、公安机关和司法行政机关要加强协作配合，对利用未成年人实施黑恶势力犯罪的，在侦查、起诉、审判、执行各阶段，要全面体现依法从严惩处精神，及时查明利用未成年人的犯罪事实，避免纠缠细枝末节。要加强对下指导，对利用未成年人实施黑恶势力犯罪的重特大案件，可以单独或者联合挂牌督办。对于重大疑难复杂和社会影响较大的案件，办案部门应当及时层报上级人民法院、人民检察院、公安机关和司法行政机关。

（二）公安机关要注意发现涉黑涉恶案件中利用未成年人犯罪的线索，落实以审判为中心的刑事诉讼制度改革要求，强化程序意识和证据意识，依法收集、固定和运用证据，并可以就案件性质、收集证据和适用法律等听取人民检察院意见建议。从严掌握取保候审、监视居住的适用，对利用未成年人实施黑恶势力犯罪的首要分子、骨干成员、纠集者、主犯和直接利用的成员，应当依法提请人民检察院批准逮捕。

（三）人民检察院要加强对利用未成年人实施黑恶势力犯罪案件的立案监督，发现应当立案而不立案的，应当要求公安机关说明理由，认为理由不能成立的，应当依法通知公安机关立案。对于利用未成年人实施黑恶势力犯罪的案件，人民检察院可以对案件性质、收集证据和适用法律等提出意见建议。对于符合逮捕条件的依法坚决批准逮捕，符合起诉条件的依法坚决起诉。不批准逮捕要求公安机关补充侦查、审查起诉阶段退回补充侦查的，应当分别制作详细的补充侦查提纲，写明需要补充侦查的事项、理由、侦查方向、需要补充收集的证据及其证明作用等，送交公安机关开展相关侦查补证活动。

（四）办理利用未成年人实施黑恶势力犯罪案件要将依法严惩与认罪认罚从宽有机结合起来。对利用未成年人实施黑恶势力犯罪的，人民检察院要考虑其利用未成年人的情节，向人民法院提出从严处罚的量刑建议。对于虽然认罪，但利用未成年人实施黑恶势力犯罪，犯罪性质恶劣、犯罪手段残忍、严重损害未成年人身心健康，不足以从宽处罚的，在提出量刑建议时要依法从严从重。对被黑恶势力利用实施犯罪的未成年人，自愿如实认罪、真诚悔罪，愿意接受处罚的，应当依法提出从宽处理的量刑建议。

（五）人民法院要对利用未成年人实施黑恶势力犯罪案件及时审判，从严处罚。严格掌握缓刑、减刑、假释的适用，严格掌握暂予监外执行的适用条件。依法运用财产刑、资格刑，最大限度铲除黑恶势力“经济基础”。对于符合刑法第三十七条之一规定的，应当依法禁止其从事相关职业。

三、积极参与社会治理，实现标本兼治

（一）认真落实边打边治边建要求，积极参与社会治理。深挖黑恶势力犯罪分子利用未成年人实施犯罪的根源，剖析重点行业领域监管漏洞，及时预警预判，及时通报相关部门、提出加强监管和行政执法的建议，从源头遏制黑恶势力向未成年人群体侵蚀蔓延。对被黑恶势力利用尚未实施犯罪的未成年人，要配合有关部门及早发现、及时挽救。对实施黑恶势力犯罪但未达到刑事责任年龄的未成年人，要通过落实家庭监护、强化学校教育管理、送入专门学校矫治、开展社会化帮教等措施做好教育挽救和犯罪预防工作。

（二）加强各职能部门协调联动，有效预防未成年人被黑恶势力利用。建立与共青团、妇联、教育等部门的协作配合工作机制，开展针对未成年人监护人的家庭教育指导、针对教职工的法治教育培训，教育引导未成年人远离违法犯罪。推动建立未成年人涉黑涉恶预警机制，及时阻断未成年人与黑恶势力的联系，防止未成年人被黑恶势力诱导利用。推动网信部门开展专项治理，加强未成年人网络保护。加强与街道、社区等基层组织的联系，重视和发挥基层组织在预防未成年人涉黑涉恶犯罪中的重要作用，进一步推进社区矫正机构对未成年社区矫正对象采取有针对性的矫正措施。

（三）开展法治宣传教育，为严惩利用未成年人实施黑恶势力犯罪营造良好社会环境。充分发挥典型案例的宣示、警醒、引领、示范作用，通过以案释法，选择典型案件召开新闻发布会，向社会公布严惩利用未成年人实施黑恶势力犯罪的经验和做法，揭露利用未成年人实施黑恶势力犯罪的严重危害性。加强重点青少年群体的法治教育，在黑恶势力犯罪案件多发的地区、街道、社区等，强化未成年人对黑恶势力违法犯罪行为的认识，提高未成年人防范意识和法治观念，远离黑恶势力及其违法犯罪。

最高人民检察院关于对涉嫌盗窃的不满16周岁未成年人采取刑事拘留强制措施是否违法问题的批复

（2011年1月10日最高人民检察院第十一届检察委员会第五十四次会议通过，自2011年1月25日起施行）

北京市人民检察院：

你院京检字〔2010〕107号《关于对涉嫌盗窃的不满16周岁未成年人采取刑事拘留强制措施是否违法的请示》收悉。经研究，批复如下：

根据刑法、刑事诉讼法、未成年人保护法等有关法律规定，对于实施犯罪时未满16周岁的未成年人，且未犯刑法第十七条第二款规定之罪的，公安机关查明犯罪嫌疑人实施犯罪时年龄确系未满16周岁依法不负刑事责任后仍予以刑事拘留的，检察机关应当及时提出纠正意见。

此复。

最高人民检察院

二〇一一年一月二十五日

最高人民法院　最高人民检察院
公安部　司法部
关于依法惩治性侵害未成年人犯罪的意见

（法发〔2013〕12号）

为依法惩治性侵害未成年人犯罪，保护未成年人合法权益，根据刑法、刑事诉讼法和未成年人保护法等法律和司法解释的规定，结合司法实践经验，制定本意见。

一、基本要求

1.本意见所称性侵害未成年人犯罪，包括刑法第二百三十六条、第二百三十七条、第三百五十八条、第三百五十九条、第三百六十条第二款规定的针对未成年人实施的强奸罪，强制猥亵、侮辱妇女罪，猥亵儿童罪，组织卖淫罪，强迫卖淫罪，引诱、容留、介绍卖淫罪，引诱幼女卖淫罪，嫖宿幼女罪等。

2.对于性侵害未成年人犯罪，应当依法从严惩治。

3.办理性侵害未成年人犯罪案件，应当充分考虑未成年被害人身心发育尚未成熟、易受伤害等特点，贯彻特殊、优先保护原则，切实保障未成年人的合法权益。

4.对于未成年人实施性侵害未成年人犯罪的，应当坚持双向保护原则，在依法保护未成年被害人的合法权益时，也要依法保护未成年犯罪嫌疑人、未成年被告人的合法权益。

5.办理性侵害未成年人犯罪案件，对于涉及未成年被害人、未成年犯罪嫌疑人和未成年被告人的身份信息及可能推断出其身份信息的资料和涉及性侵害的细节等内容，审判人员、检察人员、侦查人员、律师及其他诉讼参与人应当予以保密。

对外公开的诉讼文书，不得披露未成年被害人的身份信息及可能推断出其身份信息的其他资料，对性侵害的事实注意以适当的方式叙述。

6. 性侵害未成年人犯罪案件，应当由熟悉未成年人身心特点的审判人员、检察人员、侦查人员办理，未成年被害人系女性的，应当有女性工作人员参与。

人民法院、人民检察院、公安机关设有办理未成年人刑事案件专门工作机构或者专门工作小组的，可以优先由专门工作机构或者专门工作小组办理性侵害未成年人犯罪案件。

7. 各级人民法院、人民检察院、公安机关和司法行政机关应当加强与民政、教育、妇联、共青团等部门及未成年人保护组织的联系和协作，共同做好性侵害未成年人犯罪预防和未成年被害人的心理安抚、疏导工作，从有利于未成年人身心健康的角度，对其给予必要的帮助。

8. 上级人民法院、人民检察院、公安机关和司法行政机关应当加强对下指导和业务培训。各级人民法院、人民检察院、公安机关和司法行政机关要增强对未成年人予以特殊、优先保护的司法理念，完善工作机制，提高办案能力和水平。

二、办案程序要求

9. 对未成年人负有监护、教育、训练、救助、看护、医疗等特殊职责的人员（以下简称负有特殊职责的人员）以及其他公民和单位，发现未成年人受到性侵害的，有权利也有义务向公安机关、人民检察院、人民法院报案或者举报。

10. 公安机关接到未成年人被性侵害的报案、控告、举报，应当及时受理，迅速进行审查。经审查，符合立案条件的，应当立即立案侦查。

公安机关发现可能有未成年人被性侵害或者接报相关线索的，无论案件是否属于本单位管辖，都应当及时采取制止违法犯罪行为、保护被害人、保护现场等紧急措施，必要时，应当通报有关部门对被害人予以临时安置、救助。

11. 人民检察院认为公安机关应当立案侦查而不立案侦查的，或者被害人及其法定代理人、对未成年人负有特殊职责的人员据此向人民检察院提出异议的，人民检察院应当要求公安机关说明不立案的理由。人民检察院认为不立案理由不成立的，应当通知公安机关立案，公安机关接到通知后应当立案。

12. 公安机关侦查未成年人被性侵害案件，应当依照法定程序，及时、全面收集固定证据。及时对性侵害犯罪现场进行勘查，对未成年被害人、犯罪嫌疑人进行人身检查，提取体液、毛发、被害人和犯罪嫌疑人指甲内的残留物等生物样本，指纹、足迹、鞋印等痕迹，衣物、纽扣等物品；及时提取住宿登记表等书证，现场监控录像等视听资料；及时收集被害人陈述、证人证言和犯罪嫌疑人供述等证据。

13. 办案人员到未成年被害人及其亲属、未成年证人所在学校、单位、居住地调查取证的，应当避免驾驶警车、穿着制服或者采取其他可能暴露被害人身份、影响被害人名誉、隐私的方式。

14. 询问未成年被害人，审判人员、检察人员、侦查人员和律师应当坚持不伤害原则，选择未成年人住所或者其他让未成年人心理上感到安全的场所进行，并通知其法定代理人到场。无法通知、法定代理人不能到场或者法定代理人是性侵害犯罪嫌疑人、被告人的，也可以通知未成年被害人的其他成年亲属或者所在学校、居住地基层组织、未成年人保护组织的代表等有关人员到场，并将相关情况记录在案。

询问未成年被害人，应当考虑其身心特点，采取和缓的方式进行。对与性侵害犯罪有关的事实应当进行全面询问，以一次询问为原则，尽可能避免反复询问。

15. 人民法院、人民检察院办理性侵害未成年人案件，应当及时告知未成年被害人及其法定代理人或者近亲属有权委托诉讼代理人，并告知其如果经济困难，可以向法律援助机构申请法律援助。对需要申请法律援助的，应当帮助其申请法律援助。法律援助机构应当及时指派熟悉未成年人身心特点的律师为其提供法律帮助。

16. 人民法院、人民检察院、公安机关办理性侵害未成年人犯罪案件，除有碍案件办理的情形外，应当将案件进展情况、案件处理结果及时告知被害人及其法定代理人，并对有关情况予以说明。

17. 人民法院确定性侵害未成年人犯罪案件开庭日期后，应当将开庭的时间、地点通知未成年被害人及其法定代理人。未成年被害人的法定代理人可以陪同或者代表未成年被害人参加法庭审理，陈述意见，法定代理人是性侵害犯罪被告人的除外。

18. 人民法院开庭审理性侵害未成年人犯罪案件，未成年被害人、证人确有必要出庭的，应当根据案件情况采取不暴露外貌、真实声音等保护措施。有条件的，可以采取视频等方式播放未成年人的陈述、证言，播放视频亦应采取保护措施。

三、准确适用法律

19. 知道或者应当知道对方是不满十四周岁的幼女，而实施奸淫等性侵害行为的，应当认定行为人“明知”对方是幼女。

对于不满十二周岁的被害人实施奸淫等性侵害行为的，应当认定行为人“明知”对方是幼女。

对于已满十二周岁不满十四周岁的被害人，从其身体发育状况、言谈举止、衣着特征、生活作息规律等观察可能是幼女，而实施奸淫等性侵害行为的，应当认定行为人“明知”对方是幼女。

20. 以金钱财物等方式引诱幼女与自己发生性关系的；知道或者应当知道幼女被他人强迫卖淫而仍与其发生性关系的，均以强奸罪论处。

21. 对幼女负有特殊职责的人员与幼女发生性关系的，以强奸罪论处。

对已满十四周岁的未成年女性负有特殊职责的人员，利用其优势地位或者被害人孤立无援的境地，迫使未成年被害人就范，而与其发生性关系的，以强奸罪定罪处罚。

22. 实施猥亵儿童犯罪，造成儿童轻伤以上后果，同时符合刑法第二百三十四条或者第二百三十二条的规定，构成故意伤害罪、故意杀人罪的，依照处罚较重的规定定罪处罚。

对已满十四周岁的未成年男性实施猥亵，造成被害人轻伤以上后果，符合刑法第二百三十四条或者第二百三十二条规定的，以故意伤害罪或者故意杀人罪定罪处罚。

23. 在校园、游泳馆、儿童游乐场等公共场所对未成年人实施强奸、猥亵犯罪，只要有其他多人在场，不论在场人员是否实际看到，均可以依照刑法第二百三十六条第三款、第二百三十七条的规定，认定为在公共场所“当众”强奸妇女，强制猥亵、侮辱妇女，猥亵儿童。

24. 介绍、帮助他人奸淫幼女、猥亵儿童的，以强奸罪、猥亵儿童罪的共犯论处。

25. 针对未成年人实施强奸、猥亵犯罪的，应当从重处罚，具有下列情形之一的，更要依法从严惩处：

（1）对未成年人负有特殊职责的人员、与未成年人有共同家庭生活关系的人员、国家工作人员或者冒充国家工作人员，实施强奸、猥亵犯罪的；

（2）进入未成年人住所、学生集体宿舍实施强奸、猥亵犯罪的；

（3）采取暴力、胁迫、麻醉等强制手段实施奸淫幼女、猥亵儿童犯罪的；

（4）对不满十二周岁的儿童、农村留守儿童、严重残疾或者精神智力发育迟滞的未成年人，实施强奸、猥亵犯罪的；

（5）猥亵多名未成年人，或者多次实施强奸、猥亵犯罪的；

（6）造成未成年被害人轻伤、怀孕、感染性病等后果的；

（7）有强奸、猥亵犯罪前科劣迹的。

26. 组织、强迫、引诱、容留、介绍未成年人卖淫构成犯罪的，应当从重处罚。强迫幼女卖淫、引诱幼女卖淫的，应当分别按照刑法第三百五十八条第一款第（二）项、第三百五十九条第二款的规定定罪处罚。

对未成年人负有特殊职责的人员、与未成年人有共同家庭生活关系的人员、国家工作人员，实施组织、强迫、引诱、容留、介绍未成年人卖淫等性侵害犯罪的，更要依法从严惩处。

27. 已满十四周岁不满十六周岁的人偶尔与幼女发生性关系，情节轻微、未造成严重后果的，不认为是犯罪。

四、其他事项

28. 对于强奸未成年人的成年犯罪分子判处刑罚时，一般不适用缓刑。

对于性侵害未成年人的犯罪分子确定是否适用缓刑，人民法院、人民检察院可以委托犯罪分子居住地的社区矫正机构，就对其宣告缓刑对所居住社区是否有重大不良影响进行调查。受委托的社区矫正机构应当及时组织调查，在规定的期限内将调查评估意见提交委托机关。

对于判处刑罚同时宣告缓刑的，可以根据犯罪情况，同时宣告禁止令，禁止犯罪分子在缓刑考验期内从事与未成年人有关的工作、活动，禁止其进入中小学校区、幼儿园园区及其他未成年人集中的场所，确因本人就学、居住等原因，经执行机关批准的除外。

29. 外国人在我国领域内实施强奸、猥亵未成年人等犯罪的，应当依法判处，在判处刑罚时，可以独立适用或者附加适用驱逐出境。对于尚不构成犯罪但构成违反治安管理行为的，或者因实施性侵害未成年人犯罪不适宜在中国境内继续停留居留的，公安机关可以依法适用限期出境或者驱逐出境。

30. 对于判决已生效的强奸、猥亵未成年人犯罪案件，人民法院在依法保护被害人隐私的前提下，可以在互联网公布相关裁判文书，未成年人犯罪的除外。

31. 对于未成年人因被性侵害而造成的人身损害，为进行康复治疗所支付的医疗费、护理费、交通费、误工费等合理费用，未成年被害人及其法定代理人、近亲属提出赔偿请求的，人民法院依法予以支持。

32. 未成年人在幼儿园、学校或者其他教育机构学习、生活期间被性侵害而造成人身损害，被害人及其法定代理人、近亲属据此向人民法院起诉要求上述单位承担赔偿责任的，人民法院依法予以支持。

33. 未成年人受到监护人性侵害，其他具有监护资格的人员、民政部门等有关单位和组织向人民法院提出申请，要求撤销监护人资格，另行指定监护人的，人民法院依法予以支持。

34. 对未成年被害人因性侵害犯罪而造成人身损害，不能及时获得有效赔偿，生活困难的，各级人民法院、人民检察院、公安机关可会同有关部门，优先考虑予以司法救助。

教育部办公厅关于进一步加强中小学（幼儿园）预防性侵害学生工作的通知

（教督厅函〔2018〕9号）

各省、自治区、直辖市教育厅（教委），新疆生产建设兵团教育局：

为进一步加强学校安全管理、保障学生安全，有效预防性侵害学生违法犯罪的发生，根据《中华人民共和国最高人民检察院检察建议书》（高检建〔2018〕1号）的有关建议，现就有关工作通知如下：

一、深入开展预防性侵安全教育

各地教育行政部门和学校要从性侵害学生案件中吸取教训，把预防性侵害教育工作作为重中之重，通过课堂教学、讲座、班会、主题活动、编发手册、微博、微信、宣传栏等多种形式开展性知识教育、预防性侵害教育。要通过案例加强警示教育，提高学生自护意识和自救能力。教育学生特别是女生提高警觉，离家时告知父母出行情况，尽量避免外出独行；牢记父母电话和报警电话，掌握基本安全常识，主动远离危险环境。要确保预防性侵害教育落实到每一位学生、每一位家长，重点对小学学生、留守学生、寄宿学生、乡镇农村学校学生及其家长加强宣传教育。

二、切实加强教职员工队伍管理

各地教育行政部门和学校要严格落实有关教师管理法规和制度要求，进一步完善教师准入制度，强化对拟招录人员品德、心理的前置考察，联合公安部门建立性侵害违法犯罪信息库和入职查询制度。落实对校长、教师和职工从业资格的有关规定，加强对临时聘用人员的准入审查，坚决清理和杜绝不合格人员进入学校工作岗位，严禁聘用受到剥夺政治权利或者故意犯罪受到有期徒刑以上刑事处罚人员担任教职员工。要将师德教育、法治教育纳入教职员工培训内容及考核范围。要加强对教职员工的品行考核，与当地公安、检察机关建立协调配合机制，对于实施性骚扰、性侵害学生行为的教职员工，及时依法予以处理。

三、严格执行校园安全管理规定

各地教育行政部门和学校要严格落实《国务院办公厅关于加强中小学幼儿园安全风险防控体系建设的意见》和《关于做好预防少年儿童遭受性侵工作的意见》等文件要求。按照“谁主管、谁负责，谁开办、谁负责”的原则，严格落实中小学校长、幼儿园园长作为校园安全管理和学生保护第一责任人责任。要定期进行安全隐患排查，特别关注学生有无学习成绩突然下滑、精神恍惚、无故旷课等异常表现。全面落实日常管理制度，重点加强寄宿制学校规范管理，从严管理女生宿舍。中小学（幼儿园）所有工作人员对性侵害案件或线索都有报警、报告的义务和责任，一旦发现学生遭受性侵害，学校、家长要立即报警并彼此相告，同时学校要及时向上级部门报告。

四、不断完善预防性侵协同机制

各地教育行政部门和学校要与检察机关、公安机关、共青团、妇联、家庭、社会构建一体化的保护中小学（幼儿园）学生工作机制，做到安全监管全覆盖。各地教育部门要与公安机关积极协作，加强校园周边巡逻防控，防止发生社会人员性侵害在校学生案件。各地教育部门要协调有关部门进一步加强对学生保护工作的正面宣传引导，防止媒体过度渲染报道性侵害学生案件。学校要与家长保持密切联系，要通过开展家访、召开家长会等方式，提醒家长切实履行对孩子的监护责任，特别是做好学生离校后的监管看护教育工作。家校双方要及时掌握孩子情况，特别是发现孩子有异常表现时，双方要及时沟通，采取应对措施。

五、持续强化学校安全督导检查

各地教育督导部门要按照《中小学（幼儿园）安全工作专项督导暂行办法》要求，以预防性侵害工作为重点，开展学校安全工作专项督导，督促、指导中小学（幼儿园）及时消除安全隐患，对发现的性侵害线索和苗头要认真核实，及时依法处理。加强对地方政府及各有关部门、学校落实安全工作职责的督导检查，督促相关工作人员切实履行校园安全管理责任。对学校安全事故频发的地区，要采取约谈、通报、挂牌督办等方式督促其限期整改。对于教育行政部门工作人员、学校管理人员失职渎职造成性侵害学生案件发生的，或者发现性侵害学生案件瞒报、谎报的，要依法依规予以处分或者移送有关部门查处。

教育部办公厅
2018 年 12 月 12 日

教育部　公安部　共青团中央　全国妇联关于做好预防少年儿童遭受性侵工作的意见

（教基一〔2013〕8号）

各省、自治区、直辖市教育厅（教委）、公安厅（局）、团委、妇联，新疆生产建设兵团教育局、公安局、团委、妇联：

近年来，在党中央、国务院的正确领导下，在各级党委政府及教育、公安、共青团、妇联等有关部门的共同努力下，少年儿童保护工作取得积极进展，少年儿童安全事故数量和非正常死亡人数逐年下降。但是，少年儿童保护工作也出现了一些新情况、新问题，亟待加以研究解决，如寄宿制学校增多导致学校日常安全管理难度加大，留守儿童由于缺乏父母监管容易出现安全问题，社会不良风气影响少年儿童身心发展，特别是今年以来媒体集中曝光的个别地方出现的少年儿童被性侵犯案件，引发社会各界高度关注。为切实预防性侵犯少年儿童案件的发生，进一步加强少年儿童保护工作，确保教育系统和谐稳定，现提出以下意见。

一、科学做好预防性侵犯教育。各地教育部门、共青团、妇联组织要通过课堂教学、讲座、班队会、主题活动、编发手册等多种形式开展性知识教育、预防性侵犯教育，提高师生、家长对性侵犯犯罪的认识。广泛宣传“家长保护儿童须知”及“儿童保护须知”，教育学生特别是女学生提高自我保护意识和能力，了解预防性侵犯的知识，知晓什么是性侵犯，遭遇性侵犯后如何寻求他人帮助。教育学生特别是女学生提高警觉，外出时尽量结伴而行，离家时一定要告诉父母返回时间、和谁在一起、联系方式等，牢记父母电话及报警电话。要运用各类媒体普及有关知识，有条件的地方可设立学生保护热线和网站。

二、定期开展隐患摸底排查。各地教育部门要定期组织力量对中小学校进行拉网式排查，全面检查学校日常安全管理制度是否存在漏洞，重点检查教职工、学生是否有异常情况，特别是要关注班级内学生尤其是女学生有无学习成绩突然下滑、精神恍惚、无故旷课等异常表现及产生的原因。要加强对边远地区、山区学校、教学点的排查，切实做到县不漏校，校不漏人。对排查中发现的安全隐患要及时整改，发现的性侵犯事件线索和苗头要认真核实，涉及违法犯罪的要及时报警并报告上级部门。

三、全面落实日常管理制度。各地教育部门要坚持“谁主管、谁负责，谁开办、谁负责”的原则，落实中小学校长作为校园内部安全管理和学生保护第一责任人的责任。要指导学校建立低年级学生上下学接送交接制度，不得将晚离校学生交与无关人员。健全学生请假、销假制度，严禁学生私自离校。加强人防、物防和技防建设，完善重点时段和关键部位的安全监管。严格落实值班、巡查制度，加强校园周边治安综合治理。严格实行外来人员、车辆登记制度和内部人员、车辆出入证制度。

四、从严管理女生宿舍。各地教育部门和寄宿制学校要对所有女生宿舍实行“封闭式”管理，尚未实现“封闭式”管理的要抓紧时间改善宿舍条件。女生宿舍原则上应聘用女性管理人员。未经宿管人员许可，所有男性，包括老师和家长，一律不得进入女生宿舍。宿舍管理人员发现有可疑人员在女生宿舍周围游荡，要立即向学校报告并采取相应防范措施。学生临时有事离校回家必须向学校请假并电话告知家长，经宿舍管理人员同意并登记后方可离校。做好学生夜间点名工作，发现有无故夜不归宿者要及时报告。

五、切实加强教职员工管理。各地教育部门要把好入口关，落实对校长、教师和职工从业资格有关规定，加强对临时聘用人员的准入资质审查，坚决清理和杜绝不合格人员进入学校工作岗位，严禁聘用受到剥夺政治权利或者故意犯罪受到刑事处罚人员、有精神病史人员担任教职员工。要将师德教育、法制教育纳入教职员工培训内容及考核范围，加强考核和评价，落实管理职责。要加强对教职员工的品行考核，对品行不良、侮辱学生、影响恶劣的，由县级以上教育行政部门撤销其教师资格。要关注教职员工队伍心理状况及工作状况，加强心理辅导，防止个别教职员工出现极端心理问题，及时预防个别教职员工出现的不良行为。

六、密切保持家校联系。各地教育部门、妇联组织要通过开展家访、召开家长会、举办家长学校等方式，提醒家长尽量多安排时间和孩子相处交流，切实履行对孩子的监护责任，特别要做好学生离校后的监管看护教育工作。要让家长了解必要的性知识和预防性侵犯知识，并通过适当方式向孩子进行讲解。学校要同家庭随时保持联系，特别要关注留守儿童家庭，及时掌握孩子情况，特别是发现孩子有异常表现时，家校双方要及时沟通，深入了解孩子表现情况，共同分析异常原因，及时采取应对措施。学校家长委员会、家长学校要与社区家长学校密切联系，构筑学校、家庭、社区有效衔接的保护网络。

七、妥善处置中小学生性侵犯事件。各地教育部门要建立中小学生性侵犯案件及时报告制度，一旦发现学生在学校内遭受性侵犯，学校或家长要立即报警并彼此告知，同时学校要及时向上级教育主管部门报告，报告时相关人员有义务保护未成年人合法权益，严格保护学生隐私，防止泄露有关学生个人及其家庭的信息，避免再次伤害。教育部门和学校要与共青团、妇联、家庭和医院等积极配合，向被性侵犯的学生及其家人提供帮助，及时开展相应的心理辅导和家庭支持，帮助他们尽快走出心理阴影。被性侵犯的学生有转学需求的，教育部门和学校应予以安排。对性侵学生者，各地要依法严惩，决不姑息。

八、努力营造良好社会环境和舆论氛围。各地教育部门、公安机关要分析学校及周边安全形势，掌握治安乱点和突出问题，大力整治学校及周边安全隐患。各地公安机关要重点排查民办学校、城乡结合部学校、寄宿制学校内部及周边的安全隐患，严厉打击对少年儿童性侵犯的违法犯罪活动。要加强校园周边巡逻防控，防止发生社会人员性侵犯在校女学生案件。各地教育部门要协调有关部门进一步加强对学生保护工作的正面宣传引导，防止媒体过度渲染报道性侵犯学生案件，营造全社会共同关心、关爱学生健康成长的良好氛围。

九、积极构建长效机制。各地教育部门要将预防性侵犯教育作为安全教育的重要内容，在开学后、放假前等重点时段集中开展，纳入对新上岗教职工和新入学学生的培训教育中。共青团组织要将预防性侵犯教育作为青少年自护教育活动的重要方面，依托各地 12355 青少年服务台，开设自护教育热线，组织专业社工、公益律师、志愿者开展有针对性的自护教育、心理辅导和法律咨询。妇联组织要将预防性侵犯教育纳入女童尤其是农村留守流动女童家庭教育指导服务重点内容，维护女童合法权益。要加强协同配合，努力构建教育、公安、共青团、妇联、家庭、社会六位一体的保护中小学生工作机制，做到安全监管全覆盖。

教育部　公安部

共青团中央　全国妇联

2013 年 9 月 3 日

国务院办公厅关于促进3岁以下婴幼儿照护服务发展的指导意见

（国办发〔2019〕15号）

（摘录）

……

四、组织实施

……

（二）强化部门协同。婴幼儿照护服务发展工作由卫生健康部门牵头，发展改革、教育、公安、民政、财政、人力资源社会保障、自然资源、住房城乡建设、应急管理、税务、市场监管等部门要按照各自职责，加强对婴幼儿照护服务的指导、监督和管理。积极发挥工会、共青团、妇联、计划生育协会、宋庆龄基金会等群团组织和行业组织的作用，加强社会监督，强化行业自律，大力推动婴幼儿照护服务的健康发展。

……

附件：促进3岁以下婴幼儿照护服务发展工作部门职责分工

国务院办公厅

2019年4月17日

附件

促进3岁以下婴幼儿照护服务发展工作部门职责分工

（摘录）

……

妇联组织负责参与为家庭提供科学育儿指导服务。

……

国务院关于加强农村留守儿童关爱保护工作的意见

（国发〔2016〕13号）

各省、自治区、直辖市人民政府，国务院各部委、各直属机构：

近年来，随着我国经济社会发展和工业化、城镇化进程推进，一些地方农村劳动力为改善家庭经济状况、寻求更好发展，走出家乡务工、创业，但受工作不稳定和居住、教育、照料等客观条件限制，有的选择将未成年子女留在家乡交由他人监护照料，导致大量农村留守儿童出现。农村劳动力外出务工为我国经济建设作出了积极贡献，对改善自身家庭经济状况起到了重要作用，客观上为子女的教育和成长创造了一定的物质基础和条件，但也导致部分儿童与父母长期分离，缺乏亲情关爱和有效监护，出现心理健康问题甚至极端行为，遭受意外伤害甚至不法侵害。这些问题严重影响儿童健康成长，影响社会和谐稳定，各方高度关注，社会反响强烈。进一步加强农村留守儿童关爱保护工作，为广大农村留守儿童健康成长创造更好的环境，是一项重要而紧迫的任务。现提出以下意见：

一、充分认识做好农村留守儿童关爱保护工作的重要意义

留守儿童是指父母双方外出务工或一方外出务工另一方无监护能力、不满十六周岁的未成年人。农村留守儿童问题是我国经济社会发展中的阶段性问题，是我国城乡发展不均衡、公共服务不均等、社会保障不完善等问题的深刻反映。近年来，各地区、各有关部门积极开展农村留守儿童关爱保护工作，对促进广大农村留守儿童健康成长起到了积极作用，但工作中还存在一些薄弱环节，突出表现在家庭监护缺乏监督指导、关爱服务体系不完善、救助保护机制不健全等方面，农村留守儿童关爱保护工作制度化、规范化、机制化建设亟待加强。

农村留守儿童和其他儿童一样是祖国的未来和希望，需要全社会的共同关心。做好农村留守儿童关爱保护工作，关系到未成年人健康成长，关系到家庭

幸福与社会和谐，关系到全面建成小康社会大局。党中央、国务院对做好农村留守儿童关爱保护工作高度重视。加强农村留守儿童关爱保护工作、维护未成年人合法权益，是各级政府的重要职责，也是家庭和全社会的共同责任。各地区、各有关部门要充分认识加强农村留守儿童关爱保护工作的重要性和紧迫性，增强责任感和使命感，加大工作力度，采取有效措施，确保农村留守儿童得到妥善监护照料和更好关爱保护。

二、总体要求

（一）指导思想。全面落实党的十八大和十八届二中、三中、四中、五中全会精神，深入贯彻习近平总书记系列重要讲话精神，按照国务院决策部署，以促进未成年人健康成长为出发点和落脚点，坚持依法保护，不断健全法律法规和制度机制，坚持问题导向，强化家庭监护主体责任，加大关爱保护力度，逐步减少儿童留守现象，确保农村留守儿童安全、健康、受教育等权益得到有效保障。

（二）基本原则。坚持家庭尽责。落实家庭监护主体责任，监护人要依法尽责，在家庭发展中首先考虑儿童利益；加强对家庭监护和委托监护的督促指导，确保农村留守儿童得到妥善监护照料、亲情关爱和家庭温暖。

坚持政府主导。把农村留守儿童关爱保护工作作为各级政府重要工作内容，落实县、乡镇人民政府属地责任，强化民政等有关部门的监督指导责任，健全农村留守儿童关爱服务体系和救助保护机制，切实保障农村留守儿童合法权益。

坚持全民关爱。充分发挥村（居）民委员会、群团组织、社会组织、专业社会工作者、志愿者等各方面积极作用，着力解决农村留守儿童在生活、监护、成长过程中遇到的困难和问题，形成全社会关爱农村留守儿童的良好氛围。

坚持标本兼治。既立足当前，完善政策措施，健全工作机制，着力解决农村留守儿童监护缺失等突出问题；又着眼长远，统筹城乡发展，从根本上解决儿童留守问题。

（三）总体目标。家庭、政府、学校尽职尽责，社会力量积极参与的农村留守儿童关爱保护工作体系全面建立，强制报告、应急处置、评估帮扶、监护干预等农村留守儿童救助保护机制有效运行，侵害农村留守儿童权益的事件得到有效遏制。到 2020 年，未成年人保护法律法规和制度体系更加健全，全社会关爱保护儿童的意识普遍增强，儿童成长环境更为改善、安全更有保障，儿童留守现象明显减少。

三、完善农村留守儿童关爱服务体系

（一）强化家庭监护主体责任。父母要依法履行对未成年子女的监护职责和抚养义务。外出务工人员要尽量携带未成年子女共同生活或父母一方留家照料，暂不具备条件的应当委托有监护能力的亲属或其他成年人代为监护，不得让不满十六周岁的儿童脱离监护单独居住生活。外出务工人员要与留守未成年子女常联系、多见面，及时了解掌握他们的生活、学习和心理状况，给予更多亲情关爱。父母或受委托监护人不履行监护职责的，村（居）民委员会、公安机关和有关部门要及时予以劝诫、制止；情节严重或造成严重后果的，公安等有关机关要依法追究其责任。

（二）落实县、乡镇人民政府和村（居）民委员会职责。县级人民政府要切实加强统筹协调和督促检查，结合本地实际制定切实可行的农村留守儿童关爱保护政策措施，认真组织开展关爱保护行动，确保关爱保护工作覆盖本行政区域内所有农村留守儿童。乡镇人民政府（街道办事处）和村（居）民委员会要加强对监护人的法治宣传、监护监督和指导，督促其履行监护责任，提高监护能力。村（居）民委员会要定期走访、全面排查，及时掌握农村留守儿童的家庭情况、监护情况、就学情况等基本信息，并向乡镇人民政府（街道办事处）报告；要为农村留守儿童通过电话、视频等方式与父母联系提供便利。乡镇人民政府（街道办事处）要建立翔实完备的农村留守儿童信息台账，一人一档案，实行动态管理、精准施策，为有关部门和社会力量参与农村留守儿童关爱保护工作提供支持；通过党员干部上门家访、驻村干部探访、专业社会工作者随访等方式，对重点对象进行核查，确保农村留守儿童得到妥善照料。县级民政部门及救助管理机构要对乡镇人民政府（街道办事处）、村（居）民委员会开展的监护监督等工作提供政策指导和技术支持。

（三）加大教育部门和学校关爱保护力度。县级人民政府要完善控辍保学部门协调机制，督促监护人送适龄儿童、少年入学并完成义务教育。教育行政部门要落实免费义务教育和教育资助政策，确保农村留守儿童不因贫困而失学；支持和指导中小学校加强心理健康教育，促进学生心理、人格积极健康发展，及早发现并纠正心理问题和不良行为；加强对农村留守儿童相对集中学校教职工的专题培训，着重提高班主任和宿舍管理人员关爱照料农村留守儿童的能力；会同公安机关指导和协助中小学校完善人防、物防、技防措施，加强校园安全管理，做好法治宣传和安全教育，帮助儿童增强防范不法侵害的意识、掌握预防意外伤害的安全常识。中小学校要对农村留守儿童受教育情况实施全程管理，利用电话、家访、家长会等方式加强与家长、受委托监护人的沟通交流，了解农村留守儿童生活情况和思想动态，帮助监护人掌握农村留守儿童学习情况，提升监护人责任意识和教育管理能力；及时了解无故旷课农村留守儿童情况，落实辍学学生登记、劝返复学和书面报告制度，劝返无效的，应书面报告县级教育行政部门和乡镇人民政府，依法采取措施劝返复学；帮助农村留守儿童通过电话、视频等方式加强与父母的情感联系和亲情交流。寄宿制学校要完善教职工值班制度，落实学生宿舍安全管理责任，丰富校园文化生活，引导寄宿学生积极参与体育、艺术、社会实践等活动，增强学校教育吸引力。

（四）发挥群团组织关爱服务优势。各级工会、共青团、妇联、残联、关工委等群团组织要发挥自身优势，积极为农村留守儿童提供假期日间照料、课后辅导、心理疏导等关爱服务。工会、共青团要广泛动员广大职工、团员青年、少先队员等开展多种形式的农村留守儿童关爱服务和互助活动。妇联要依托妇女之家、儿童之家等活动场所，为农村留守儿童和其他儿童提供关爱服务，加强对农村留守儿童父母、受委托监护人的家庭教育指导，引导他们及时关注农村留守儿童身心健康状况，加强亲情关爱。残联要组织开展农村留守残疾儿童康复等工作。关工委要组织动员广大老干部、老战士、老专家、老教师、老模范等离退休老同志，协同做好农村留守儿童的关爱与服务工作。

（五）推动社会力量积极参与。加快孵化培育社会工作专业服务机构、公益慈善类社会组织、志愿服务组织，民政等部门要通过政府购买服务等方式支持其深入城乡社区、学校和家庭，开展农村留守儿童监护指导、心理疏导、行为矫治、社会融入和家庭关系调适等专业服务。充分发挥市场机制作用，支持社会组织、爱心企业依托学校、社区综合服务设施举办农村留守儿童托管服务机构，财税部门要依法落实税费减免优惠政策。

四、建立健全农村留守儿童救助保护机制

（一）建立强制报告机制。学校、幼儿园、医疗机构、村（居）民委员会、社会工作服务机构、救助管理机构、福利机构及其工作人员，在工作中发现农村留守儿童脱离监护单独居住生活或失踪、监护人丧失监护能力或不履行监护责任、疑似遭受家庭暴力、疑似遭受意外伤害或不法侵害等情况的，应当在第一时间向公安机关报告。负有强制报告责任的单位和人员未履行报告义务的，

其上级机关和有关部门要严肃追责。其他公民、社会组织积极向公安机关报告的，应及时给予表扬和奖励。

（二）完善应急处置机制。公安机关要及时受理有关报告，第一时间出警调查，有针对性地采取应急处置措施，强制报告责任人要协助公安机关做好调查和应急处置工作。属于农村留守儿童单独居住生活的，要责令其父母立即返回或确定受委托监护人，并对父母进行训诫；属于监护人丧失监护能力或不履行监护责任的，要联系农村留守儿童父母立即返回或委托其他亲属监护照料；上述两种情形联系不上农村留守儿童父母的，要就近护送至其他近亲属、村（居）民委员会或救助管理机构、福利机构临时监护照料，并协助通知农村留守儿童父母立即返回或重新确定受委托监护人。属于失踪的，要按照儿童失踪快速查找机制及时开展调查。属于遭受家庭暴力的，要依法制止，必要时通知并协助民政部门将其安置到临时庇护场所、救助管理机构或者福利机构实施保护；属于遭受其他不法侵害、意外伤害的，要依法制止侵害行为、实施保护；对于上述两种情形，要按照有关规定调查取证，协助其就医、鉴定伤情，为进一步采取干预措施、依法追究相关法律责任打下基础。公安机关要将相关情况及时通报乡镇人民政府（街道办事处）。

（三）健全评估帮扶机制。乡镇人民政府（街道办事处）接到公安机关通报后，要会同民政部门、公安机关在村（居）民委员会、中小学校、医疗机构以及亲属、社会工作专业服务机构的协助下，对农村留守儿童的安全处境、监护情况、身心健康状况等进行调查评估，有针对性地安排监护指导、医疗救治、心理疏导、行为矫治、法律服务、法律援助等专业服务。对于监护人家庭经济困难且符合有关社会救助、社会福利政策的，民政及其他社会救助部门要及时纳入保障范围。

（四）强化监护干预机制。对实施家庭暴力、虐待或遗弃农村留守儿童的父母或受委托监护人，公安机关应当给予批评教育，必要时予以治安管理处罚，情节恶劣构成犯罪的，依法立案侦查。对于监护人将农村留守儿童置于无人监管和照看状态导致其面临危险且经教育不改的，或者拒不履行监护职责六个月以上导致农村留守儿童生活无着的，或者实施家庭暴力、虐待或遗弃农村留守儿童导致其身心健康严重受损的，其近亲属、村（居）民委员会、县级民政部门等有关人员或者单位要依法向人民法院申请撤销监护人资格，另行指定监护人。

五、从源头上逐步减少儿童留守现象

（一）为农民工家庭提供更多帮扶支持。各地要大力推进农民工市民化，为其监护照料未成年子女创造更好条件。符合落户条件的要有序推进其本人及家属落户。符合住房保障条件的要纳入保障范围，通过实物配租公共租赁住房或发放租赁补贴等方式，满足其家庭的基本居住需求。不符合上述条件的，要在生活居住、日间照料、义务教育、医疗卫生等方面提供帮助。倡导用工单位、社会组织和专业社会工作者、志愿者队伍等社会力量，为其照料未成年子女提供便利条件和更多帮助。公办义务教育学校要普遍对农民工未成年子女开放，要通过政府购买服务等方式支持农民工未成年子女接受义务教育；完善和落实符合条件的农民工子女在输入地参加中考、高考政策。

（二）引导扶持农民工返乡创业就业。各地要大力发展县域经济，落实国务院关于支持农民工返乡创业就业的一系列政策措施。中西部地区要充分发挥比较优势，积极承接东部地区产业转移，加快发展地方优势特色产业，加强基本公共服务，制定和落实财政、金融等优惠扶持政策，落实定向减税和普遍性降费政策，为农民工返乡创业就业提供便利条件。人力资源社会保障等有关部门要广泛宣传农民工返乡创业就业政策，加强农村劳动力的就业创业技能培训，对有意愿就业创业的，要有针对性地推荐用工岗位信息或创业项目信息。

六、强化农村留守儿童关爱保护工作保障措施

（一）加强组织领导。各地要将农村留守儿童关爱保护工作纳入重要议事日程，建立健全政府领导，民政部门牵头，教育、公安、司法行政、卫生计生等部门和妇联、共青团等群团组织参加的农村留守儿童关爱保护工作领导机制，及时研究解决工作中的重大问题。民政部要牵头建立农村留守儿童关爱保护工作部际联席会议制度，会同有关部门在2016年上半年开展一次全面的农村留守儿童摸底排查，依托现有信息系统完善农村留守儿童信息管理功能，健全信息报送机制。各级妇儿工委和农民工工作领导小组要将农村留守儿童关爱保护作为重要工作内容，统筹推进相关工作。各地民政、公安、教育等部门要强化责任意识，督促有关方面落实相关责任。要加快推动完善未成年人保护相关法律法规，进一步明确权利义务和各方职责，特别要强化家庭监护主体责任，为农村留守儿童关爱保护工作提供有力法律保障。

（二）加强能力建设。统筹各方资源，充分发挥政府、市场、社会的作用，

逐步完善救助管理机构、福利机构场所设施，满足临时监护照料农村留守儿童的需要。加强农村寄宿制学校建设，促进寄宿制学校合理分布，满足农村留守儿童入学需求。利用现有公共服务设施开辟儿童活动场所，提供必要托管服务。各级财政部门要优化和调整支出结构，多渠道筹措资金，支持做好农村留守儿童关爱保护工作。各地要积极引导社会资金投入，为农村留守儿童关爱保护工作提供更加有力的支撑。各地区、各有关部门要加强农村留守儿童关爱保护工作队伍建设，配齐配强工作人员，确保事有人干、责有人负。

（三）强化激励问责。各地要建立和完善工作考核和责任追究机制，对认真履责、工作落实到位、成效明显的，要按照国家有关规定予以表扬和奖励；对工作不力、措施不实、造成严重后果的，要追究有关领导和人员责任。对贡献突出的社会组织和个人，要适当给予奖励。

（四）做好宣传引导。加强未成年人保护法律法规和政策措施宣传工作，开展形式多样的宣传教育活动，强化政府主导、全民关爱的责任意识和家庭自觉履行监护责任的法律意识。建立健全舆情监测预警和应对机制，理性引导社会舆论，及时回应社会关切，宣传报道先进典型，营造良好社会氛围。

各省（区、市）要结合本地实际，制定具体实施方案。对本意见的执行情况，国务院将适时组织专项督查。

国务院

2016 年 2 月 4 日

国务院办公厅关于加强孤儿保障工作的意见

（国办发〔2010〕54号）

各省、自治区、直辖市人民政府，国务院各部委、各直属机构：

党和政府历来关心孤儿的健康成长。新中国成立以来，我国孤儿福利事业取得了长足进展，孤儿生活状况得到了明显改善，但总体看，孤儿保障体系还不够健全，保障水平有待提高。为建立与我国经济社会发展水平相适应的孤儿保障制度，使孤儿生活得更加幸福、更有尊严，经国务院同意，现提出以下意见：

一、拓展安置渠道，妥善安置孤儿

孤儿是指失去父母、查找不到生父母的未满18周岁的未成年人，由地方县级以上民政部门依据有关规定和条件认定。地方各级政府要按照有利于孤儿身心健康成长的原则，采取多种方式，拓展孤儿安置渠道，妥善安置孤儿。

（一）亲属抚养。孤儿的监护人依照《中华人民共和国民法通则》等法律法规确定。孤儿的祖父母、外祖父母、兄、姐要依法承担抚养义务、履行监护职责；鼓励关系密切的其他亲属、朋友担任孤儿监护人；没有前述监护人的，未成年人的父、母的所在单位或者未成年人住所地的居民委员会、村民委员会或者民政部门担任监护人。监护人不履行监护职责或者侵害孤儿合法权益的，应承担相应的法律责任。

（二）机构养育。对没有亲属和其他监护人抚养的孤儿，经依法公告后由民政部门设立的儿童福利机构收留抚养。有条件的儿童福利机构可在社区购买、租赁房屋，或在机构内部建造单元式居所，为孤儿提供家庭式养育。公安部门应及时为孤儿办理儿童福利机构集体户口。

（三）家庭寄养。由孤儿父母生前所在单位或者孤儿住所地的村（居）民委员会或者民政部门担任监护人的，可由监护人对有抚养意愿和抚养能力的家庭进行评估，选择抚育条件较好的家庭开展委托监护或者家庭寄养，并给予养育费用补贴，当地政府可酌情给予劳务补贴。

（四）依法收养。鼓励收养孤儿。收养孤儿按照《中华人民共和国收养法》的规定办理。对中国公民依法收养的孤儿，需要为其办理户口登记或者迁移手续的，户口登记机关应及时予以办理，并在登记与户主关系时注明子女关系。对寄养的孤儿，寄养家庭有收养意愿的，应优先为其办理收养手续。继续稳妥开展涉外收养，进一步完善涉外收养办法。

二、建立健全孤儿保障体系，维护孤儿基本权益

（一）建立孤儿基本生活保障制度。为满足孤儿基本生活需要，建立孤儿基本生活保障制度。各省、自治区、直辖市政府按照不低于当地平均生活水平的原则，合理确定孤儿基本生活最低养育标准，机构抚养孤儿养育标准应高于散居孤儿养育标准，并建立孤儿基本生活最低养育标准自然增长机制。地方各级财政要安排专项资金，确保孤儿基本生活费及时足额到位；中央财政安排专项资金，对地方支出孤儿基本生活费按照一定标准给予补助。民政、财政部门要建立严格的孤儿基本生活费管理制度，加强监督检查，确保专款专用、按时发放，确保孤儿基本生活费用于孤儿。

（二）提高孤儿医疗康复保障水平。将孤儿纳入城镇居民基本医疗保险、新型农村合作医疗、城乡医疗救助等制度覆盖范围，适当提高救助水平，参保（合）费用可通过城乡医疗救助制度解决；将符合规定的残疾孤儿医疗康复项目纳入基本医疗保障范围，稳步提高待遇水平；有条件的地方政府和社会慈善组织可为孤儿投保意外伤害保险和重大疾病保险等商业健康保险或补充保险。卫生部门要对儿童福利机构设置的医院、门诊部、诊所、卫生所（室）给予支持和指导；疾病预防控制机构要加强对儿童福利机构防疫工作的指导，及时调查处理机构内发生的传染病疫情；鼓励、支持医疗机构采取多种形式减免孤儿医疗费用。继续实施“残疾孤儿手术康复明天计划”。

（三）落实孤儿教育保障政策。家庭经济困难的学龄前孤儿到学前教育机构接受教育的，由当地政府予以资助。将义务教育阶段的孤儿寄宿生全面纳入生活补助范围。在普通高中、中等职业学校、高等职业学校和普通本科高校就读的孤儿，纳入国家资助政策体系优先予以资助；孤儿成年后仍在校就读的，继续享有相应政策；学校为其优先提供勤工助学机会。切实保障残疾孤儿受教育的权利，具备条件的残疾孤儿，在普通学校随班就读；不适合在普通学校就读的视力、听力、言语、智力等残疾孤儿，安排到特殊教育学校就读；不能到特殊教育学校就读的残疾孤儿，鼓励并扶持儿童福利机构设立特殊教育班或特殊教育学校，为其提供特殊教育。

（四）扶持孤儿成年后就业。认真贯彻落实《中华人民共和国就业促进法》

和《国务院关于做好促进就业工作的通知》（国发〔2008〕5号）等精神，鼓励和帮扶有劳动能力的孤儿成年后实现就业，按规定落实好职业培训补贴、职业技能鉴定补贴、免费职业介绍、职业介绍补贴和社会保险补贴等政策；孤儿成年后就业困难的，优先安排其到政府开发的公益性岗位就业。人力资源社会保障部门要进一步落实孤儿成年后就业扶持政策，提供针对性服务和就业援助，促进有劳动能力的孤儿成年后就业。

（五）加强孤儿住房保障和服务。居住在农村的无住房孤儿成年后，按规定纳入农村危房改造计划优先予以资助，乡镇政府和村民委员会要组织动员社会力量和当地村民帮助其建房。居住在城市的孤儿成年后，符合城市廉租住房保障条件或其他保障性住房供应条件的，当地政府要优先安排、应保尽保。对有房产的孤儿，监护人要帮助其做好房屋的维修和保护工作。

三、加强儿童福利机构建设，提高专业保障水平

（一）完善儿童福利机构设施。“十二五”期间，继续实施“儿童福利机构建设蓝天计划”，孤儿较多的县（市）可独立设置儿童福利机构，其他县（市）要依托民政部门设立的社会福利机构建设相对独立的儿童福利设施，并根据实际需要，为其配备抚育、康复、特殊教育必需的设备器材和救护车、校车等，完善儿童福利机构养护、医疗康复、特殊教育、技能培训、监督评估等方面的功能。儿童福利机构设施建设、维修改造及有关设备购置，所需经费由财政预算、民政部门使用的彩票公益金、社会捐助等多渠道解决。发展改革部门要充分考虑儿童福利事业发展需要，统筹安排儿童福利机构设施建设项目，逐步改善儿童福利机构条件。海关在办理国（境）外无偿捐赠给儿童福利机构的物资设备通关手续时，给予通关便利。

（二）加强儿童福利机构工作队伍建设。科学设置儿童福利机构岗位，加强孤残儿童护理员、医护人员、特教教师、社工、康复师等专业人员培训。在整合现有儿童福利机构从业人员队伍的基础上，积极创造条件，通过购买服务和社会化用工等形式，充实儿童福利机构工作力量，提升服务水平。按照国家有关规定，落实对儿童福利机构工作人员的工资倾斜政策。将儿童福利机构中设立的特殊教育班或特殊教育学校的教师、医护人员专业技术职务评定工作纳入教育、卫生系统职称评聘体系，在结构比例、评价方面给予适当倾斜。教育、卫生部门举办的继续教育和业务培训要主动吸收儿童福利机构相关人员参加。积极推进孤残儿童护理员职业资格制度建设，支持开发孤残儿童护理员教

材，设置孤残儿童护理员专业，对孤残儿童护理员进行培训。

（三）发挥儿童福利机构的作用。儿童福利机构是孤儿保障的专业机构，要发挥其在孤儿保障中的重要作用。对社会上无人监护的孤儿，儿童福利机构要及时收留抚养，确保孤儿居有定所、生活有着。要发挥儿童福利机构的专业优势，为亲属抚养、家庭寄养的孤儿提供有针对性的指导和服务。

四、健全工作机制，促进孤儿福利事业健康发展

（一）加强组织领导。地方各级政府要高度重视孤儿保障工作，把孤儿福利事业纳入国民经济和社会发展总体规划、相关专项规划和年度计划。要加强对孤儿保障工作的领导，健全“政府主导，民政牵头，部门协作，社会参与”的孤儿保障工作机制，及时研究解决孤儿保障工作中存在的实际困难和问题。民政部门要发挥牵头部门作用，加强孤儿保障工作能力建设，充实儿童福利工作力量，强化对儿童福利机构的监督管理，建设好全国儿童福利信息管理系统。财政部门要建立稳定的经费保障机制，将孤儿保障所需资金纳入社会福利事业发展资金预算，通过财政拨款、民政部门使用的彩票公益金等渠道安排资金，切实保障孤儿的基本生活和儿童福利专项工作经费。发展改革、教育、公安、司法、人力资源社会保障、住房城乡建设、卫生、人口计生等部门要将孤儿保障有关工作列入职责范围和目标管理，进一步明确责任。

（二）保障孤儿合法权益。依法保护孤儿的人身、财产权利，积极引导法律服务人员为孤儿提供法律服务，为符合法律援助条件的孤儿依法提供法律援助。有关方面要严厉打击查处拐卖孤儿、遗弃婴儿等违法犯罪行为，及时发现并制止公民私自收养弃婴和儿童的行为。公安部门应及时出具弃婴捡拾报案证明，积极查找弃婴和儿童的生父母或者其他监护人。卫生部门要加强对医疗保健机构的监督管理，医疗保健机构发现弃婴，应及时向所在地公安机关报案，不得转送他人。有关部门要尽快研究拟订有关儿童福利的法规。

（三）加强宣传引导。进一步加大宣传工作力度，弘扬中华民族慈幼恤孤的人道主义精神和传统美德，积极营造全社会关心关爱孤儿的氛围。大力发展孤儿慈善事业，引导社会力量通过慈善捐赠、实施公益项目、提供服务等多种方式，广泛开展救孤恤孤活动。

国务院办公厅
二〇一〇年十一月十六日

国务院办公厅关于加强和改进流浪未成年人救助保护工作的意见

（国办发〔2011〕39号）

各省、自治区、直辖市人民政府，国务院各部委、各直属机构：

党中央、国务院高度重视未成年人权益保护工作，近年来国家出台了一系列法律法规和政策，未成年人权益保护工作取得了积极成效。但受人口流动加速、一些家庭监护缺失和社会不良因素影响，未成年人流浪现象仍然存在，甚至出现胁迫、诱骗、利用未成年人乞讨和实施违法犯罪活动等问题，严重侵害了未成年人合法权益，妨害了未成年人健康成长。为进一步完善流浪未成年人救助保护体系，切实加强和改进流浪未成年人救助保护工作，经国务院同意，现提出如下意见：

一、充分认识流浪未成年人救助保护工作的重要意义

做好流浪未成年人救助保护工作，关系到未成年人的健康成长，关系到社会和谐安定，关系到以人为本执政理念的落实。及时有效救助保护流浪未成年人，是各级政府的重要职责，是维护未成年人合法权益的重要内容，是预防未成年人违法犯罪的重要举措，是加强和创新社会管理的重要方面，是社会文明进步的重要体现。各地区、各有关部门要充分认识加强和改进流浪未成年人救助保护工作的重要性和紧迫性，进一步统一思想，提高认识，认真落实《中华人民共和国未成年人保护法》、《中华人民共和国预防未成年人犯罪法》和《中华人民共和国义务教育法》等法律法规，不断完善政策措施，提升救助保护水平，维护好流浪未成年人的合法权益。

二、流浪未成年人救助保护工作的总体要求和基本原则

（一）总体要求。牢固树立以人为本、执政为民的理念，贯彻预防为主、标本兼治的方针，健全机制，完善政策，落实责任，加快推进流浪未成年人救助保护体系建设，确保流浪未成年人得到及时救助保护、教育矫治、回归家庭

和妥善安置，最大限度减少未成年人流浪现象，坚决杜绝胁迫、诱骗、利用未成年人乞讨等违法犯罪行为。

（二）基本原则。

坚持未成年人权益保护优先。把未成年人权益保护和健康成长作为首要任务，加强对家庭监护的指导和监督，及时救助流浪未成年人，严厉打击胁迫、诱骗、利用未成年人乞讨等违法犯罪行为，切实保障未成年人的生存权、发展权、参与权、受保护权。

坚持救助保护和教育矫治并重。积极主动救助流浪未成年人，保障其生活、维护其权益；同时加强流浪未成年人思想、道德、文化和法制教育，强化心理疏导和行为矫治，帮助其顺利回归家庭。

坚持源头预防和综合治理。综合运用经济、行政、司法等手段，落实义务教育、社会保障和扶贫开发等政策，强化家庭、学校、社会共同责任，不断净化社会环境，防止未成年人外出流浪。

坚持政府主导和社会参与。落实政府责任，加大政府投入，加强各方协作，充分发挥基层组织作用，调动社会各方面参与流浪未成年人救助保护的积极性，形成救助保护工作的合力。

三、加强和改进流浪未成年人救助保护工作的政策措施

（一）实行更加积极主动的救助保护。公安机关发现流浪乞讨的未成年人，应当护送到救助保护机构接受救助。其中由成年人携带流浪乞讨的，应当进行调查、甄别，对有胁迫、诱骗、利用未成年人乞讨等违法犯罪嫌疑的，要依法查处；对由父母或其他监护人携带流浪乞讨的，应当批评、教育并引导护送到救助保护机构接受救助，无力自行返乡的由救助保护机构接送返乡，公安机关予以协助配合。民政部门要积极开展主动救助，引导护送流浪未成年人到救助保护机构接受救助。城管部门发现流浪未成年人，应当告知并协助公安或民政部门将其护送到救助保护机构接受救助。对突发急病的流浪未成年人，公安机关和民政、城管部门应当直接护送到定点医院进行救治。

充分发挥村（居）民委员会等基层组织作用，组织和动员居民提供线索，劝告、引导流浪未成年人向公安机关、救助保护机构求助，或及时向公安机关报警。

（二）加大打击拐卖未成年人犯罪力度。公安机关要严厉打击拐卖未成年人犯罪，对来历不明的流浪乞讨和被强迫从事违法犯罪活动的未成年人，要

一律采集生物检材，检验后录入全国打拐 DNA（脱氧核糖核酸）信息库比对，及时发现、解救失踪被拐未成年人。加强接处警工作，凡接到涉及未成年人失踪被拐报警的，公安机关要立即出警处置，认真核查甄别，打击违法犯罪活动。强化立案工作，实行未成年人失踪快速查找机制，充分调动警务资源，第一时间组织查找。建立跨部门、跨警种、跨地区打击拐卖犯罪工作机制。民政等有关部门要协助公安机关做好被拐未成年人的调查、取证和解救工作。

（三）帮助流浪未成年人及时回归家庭。救助保护机构和公安机关要综合运用救助保护信息系统、公安人口管理信息系统、全国打拐 DNA（脱氧核糖核酸）信息库和向社会发布寻亲公告等方式，及时查找流浪未成年人父母或其他监护人。

对查找到父母或其他监护人的流浪未成年人，救助保护机构要及时安排接送返乡，交通运输、铁道等部门要在购票、进出站、乘车等方面积极协助。流出地救助保护机构应当通知返乡流浪未成年人或其监护人常住户口所在地的乡镇人民政府（街道办事处）做好救助保护和帮扶工作。流出地救助保护机构要对流浪未成年人的家庭监护情况进行调查评估：对确无监护能力的，由救助保护机构协助监护人及时委托其他人员代为监护；对拒不履行监护责任、经反复教育不改的，由救助保护机构向人民法院提出申请撤销其监护人资格，依法另行指定监护人。

对暂时查找不到父母或其他监护人的流浪未成年人，在继续查找的同时，要通过救助保护机构照料、社会福利机构代养、家庭寄养等多种方式予以妥善照顾。对经过 2 年以上仍查找不到父母或其他监护人的，公安机关要按户籍管理有关法规政策规定为其办理户口登记手续，以便于其就学、就业等正常生活。对在打拐过程中被解救且查找不到父母或其他监护人的婴幼儿，民政部门要将其安置到社会福利机构抚育，公安机关要按规定为其办理户口登记手续。

（四）做好流浪未成年人的教育矫治。救助保护机构要依法承担流浪未成年人的临时监护责任，为其提供文化和法制教育、心理辅导、行为矫治、技能培训等救助保护服务，对合法权益受到侵害的，要协助司法部门依法为其提供法律援助或司法救助。救助保护机构要在教育行政部门指导下帮助流浪未成年人接受义务教育或替代教育，对沾染不良习气的，要通过思想、道德和法制教育，矫治不良习惯，纠正行为偏差；对有严重不良行为的，按照有关规定送专门学校进行矫治和接受教育。对流浪残疾未成年人，卫生、残联等部门要指导救助保护机构对其进行心理疏导、康复训练等。

（五）强化流浪未成年人源头预防和治理。预防未成年人流浪是家庭、学校、政府和社会的共同责任，做好源头预防是解决未成年人流浪问题的治本之策。家庭是预防和制止未成年人流浪的第一责任主体，应当依法履行对未成年人的监护责任和抚养义务。有关部门和基层组织要加强对家庭履行监护责任的指导和监督，对困难家庭予以帮扶，提升家庭抚育和教育能力，帮助其解决实际困难。村（居）民委员会要建立随访制度，对父母或其他监护人不依法履行监护责任或者侵害未成年人权益的，要予以劝诫、制止；情节严重的，要报告公安机关予以训诫，责令其改正；构成违反治安管理行为的，由公安机关依法给予行政处罚。

学校是促进未成年人健康成长的重要阵地，要坚持育人为本、德育为先，加强学生思想道德教育和心理健康辅导，根据学生特点和需要，开展职业教育和技能培训，使学生掌握就业技能，实现稳定就业；对品行有缺点、学习有困难的学生，要进行重点教育帮扶；对家庭经济困难的学生，要按照有关规定给予教育资助和特别关怀。教育行政部门要建立适龄儿童辍学、失学信息通报制度，指导学校做好劝学、返学工作，乡镇人民政府（街道办事处）、村（居）民委员会要积极做好协助工作。

地方各级政府和有关部门要进一步落实义务教育、社会保障和扶贫开发等政策，充分调动社会各方面的力量，把流浪未成年人救助保护纳入重点青少年群体教育帮助工作、“春蕾计划”、“安康计划”和家庭教育工作的总体计划；将流浪残疾未成年人纳入残疾未成年人康复、教育总体安排；充分发挥志愿者、社工队伍和社会组织作用，鼓励和支持其参与流浪未成年人救助、教育、矫治等服务。

四、健全工作机制，形成救助保护工作合力

（一）加强组织领导。进一步完善政府主导、民政牵头、部门负责、社会参与的流浪未成年人救助保护工作机制。建立民政部牵头的部际联席会议制度，研究解决突出问题和困难，制定和完善相关政策措施，指导和督促地方做好工作。民政部要发挥牵头部门作用，加强组织协调，定期通报各省（区、市）流浪未成年人救助保护工作情况，建立挂牌督办和警示制度。地方各级政府要高度重视，建立由政府分管领导牵头的流浪未成年人救助保护工作机制；要建立和完善工作责任追究机制，对工作不力、未成年人流浪现象严重的地区，追究该地区相关领导的责任。

（二）完善法律法规。抓紧做好流浪乞讨人员救助管理法律法规规章修订相关工作，完善流浪未成年人救助保护制度，健全流浪未成年人救助保护、教育矫治、回归安置和源头预防等相关规定，规范救助保护工作行为，强化流浪未成年人司法救助和保护，为流浪未成年人救助保护工作提供有力的法律保障。

（三）加强能力建设。各级政府要加强流浪未成年人救助保护能力建设，进一步提高管理和服务水平。要充分发挥现有救助保护机构、各类社会福利机构的作用，不断完善救助保护设施。要加强救助保护机构工作队伍建设，合理配备人员编制，按照国家有关规定落实救助保护机构工作人员的工资倾斜政策，对救助保护机构教师按照国家有关规定开展职称评定和岗位聘用。公安机关要根据需要在救助保护机构内设立警务室或派驻民警，协助救助保护机构做好管理工作。财政部门要做好流浪乞讨人员救助资金保障工作，地方财政要建立稳定的经费保障机制，中央财政给予专项补助。

（四）加强宣传引导。进一步加大未成年人权益保护法律法规宣传力度，开展多种形式的法制宣传活动，在全社会牢固树立未成年人权益保护意识。加强舆论引导，弘扬中华民族恤孤慈幼的传统美德，鼓励社会力量通过开展慈善捐助、实施公益项目、提供志愿服务等多种方式，积极参与流浪未成年人救助保护工作，营造关心关爱流浪未成年人的良好氛围。

国务院办公厅

二〇一一年八月十五日

国家卫生计生委关于做好农村留守儿童健康关爱工作的通知

（国卫流管发〔2016〕20号）

各省、自治区、直辖市卫生计生委，新疆生产建设兵团卫生局、人口计生委，委机关各司局，各直属和联系单位：

为贯彻中央关于建立健全农村留守人群尤其是留守儿童关爱服务体系的精神，落实好《国务院关于加强农村留守儿童关爱保护工作的意见》（国发〔2016〕13号，以下简称《意见》），进一步加强农村留守儿童健康关爱工作，现就有关工作通知如下：

一、充分认识做好农村留守儿童健康关爱工作的重要意义

因农村劳动力外出务工而产生的大规模农村留守儿童是我国工业化、城镇化快速推进过程中出现的阶段性问题。由于农村地区经济欠发达，公共服务水平较低，群众健康意识相对薄弱，农村儿童尤其是农村贫困地区儿童营养、健康水平较差，普遍存在体格发育落后、营养不良等问题。同时，由于留守儿童长期与父母分离，缺乏有效的监护照料、心理关怀、安全防护指导，易出现心理失衡、行为失范等问题，遭受意外伤害、不法侵害，做出极端行为的可能性加大。加强农村留守儿童健康关爱工作，促进留守儿童健康成长，已成为当前一项重要和紧迫的任务，关乎家庭幸福，关乎健康中国建设，关乎社会和谐稳定。各地要充分认识加强农村留守儿童健康关爱工作的重要性和紧迫性，进一步增强责任感和使命感，加强统筹协调，切实履职尽责，做好农村留守儿童健康关爱工作。

二、总体思路

以党的十八大、十八届三中、四中、五中全会精神为指导，以促进未成年人的身心健康为出发点，加强流出地儿童保健服务和疾病防治，开展留守儿童及其家庭健康促进活动，落实强制报告、医疗救治、评估帮扶等责任，完善健

康关爱措施，强化留守儿童家庭抚育教育功能，增强留守儿童家长的监护意识和健康意识，促进留守儿童身心健康、全面发展。

三、主要任务

（一）加强农村留守儿童保健服务和疾病防治。各地要落实好国家基本公共卫生服务项目中的0—6岁儿童健康管理服务内容。对农村留守儿童监护人进行营养与喂养、疾病预防等方面的科学指导。继续实施贫困地区儿童营养改善项目，推进农村义务教育学生营养改善计划。加大儿童预防接种工作力度，提高免疫规划工作质量。对农村留守儿童较为集中的学校加强疫情监测，及时做好疫情处置。结合医疗服务下乡活动、卫生应急“进社区、进企业、进学校、进农村、进家庭”工作，帮助农村留守儿童及其家属掌握急救等基本卫生常识和技能，提高卫生应急意识和自救互救能力。

（二）做好农村留守儿童强制报告、医疗救治、评估帮扶等工作。按照《意见》的要求，相关部门对在工作中发现的农村留守儿童脱离监护单独居住生活或失踪、监护人丧失监护能力或不履行监护责任、疑似遭受家庭暴力、疑似遭受意外伤害或不法侵害等情况，必须强制报告。各级医疗机构及工作人员要树立强制报告意识，开展强制报告工作。医疗机构要及时收治遭受侵害或意外伤害的农村留守儿童，协助相关部门做好伤情鉴定、身心健康状况评估等工作。做好农村留守儿童基本医疗保险权益保障工作。配合相关部门落实好农村留守儿童医疗救助。

（三）强化农村留守儿童健康教育工作。按照健康扶贫工程要求，在部分贫困地区启动实施农村留守儿童健康教育项目，探索农村留守儿童健康教育的有效策略和方法，研究制定农村留守儿童健康核心信息，推进儿童友好型示范社区建设，配合中小学校和农村社区开展心理健康教育及心理辅导。各地要结合健康素养促进行动，根据农村留守儿童的特点和需求，有针对性地开展科学喂养、营养膳食指导、卫生习惯与健康行为、青春期性与生殖健康、心理健康、意外伤害预防与自我防护等方面的健康教育活动，提升农村留守儿童及其家长的健康意识和水平。

（四）提升农村留守儿童家庭发展能力。各地卫生计生部门和疾病预防控制机构、妇幼保健、计划生育指导服务机构为外出务工人员及其家属提供医疗保健、疾病预防控制和计划生育服务。加强人口国情和计划生育法规政策宣传，引导家庭负责任、有计划地生育。落实计划生育家庭奖励扶助政策。在

“新家庭计划”、“创建幸福家庭活动”、“圆梦女孩志愿行动”、“科学育儿和青少年健康发展”等活动中，将农村留守儿童及其家庭作为重点服务对象，加强对家庭成员的指导及服务。

（五）加强农村留守儿童信息采集和健康状况监测评估。不断完善全员人口数据库，积极配合民政、教育、公安等部门做好农村留守儿童的信息采集、登记和数据共享等工作。突出预防为主的指导方针，依托卫生计生服务网络，开展农村留守儿童健康状况监测评估工作，及时掌握农村留守儿童健康问题和需求。加强对农村留守儿童身心健康问题的研究，为完善相关政策和措施提供支撑。

四、有关工作要求

（一）加强组织领导。各地要高度重视农村留守儿童健康关爱工作，将其纳入工作总体安排予以部署，明确任务分工。要加强部门协作、资源统筹和信息沟通。要督促指导基层单位、机构和组织完成好健康关爱具体工作。

（二）充分发挥社会组织作用。发挥中国计划生育协会、人口福利基金会等社会组织的优势，建立志愿者队伍，积极引导社会资金投入，联合社会、家庭和社区共同开展农村留守儿童健康关爱活动。

（三）加强宣传倡导。充分利用广播、电视、报刊、网络、手机信息终端等传播媒介，宣传普及儿童健康发展的核心信息和科学知识。加大对健康关爱工作先进做法和典型经验的宣传推广力度，营造全社会关怀关爱农村留守儿童的氛围。

（四）加强工作督导。各地要建立和完善工作考核和责任追究机制，强化激励问责，对工作不力、措施不实、造成严重后果的，要追究有关领导和人员责任。我委将定期开展督导工作，加强督查落实。

国家卫生计生委

2016 年 5 月 19 日

关于印发《最高人民检察院关于全面加强未成年人国家司法救助工作的意见》的通知

各省、自治区、直辖市人民检察院，解放军军事检察院，新疆生产建设兵团人民检察院：

现将《最高人民检察院关于全面加强未成年人国家司法救助工作的意见》印发你们，请结合工作实际，认真贯彻执行。贯彻实施情况及遇到的问题，请及时报告最高人民检察院。

最高人民检察院

2018 年 2 月 27 日

最高人民检察院关于全面加强未成年人国家司法救助工作的意见

为进一步加强未成年人司法保护，深入推进检察机关国家司法救助工作，根据《中华人民共和国未成年人保护法》和中央政法委、财政部、最高人民法院、最高人民检察院、公安部、司法部《关于建立完善国家司法救助制度的意见（试行）》《最高人民检察院关于贯彻实施〈关于建立完善国家司法救助制度的意见（试行）〉的若干意见》《人民检察院国家司法救助工作细则（试行）》，结合检察工作实际，现就全面加强未成年人国家司法救助工作，提出如下意见。

一、充分认识未成年人国家司法救助工作的重要意义

未成年人是祖国的未来，未成年人的健康成长直接关系到亿万家庭对美好生活的向往，关系到国家的富强和民族的复兴，关系到新时代社会主义现代化强国的全面建成。保护未成年人，既是全社会的共同责任，也是检察机关的重要职责。近年来，对未成年人的司法保护取得长足进展，但未成年人及其家庭因案返贫致困情况仍然存在，甚至出现生活无着、学业难继等问题，严重损害了未成年人合法权益，妨害了未成年人健康成长。对此，各地检察机关积极开

展国家司法救助工作，及时帮扶司法过程中陷入困境的未成年人，取得明显成效，收到良好效果。各级检察机关要充分总结经验，进一步提高认识，切实增强开展未成年人国家司法救助工作的责任感和自觉性，以救助工作精细化、救助对象精准化、救助效果最优化为目标，突出未成年人保护重点，全面履行办案机关的司法责任，采取更加有力的措施，不断提升未成年人国家司法救助工作水平，在司法工作中充分反映党和政府的民生关怀，切实体现人民司法的温度、温情和温暖，帮助未成年人走出生活困境，迈上健康快乐成长的人生道路。

二、牢固树立特殊保护、及时救助的理念

未成年人身心未臻成熟，个体应变能力和心理承受能力较弱，容易受到不法侵害且往往造成严重后果。检察机关办理案件时，对特定案件中符合条件的未成年人，应当依职权及时开展国家司法救助工作，根据未成年人身心特点和未来发展需要，给予特殊、优先和全面保护。既立足于帮助未成年人尽快摆脱当前生活困境，也应着力改善未成年人的身心状况、家庭教养和社会环境，促进未成年人健康成长。既立足于帮助未成年人恢复正常生活学习，也应尊重未成年人的人格尊严、名誉权和隐私权等合法权利，避免造成“二次伤害”。既立足于发挥检察机关自身职能作用，也应充分连通其他相关部门和组织，调动社会各方面积极性，形成未成年人社会保护工作合力。

三、明确救助对象，实现救助范围全覆盖

对下列未成年人，案件管辖地检察机关应当给予救助：

（一）受到犯罪侵害致使身体出现伤残或者心理遭受严重创伤，因不能及时获得有效赔偿，造成生活困难的。

（二）受到犯罪侵害急需救治，其家庭无力承担医疗救治费用的。

（三）抚养人受到犯罪侵害致死，因不能及时获得有效赔偿，造成生活困难的。

（四）家庭财产受到犯罪侵害遭受重大损失，因不能及时获得有效赔偿，且未获得合理补偿、救助，造成生活困难的。

（五）因举报、作证受到打击报复，致使身体受到伤害或者家庭财产遭受重大损失，因不能及时获得有效赔偿，造成生活困难的。

（六）追索抚育费，因被执行人没有履行能力，造成生活困难的。

（七）因道路交通事故等民事侵权行为造成人身伤害，无法通过诉讼获得有效赔偿，造成生活困难的。

（八）其他因案件造成生活困难，认为需要救助的。

四、合理确定救助标准，确保救助金专款专用

检察机关决定对未成年人支付救助金的，应当根据未成年人家庭的经济状况，综合考虑其学习成长所需的合理费用，以案件管辖地所在省、自治区、直辖市上一年度职工月平均工资为基准确定救助金，一般不超过三十六个月的工资总额。对身体重伤或者严重残疾、家庭生活特别困难的未成年人，以及需要长期进行心理治疗或者身体康复的未成年人，可以突破救助限额，并依照有关规定报批。相关法律文书需要向社会公开的，应当隐去未成年人及其法定代理人、监护人的身份信息。

要加强对救助金使用情况的监督，必要时可以采用分期发放、第三方代管等救助金使用监管模式，确保救助金用作未成年人必需的合理支出。对截留、侵占、私分或者挪用救助金的单位和个人，严格依纪依法追究责任，并追回救助金。

五、积极开展多元方式救助，提升救助工作实效

未成年人健康快乐成长，既需要物质帮助，也需要精神抚慰和心理疏导；既需要解决生活面临的急迫困难，也需要安排好未来学习成长。检察机关在开展未成年人国家司法救助工作中，要增强对未成年人的特殊、优先保护意识，避免“给钱了事”的简单化做法，针对未成年人的具体情况，依托有关单位，借助专业力量，因人施策，精准帮扶，切实突出长远救助效果。

对下列因案件陷入困境的未成年人，检察机关可以给予相应方式帮助：

（一）对遭受性侵害、监护侵害以及其他身体伤害的，进行心理安抚和疏导；对出现心理创伤或者精神损害的，实施心理治疗。

（二）对没有监护人、监护人没有监护能力或者原监护人被撤销资格的，协助开展生活安置、提供临时照料、指定监护人等相关工作。

（三）对未完成义务教育而失学辍学的，帮助重返学校；对因经济困难可能导致失学辍学的，推动落实相关学生资助政策；对需要转学的，协调办理相关手续。

（四）对因身体伤残出现就医、康复困难的，帮助落实医疗、康复机构，

促进身体康复。

（五）对因身体伤害或者财产损失提起附带民事诉讼的，帮助获得法律援助；对单独提起民事诉讼的，协调减免相关诉讼费用。

（六）对适龄未成年人有劳动、创业等意愿但缺乏必要技能的，协调有关部门提供技能培训等帮助。

（七）对符合社会救助条件的，给予政策咨询、帮扶转介，帮助协调其户籍所在地有关部门按规定纳入相关社会救助范围。

（八）认为合理、有效的其他方式。

六、主动开展救助工作，落实内部职责分工

国家司法救助工作是检察机关的重要职能，对未成年人进行司法保护是检察机关的应尽职责，开展好未成年人国家司法救助工作，需要各级检察机关、检察机关各相关职能部门和广大检察人员积极参与，群策群力，有效合作，共同推进。

刑事申诉检察部门负责受理、审查救助申请、提出救助审查意见和发放救助金等有关工作，未成年人检察工作部门负责给予其他方式救助等有关工作。侦查监督、公诉、刑事执行检察、民事行政检察、控告检察等办案部门要增强依职权主动救助意识，全面掌握未成年人受害情况和生活困难情况，对需要支付救助金的，及时交由刑事申诉检察部门按规定办理；对需要给予其他方式帮助的，及时交由未成年人检察工作部门按规定办理，或者通知未成年人检察工作部门介入。

刑事申诉检察部门和未成年人检察工作部门要注意加强沟通联系和协作配合，保障相关救助措施尽快落实到位。

七、积极调动各方力量，构建外部合作机制

检察机关开展未成年人国家司法救助工作，要坚持党委政法委统一领导，加强与法院、公安、司法行政部门的衔接，争取教育、民政、财政、人力资源和社会保障、卫计委等部门支持，对接共青团、妇联、关工委、工会、律协等群团组织和学校、医院、社区等相关单位，引导社会组织尤其是未成年人保护组织、公益慈善组织、社会工作服务机构、志愿者队伍等社会力量，搭建形成党委领导、政府支持、各有关方面积极参与的未成年人国家司法救助支持体系。

要主动运用相关公益项目和利用公共志愿服务平台，充分发挥其资源丰富、方法灵活、形式多样的优势，进一步拓展未成年人国家司法救助工作的深度和广度。

要坚持政府主导、社会广泛参与的救助资金筹措方式，不断加大筹措力度，拓宽来源渠道，积极鼓励爱心企业、爱心人士捐助救助资金。接受、使用捐助资金，应当向捐助人反馈救助的具体对象和救助金额，确保资金使用的透明度和公正性。

八、加强组织领导，健康有序推进救助工作

各级检察机关要以高度的政治责任感，加强和改善对未成年人国家司法救助工作的领导，精心组织、周密部署、抓好落实，努力形成各相关部门分工明确、衔接有序、紧密配合、协同推进的工作格局。上级检察机关要切实履行对本地区未成年人国家司法救助工作的组织、指导职责，加强对下级检察机关开展救助工作的督导，全面掌握救助工作进展情况，及时解决问题，总结推广经验，着力提升本地区未成年人国家司法救助工作水平。要加强宣传引导，展示典型案例和积极成效，努力创造全社会关注、关心和关爱未成年人国家司法救助工作的良好氛围。

最高人民法院 最高人民检察院 公安部 民政部 印发《关于依法处理监护人侵害未成年人权益行为若干问题的意见》的通知

各省、自治区、直辖市高级人民法院、人民检察院、公安厅（局）、民政厅（局），解放军军事法院、军事检察院、总政治部保卫部，新疆维吾尔自治区高级人民法院生产建设兵团分院、新疆生产建设兵团人民检察院、公安局、民政局：

现将《关于依法处理监护人侵害未成年人权益行为若干问题的意见》印发给你们，自2015年1月1日起实施，请认真遵照执行。执行情况及遇到的问题，请分别及时报告最高人民法院、最高人民检察院、公安部、民政部。

最高人民法院 最高人民检察院 公安部 民政部

2014年12月18日

最高人民法院 最高人民检察院 公安部 民政部关于依法处理监护人侵害未成年人权益行为若干问题的意见

（法发〔2014〕24号）

为切实维护未成年人合法权益，加强未成年人行政保护和司法保护工作，确保未成年人得到妥善监护照料，根据民法通则、民事诉讼法、未成年人保护法等法律规定，现就处理监护人侵害未成年人权益行为（以下简称监护侵害行为）的有关工作制定本意见。

一、一般规定

1.本意见所称监护侵害行为，是指父母或者其他监护人（以下简称监护人）性侵害、出卖、遗弃、虐待、暴力伤害未成年人，教唆、利用未成年人实施违法犯罪行为，胁迫、诱骗、利用未成年人乞讨，以及不履行监护职责严重危害未成年人身心健康等行为。

2. 处理监护侵害行为，应当遵循未成年人最大利益原则，充分考虑未成年人身心特点和人格尊严，给予未成年人特殊、优先保护。

3. 对于监护侵害行为，任何组织和个人都有权劝阻、制止或者举报。

公安机关应当采取措施，及时制止在工作中发现以及单位、个人举报的监护侵害行为，情况紧急时将未成年人带离监护人。

民政部门应当设立未成年人救助保护机构（包括救助管理站、未成年人救助保护中心），对因受到监护侵害进入机构的未成年人承担临时监护责任，必要时向人民法院申请撤销监护人资格。

人民法院应当依法受理人身安全保护裁定申请和撤销监护人资格案件并作出裁判。

人民检察院对公安机关、人民法院处理监护侵害行为的工作依法实行法律监督。

人民法院、人民检察院、公安机关设有办理未成年人案件专门工作机构的，应当优先由专门工作机构办理监护侵害案件。

4. 人民法院、人民检察院、公安机关、民政部门应当充分履行职责，加强指导和培训，提高保护未成年人的能力和水平；加强沟通协作，建立信息共享机制，实现未成年人行政保护和司法保护的有效衔接。

5. 人民法院、人民检察院、公安机关、民政部门应当加强与妇儿工委、教育部门、卫生部门、共青团、妇联、关工委、未成年人住所地村（居）民委员会等的联系和协作，积极引导、鼓励、支持法律服务机构、社会工作服务机构、公益慈善组织和志愿者等社会力量，共同做好受监护侵害的未成年人的保护工作。

二、报告和处置

6. 学校、医院、村（居）民委员会、社会工作服务机构等单位及其工作人员，发现未成年人受到监护侵害的，应当及时向公安机关报案或者举报。

其他单位及其工作人员、个人发现未成年人受到监护侵害的，也应当及时向公安机关报案或者举报。

7. 公安机关接到涉及监护侵害行为的报案、举报后，应当立即出警处置，制止正在发生的侵害行为并迅速进行调查。符合刑事立案条件的，应当立即立案侦查。

8. 公安机关在办理监护侵害案件时，应当依照法定程序，及时、全面收集固定证据，保证办案质量。

询问未成年人，应当考虑未成年人的身心特点，采取和缓的方式进行，防止造成进一步伤害。

未成年人有其他监护人的，应当通知其他监护人到场。其他监护人无法通知或者未能到场的，可以通知未成年人的其他成年亲属、所在学校、村（居）民委员会、未成年人保护组织的代表以及专业社会工作者等到场。

9. 监护人的监护侵害行为构成违反治安管理行为的，公安机关应当依法给予治安管理处罚，但情节特别轻微不予治安管理处罚的，应当给予批评教育并通报当地村（居）民委员会；构成犯罪的，依法追究刑事责任。

10. 对于疑似患有精神障碍的监护人，已实施危害未成年人安全的行为或者有危害未成年人安全危险的，其近亲属、所在单位、当地公安机关应当立即采取措施予以制止，并将其送往医疗机构进行精神障碍诊断。

11. 公安机关在出警过程中，发现未成年人身体受到严重伤害、面临严重人身安全威胁或者处于无人照料等危险状态的，应当将其带离实施监护侵害行为的监护人，就近护送至其他监护人、亲属、村（居）民委员会或者未成年人救助保护机构，并办理书面交接手续。未成年人有表达能力的，应当就护送地点征求未成年人意见。

负责接收未成年人的单位和人员（以下简称临时照料人）应当对未成年人予以临时紧急庇护和短期生活照料，保护未成年人的人身安全，不得侵害未成年人合法权益。

公安机关应当书面告知临时照料人有权依法向人民法院申请人身安全保护裁定和撤销监护人资格。

12. 对身体受到严重伤害需要医疗的未成年人，公安机关应当先行送医救治，同时通知其他有监护资格的亲属照料，或者通知当地未成年人救助保护机构开展后续救助工作。

监护人应当依法承担医疗救治费用。其他亲属和未成年人救助保护机构等垫付医疗救治费用的，有权向监护人追偿。

13. 公安机关将受监护侵害的未成年人护送至未成年人救助保护机构的，应当在五个工作日内提供案件侦办查处情况说明。

14. 监护侵害行为可能构成虐待罪的，公安机关应当告知未成年人及其近亲属有权告诉或者代为告诉，并通报所在地同级人民检察院。

未成年人及其近亲属没有告诉的，由人民检察院起诉。

三、临时安置和人身安全保护裁定

15. 未成年人救助保护机构应当接收公安机关护送来的受监护侵害的未成年人，履行临时监护责任。

未成年人救助保护机构履行临时监护责任一般不超过一年。

16. 未成年人救助保护机构可以采取家庭寄养、自愿助养、机构代养或者委托政府指定的寄宿学校安置等方式，对未成年人进行临时照料，并为未成年人提供心理疏导、情感抚慰等服务。

未成年人因临时监护需要转学、异地入学接受义务教育的，教育行政部门应当予以保障。

17. 未成年人的其他监护人、近亲属要求照料未成年人的，经公安机关或者村（居）民委员会确认其身份后，未成年人救助保护机构可以将未成年人交由其照料，终止临时监护。

关系密切的其他亲属、朋友要求照料未成年人的，经未成年人父、母所在单位或者村（居）民委员会同意，未成年人救助保护机构可以将未成年人交由其照料，终止临时监护。

未成年人救助保护机构将未成年人送交亲友临时照料的，应当办理书面交接手续，并书面告知临时照料人有权依法向人民法院申请人身安全保护裁定和撤销监护人资格。

18. 未成年人救助保护机构可以组织社会工作服务机构等社会力量，对监护人开展监护指导、心理疏导等教育辅导工作，并对未成年人的家庭基本情况、监护情况、监护人悔过情况、未成年人身心健康状况以及未成年人意愿等进行调查评估。监护人接受教育辅导及后续表现情况应当作为调查评估报告的重要内容。

有关单位和个人应当配合调查评估工作的开展。

19. 未成年人救助保护机构应当与公安机关、村（居）民委员会、学校以及未成年人亲属等进行会商，根据案件侦办查处情况说明、调查评估报告和监护人接受教育辅导等情况，并征求有表达能力的未成年人意见，形成会商结论。

经会商认为本意见第 11 条第 1 款规定的危险状态已消除，监护人能够正确履行监护职责的，未成年人救助保护机构应当及时通知监护人领回未成年人。监护人应当在三日内领回未成年人并办理书面交接手续。会商形成结论前，未成年人救助保护机构不得将未成年人交由监护人领回。

经会商认为监护侵害行为属于本意见第 35 条规定情形的，未成年人救助保护机构应当向人民法院申请撤销监护人资格。

20. 未成年人救助保护机构通知监护人领回未成年人的，应当将相关情况通报未成年人所在学校、辖区公安派出所、村（居）民委员会，并告知其对通报内容负有保密义务。

21. 监护人领回未成年人的，未成年人救助保护机构应当指导村（居）民委员会对监护人的监护情况进行随访，开展教育辅导工作。

未成年人救助保护机构也可以组织社会工作服务机构等社会力量，开展前款工作。

22. 未成年人救助保护机构或者其他临时照料人可以根据需要，在诉讼前向未成年人住所地、监护人住所地或者侵害行为地人民法院申请人身安全保护裁定。

未成年人救助保护机构或者其他临时照料人也可以在诉讼中向人民法院申请人身安全保护裁定。

23. 人民法院接受人身安全保护裁定申请后，应当按照民事诉讼法第一百条、第一百零一条、第一百零二条的规定作出裁定。经审查认为存在侵害未成年人人身安全危险的，应当作出人身安全保护裁定。

人民法院接受诉讼前人身安全保护裁定申请后，应当在四十八小时内作出裁定。接受诉讼中人身安全保护裁定申请，情况紧急的，也应当在四十八小时内作出裁定。人身安全保护裁定应当立即执行。

24. 人身安全保护裁定可以包括下列内容中的一项或者多项：

（一）禁止被申请人暴力伤害、威胁未成年人及其临时照料人；

（二）禁止被申请人跟踪、骚扰、接触未成年人及其临时照料人；

（三）责令被申请人迁出未成年人住所；

（四）保护未成年人及其临时照料人人身安全的其他措施。

25. 被申请人拒不履行人身安全保护裁定，危及未成年人及其临时照料人人身安全或者扰乱未成年人救助保护机构工作秩序的，未成年人、未成年人救助保护机构或者其他临时照料人有权向公安机关报告，由公安机关依法处理。

被申请人有其他拒不履行人身安全保护裁定行为的，未成年人、未成年人救助保护机构或者其他临时照料人有权向人民法院报告，人民法院根据民事诉讼法第一百一十一条、第一百一十五条、第一百一十六条的规定，视情节轻重处以罚款、拘留；构成犯罪的，依法追究刑事责任。

26. 当事人对人身安全保护裁定不服的，可以申请复议一次。复议期间不停止裁定的执行。

四、申请撤销监护人资格诉讼

27. 下列单位和人员（以下简称有关单位和人员）有权向人民法院申请撤销监护人资格：

（一）未成年人的其他监护人，祖父母、外祖父母、兄、姐，关系密切的其他亲属、朋友；

（二）未成年人住所地的村（居）民委员会，未成年人父、母所在单位；

（三）民政部门及其设立的未成年人救助保护机构；

（四）共青团、妇联、关工委、学校等团体和单位。

申请撤销监护人资格，一般由前款中负责临时照料未成年人的单位和人员提出，也可以由前款中其他单位和人员提出。

28. 有关单位和人员向人民法院申请撤销监护人资格的，应当提交相关证据。

有包含未成年人基本情况、监护存在问题、监护人悔过情况、监护人接受教育辅导情况、未成年人身心健康状况以及未成年人意愿等内容的调查评估报告的，应当一并提交。

29. 有关单位和人员向公安机关、人民检察院申请出具相关案件证明材料的，公安机关、人民检察院应当提供证明案件事实的基本材料或者书面说明。

30. 监护人因监护侵害行为被提起公诉的案件，人民检察院应当书面告知未成年人及其临时照料人有权依法申请撤销监护人资格。

对于监护侵害行为符合本意见第 35 条规定情形而相关单位和人员没有提起诉讼的，人民检察院应当书面建议当地民政部门或者未成年人救助保护机构向人民法院申请撤销监护人资格。

31. 申请撤销监护人资格案件，由未成人住所地、监护人住所地或者侵害行为地基层人民法院管辖。

人民法院受理撤销监护人资格案件，不收取诉讼费用。

五、撤销监护人资格案件审理和判后安置

32. 人民法院审理撤销监护人资格案件，比照民事诉讼法规定的特别程序

进行，在一个月内审理结案。有特殊情况需要延长的，由本院院长批准。

33. 人民法院应当全面审查调查评估报告等证据材料，听取被申请人、有表达能力的未成年人以及村（居）民委员会、学校、邻居等的意见。

34. 人民法院根据案件需要可以聘请适当的社会人士对未成年人进行社会观护，并可以引入心理疏导和测评机制，组织专业社会工作者、儿童心理问题专家等专业人员参与诉讼，为未成年人和被申请人提供心理辅导和测评服务。

35. 被申请人有下列情形之一的，人民法院可以判决撤销其监护人资格：

（一）性侵害、出卖、遗弃、虐待、暴力伤害未成年人，严重损害未成年人身心健康的；

（二）将未成年人置于无人监管和照看的状态，导致未成年人面临死亡或者严重伤害危险，经教育不改的；

（三）拒不履行监护职责长达六个月以上，导致未成年人流离失所或者生活无着的；

（四）有吸毒、赌博、长期酗酒等恶习无法正确履行监护职责或者因服刑等原因无法履行监护职责，且拒绝将监护职责部分或者全部委托给他人，致使未成年人处于困境或者危险状态的；

（五）胁迫、诱骗、利用未成年人乞讨，经公安机关和未成年人救助保护机构等部门三次以上批评教育拒不改正，严重影响未成年人正常生活和学习的；

（六）教唆、利用未成年人实施违法犯罪行为，情节恶劣的；

（七）有其他严重侵害未成年人合法权益行为的。

36. 判决撤销监护人资格，未成年人有其他监护人的，应当由其他监护人承担监护职责。其他监护人应当采取措施避免未成年人继续受到侵害。

没有其他监护人的，人民法院根据最有利于未成年人的原则，在民法通则第十六条第二款、第四款规定的人员和单位中指定监护人。指定个人担任监护人的，应当综合考虑其意愿、品行、身体状况、经济条件、与未成年人的生活情感联系以及有表达能力的未成年人的意愿等。

没有合适人员和其他单位担任监护人的，人民法院应当指定民政部门担任监护人，由其所属儿童福利机构收留抚养。

37. 判决不撤销监护人资格的，人民法院可以根据需要走访未成年人及其家庭，也可以向当地民政部门、辖区公安派出所、村（居）民委员会、共青团、妇联、未成年人所在学校、监护人所在单位等发出司法建议，加强对未成年人的保护和对监护人的监督指导。

38. 被撤销监护人资格的侵害人，自监护人资格被撤销之日起三个月至一年内，可以书面向人民法院申请恢复监护人资格，并应当提交相关证据。

人民法院应当将前款内容书面告知侵害人和其他监护人、指定监护人。

39. 人民法院审理申请恢复监护人资格案件，按照变更监护关系的案件审理程序进行。

人民法院应当征求未成年人现任监护人和有表达能力的未成年人的意见，并可以委托申请人住所地的未成年人救助保护机构或者其他未成年人保护组织，对申请人监护意愿、悔改表现、监护能力、身心状况、工作生活情况等进行调查，形成调查评估报告。

申请人正在服刑或者接受社区矫正的，人民法院应当征求刑罚执行机关或者社区矫正机构的意见。

40. 人民法院经审理认为申请人确有悔改表现并且适宜担任监护人的，可以判决恢复其监护人资格，原指定监护人的监护人资格终止。

申请人具有下列情形之一的，一般不得判决恢复其监护人资格：

（一）性侵害、出卖未成年人的；

（二）虐待、遗弃未成年人六个月以上、多次遗弃未成年人，并且造成重伤以上严重后果的；

（三）因监护侵害行为被判处五年有期徒刑以上刑罚的。

41. 撤销监护人资格诉讼终结后六个月内，未成年人及其现任监护人可以向人民法院申请人身安全保护裁定。

42. 被撤销监护人资格的父、母应当继续负担未成年人的抚养费用和因监护侵害行为产生的各项费用。相关单位和人员起诉的，人民法院应予支持。

43. 民政部门应当根据有关规定，将符合条件的受监护侵害的未成年人纳入社会救助和相关保障范围。

44. 民政部门担任监护人的，承担抚养职责的儿童福利机构可以送养未成年人。

送养未成年人应当在人民法院作出撤销监护人资格判决一年后进行。侵害人有本意见第 40 条第 2 款规定情形的，不受一年后送养的限制。

最高人民检察院
关于印发《检察机关加强未成年人司法保护八项措施》的通知

（高检发诉字〔2015〕3号）

各省、自治区、直辖市人民检察院，新疆生产建设兵团人民检察院：

近年来，各级检察机关增强保护未成年人权益的法制观念和责任意识，加强未成年人检察工作专业化、制度化建设，取得了良好的法律效果与社会效果。为进一步做好未成年人司法保护工作，保证国家未成年人保护法规落到实处，更加充分发挥检察机关在保护未成年人中的作用，最高人民检察院制定了《检察机关加强未成年人司法保护八项措施》，现印发你们，请认真贯彻执行。

最高人民检察院

2015年5月12日

检察机关加强未成年人司法保护八项措施

一、严厉惩处各类侵害未成年人的犯罪。对成年人性侵害、拐卖、绑架、遗弃、伤害、虐待未成年人以及教唆、胁迫、诱骗、利用未成年人犯罪等严重侵害未成年人身心健康和合法权益犯罪，坚持零容忍态度，依法从严从快批捕、起诉，加大指控犯罪力度，充分发挥法律威慑和震慑作用，坚决斩断伸向未成年人的黑手。同时，加大对侵害未成年人权益、怠于落实未成年人保护制度方面职务犯罪的查处力度，依法严惩侵吞、挪用、违法发放未成年人专项救助、救济资金等贪污犯罪，对国家工作人员发现或者应当发现未成年人权益受到侵害或可能受到侵害，应当采取措施而未采取措施，导致未成年人重伤或者死亡等严重后果的，应当依法及时查办，保证国家对未成年人保护的法律规定、福利政策落实到位。

二、努力保护救助未成年被害人。依法保障未成年被害人及其法定代理人参与权、知情权等各项诉讼权利，保护未成年被害人的名誉权、隐私权等合法权利，避免在办案中造成“二次伤害”。对于性侵未成年人等刑事案件，有条件的地方检察机关可以会同公安机关建立询问未成年被害人同步录音录像制度。同时，要注重加强与司法、民政、教育、卫生等相关部门和未成年人保护组织的联系和协作，推动落实法律援助、司法救助、身体康复、心理疏导、转移安置、技能培训、经济帮扶等综合救助工作，努力帮助未成年被害人恢复正常的生活和学习。

三、最大限度教育挽救涉罪未成年人。贯彻国家对犯罪未成年人“教育、感化、挽救”方针和“教育为主、惩罚为辅”原则，坚持依法对涉罪未成年人“少捕慎诉少监禁”，落实专业化办理、法律援助、合适成年人到场、社会调查、亲情会见、附条件不起诉、社会观护、帮扶教育、犯罪记录封存等特殊保护制度，最大限度促进涉罪未成年人悔过自新、回归社会。对于因年龄原因不负刑事责任的未成年人，应当与公安机关以及家庭、学校、社会保护组织等加强协调、配合，通过加强管教、社会观护等措施，预防再犯罪。

四、充分发挥法律监督职能优势。强化对各类侵害未成年人犯罪的立案、侦查和刑事审判、刑事附带民事审判活动的法律监督，坚决监督纠正有罪不究、以罚代刑、漏捕漏诉、重罪轻判等执法不严、司法不公问题，促进有关部门严格执法、公正司法。对公安机关、人民法院处理监护侵害行为的工作加强法律监督，确保未成年人得到妥善监护照料。

五、积极参与犯罪预防和普法宣传工作。结合办案注意查找未成年人权益保护和犯罪预防方面存在的隐患，通过检察建议等形式，督促相关部门建章立制、堵塞漏洞，推动有关部门更加重视对农村留守儿童、城乡流动乞讨儿童、正在服刑人员的子女等重点未成年人群体的保护，努力营造关爱保护未成年人的社会环境；建立“谁执法谁普法”的普法责任制，广泛开展以案释法、法制讲座、法制进社区、进学校、进幼儿园、进农村、进家庭等宣讲活动，培育尊重未成年人权益的文化，提高未成年人明辨是非和自我保护的意识和能力。

六、建立检察机关内部保护未成年人联动机制。未检部门在工作中发现侵害未成年人合法权益的职务犯罪线索时，应当及时移送职务犯罪侦查部门予以查处，并协调相关部门做好保护未成年人善后工作；各部门在审查逮捕、审查起诉、职务犯罪侦查等工作中，发现犯罪嫌疑人、被告人家中有无人照料的未成年人，或者发现未成年人合法权益保护方面存在漏洞和隐患的，应当及时通知并协助未检部门介入干预，防止在检察环节存在保护真空。对于涉及未成年人权益保护的职务犯罪案件、具有重大社会影响案件等，上级检察院要加大对下业务指导和案件督办。

七、推动完善政法机关衔接配合以及与政府部门、未成年人保护组织等跨部门合作机制。进一步加强与公安机关、人民法院、司法行政机关的沟通协调，在工作评价标准、法律援助、社会调查、讯问（询问）未成年人同步录音录像、逮捕必要性证据收集与移送、合适成年人选聘、分案起诉、观护帮教、犯罪记录封存等需要配合的制度机制上相互衔接，形成保护未成年人合法权益的工作体系；积极与政府各部门、未成年人保护组织等加强联系，推动建立跨部门合作的长效机制，促进司法保护与家庭保护、学校保护、社会保护的紧密衔接，形成保护未成年人合法权益、救助困境儿童、挽救失足未成年人以及预防和减少未成年人犯罪的工作合力。

八、推动建立未成年人司法借助社会专业力量的长效机制。大力支持青少年事务社会工作专业人才队伍建设工作，主动与青少年事务社会工作专业机构链接，以政府购买服务等方式，将社会调查、合适成年人参与未成年人刑事诉讼、心理疏导、观护帮教、附条件不起诉监督考察等工作，交由专业社会力量承担，提高未成年人权益保护和犯罪预防的专业水平，逐步建立司法借助社会专业力量的长效机制。

中华人民共和国人民法院法庭规则

（法释〔2016〕7号）

（根据2015年12月21日最高人民法院审判委员会第1673次会议通过的《最高人民法院关于修改〈中华人民共和国人民法院法庭规则〉的决定》修正）

（摘录）

……

第三条 法庭分设审判活动区和旁听区，两区以栏杆等进行隔离。

审理未成年人案件的法庭应当根据未成年人身心发展特点设置区域和席位。

有新闻媒体旁听或报道庭审活动时，旁听区可以设置专门的媒体记者席。

……